HISTÓRIA AGRÁRIA DA REVOLUÇÃO CUBANA

Dilemas do socialismo na periferia

Joana Salém Vasconcelos

HISTÓRIA AGRÁRIA DA REVOLUÇÃO CUBANA

Dilemas do socialismo na periferia

alameda

Grafia atualizada segundo o Acordo Ortográfico da Língua Portuguesa de 1990, que entrou em vigor no Brasil em 2009.

Edição: Haroldo Ceravolo Sereza

Projeto gráfico e diagramação: Dafne Ramos, Larissa P. Barbosa

Assistente acadêmica: Bruna Marques

Revisão: Alexandra Collontini

Imagem da Capa: Cartaz de Raúl Martínez, 1968

Assistente de produção: Luara Ruegenberg

Este livro foi publicado com o apoio da FAPESP, processo número 2015/11414-6.

CIP-BRASIL. CATALOGAÇÃO NA PUBLICAÇÃO
SINDICATO NACIONAL DOS EDITORES DE LIVROS, RJ

V445H

Vasconcelos, Joana Salém
HISTÓRIA AGRÁRIA DA REVOLUÇÃO CUBANA:
DILEMAS DO SOCIALISMO NA PERIFERIA
Joana Salém Vasconcelos. - 1. ed.
São Paulo: Alameda, 2017
388 P. : IL. ; 23 CM.

Inclui bibliografia
ISBN 978-85-7939-426-3

1. Cuba - História - Revolução, 1959. 2. Reforma
agrária - cuba. 3. Cuba - Condições econômicas.
4. Socialismo. I. Título.

16-37249   cdd: 330.97291

                            cdu: 338.1 (729.1)

ALAMEDA CASA EDITORIAL
Rua 13 de Maio, 353 – Bela Vista
CEP 01327-000 – São Paulo, SP
Tel. (11) 3012-2403
www.alamedaeditorial.com.br

*À Suzana, minha mãe, e ao Mingo, meu pai,
que me narraram as histórias de rebeldia da sua geração.*

*Menos mal que existen
Los que no tienen nada que perder
Ni siquiera la historia.
Menos mal que existen
Los que no dejan de buscarse a si
Ni siquiera en la muerte.*

SILVIO RODRÍGUEZ

SUMÁRIO

PROVÍNCIAS DE CUBA ENTRE 1940 E 1976

Oriente

Camagüey

Las Villas

Matanzas

La Habana

Pinar del Río

100 km

60 mi

© d-maps.com

PREFÁCIO

Luiz Bernardo Pericás

Cuba tem passado por um gradual processo de mudanças desde que Raúl Castro assumiu a presidência do país em 2008. Apenas três anos depois deste fato, o PCC realizou um Congresso com o objetivo de discutir os caminhos que a ilha deveria seguir para dinamizar sua economia. Vale lembrar que na década de noventa, a nação caribenha passara pelo Período Especial, logo depois do fim do socialismo real no leste europeu e da desintegração da União Soviética (não podemos nos esquecer que 85% das importações e 80% das exportações estavam vinculadas àqueles países). A reconfiguração de seu mercado internacional e a continuação da luta contra o bloqueio dos Estados Unidos iriam refletir no Produto Interno Bruto da ilha, que sofreu um decréscimo de 35% entre 1989 e 1993 (ano em que o déficit fiscal chegou a 33% do PIB), quando as importações levaram um tombo de 75%. Para tentar solucionar a complicada situação financeira, uma série de medidas foram tomadas em 1992, reestruturando os organismos estatais (com o reconhecimento paralelo à propriedade mista), o que, ainda assim, não foi suficiente para debelar o estado frágil da economia nacional. A descriminalização da posse e utilização de divisas, remessas vindas do exterior, abertura a investimentos estrangeiros, criação de tarifas de bens e serviços não-essenciais e novo sistema de impostos foram alguns dos elementos que caracterizaram este momento. Com a necessidade de se ampliar a produção de alimentos, muitas das fazendas estatais foram transformadas nas chamadas UBPC (Unidades Básicas de Produção Cooperativa). Postos no setor ligado ao Estado diminuíram e mais trabalhos por conta própria surgiriam. Em seguida seria lançado o CUC (peso conversível) e uma maior descentralização das empresas daria o tom do momento (o Sistema de Aperfeiçoamento Empresarial desenvolvido pelas Forças Armadas, por exemplo, apareceria no final daquele decênio).

O fato é que, até 2009, foi possível verificar uma elevação de 4,7% no PIB. Na primeira década do século XXI, acordos diplomáticos e econômicos bilaterais (como aqueles com a Venezuela, por exemplo), ajudaram a robuster o cenário interno (só em 2006 o crescimento do PIB seria de 12,2%). Vários programas de

investimentos focaram na questão de geração e consumo de energia, modernização dos transportes, tentativa de incrementar a produção agrícola (objetivando,
ao mesmo tempo, a redução da importação) e incremento no setor de moradias
(apesar disso, a taxa de crescimento diminuiria para 7,3% em 2007 e, no ano seguinte, para 4,1%).

Ainda que vários mecanismos fossem tentados, era preciso fazer mais. Ajustes teriam de ser implementados para evitar a subutilização e mal gerenciamento
do setor produtivo (somente metade da área agricultável da ilha era utilizada e
havia um déficit habitacional enorme; além disso, 70% dos alimentos consumidos
lá vinham de fora). O país necessitava melhorar sua infraestrutura e acelerar o
processo de modernização e abertura para o resto do mundo. O *Proyecto de linea-
mentos de la política económica y social,* em 2011, proporia o desenvolvimento do
negócio privado em 178 áreas, ampliando as licenças para trabalhos autônomos
e sugerindo um imposto escalonado em pesos cubanos sobre a renda dos autônomos e pequenos empresários. A ideia desta "atualização do modelo socialista"
(criticada por alguns como uma volta ao capitalismo) seria enxugar a burocracia
do Estado, diminuir a centralização e o paternalismo, eliminar subsídios e gastos
excessivos, atacar a questão da descapitalização industrial e agrícola, e formar
profissionais técnicos e dos ramos produtivos da economia nas instituições de
ensino superior. Os investimentos estatais seriam direcionados aos produtores
mais eficientes. O próprio Raúl Castro diria que sua intenção seria construir "um
socialismo próspero e sustentável". Uma tarefa ambiciosa e abrangente. Por isso,
o economista José Luís Rodríguez considera que as atuais transformações econômicas "são as de maior complexidade em toda a história revolucionária".

Cuba hoje tem relações comerciais com 75 países (em 2013, o comércio entre Brasil e Cuba totalizou US$ 642,8 milhões, sendo as exportações brasileiras
equivalentes a US$ 528,2 milhões; os investimentos brasileiros na Zona Especial
de Desenvolvimento de Mariel, por seu lado, é um exemplo claro dos interesses
mútuos entre os dois governos). O PIB de Cuba cresceu em média quase 5% no
último lustro. A ilha importa em torno de US$ 6,5 bilhões de produtos por ano;
e o investimento estrangeiro chega a US$ 500 milhões (esse número potencial-
mente pode se elevar bastante na próxima década). A maior parte dos alimentos,
contudo, ainda é importada, enquanto a infraestrutura de internet, de telecomu-
nicações e dos serviços certamente necessita melhorar.

A produtividade industrial da ilha, por sua vez, está 50% menor do que a dos anos oitenta. A descentralização de gestão, assim, continua sendo uma das apostas dos cubanos nesta nova fase. É uma maior eficiência global também. Isso significa, portanto, dar às empresas maior autonomia decisória, aumentar sua competividade, ampliar o poder dos municípios, constituir cooperativas e melhorar o ambiente para os *cuentapropistas,* que na atualidade são quase meio milhão de indivíduos, representando 26% do total do país. Na agricultura, por sua vez, o plano é que o Estado seja responsável por apenas 20% das terras, enquanto o resto iria para o setor privado. Um sistema tributário que coloque maior ênfase na arrecadação de impostos também deve ser implementado gradualmente.

Já a recente reaproximação com os Estados Unidos marca o novo momento, com o restabelecimento de laços diplomáticos e negociações bilaterais em diferentes áreas. Os norte-americanos certamente estão de olho nesse mercado.

O interesse por Cuba na atualidade, portanto, continua grande. Desde o triunfo da revolução cubana, em janeiro de 1959, brasileiros escrevem sobre os rumos políticos e econômicos da ilha. Do primeiro autor de nosso país a discutir a revolução, o periodista Armando Jimenez até Frei Betto (responsável pela entrevista clássica *Fidel e a religião*), jornalistas, militantes políticos e intelectuais acadêmicos se debruçaram sobre o tema. É só lembrar de nomes como Jamil Almansur Haddad, Almir Matos, Nery Machado, Hélio Dutra, Jorge Escosteguy, Ignácio de Loyola Brandão, Márcio Moreira Alves, Eric Nepomuceno, Fernando Morais, Vânia Bambirra, Florestan Fernandes e Luiz Alberto Moniz Bandeira. Agora vem a se somar à bibliografia sobre a ilha, a jovem pesquisadora Joana Salém Vasconcelos.

Se as análises sobre o processo cubano muitas vezes foram feitos a partir de um viés jornalístico ou de análise política teórica, Vasconcelos realiza um estudo focado prioritariamente na abordagem da questão agrária depois da revolução, um tema fundamental para entender a história da ilha e que muito contribui para elucidar os caminhos do agro cubano na atualidade. Neste sentido, ela segue os passos de estudiosos como Sergio Aranda, David Barkin, Jacques Chonchol, René Dumont, Michel Gutelman, Oscar Zanetti Lecuona, Fernando Charadán López e Juan Valdés Paz, entre outros. Ela mostra neste livro (originalmente uma dissertação de mestrado da Unicamp), a estrutura agrária de Cuba antes e depois da revolução, e suas transformações entre 1958 e 1970, assim como as possíveis contradições do projeto de desenvolvimento da revolução ao longo dos anos. O regime de propriedade e de trabalho, a ordem econômica internacional, a dependência tecnológica e financeira, e a estratégia de desenvolvimento são todos assuntos discutidos pela autora, que reconstrói com competência a trajetória da relação entre a indústria açucareira e agrícola, juntamente com a situação social no campo. Segundo Vasconcelos, "o paradoxo do açúcar reside justamente no fato de que Cuba buscou edificar uma nova sociedade (com novas finalidades para a utilização do excedente) através de meios herdados do subdesenvolvimento (basicamente a economia açucareira)". Da Primeira Reforma Agrária até a mobilização de todas as forças produtivas para atingirem a meta de 10 milhões de toneladas da safra de açúcar em 1970, a autora mostra em detalhes e com grande competência as vicissitudes e características do modelo de desenvolvimento cubano. Um livro, portanto, fundamental para se entender a trajetória da economia agrária cubana de ontem e de hoje.

O Terceiro Mundo agora se tornava o pilar central da esperança e da fé dos que ainda acreditavam na revolução social. Representava a grande maioria dos seres humanos. Parecia um vulcão global prestes a entrar em erupção, um campo sísmico cujos tremores anunciavam os grandes terremotos futuros.

Eric Hobsbawm
(2003, p. 424)

A delegação cubana quer destacar que, em seu juízo, a América Latina não poderia realizar os requisitos de transformação interna que o documento da CEPAL enuncia, e com os quais em geral coincidimos, a não ser pela via da transformação revolucionária destas estruturas, transformação que desaloje de suas posições econômicas as oligarquias de latifundiários nacionais e estrangeiras, que produzam uma brusca redistribuição de renda e que situe os recursos financeiros e reais das economias latino-americanas nas mãos de Estados revolucionários com uma forte sustentação popular, dispostos a acometer uma real política de desenvolvimento.

Carlos Rafael Rodríguez
Lima, 10 de abril de 1969
13º Período de Sessões da CEPAL (1983, p. 285)[1]

---

1   Tradução da autora. Observação geral: todas as citações originais de livros e documentos indicados em espanhol ou em inglês na bibliografia deste trabalho foram traduzidas pela autora.

INTRODUÇÃO: DILEMAS DO SOCIALISMO NA PERIFERIA

Alguns temas da história humana mobilizam com tanto fervor a subjetividade contemporânea que dificilmente podem ser abordados sem que descargas elétricas de paixão e de ódio produzam uma espécie de curto-circuito entre passado e presente. Nestes casos, provavelmente, os olhares sobre o passado trazem à tona as crises mais latentes do presente, desvelando confrontos e paradigmas submersos pelas mais diversas ferramentas ideológicas. A revolução cubana é, sem sombra de dúvida, um destes temas. Não seria apenas uma ou outra causa responsável por este fenômeno. Um conjunto de fatores confunde as temporalidades, submetendo-as a um fogo cruzado permanente. Em primeiro lugar, Cuba persiste como uma espécie de reminiscência da Guerra Fria deslocada no tempo, que em pleno século XXI desafia a tese do "fim da história". Em segundo lugar, prostra-se irremediavelmente no encalço dos Estados Unidos, encarnando sua pequena e incômoda antítese. Em terceiro lugar, ainda desperta os mais variados sentimentos dentro da tradição crítica e do pensamento marxista mundial, que podem ser tão incondicionais na defesa, quanto no ataque. Em quarto lugar, enquanto os conservadores não suportam suas conquistas, os revolucionários não superam seus limites.

Foi com o intuito de contribuir para uma compreensão possível das conquistas, dilemas e limites da revolução na periferia do capitalismo que este trabalho foi inicialmente planejado. Seu eixo central é a estrutura agrária, base de toda economia cubana, antes e depois da revolução. Em toda América Latina, a questão agrária é uma espécie de nó górdio dos problemas sociais e econômicos, que propaga a modernização desigual e combinada das nossas heranças coloniais, disseminando ondas assimétricas de suntuosidade e de penúria. Sendo assim, o esforço cubano por superar estas heranças, bem como por desenvolver uma sociedade soberana e igualitária, encontrou precisamente na estrutura agrária uma zona estratégica de experimentação histórica.

Trata-se, enfim, de um exercício de investigação sobre os obstáculos e as contradições desta renhida luta cubana contra um passado colonial modernizado, reinventado e, sobretudo, persistente.

CUBA: REFORMA AGRÁRIA E REVOLUÇÃO

Em nosso entendimento, a revolução cubana foi, antes de tudo, uma revolução contra o subdesenvolvimento. Sua motivação histórica prioritária, desde o início, era enfrentar as contradições impostas pelo capitalismo dependente: primeiro, a segregação social perpetuada pelo desemprego estrutural; segundo, a alta vulnerabilidade externa que inviabilizava a soberania nacional. Estes dois traços essenciais do subdesenvolvimento engendraram uma dupla articulação, reproduzida pela modernização desigual e combinada da estrutura agrária da ilha, processo conduzido pelo capital estadunidense e pela sacarocracia cubana ao longo da primeira metade do século XX. Para superar estas heranças estruturais, a revolução lançou mão de um projeto de desenvolvimento, que transitou rapidamente do nacionalismo democrático popular ao socialismo. Este trânsito ocorreu, em primeiro lugar, porque as diversas frações da burguesia cubana se mostraram intolerantes a quaisquer reformas que redistribuíssem minimamente o excedente nos marcos do sistema capitalista e alterassem sua utilização, o que abriu caminho para o fortalecimento dos sujeitos políticos anticapitalistas. Em segundo lugar, obviamente, porque eram tempos de Guerra Fria, e quem fosse inimigo dos Estados Unidos seria quase inevitavelmente aliado da União Soviética. O implacável giro geopolítico ocorrido entre 1959 e 1961 influenciou abertamente a opção socialista. Há que se ressalvar, contudo, que durante a primeira década da revolução, Cuba preservou uma autonomia relativa em relação às premissas ideológicas do sistema soviético, se convertendo em um laboratório de experiências revolucionárias autenticamente novas.

O objetivo deste estudo é reconstituir as transformações da estrutura agrária cubana entre 1958 e 1970, ou seja, da reforma agrária iniciada ainda durante a guerrilha até a fatídica meta de produção de 10 milhões de toneladas de açúcar, projetada para alavancar uma estratégia paradoxal de desenvolvimento. Estas transformações serão analisadas em três dimensões: o regime de propriedades, o regime de cultivos e o regime de trabalho. Como se verá, cada uma destas dimensões se vincula ao desmonte daquilo que definimos como *plantation* moderniza-da, sustentada por três pilares: a estrutura latifúndio-minifúndio; a monocultura organicamente conectada à especulação financeira internacional; e a violência econômica contra o trabalhador agrícola, viabilizada pelo desemprego estrutural (que, em Cuba, adquire a forma específica do *tiempo muerto*).[1] A narrativa aqui desenvolvida, contudo, é cronológica, entrelaçando estas três dimensões lógicas da revolução agrária no transcorrer do tempo.

Não seria possível investigar essa trajetória sem que antes nos dedicássemos a um estudo das principais determinações históricas da situação pré-revolucioná-ria, que explicam as particularidades do subdesenvolvimento cubano. Para isso, adotamos como fio condutor o longo processo de modernização da *plantation* colonial, sumariamente recomposto no primeiro capítulo, que traça um panora-ma das modificações agrárias entre 1902 e 1958, no que diz respeito ao regime de propriedades, ao regime de cultivos e ao regime de trabalho, bem como das re-lações orgânicas entre a estrutura agrária cubana e o capital estadunidense. Com isso buscamos tecer um retrato estrutural do ponto de partida desta investigação.

Sendo a modernização e desmonte da *plantation* o eixo fundamental da pes-quisa, recorremos às teorias do desenvolvimento de Caio Prado Junior e Celso Furtado, auxiliadas por uma teoria do excedente, para organizar a narrativa.[2] Nela, buscamos identificar os sujeitos sociais e obstáculos estruturais que deter-minaram a questão agrária, bem como as novas contradições criadas no seio da

---

1   Antes da revolução, *tiempo muerto* era o nome dado ao período da entressafra ca-navieira: durante oito meses ao ano, usualmente de abril a novembro, quase meio milhão de trabalhadores se tornavam desnecessários para o canavial, tendo que encontrar formas improvisadas de sobrevivência.

2   De uma só vez, Caio Prado Junior criticou a teoria do desenvolvimento econo-micista de Rostow e o etapismo stalinista: "A teoria ortodoxa do desenvolvimento parte de uma situação estática, uma abstrata 'sociedade tradicional', semelhante em toda parte (ou pelo menos assemelhada para os fins da teoria), que num momento dado começa a se transformar por força de fatores estranhos e exteriores à sua di-nâmica própria". Ao contrário, para Caio Prado o desenvolvimento é um "processo que é *sobretudo* histórico, e não se ajusta a modelos construídos *a priori* na base de ocorrências que caracterizaram (aliás parcialmente apenas) a institucionalização das relações capitalistas de produção nos países que foram seus pioneiros. É na especificidade própria de cada país que se há de indagar o processo pelo qual ele se formou, evoluiu, cresceu e desenvolveu, ou pode se desenvolver e como, a fim de emparelhar-se aos padrões do mundo moderno" (Prado Junior, 2001, p. 30-31).

própria revolução e as polêmicas que dinamizaram sua história. Priorizamos uma abordagem teórica capaz de explicar, em seus aspectos gerais e específicos, o subdesenvolvimento, entendido como processo histórico, social, econômico e cultural definidor da realidade cubana de 1958. O subdesenvolvimento foi historicamente determinado pela modernização das heranças coloniais, que potencializou o soerguimento de estruturas produtivas alheias às necessidades da coletividade. Neste sentido, é um reflexo da ausência da "formação nacional", isto é, a inexistência de um sistema econômico integrado às demandas e identidades da população, bem como a perpetuação de abismos sociais que fragmentam irremediavelmente a coletividade nacional. Em outras palavras, o subdesenvolvimento é o resultado da incapacidade do capitalismo dependente para criar as bases econômicas adequadas à satisfação das necessidades internas do país, que fossem orientadas por valores socialmente compartilhados.[3] Uma vez que as sociedades periféricas são dotadas de estruturas produtivas voltadas para a satisfação de vontades estrangeiras, não estão formadas as condições materiais e culturais da soberania nacional, permanecendo estas vulneráveis aos ditames do capitalismo central (inclusive de suas teorias). A ausência da formação nacional torna estreita a possibilidade das sociedades periféricas controlarem os rumos e os ritmos de seu desenvolvimento, predominantemente determinados pelas condições externas. Neste sentido, não conseguem controlar seu próprio tempo histórico, ou seja, para onde caminham e com qual passo, estando permanentemente sujeitas a reversões estruturais determinadas de fora para dentro.

Sendo o subdesenvolvimento um conceito essencialmente histórico, não consideramos que pode ser reduzido a um fenômeno exclusivamente econômico, e tampouco compartilhamos com análises que o empregam de maneira unidimensional e unilinear, entendido como "etapa anterior ao desenvolvimento", mirando o capitalismo central como modelo.[4] Ao contrário, como se explicará adiante,

---

3   Sobre as debilidades estruturais do capitalismo dependente e seu conflito com a formação nacional, ver Sampaio Jr: "O capitalismo dependente se divorcia completamente da sociedade nacional, tornando-se incompatível com a continuidade do processo civilizatório" (Sampaio Jr, 2000, p. 417).

4   Do prefácio de Florestan Fernandes à Livre Docência de Caio Prado Junior: "[Caio Prado Junior] estava convicto da veracidade de suas descobertas e do seu retrato da evolução histórica do Brasil e de outras sociedades periféricas e marginais (para empregar os seus conceitos), as quais não repetiram nem poderiam repetir o desenvolvimento econômico autossustentado da Europa industrial e dos Estados

concebemos o subdesenvolvimento como a constituição específica do capitalismo periférico: uma síntese das múltiplas determinações do processo histórico latino-americano, que expressa os nexos orgânicos entre passado colonial, economia dependente e primário-exportadora, segregação social, aculturação das elites, relações de produção particularmente violentas, heterogeneidade estrutural (mais especificamente, a dualidade dos setores moderno e arcaico), institucionalidade precária e cultura política autoritária, processos agravados pela incompleta conquista da soberania nacional, que conduz estas assimetrias ao paroxismo. Por isso, o conceito de subdesenvolvimento constitui uma janela possível para a consideração das contradições que movimentam a totalidade histórica.

COMENTÁRIOS TEÓRICO-METODOLÓGICOS

Recorreremos a dois referenciais teóricos complementares. Primeiro, à teoria do excedente de Celso Furtado, que subsidia uma visão totalizante do subdesenvolvimento e indica os motores de sua reprodução ampliada (ver Furtado, 1974; 1977; 1981). Vejamos como Furtado define os parâmetros de sua teoria do excedente:

> A identificação do excedente requer o estudo do destino dado ao fruto do incremento da produtividade do trabalho. São as desigualdades dos níveis de consumo dos membros de uma coletividade que constituem a indicação irretorquível da existência do excedente. Portanto, a teoria do excedente constitui a face econômica da teoria da estratificação social. (...). Em síntese: o tema central da teoria do excedente são as formas inigualitárias de apropriação do fruto do aumento da produtividade do trabalho (1977, p. 18-19).

Esta teoria do excedente representa um *corpus* conceitual preciso e suficientemente flexível para explicar não apenas o capitalismo subdesenvolvido (nosso ponto de partida), como também as alterações estruturais promovidas pela revolução para superá-lo (o processo de transição socialista), e as formas econômicas e relações sociais vislumbradas para a sociedade que se pretendia construir em Cuba (o sentido histórico da revolução). Nesta narrativa do desmonte da *plan-*

Unidos. Escapou às ilusões dos que representaram o nosso país como se ele pudesse reproduzir o passado, o presente e o futuro dos centros imperiais e concentrou-se no fundamental: dizer *por que isso era historicamente impossível.*" (Fernandes, 2001, p. 7-8).

tation modernizada, identificamos as tensões entre as diferentes formas econômicas agrárias que coexistiram no processo histórico da transição, em diferentes
combinações entre regimes de propriedade, de cultivos e de trabalho. A categoria
de excedente, tal como concebida na teoria de Furtado, se mostrou particularmente adequada ao estudo dos processos de transição da América Latina porque,
com sua amplitude, é capaz de fundamentar tanto as estruturas produtivas subde-
senvolvidas que ainda não pereceram, quanto as formas econômicas provisórias
surgidas do calor da luta revolucionária, e ainda as novas estruturas e relações
socialistas em edificação. Como previu Furtado, sua teoria do excedente poderia
ser aplicada para análise das sociedades pós-capitalistas:

> A partir de ideias como a de excedente e de acumulação é possível
> construir um quadro conceitual suficientemente amplo para abarcar
> o estudo de todas as formações sociais (...). Mas não apenas as formas
> 'pré-capitalistas' de organização da produção podem ser abarcadas
> em uma teoria da mudança social a partir do conceito de excedente.
> O mesmo podemos dizer das formas 'pós-capitalistas', tais chamadas
> economias centralmente planificadas, nas quais a dimensão relativa do
> excedente e também sua destinação surgem explicitamente como uma
> resultante da ação direta do Estado (1977, p. 27).

Adotamos tal referencial conscientes de que a "transição socialista" foi tema
amplamente discutido pela tradição marxista. Contudo, não podemos nos furtar
de optar por uma teoria especificamente capaz de explicar a situação concreta de
Cuba em 1958, o que não é o caso das teorias soviéticas da transição ao socialismo
da década 1920.[5] Em nível teórico, o conceito de subdesenvolvimento adotado

---

5   A tradição marxista atravessou um século de controvérsias sobre a transição ao socialismo que, de modo geral, foram polarizadas a partir de duas posições políticas
"originárias", sustentadoras do debate econômico soviético da década de 1920, das
quais os representantes pioneiros foram Preobrajhensky (1979) e Bukharin (1987).
O primeiro elaborou a teoria da acumulação socialista originária, que diagnosti-
cava uma nova determinação histórica da luta de classes durante a transição, na
qual o Estado (proletário) e o setor privado (predominantemente camponês) dis-
putavam o excedente. Identificado com o segmento socialista da produção, o setor
estatal seria ainda incapaz de executar sua própria reprodução ampliada, e deveria
recorrer aos excedentes privados (capitalistas) para alimentar uma acumulação
originária, do mesmo modo como o capitalismo se alimentou de tantas formas de
produção não assalariadas antes e depois da revolução industrial, destacadamente,
as colônias escravistas da América. Acumulação socialista originária pressupunha,
portanto, captação de excedente privado pelo Estado através de mecanismos ex-

apresenta consideráveis conexões com as leituras marxistas do desenvolvimento desigual e combinado do capitalismo periférico (ver, por exemplo, Amin, 1976), porém oferece mais sólido aporte à análise da dupla articulação combatida pela revolução cubana. Os pontos de contato entre estruturalismo latino-americano e marxismo nos permitem combiná-los, na mesma medida em que a própria revolução cubana o fez, por meio do entrelaçamento histórico da superação do subdesenvolvimento com a transição ao socialismo.

Em segundo lugar, adotamos a filosofia da história de Marx para diagnosticar as forças atuantes no processo histórico, isto é, a luta de classes como critério definidor da correlação de forças e das possibilidades de ruptura e superação do subdesenvolvimento (ver Marx, 2007, 1998). O conceito de sujeito histórico pre-

---

traeconômicos. Bukharin, ao contrário, defendia que o enriquecimento do setor privado era uma peça chave do desenvolvimento das forças produtivas, sem as quais não seria possível atingir os objetivos socialistas. Por isso, se o Estado despojasse o setor privado de seu excedente, as forças produtivas nunca alcançariam os níveis historicamente necessários para a completude do processo revolucionário. As polêmicas a respeito da adequada correlação entre o setor estatal e o setor privado na apropriação do excedente durante a edificação do socialismo adquiriram os mais diversos desdobramentos, incluindo controvérsias de elevada abstração teórica a respeito da incidência da lei do valor nas economias de transição. Não desconsideramos esta tradição marxista de debates sobre a transição. Contudo, partindo da análise histórico-concreta, pensamos que a teoria do excedente que sustenta o conceito de subdesenvolvimento e a economia política estruturalista latino-americana, tal como formulada por Celso Furtado, é mais capaz de explicar os problemas específicos da América Latina e, por conseguinte, de Cuba. Ainda que o debate marxista da transição possa fornecer importantes aportes à narrativa histórica das reformas agrárias em Cuba, este corresponde predominantemente a outras realidades históricas – especialmente da União Soviética e do Leste Europeu. Com isso, pretende-se evitar os equívocos ocasionados pelo deslocamento desta tradição de uma realidade a outra, sem as devidas mediações. De todo modo, há incontáveis pontos de contato entre um e outro referencial, o que nos permite combiná-los, *desde que a própria realidade do processo histórico cubano o tenha feito*. Além disso, a noção de excedente é mais ampla que a de mais-valia, uma vez que pode ser utilizada para a investigação de formas não capitalistas de produção, isto é, nos permite percorrer diferentes transformações revolucionárias sem abandonarmos a precisão conceitual, sem nos perdermos em rotulações inadequadas e, finalmente, sem a necessidade de ressalvas teóricas abstratas sobre a maior ou menor validade da lei do valor nas economias de transição – o que estaria muito além do objetivo deste trabalho. Por estes motivos, a teoria do excedente se revelou mais adequada ao nosso objeto.

sente na filosofia da história de Marx nos permite evitar uma abordagem estática da realidade, e enfatizar não apenas os obstáculos estruturais postos a frente do desenvolvimento cubano (que podem ser analisados à luz da teoria de Furtado), como também a enérgica vontade revolucionária (força subjetiva) que permitiu que uma pequena ilha desafiasse um império. A escalada de conflitos políticos e ideológicos engendrada pela revolução cubana se amplificou de acordo com a luta de classes nacional e internacional. Neste sentido, o projeto de desenvolvimento da revolução, definitivamente, *não* dependia da suposta "vontade política" de administradores públicos nacionalistas e suas equipes de alta competência técnica, guiados pela defesa do desenvolvimento econômico e da justiça social, como poderia supor o estruturalismo latino-americano. A solução burguesa idealizada pela tradição cepalina nunca encontrou lugar na ilha e a superação do subdesenvolvimento coincidiu com a necessidade histórica da revolução das classes trabalhadoras, tal como expunha a teoria do desenvolvimento desigual e combinado.

Veremos que a combinação destes referenciais não é arbitrária ou casuística. Nesta zona de intersecção entre o estruturalismo latino-americano e o marxismo, circularam diversos intelectuais cubanos e estrangeiros que, com diferentes papéis e intensidades, atuaram no projeto de desenvolvimento da revolução: Carlos Rafael Rodríguez, Ernesto Guevara, Raúl Castro, Regino Boti, Oscar Pino-Santos, Juan Noyola, Juan Valdés Paz, Sergio Aranda, José Acosta, Jacques Chonchol, Carlos Romeo, David Barkin, Michel Gutelman, Charles Bettelheim, René Dumont e, com fortes ressalvas, a própria CEPAL (excepcionalmente nas publicações sobre Cuba de 1964 e de 1980), entre muitos outros. É possível dizer que Fidel Castro também se localizou neste território duplo, adotando, por um lado, José Martí como guia teórico e prático da luta pela emancipação nacional; e, por outro, Karl Marx como referencial político para justificar a necessidade do socialismo e os sujeitos sociais que o deveriam edificar e protagonizar. Florestan Fernandes também articulou estes referenciais na sua reflexão sobre Cuba elaborada em 1979, destacando as "duas ordens de necessidades interdependentes" do processo revolucionário cubano:

> Pobreza crônica e subdesenvolvimento extremo enfrentados através do socialismo (...). Essa contradição, no que ela tem de geral e de elementar, não é exclusiva de Cuba. O que é específico de Cuba é a modalidade da combinação, a tentativa de vincular a acumulação socialista originária a duas funções simultâneas: a superação da pobreza crônica e do

subdesenvolvimento extremo em conjunto com a implantação de uma sociedade socialista (2007, p. 314-315).

Consideramos, portanto, que esta zona de intersecção teórico-metodológica constituiu historicamente um território profícuo para as polêmicas sobre estratégias de transformação latino-americanas.

Além disso, por meio da combinação destes dois referenciais pretende--se evitar dois erros. Primeiro, a ênfase excessiva nos fatores estruturais, que elimina ou desmerece o papel dos sujeitos na tomada de decisões históricas. Segundo, o seu gêmeo invertido: a ênfase desmedida nos fatores subjetivos e na vontade dos sujeitos históricos para determinar o desenvolvimento, que reduz as reais dificuldades impostas pelos obstáculos estruturais. A combinação destes referenciais representa a busca de uma abordagem dialética entre estruturas e sujeitos, entre possibilidades e necessidades, entre os meios e os fins do projeto socialista de superação do subdesenvolvimento. Com isto posto, podemos avançar para a definição de subdesenvolvimento que orienta este trabalho.

AS DETERMINAÇÕES HISTÓRICAS DO SUBDESENVOLVIMENTO

O conceito de subdesenvolvimento adotado por este trabalho será brevemente sintetizado a partir de alguns pressupostos teóricos. De acordo com Celso Furtado, qualquer teoria do desenvolvimento deveria levar em conta uma teoria do excedente.[6] Segundo sua teoria, o desenvolvimento é determinado pelas escolhas a respeito da utilização do excedente, tomadas a partir de um "horizonte de opções". A conexão entre projeto de desenvolvimento e utilização do excedente é a essência da sua teoria. Como afirmou Furtado:

> O que importa no conceito de excedente é a destinação final dos recursos, a qual está desligada da satisfação das necessidades constringentes e se abre sobre um horizonte de opções. É porque seu uso transcende as exigências básicas relacionadas com a reprodução da população, em certo contexto cultural, que esses recursos podem ser considerados excedentários. Visto de outro ângulo, o uso desses recursos traduz o projeto de vida da coletividade, a soma de todas as opções tomadas

---

6   "O conceito de excedente surge como a pedra angular do estudo do desenvolvimento", escreveu Furtado (1994, p. 37)

pelos indivíduos e grupos que participam de uma ou outra forma de dominação social (1981, p. 49-50).

Por isso, uma teoria do desenvolvimento deve compreender as formas de geração, apropriação e utilização do excedente. No conjunto do produto social, o excedente é a parcela que não é absorvida pelo "custo de reprodução da população" e, portanto, pode ser consumida por atividades não diretamente relacionadas à subsistência (Furtado, 1981, p. 54).[7] A *geração* do excedente é definida pela relação entre a divisão social do trabalho e a produtividade do trabalho. Sua eficiência pode crescer de modo sincrônico (pela especialização e aumento da escala) ou diacrônico (pela inovação tecnológica). A *apropriação* do excedente é sua absorção assimétrica pela estrutura social, que pode se processar por distintos mecanismos autoritários e mercantis de dominação. Já a *utilização* do excedente, fundamentalmente, se divide em dois tipos: a ampliação das capacidades produtivas ou o simples consumo improdutivo. São as escolhas da utilização do excedente que, de acordo com a teoria de Furtado, revelam a "racionalidade substantiva" de uma sociedade, isto é, os valores culturais e morais que hierarquizam as práticas sociais. Em outras palavras, a *finalidade* de grupos sociais historicamente determinados, que detêm o controle da trajetória do excedente.

O predomínio de uma finalidade na utilização do excedente sobre outra depende da correlação de forças entre classes sociais. Isso porque a finalidade dominante de uma sociedade corresponderia à racionalidade substantiva da classe social dominante, definida pela capacidade de controle do processo de geração, apropriação e utilização do excedente. Mas para alcançar sua finalidade, as classes dominantes carecem daquilo que Celso Furtado nomeou de "racionalidade instrumental", isto é, os *meios técnicos e econômicos* que lhes permitam gerar o excedente. A racionalidade substantiva (fins) e a racionalidade instrumental (meios) são duas dimensões estratégicas dos processos da criatividade humana: envolvem tanto a elaboração das técnicas capazes de ampliar o horizonte de opções materiais e culturais; quanto a utilização criativa destas novas opções de acordo com a hierarquia de finalidades dominantes.[8] Na teoria, o desenvolvimento seria o controle

---

7   O que Furtado define como produto social é a soma do custo de reprodução da população com o excedente. Sobre o conceito de produto social ver Furtado, (1981, capítulo IV).

8   Afirmou Furtado: "A ciência do desenvolvimento preocupa-se com dois processos de criatividade. O primeiro diz respeito à técnica, ao empenho do homem de

das mudanças históricas promovidas pela síntese destes dois processos da criatividade, e dependeria da correlação entre meios técnico-econômicos e fins culturais ou morais, necessariamente determinada pelas lutas sociais em torno do controle do excedente.

Neste quadro teórico geral, a particularidade do capitalismo em relação a todos os outros modos de produção seria a sobreposição da racionalidade instrumental em relação à racionalidade substantiva. Isso ocorre porque "a penetração dos critérios mercantis na organização da produção não é outra coisa senão a ampliação do espaço social submetido à racionalidade instrumental" (Furtado, 1981, p. 4). Só no capitalismo os fins se confundem com os meios de tal modo que a técnica se transforma em uma determinação prioritária da utilização do excedente. Furtado caracteriza o capitalismo nos seguintes termos:

> É certamente o primeiro caso de uma sociedade em que a racionalidade instrumental constitui ela mesma fonte de legitimidade do sistema de poder e em que a inventividade com respeito aos aspectos operativos da vida social impõe-se sobre todas as outras formas de criatividade (1981, p. 52-3).

Mas o desenvolvimento do capitalismo é desigual e combinado. Por isso, enquanto no centro do sistema a finalidade que orienta a utilização do excedente confunde-se com as possibilidades de lucro advindas do progresso técnico, nas periferias, o *subdesenvolvimento* seria especificamente constituído por duas outras determinações históricas: primeiro, o imperativo da rentabilidade das economias centrais; e segundo, a força de modernização dos padrões de consumo das elites locais.

A primeira determinação histórica do subdesenvolvimento foi garantida pelo controle estrangeiro dos meios de produção e das riquezas naturais das sociedades periféricas, viabilizado pela desequilibrada aliança entre capitais nacionais e internacionais, que colocaria uma enorme massa de recursos produtivos a serviço da rentabilidade das economias centrais. A segunda determinação histórica do subdesenvolvimento foi sintetizada a partir do conceito de "modernização", isto é, a permanente sofisticação dos padrões de consumo das elites das sociedades periféricas pela imitação dos padrões de consumo das elites do centro,

---

dotar-se de instrumentos, de aumentar sua capacidade de ação. O segundo refere-se à utilização última destes meios, aos valores que o homem adiciona ao seu patrimônio existencial" (1994, p. 37).

aprofundada por um processo histórico de absorção assimétrica de meios técnicos modernos elaborados também no capitalismo central (Furtado, 1974). Essa assimilação desigual de tecnologia estrangeira carregaria consigo a penetração de valores e identidades alheios à coletividade, incorporados apenas para satisfazer as pulsões de consumo de elites aculturadas e carentes de sentimento nacional. A face inevitável da heterogeneidade tecnológica resultante da "modernização" foi o desemprego estrutural.[9]

As duas determinações, por serem essencialmente alheias à formação nacional, proporcionariam uma base econômica tão distorcida quanto o fosse a estrutura de estratificação social, e permanentemente incapaz de satisfazer as necessidades básicas das populações.[10] Assim, o subdesenvolvimento seria a síntese histórica de uma inadequação entre meios e fins, caracterizado pela insuficiência estrutural da base técnico-econômica para satisfazer, de um lado, as determinações assimétricas da acumulação, e de outro, as necessidades populares. Esta insuficiência foi historicamente compensada pelo recrudescimento da segregação social e dos mecanismos autoritários de extração de excedente. Como definiu Furtado:

> O que veio a chamar-se subdesenvolvimento não é outra coisa senão a manifestação dessa disparidade entre o dinamismo da demanda e o atraso na acumulação reprodutiva. Este tem sua origem na forma de inserção no sistema de divisão internacional do trabalho e o primeiro na penetração dos padrões de consumo do centro. A característica básica da economia periférica consiste, portanto, numa dessimetria entre sistema produtivo e a sociedade. Essa dessimetria manifesta-se sob a

9   Sintetizou Furtado: "Circunstâncias históricas que foram objeto de outros estudos, fizeram com que certos países adotassem precocemente uma tecnologia *capital-intensive* (com respeito à disponibilidade de recursos para acumulação), o que levou-os a conformarem a própria estrutura econômica de maneira a perpetuar uma heterogeneidade tecnológica que se manifesta no plano social sob a forma de importante contingente da população 'subempregada', vale dizer, ocupada em atividades que desconhecem qualquer aumento da produtividade física" (1977, p. 24).

10   Para o caso brasileiro, Caio Prado definiu: "o que deveria normalmente constituir o essencial de uma economia, que é prover ao sustento alimentar dos indivíduos nela engajados, isto sempre foi no Brasil não apenas subestimado, mas até mesmo, frequentemente, quase por inteiro desatendido" (Prado Junior, 2001, p. 64).

forma de heterogeneidade social e de rupturas e desníveis nos padrões de consumo (1981, p. 89-90).

Sendo assim, as determinações históricas do subdesenvolvimento engendram uma combinação contraditória de *violência* (formas autoritárias de extração do excedente viabilizadas pelo desemprego estrutural e pelo subemprego) e *desperdício* (subutilização das capacidades produtivas decorrente dos desníveis de produtividade, da ausência de um sistema econômico nacional e da força exercida pelo capital especulativo nestas estruturas). A reprodução ampliada das assimetrias do subdesenvolvimento dependeria, para Furtado, de duas alavancas fundamentais situadas precisamente na estrutura agrária e na ordem econômica internacional.[11]

Em se tratando de um fenômeno histórico-estrutural, a superação destes entraves exigiria o estremecimento das bases do capitalismo dependente. Foram justamente estes os alvos da revolução cubana, que combateu as duas determinações históricas do subdesenvolvimento através de um programa fundamentado em uma nova racionalidade substantiva, baseada no *igualitarismo* e na *soberania nacional*. Estas duas novas finalidades se amalgamaram na luta anti-imperialista e se converteram em um *projeto socialista de desenvolvimento*, declarado a partir de abril de 1961. Esse projeto demandava, por um lado, a modificação da racionalidade instrumental, ou seja, uma nova relação entre as estruturas de produtividade e as necessidades da população e, por outro, o enraizamento destas novas finalidades incorporadas como valores comuns da coletividade nacional. Sendo o subdesenvolvimento uma inadequação entre meios e fins que inviabiliza o controle social dos rumos e ritmos da mudança histórica, a tentativa cubana de superá-lo se deparou com desafios estruturais ligados a estes dois processos da criatividade. Serão objetos desse trabalho as dificuldades cubanas para, por um lado, encontrar os meios adequados para as novas finalidades do desenvolvimento, e por outro,

---

11 Sobre a estrutura agrária, Furtado afirma: "As condições de vida da população que se acumula nas terras inferiores ou migra para a fronteira agrícola definem o salário básico pago na agricultura capitalista. Portanto, é a estrutura agrária que demarca o excedente" (1981, p. 104). Sobre a ordem econômica internacional, Furtado sustenta: "Pouca dúvida pode haver de que a presente ordem econômica internacional alimenta e exacerba as disparidades, pois seu estilo tecnológico que é seu *substratum* – e que tem origem em economias de elevado nível de acumulação – privilegia a diversificação do consumo ali onde as necessidades mais elementares não foram satisfeitas" (1981, p. 146).

converter as novas finalidades em uma razão coletiva tão envolvente que fosse capaz de reduzir os componentes coercitivos das relações sociais de produção ou, em outras palavras, autodisciplinar o trabalhador através da consciência.

A ESTRUTURA AGRÁRIA

Explicaremos brevemente a escolha pelo ponto de vista da estrutura agrária para a realização deste estudo. Por suas características históricas, a estrutura agrária constitui o ponto nevrálgico da reprodução ampliada do subdesenvolvimento. Partimos do seguinte ponto de vista de Furtado:

> As estruturas agrárias constituem o melhor ponto de observação para o estudo dos mecanismos de dominação social em que se baseia a extração autoritária de um excedente (...). A simbiose do tradicional e do moderno, que caracteriza a agricultura periférica, é o melhor prisma para observar o entrosamento da dominação externa – forma de inserção na divisão internacional do trabalho – e da interna: prevalência do critério autoritário na extração de excedente (1981, p. 96, 101).

Em uma sociedade subdesenvolvida exportadora de produtos tropicais, a forma agrária específica da segregação social foi a *plantation*.[12] Este conceito, criado para explicar a estrutura agrária das colônias algodoeiras do Sul dos Estados Unidos, encontrou ressonância na literatura histórica e econômica da América Latina, já que a tríade latifúndio-monocultura-escravidão determinou a constituição colonial de países como Brasil e Cuba, destacadamente na produção canavieira.[13] Em Cuba, Manuel Moreno Fraginals e Ramiro Guerra foram os maiores

---

12   Furtado elaborou uma tipologia do subdesenvolvimento na América Latina de acordo com a especialização produtiva. Definiu três grupos exportadores: de produtos agrícolas de clima temperado (Argentina e Uruguai), de produtos agrícolas de clima tropical (Brasil, Colômbia, Venezuela, Equador, México, Caribe e América Central, somando mais da metade da população latino-americana) e de produtos minerais (Chile, Peru, Bolívia, México e Venezuela). Cada grupo deu origem a uma estrutura social especificamente segregada, de acordo com a atividade econômica predominante. No caso dos países tropicais a *plantation* é uma das formas econômicas de origem colonial reprodutoras do sistema (1969, p. 62-4).

13   Sobre a organização da *plantation* no sul dos Estados Unidos ver Gray, 1958. No Brasil, foi Caio Prado Junior quem consagrou os estudos sobre o papel da *plantation* na sociedade colonial e pós-colonial. Ver Prado Junior, 1994 e 2004.

estudiosos do tema.[14] A *plantation* foi um fato histórico colonial que criou raízes na estrutura agrária das sociedades pós-coloniais.

Até 1958, o processo de geração, apropriação e utilização do excedente econômico de Cuba foi determinado por uma "tríade neocolonial" ou, em outras palavras, pela *plantation* modernizada: primeiro, um *regime de propriedades* de tipo latifúndio-minifúndio que garantiu a absorção assimétrica de progresso técnico na agricultura, gerando subutilização das capacidades produtivas industriais; segundo, um *regime de cultivos* que subordinou a monocultura canavieira aos movimentos do capital financeiro internacional, gerando subutilização das capacidades produtivas agrícolas; e terceiro, um *regime de trabalho* marcado pela extração autoritária de excedente, pela segregação social e pelo desemprego. Trataremos brevemente desta tríade.

Primeiro, o *regime de propriedades* da *plantation* modernizada se caracterizou pelo aprofundamento da concentração fundiária e pela absorção assimétrica de tecnologia. A concentração fundiária, acompanhada da desnacionalização da terra, foi viabilizada por dois ciclos de intensa "acumulação por espoliação": a ocupação militar estadunidense de 1898 a 1902 e a crise financeira da Dança dos Milhões de 1920 – que serão abordados no primeiro capítulo. A espoliação estrangeira de enormes superfícies rurais foi marcada pela desapropriação de camponeses, que foram forçadamente deslocados para as piores terras e, em muitos casos, passaram a depender do assalariamento e viver em minifúndios arrendados. Desta espoliação surge a estrutura latifúndio-minifúndio. A absorção assimétrica do progresso técnico estrangeiro na cadeia produtiva do açúcar ampliou a capacidade da indústria em relação à da agricultura, transferindo poder do latifúndio canavieiro para as centrais (como se chamam em Cuba os engenhos). Isso exacerbou as assimetrias de produtividade dentro da cadeia, favorecendo pequenos circuitos especulativos na estrutura agrária.

Segundo, no que diz respeito ao *regime de cultivos*, esta penetração dos capitais estrangeiros na estrutura agrária submeteu a monocultura aos grandes circuitos modernos de especulação financeira. Em 1958, o açúcar representava 54% do valor total da produção agrícola em termos monetários e 77% do valor total das exportações da ilha. Ao mesmo tempo, os latifúndios canavieiros apresentavam 46% de sua superfície ociosa e, usualmente, 20% da plantação não era colhida (Chonchol, 1961, p. 8, 11-12). Esta subutilização das capacidades produtivas ca-

---

14   Ver Fraginals, 1989; Guerra, 1970.

navieiras, constituída para criar margens de especulação no mercado mundial, foi resultado da inserção econômica dependente da ilha em relação aos Estados Unidos. A dependência foi selada pelos Tratados de Reciprocidade e pelo sistema de cotas de exportação, adotados ao longo da primeira metade do século XX, que bloqueavam o desenvolvimento de qualquer outro segmento produtivo e condenavam a ilha à monocultura. Além das amarras comerciais que garantiam a subutilização das capacidades produtivas agroindustriais, havia um amplo controle estrangeiro sobre a terra: em 1958, 40% da produção açucareira cubana era comandada por proprietários estadunidenses (CEPAL, 1980, p. 14). Tudo isso fazia com que Cuba estivesse particularmente suscetível às pressões exercidas pelo capital financeiro internacional, submetendo suas estruturas produtivas à deriva dos maiores grupos financeiros do mundo.[15] Como veremos, o controle estrangeiro da economia nacional foi frequentemente facilitado pelo Estado cubano e por suas classes dominantes.

Em terceiro lugar, o *regime de trabalho* agrícola da *plantation* modernizada era baseado na extração autoritária do excedente, permanentemente garantida pelo desemprego estrutural.[16] Até 1958, o desemprego estrutural adquiria proporções dramáticas durante o *tiempo muerto*. Flutuando de acordo com a safra açucareira, o desemprego, o subemprego e o trabalho sem remuneração alcançavam, juntos, um terço da força de trabalho nacional (Acosta, 1973, p. 69; Pino-Santos, 1983, p. 265; Lecuona, 2009, p. 128)[17] Os trabalhadores do campo, que representavam quase 40% da população total da ilha, viviam em situação de extrema pobreza (Pino-Santos, 1983, p. 270; CEPAL, 1964, p. 272). Como revelou a pesquisa realizada pela *Agrupación Católica Universitária* em 1956, 92,79% das famílias rurais cubanas sobreviviam com menos de 1.000 pesos por ano, incluída

---

15   Sobre o caráter especulativo do latifúndio na América Latina subdesenvolvida, Furtado escreveu: "A propriedade da terra constitui menos uma base de organização da produção agrícola que um meio de extrair excedente de uma economia de nível extremamente baixo de produtividade" (1969, p. 91).

16   Sobre a extração autoritária do excedente na agricultura após a abolição da escravidão, Furtado analisou: "A passagem para a agricultura moderna foi frequentemente acompanhada de redução do emprego nas áreas ou atividades que se modernizavam e aumento do subemprego noutro lugar, onde permanecia a forma tradicional. Muitas vezes, essa dicotomia se produziu dentro de uma mesma exploração agrícola que, dispondo de uma reserva de mão de obra podia impor salários baixos no setor modernizado" (1981, p. 101).

17   Cálculos baseados nos dados do Conselho Nacional de Economia de 1958.

a produção para autoconsumo, o que os tornava ainda mais vulneráveis aos rebaixamentos salariais.[18]

As três alavancas da "tríade neocolonial" da *plantation* modernizada constituíam os meios de reprodução das determinações históricas do subdesenvolvimento: primeiro, eram a garantia de rentabilidade das economias centrais e, segundo, da modernização dos padrões de consumo das elites, alimentando os privilégios de uma burguesia de tipo *societas sceleris*.[19]

A modernização da *plantation* constituiu, em si mesma, o "desenvolvimento do subdesenvolvimento" ou o "anti-desenvolvimento".[20] Sendo assim, as reformas agrárias realizadas pela revolução cubana combateram as alavancas de reprodução do capitalismo dependente, atacando o regime de propriedades, o regime de cultivos e o regime de trabalho da *plantation* modernizada. Neste combate, o projeto de desenvolvimento encarnado pela revolução se propunha a alterar a trajetória do excedente, ampliando e diversificando sua *geração* pela ativação das capacidades produtivas subutilizadas; democratizando sua *apropriação* pela ruptura com a segregação social; e orientando sua *utilização* a serviço da nova racionalidade substantiva. Estas transformações foram acionadas pelas reformas agrárias de 1959 e 1963.

Quando posto em prática, o projeto de desenvolvimento da revolução deflagrou novas contradições, que desencadearam polêmicas, críticas e retificações permanentes. Alguns destes dilemas serão reconstituídos, tendo em vista o debate sobre a revolução e o socialismo nas periferias do capitalismo. Sendo a estrutura agrária o melhor ponto de observação para o estudo dos mecanismos de dominação social, certamente constitui um excelente ponto de observação dos processos de emancipação.

---

18   Nos anos 1950, havia paridade entre peso e dólar (Lecuona, 2009, p. 192).

19   "Elite de tipo *societas sceleris*" é a definição adotada pela CEPAL para caracterizar a burguesia cubana no estudo de 1980, utilizando uma concepção de Hélio Jaguaribe, que o resume em duas características. Primeiro, a subordinação das elites nacionais aos interesses estrangeiros e, segundo, um "oportunismo explorador às claras e autoconsciente da elite *societas sceleris*", isto é, que se comporta como sociedade criminosa (apud CEPAL, 1980, p. 15).

20   Sobre a ideia de "desenvolvimento do subdesenvolvimento" ver Amin, 1976, capítulo IV, p. 167. Carlos Rafael Rodríguez sustentou: "O período de expansão açucareira foi o período em que se realizou a maior deformação estrutural econômica de nosso país e é, na realidade, um período de 'anti-desenvolvimento'" (1983, p. 57).

AS NOVAS CONTRADIÇÕES

Este trabalho buscará abordar algumas das novas contradições que surgiram do projeto de desenvolvimento da revolução cubana. Tais contradições se manifestam em divergências sobre as formas de geração, apropriação e utilização do excedente diante do novo horizonte de opções aberto pela mudança da racionalidade substantiva do sistema. Furtado caracterizou o socialismo periférico como uma tentativa específica de superação do subdesenvolvimento repleta de impasses. Para ele, os problemas surgidos da "coletivização dos meios de produção" no quadro do subdesenvolvimento foram de três ordens:

> a) o da organização social que responda pela definição de prioridades na alocação de recursos escassos;
>
> b) o do sistema de incitações que concilie o melhor desempenho das atividades produtivas com a desejada distribuição da renda;
>
> c) o da inserção na economia internacional que assegure o acesso à tecnologia e aos recursos financeiros fora das relações de dependência (1994, p. 39-40).

Estas três ordens gerais de problemas correspondem, precisamente, às três dimensões concretas do desmonte da *plantation* modernizada. A primeira ordem de problemas corresponde ao *regime de propriedades* e à apropriação do excedente, isto é, as polêmicas a respeito das formas de gestão e da escala das novas unidades prdutivas da estrutura agrária. A organização social mais adequada que respondesse pela definição das prioridades de alocação do excedente foi ampla e abertamente debatida em Cuba entre 1961 e 1964, desde o "pequeno debate agrário" sobre cooperativas e granjas estatais até o "grande debate econômico" sobre as formas depropriedade da transição ao socialismo.[21] O grande debate econômico polarizou-se entre duas

---

21   A ideia de que houve um "pequeno debate agrário" entre 1961 e 1962 é uma caracterização original deste estudo, não havendo referência semelhante na bibliografia. Já o "grande debate econômico" é consagrado. Se realizou em 1963 e 1964, por meio de artigos publicados nas revistas *Cuba Socialista*, *Nuestra Industria*, *Comercio Exterior*, entre outras. De um lado, estavam Ernesto Guevara (ministro das Indústrias), Luis Alvarez Rom (ministro das Finanças), Miguel Cossío, Alexis Condena e Mario Rodríguez Escalona em defesa da centralização estatal máxima da economia por meio do sistema orçamentário de financiamento. Junto deles, o economista belga Ernest Mandel. Do outro lado, estavam Alberto Mora (ministro do Comércio Exterior), Marcelo Fernandez Font (presidente do Banco Nacional), Juan Infante e Carlos Ra-

propostas: no sistema orçamentário de financiamento prevaleceria um controle estatal absoluto da geração e apropriação do excedente, de modo que o Estado decidiria soberanamente sobre sua utilização; no sistema de cálculo econômico, o setor privado possuiria uma porção do excedente em suas mãos, podendo decidir sobre sua utilização em âmbito privado. A essência do debate econômico entre os dois sistemas foi a divergência sobre qual deveria ser o papel específico do setor privado nas decisões sobre a utilização do excedente, e qual deveria ser seu papel político geral na transição ao socialismo. Evidentemente, não nos propomos a recompor os argumentos do grande debate econômico cubano neste trabalho, ainda que conhecê-lo seja uma condição indispensável para nosso objetivo. Entre 1965 e 1966, o debate foi substituído pela experimentação simultânea dos dois modelos rivais do "grande debate" nos setores encabeçados por seus mais proeminentes formuladores: o sistema orçamentário foi aplicado à indústria e comandado por Ernesto Guevara, enquanto o cálculo econômico foi aplicado na agricultura e comandado por Carlos Rafael Rodríguez.[22] Porém, a experiência da dualidade de modelos não durou muito: a partir de 1967, a despeito da marcante ausência de Guevara, os princípios que regiam o sistema orçamentário se tornaram guias essenciais da "ofensiva

---

fael Rodríguez (presidente do Instituto Nacional de Reforma Agrária - INRA), junto com o francês Charles Bettelheim, defendendo formas cooperativas de autogestão e autofinanciamento das unidades de produção. Além das formas de gestão mais adequadas, estava em debate o papel do cálculo econômico e das categorias mercantis na transição ao socialismo, a validade dos estímulos materiais e dos estímulos morais para o aumento da produtividade do trabalho, a função da lei do valor na economia de transição, a administração dos preços, e a dimensão cultural da ruptura econômica com o capitalismo. Os artigos do grande debate econômico podem ser encontrados em Guevara, 1982, 2006 e 2011 e Rodríguez, 1963a, 1963b e 1966. A recomposição histórica dos argumentos e implicações do debate está em Pericás, 2004. O caráter estratégico dos temas abordados à época pode ser atestado pelo fato de que as polêmicas se desdobraram até hoje. Sobre o debate econômico atual, ver os artigos de José Luiz Rodríguez García, Carmelo Mesa-Lago e Julio Diaz Vasquez na seção *Catalejo – Economía y Política* do site da Revista *Temas*. Acesso em 15 jan.2016: http://www.temas.cult.cu/catalejo.php

22 Carlos Rafael Rodríguez é um economista cubano que se tornou a principal liderança do Partido Socialista Popular (PSP), o partido comunista de Cuba antes da revolução. Foi presidente do Instituto Nacional de Reforma Agrária (INRA), criado em 1959, e ocupou papel de destaque no debate agrário e econômico dos anos que aqui nos ocupam. Por tudo isso, Rodríguez é um dos protagonistas mais indispensáveis na história que aqui narramos

revolucionária", que repudiou radicalmente o cálculo econômico e culminou com a safra de 1970. Na trajetória do regime de propriedades, identificamos as diferentes unidades produtivas agrárias de cada momento específico da revolução e as suas implicações na apropriação do excedente: cooperativas, granjas estatais, pequena propriedade camponesa, planos especiais, combinados etc. Cada nova unidade produtiva agrária foi posta à prova, representando configurações distintas do controle do excedente e, consequentemente, da estratégia de desenvolvimento. As polêmicas sobre o novo regime de propriedades perpassam todos os capítulos deste trabalho.

A segunda ordem de problemas apontada por Furtado aborda as tensões entre produtividade do trabalho, democratização do excedente e relações sociais de produção, isto é, diz respeito ao novo *regime de trabalho*. Discutiremos o perfil de redução do desemprego na ilha entre 1959 e 1970 e a constituição de um *tiempo muerto* às avessas, ou seja, a passagem do desemprego estrutural para uma situação de escassez de trabalhadores nos canaviais. Ao mesmo tempo, as garantias sociais oferecidas pelo Estado significavam uma "remuneração coletiva" do trabalho (ou coletivização dos salários), que convivia com um sistema de salários individuais relativamente baixos. Abordaremos, mais especificamente, o caso do trabalho voluntário mobilizado para a safra dos 10 milhões. A análise do trabalho voluntário durante a safra de 1970 condensa as contradições vividas entre democratização do excedente e queda da produtividade do trabalho, que criaram um impasse para as relações sociais de produção. Nas condições cubanas, a democratização do excedente afrouxava os laços coercitivos do trabalho, gerando repercussões negativas sobre a produtividade. A tentativa de solucionar este problema por meio das brigadas voluntárias de corte de cana-de-açúcar deu origem a uma ferramenta ideológica paradoxal que acionava consciência e coerção para amenizar a queda da produtividade. Em outras palavras, para alguns, o trabalho voluntário era uma ação da consciência revolucionária, mas para outros, era uma imposição coercitiva. As mobilizações foram ainda mais intensas pelo fato de que a mecanização do corte da cana ficou muito aquém do planejado para a grande safra. Em 1970, apenas 1% do corte da cana estava mecanizado, enquanto a expectativa traçada pelo governo era alcançar no mínimo 30% (Edquist, 1985, p. 108). Posteriormente, demonstrou-se que o trabalho voluntário apresentava resultados desastrosos em termos de produtividade. O impasse entre democratização do excedente e queda da produtividade do trabalho em uma sociedade subdesenvolvida em processo de transição ao socialismo – que, supostamente, pretendia reduzir o componente coercitivo do trabalho, e não recriá-lo – não foi solucionado. Enfim, esta segunda ordem de problemas reflete de maneira prioritária o debate entre uso de estímulos materiais e/ou estímulos morais para lograr o aumento da produtividade do trabalho na transição ao socialismo. Passaremos brevemente pelo tema para explicar o contexto da "ofensiva revolucionária" de 1967. Contudo, a complexidade teórica e econômica deste debate nos impede de abordá-lo com mais atenção.[23]

A terceira ordem de problemas apontada por Furtado traz à tona a força determinante da ordem econômica internacional e da dependência tecnológica e financeira para um país subdesenvolvido como Cuba. Essa ordem de problemas incide sobre o *regime de cultivos* da estrutura agrária e as tensões entre a monocultura e a diversificação. A revolução cubana foi conduzida para uma radical diversificação agrária até 1963. Depois optou pela priorização canavieira combinada à diversificação especializada, até aproximadamente 1967. Ao aproximar-se a safra de 1970, a opção canavieira se tornou ainda mais incisiva, produzindo distorções estruturais em quase todos os ramos da economia da ilha, e inviabilizando a diversificação. Por trás de cada política de cultivos, havia uma determinada estratégia de desenvolvimento. É certo, porém, que para a safra de 1970 foi preponderante a consolidação da nova inserção de Cuba na ordem econômica internacional, garantida pelos acordos com a União Soviética. A relação entre regime de cultivos, estratégia de desenvolvimento e inserção econômica internacional constitui um paradoxo fundamental da história da ilha. A nova inserção cubana fez com que a especialização canavieira, um dos pilares da *plantation* modernizada, permanecesse ativa, ainda que menos subordinada aos circuitos especulativos. Apesar disso, a utilização do excedente gerado pela produção açucareira passou a se orientar pelas novas finalidades, e o açúcar passou a ser visto como uma alavanca provisória de desenvolvimento ou, em outras palavras, a plataforma técnico-econômica que viabilizaria um "grande salto". Esta contradição atravessa todas as partes do trabalho e nos permite visualizar como as mudanças profundas na apropriação e na utilização do excedente conviveram com a permanência das formas de geração do excedente oriundas de uma herança colonial extremamente persistente.

---

23   Os argumentos desta dimensão do debate econômico cubano estão analisados em Pericás, 2004. Ver também Silverman, 1971 e 1978.

UMA PERIODIZAÇÃO

Apresentamos a seguir um esquema geral desta pesquisa e uma proposta de periodização dos diferentes momentos da transformação da estrutura agrária lcubana entre 1958 e 1970, correspondentes a cada capítulo. Através do quadro a seguir, sintetizamos os grandes traços da estrutura agrária, debatidos e analisados neste estudo.

	Capítulo 1 — 1958	Capítulo 2 — Jan/1959 a Out/1963	Capítulo 3 — Out/1963 a Set/1966	Capítulo 4 — Set/1966 a Jul/1970	Capítulo 5 — Imediato pós-1970
Regime de propriedades	Estrutura latifúndio-minifúndio	Primeira lei de reforma agrária	Segunda lei de reforma agrária	Ofensiva revolucionária	Estabilização
Propriedade agrícola estatal	Insignificante	Cooperativas (até set./1962) e granjas (40%)	Granjas e combinados (60%)	Granjas, combinados e planos especiais (85%)	
Propriedade agrícola privada[1]	Latifúndio (57% da superfície com 2,8% dos proprietários). Minifúndio (15% da superfície com 78,5% dos proprietários)	Burguesia rural (30%) e pequenos proprietários (30%)	Pequenos proprietários (40%)	Pequenos proprietários (15%)	
Debate econômico e gestão da unidade produtiva	--	Centralização intensa e improvisada	Modelo dual (autofinanciamento da agropecuária)	Economia moral (sistema orçamentário)	Cálculo econômico (transição para modelo soviético)
Regime de cultivos	Monocultura canavieira extensiva com caráter especulativo	Diversificação radical e redução da superfície canavieira	Recuperação da superfície canavieira e diretriz de diversificação especializada	Meta dos 10 milhões e redução da superfície diversificada (distorções estruturais)	Especialização açucareira
Inserção econômica internacional	Dependente dos Estados Unidos	Bloqueio estadunidense e crise da inserção	Convênio de 1964 e nova inserção no bloco soviético	Consolidação da inserção no bloco soviético	Ingresso no CAME
Estratégia de desenvolvimento	Não há (domínio do capital financeiro)	Estratégia emergencial	Estratégia combinada	Estratégia turnpike (safra de 1970: "grande salto" exportador)	Fracasso do "grande salto" e autocrítica

Meios técnico-econômicos	Subutilização das capacidades produtivas	Eliminar subutilização das capacidades produtivas	Investimento em bens de capital agroindustriais	Tentativas de mecanização canavieira	Investimento em bens de capital agroindustriais / Hierarquização das finalidades: igualitarismo como prioridade
Utilização do excedente	Rentabilidade do capital estadunidense e modernização dos padrões de consumo das elites	Democratização do excedente: igualitarismo, soberania nacional e projeto socialista			Hierarquização das finalidades: igualitarismo como prioridade
Regime de trabalho	Tiempo muerto (extração violenta do excedente)	Melhoria salarial e início da coletivização do trabalho	Escassez de mão de obra canavieira e estímulos materiais	Estímulos morais e trabalho voluntário (queda da produtividade)	Autocrítica dos estímulos morais e da queda da produtividade
Desemprego médio[2]	14,3% (1943-1958)	10,56%	6,4%	2,8%	3,6%
Mecanização do corte da cana	0%	0%	1% a 3 %	3% a 1%	1% a 3%

1   Por burguesia rural considera-se todo proprietário com 5 a 30 *caballerías*, somados às exceções estabelecidas pela primeira lei de reforma agrária (de 30 a 50 *caballerías*). Por pequeno proprietário consideram-se todos aqueles com 2 a 5 *caballerías*. Uma *caballería* equivale a 13,42 hectares (Chonchol, 1961, p. 28).

2   O cálculo do desemprego no período 1943-58 está sujeito às manipulações estatísticas relacionadas à sazonalidade da safra, como veremos no Capítulo 1.

CAPÍTULO I - A MODERNIZAÇÃO DA PLANTATION (1902-1958)

É na forma de relação dos latifúndios com os minifúndios que deve-
mos buscar os traços fundamentais da estrutura agrária regional.

Celso Furtado (1969, p. 91)

O bem-estar das nossas classes dominantes – dominantes para dentro, dominadas de fora – é a maldição das nossas multidões.

Eduardo Galeano (2004, p. 14)

Quando Fulgencio Batista fugiu para a República Dominicana na madrugada de 1º de janeiro de 1959 e foi recebido pelo ditador Rafael Leónidas Trujillo ao
preço de um milhão de dólares por noite, já havia perdido o apoio da embaixada
dos Estados Unidos. Era a quarta vez que Cuba atravessava um levante popular
tão expressivo. A primeira havia sido entre 1868 e 1878, na Guerra dos Dez Anos
contra o jugo da Espanha; a segunda, durante a Guerra de Independência de 1895
a 1898; e a terceira derrubara a ditadura de Gerardo Machado em 1933, após uma
década de rebeliões. E agora a guerrilha da Sierra Maestra, de tão improvável vitória, havia espalhado uma nova faísca.

Até ali, em 1959, a sociedade cubana poderia ser considerada neocolonial
e subdesenvolvida.[1] Neocolonial por sua incontestável vulnerabilidade externa e
pela debilidade ou inexistência de centros de decisão internos à ilha. Subdesenvolvida pela inadequação entre a estrutura produtiva e as necessidades da maioria da população. A ausência de soberania nacional e a inadequação da estrutu-

---

[1]   Sobre o conceito de sociedade neocolonial ver Fernandes, 2007; Sampaio Junior,
1999; Acosta, 1973. Sobre o conceito de subdesenvolvimento ver Furtado, 1981.

ra produtiva foram historicamente agravadas pela modernização da *plantation* canavieira de origem colonial, levada ao paroxismo durante a primeira metade do século XX, e que constituiu o nexo orgânico entre estrutura agrária e ordem econômica internacional na determinação do subdesenvolvimento cubano.[2] Em síntese, a modernização da *plantation* cubana foi a amálgama de três processos: o agravamento da heterogeneidade estrutural,[3] que ampliou as assimetrias do *regime de propriedades*; o amplo controle estadunidense das terras da ilha, fundamentado na conversão da monocultura em uma atividade essencialmente especulativa, traço definidor do *regime de cultivos*; e o desemprego no *tiempo muerto*, que perpetuava a segregação social, impondo condições violentas ao *regime de trabalho*.

Como se articulavam estes três processos da modernização da *plantation*? É isto que veremos neste capítulo. Em primeiro lugar, o regime de propriedades garantia um regime de trabalho particularmente violento. A concentração fundiária e a disparidade tecnológica entre agricultura e indústria na cadeia açucareira eram os principais fatores originários do desemprego sazonal cubano, pois enquanto a agricultura extensiva absorvia enormes contingentes de trabalhadores, a indústria era intensiva em tecnologia. A agricultura exigia, por apenas quatro meses ao ano, um contingente de força de trabalho no canavial capaz de fornecer matéria-prima para uma indústria desproporcionalmente modernizada. Este volumoso contingente se tornava desnecessário na entressafra, gerando estações de desemprego rural massivo que chegavam a atingir meio milhão de pessoas (Aranda, 1968, p. 12; Pino-Santos, 1983, p. 265). A estrutura latifúndio-minifúndio se origina precisamente deste processo. Em segundo lugar, o regime de cultivos reforçava um regime de trabalho marcado pela ausência de alternativas, simplesmente porque não existiam outros cultivos capazes de absorver tal contingente na entressafra. Assim, a monocultura canavieira perpetuava a precariedade salarial geral. Ao mesmo tempo, este desemprego sazonal era uma peça chave da reprodução ampliada do subdesenvolvimento, porque garantia a geração de volumosos excedentes através de um baixo custo de reprodução da população. Em terceiro lugar, enfim, o regime de propriedades e o regime de cultivos se vinculavam pelo caráter especulativo da *plantation* modernizada, que garantia a subutilização

---

2   Sobre a história *plantation* colonial em Cuba nos séculos XVIII e XIX ver Fraginals, 1988 e 1989. Sobre o conceito de modernização ver Furtado, 1974.

3   Sobre o conceito de heterogeneidade estrutural ver Pinto, 1979.

das capacidades produtivas agrícolas e industriais. Duas dimensões especulativas proporcionavam tal subutilização. O regime de propriedades era internamente amarrado por redes de arrendamento e subarrendamento (típicas da estrutura latifúndio-minifúndio), que constituíam pequenos circuitos de especulação, alimentados pela ociosidade da terra. Ao mesmo tempo, estes pequenos circuitos se integravam a um grande circuito de especulação, uma vez que o regime de cultivos estava condicionado às flutuações e negociações do mercado mundial do açúcar, determinantes da ociosidade da indústria. Enfim, quando esta engrenagem de três pás era posta em movimento criava tanto prosperidade quanto devastação.

A modernização da *plantation* fez de Cuba um caso emblemático do subdesenvolvimento latino-americano e do desenvolvimento desigual e combinado do capitalismo. Nos anos 1950, apresentava as contradições mais agudas das formações periféricas: era uma nação cindida em sua estrutura social e sem controle sobre os rumos e os ritmos de seu desenvolvimento. Enquanto o capital alcançou elevados graus de concentração e centralização e a indústria açucareira absorveu tecnologias de grande produtividade, a maior parte da população permanecia submersa na extrema pobreza rural e a agricultura continuava tão rústica quanto no século XIX.[4] Neste capítulo, reconstituímos sumariamente o processo histórico que culminou com a situação cubana de 1958, percorrendo as três dimensões da modernização da *plantation*.

REGIME DE PROPRIEDADES: LATIFÚNDIO-MINIFÚNDIO

A modernização da *plantation* em Cuba gerou um regime de propriedades de tipo latifúndio-minifúndio.[5] A relação entre latifúndio e minifúndio era a ex-

---

4   Sobre o conceito de desenvolvimento desigual e combinado ver Amin, 1976. Sobre concentração e centralização do capital ver Marx, 2006, capítulo XXIII.

5   O regime de propriedades latifúndio-minifúndio foi definido por Celso Furtado nos seguintes termos: "Considera-se como de subsistência a unidade em que dois terços ou mais da produção são para autoconsumo, mesmo se aqueles que nela trabalham derivam uma renda complementar de atividade exterior. Por vezes as unidades de subsistência vivem em simbiose com a agricultura comercial. É esse o caso do binômio minifúndio-latifúndio característico da estrutura agrária de grande parte da América Latina" (Furtado, 1981, p. 97). A mesma estrutura foi chamada por Juan Valdés Paz de constelação latifundiária: "a organização agrária correspondente a esta constelação se caracterizava tanto pela crescente polarização entre latifúndio e o minifúndio, como por uma lenta evolução de suas formas organizativas" (2009, p. 11). Para ele, um minifúndio pode ser definido como: "ex-

pressão territorial das relações sociais de produção no campo. Em outras palavras, os minifúndios cubanos eram a forma territorial do *tiempo muerto,* pois eram a única possibilidade de subsistência para a maioria dos cortadores de cana dispensados todos os anos de abril a novembro. O regime de propriedades latifúndio--minifúndio está representado na tabela 1, com dados do Censo Agrícola Nacional cubano de 1946.[6]

TABELA 1 - SUPERFÍCIE AGRÍCOLA POR TAMANHO DE PROPRIEDADES (1946)				
Tamanho	Propriedades	%	Superfície (*caballerías*)	%
Até 2 caballerías	125.619	78,5	101.530	15
De 2 a 5 caballerías	16.766	10,5	61.292	9
De 5 a 30 caballerías	13.150	8,2	128.781	19
Mais que 30 caballerías	4.423	2,8	384.787	57
Total	159.958	100	676.390	100
Fonte: Chonchol, 1961, p. 5 - Censo agrícola nacional de 1946.				

Em 1946, os latifúndios maiores que 30 *caballerías* correspondiam a 2,8% do número de propriedades e controlavam 57% da superfície agrícola, enquanto os minifúndios menores que 2 *caballerías* representavam 78,5% do número de propriedades e ocupavam apenas 15% da superfície agrícola.[7] Como os latifundiários

---

ploração familiar insuficiente para proporcionar as rendas mínimas vitais de seus membros" (1997, p. 21). Posteriormente, o governo revolucionário considerou o "mínimo vital" como 2 *caballerías* por família de 5 pessoas, ou seja, 27 hectares.

6　　O censo agrícola de 1946 foi o último mapeamento estatístico oficial sobre o tema da propriedade agrária realizado pelo governo cubano antes da revolução. Ele foi usado pelo movimento revolucionário para determinar políticas de reforma agrária e redistribuição da terra em 1958 e 1959. Foi também baseado nele que o engenheiro agrônomo Jacques Chonchol escreveu seu relatório para a FAO em 1961, quando foi enviado para Cuba em missões técnicas para auxiliar a reforma agrária da ilha (ver Chonchol, 1961, 1963, além da entrevista de nossa autoria publicada em 2012.). Jacques Chonchol, engenheiro agrônomo, foi ministro da Agricultura do governo de Salvador Allende entre 1970 e 1972. Antes disso, como técnico da FAO, foi à Cuba em missão para auxiliar a reforma agrária.

7　　A *caballería* é uma medida de superfície usada em Cuba, e será a unidade agrária de referência deste trabalho por predominar nas fontes de pesquisa. Uma *caballería*, que equivale a 13,42 hectares, é uma medida de grande dimensão, o que por

frequentemente possuíam mais que uma propriedade, segundo Chonchol, menos de três mil pessoas eram donas de 62% do total da área agrícola do país antes da revolução. Se aplicássemos um zoom ao topo da estrutura agrária, veríamos que os 13 principais latifúndios canavieiros de propriedade estadunidense detinham nada menos que 87.407 *caballerías*. Segundo o censo pecuário de 1952, apenas 3% das propriedades com presença de gado controlavam 43% de toda a massa bovina nacional (Chonchol, 1961, p. 8-10). Este era o quadro panorâmico da concentração fundiária. Eram precisamente as relações entre os latifúndios e os minifúndios que determinavam a essência especulativa do regime de propriedades da *plantation* modernizada.

Entre o latifúndio e o minifúndio

Entre o latifúndio e o minifúndio havia uma complexa cadeia de arrendamentos e subarrendamentos, retratada na tabela 2.

si só já revela uma característica crucial da agricultura cubana antes e depois da revolução: o gigantismo (Chonchol, 1961, p. 28).

TABELA 2 – DISTRIBUIÇÃO DAS PROPRIEDADES SEGUNDO SUA EXTENSÃO E REGIME DE EXPLORAÇÃO (1946) (EM HECTARES)											
Regime de exploração	Nº de Propriedades	%	Até 0,9	De 1 a 9,9	De 10 a 24,9	De 25 a 49,9	De 50 a 99,9	De 100 a 499,9	Mais que 500	Área total	%
Todos	159.958	100	3.025	59.475	48.778	23.901	12.010	10.433	2.336	9.077.086,3	100
Proprietário	48.792	30,5	387	15.366	15.048	8.541	4.897	3.831	722	2.958.694,5	32,4
Administrador	9.342	5,8	33	1.766	2.063	1.409	1.250	2.027	784	2.320.444,7	25,6
Arrendatário	46.048	28,8	462	13.199	15.726	8.296	4.092	3.592	681	2.713.929,7	30,0
Subarrendatário	6.987	4,4	75	2.271	2.647	1.280	431	240	43	215.215,2	2,4
Parceiro	33.064	20,7	272	18.603	9.752	2.916	922	536	63	552.078,9	6,1
Precarista	13.718	8,6	1.551	7.258	3.206	1.241	295	144	23	244.588,8	2,7
Outros	2.007	1,2	245	1.002	336	218	123	63	30	72.134,2	0,8

Fonte: Acosta, 1972a, p. 83 – Dados do Censo Agrícola de 1946

Os subarrendatários, parceiros e precaristas somavam aproximadamente 100 mil pessoas nos anos 1950 (Pericás, 2004, p. 35). Sobre eles se erguiam os circuitos de especulação que oxigenavam o regime de propriedades da *plantation* modernizada, conectando o latifúndio ao minifúndio pela prática rentista. Existiam três regimes regulamentados de concessão rentista da terra: o arrendamento, o subarrendamento e a parceria. Os subarrendatários ocupavam 4,4% do número de propriedades e deveriam pagar as rendas em dinheiro para arrendatários intermediários ou finais. Muitas vezes, entre o último subarrendatário e o proprietário havia uma porção de intermediários que sacavam suas rendas sem plantar um hectare sequer. Já os parceiros, que ocupavam 20,7% das unidades produtivas, estavam obrigados a pagar pelo uso da terra em espécie, renda que poderia chegar à metade ou um terço da sua produção total. Os parceiros estabeleciam uma relação contratual com o arrendador, mas sem mediação monetária, e sua lavoura estava submetida aos interesses cíclicos da safra canavieira. Por fim, havia ainda um regime sem regulamentação: os precaristas, que ocupavam 8,6% do número de propriedades. Eles sequer possuíam um contrato, e estavam plenamente desprotegidos de qualquer legislação trabalhista, geralmente em posse ilegal de um pequeno terreno para produção de subsistência. Justamente pela ausência de contrato, estavam mais suscetíveis às explorações da cadeia de intermediários (Valdés Paz, 1997, p. 13). Na atividade pecuária, algo similar se reproduzia através de três tipos de unidades produtivas: as propriedades de cria, dos pequenos pecuaristas; as de melhora, dos criadores médios; e as de engorda, dos latifundiários (*cebadores*). Estes últimos, com o controle da ponta da cadeia pecuária, possuíam o poder de especulação sobre os anteriores, lhes pagando barato pelo produto que iriam vender caro (Chonchol, 1961, p. 12).

Segundo o Censo Agrícola de 1946, em um extremo da estrutura agrária, um terço das propriedades maiores que 37 *caballerías* (500 hectares) se encontrava em regime de arrendamento, subarrendamento ou parcerias. Outro terço destes latifúndios era gerido por administradores profissionais e o último terço era administrado diretamente por seus proprietários. No outro extremo, uma constelação de minifúndios rodeava o latifúndio, como se este exercesse uma atração magnética por aqueles, exatamente como o capital exerce uma atração sobre o trabalho quando há desemprego. No total, 63% das propriedades exploradas diretamente por seus donos correspondiam a unidades menores que 1,8 *caballerías* (25 hectares) e 79% destas, a unidades menores que 3,7 *caballerías* (50 hectares).

A classe de arrendatários apresentava o mesmo padrão: 63% destes locavam propriedades menores que 1,8 *caballerías* e 81%, menores que 3,7 *caballerías*. Quanto mais intermediários existissem entre o proprietário e o ocupante efetivo da terra, maior a proporção dos minifúndios. Entre os subarrendatários, 71% das propriedades eram menores que 1,8 *caballerías* e 89,8% eram menores que 3,7 *caballerías*. Por fim, entre parceiros e precaristas, 87% das unidades eram menores que 1,8 *caballerías* e 96% menores que 3,7 *caballerías*. No total, 90% dos minifúndios menores que 1,8 *caballerías* eram ocupadas por arrendatários, subarrendatários, parceiros e precaristas. E as terras dos subarrendatários, parceiros e precaristas somadas não alcançavam mais do que 11,2% da superfície agrícola da ilha.

A vida dos subarrendatários, parceiros e precaristas nos minifúndios estava diretamente identificada com a do proletariado rural, pois todos se encontravam à deriva das ondas sazonais de desemprego. Este campesinato sem posses sofrera historicamente com desapropriações decorrentes da expansão do capitalismo no campo, sendo deslocado para as piores terras da fronteira agrícola e submetido a estes regimes de concessão rentista. Não por acaso os camponeses que habitavam a Sierra Maestra apoiaram ativamente a guerrilha: tanto eles, quanto seus antepassados chegaram àquelas terras coagidos pela Guarda Rural, corpo armado criado durante a ocupação estadunidense de 1902 a serviço da concentração fundiária. Esta fração despossuída da classe camponesa foi paulatinamente se proletarizando, decurso descrito por Carlos Rafael Rodríguez:

> À medida que o processo de penetração capitalista na agricultura se ia desenvolvendo, aumentava o número de semiproletários, porque os camponeses eram forçados, mais e mais, por suas condições de miséria, a empregarem-se como trabalhadores agrícolas e concorrerem com estes pelas escassas possibilidades de trabalho que a agricultura cubana oferecia (1978, p. 39).

Assim, nos minifúndios ocorria a simbiose do assalariado agrícola com o camponês. O subarrendatário, parceiro ou precarista tinha essa dupla origem social: por um lado, era o pequeno camponês desapropriado que havia sido deslocado para as piores terras e estava sempre à procura de um salário e, por outro, era o assalariado eventual que durante a entressafra buscava alternativas de sobrevivência nos minifúndios. Desta simbiose surgiu, na estrutura agrária cubana, uma classe social particularmente híbrida, o camponês-proletário, que era assalariado de dezembro a março e sobrevivia em um minifúndio entre abril e novembro.

Assim, a manipulação especulativa da terra por parte do grande proprietário e dos intermediários oprimia as margens de sobrevivência do camponês-proletário e reproduzia a segregação social na agricultura no mesmo ritmo dos ciclos sazonais de desemprego. Segundo o censo oficial de 1946, a diferença da renda familiar mensal de um camponês com até 10 hectares (0,75 *caballerías*) e de um latifundiário com mais 1.000 hectares (74,5 *caballerías*) podia alcançar até 90 vezes (Valdés Paz, 1997, p. 32). Se entre o latifúndio e o minifúndio havia esta cadeia especulativa local, a *plantation* modernizada se conectava organicamente aos largos canais especulativos do mercado financeiro mundial, conexão cuja história remonta as origens da heterogeneidade estrutural.

Origens da heterogeneidade estrutural

A heterogeneidade estrutural, caracterizada pela maior produtividade industrial em relação à produtividade agrícola, era o resultado da inserção periférica de Cuba na economia mundial. Esta era a avaliação de Juan Noyola, economista da CEPAL escalado para ir a Cuba em missão técnica em 1959.[8] Em suas palavras:

> O resultado natural do estabelecimento de relações entre um país chamado subdesenvolvido e um país industrial é a divisão da economia do primeiro em dois setores: um setor moderno, no qual inclusive se utilizam as técnicas mais modernas e eficientes que se conhecem, e um setor arcaico, cujo desenvolvimento se vê obstaculizado menos por qualquer trava de caráter interno do que, precisamente, pela existência do setor moderno controlado pelo imperialismo (1978, p. 115).

---

8   O economista mexicano Juan Noyola renunciou de seu posto na CEPAL em 1960 por meio de uma carta a Raúl Prebisch na qual afirmou: "Se em algum momento surgiram divergências ou incompatibilidades entre a interpretação que eu dou à minha tarefa e a que é dada em outros círculos, o lamento, não por mim, mas sim porque isso revela uma incompreensão do que é a Revolução Cubana e revela também que os interesses que se movem contra ela influem no seio da secretaria das Nações Unidas. Fui informado que como resultado destas influências e pressões, o secretário geral das Nações Unidas decidiu encerrar a missão da CEPAL/DOAT. Em tais circunstâncias, creio que não tenho alternativa a não ser apresentar a renúncia irrevogável ao meu posto na CEPAL, a partir de 31 de outubro do presente ano" (Noyola, 1978, p. 11). Depois da renúncia, Noyola tornou-se dirigente da JUCEPLAN (Junta Central de Planificação) e ganhou o título de cidadania cubana.

Há que se considerar que a heterogeneidade persistia, apesar do fato de que a indústria açucareira cubana (setor moderno) também estava tecnicamente atrasada em relação ao patamar internacional na década de 1950. Como alertou López, em seu clássico estudo sobre o tema:

> Tratava-se, do ponto de vista agrícola, de uma deformidade estrutural total. Uma agricultura extraordinariamente atrasada que servia de base a uma indústria das maiores do mundo em seu tipo, ou até a primeira do mundo. A segunda deformidade estrutural era que também constituía uma indústria atrasada, uma indústria que, se pode dizer, estava aproximadamente ao nível dos anos da terceira década do século. Desde a década de 1920-1930, a indústria açucareira cubana não fazia inovações (...). Pode-se dizer que o sistema capitalista abandonou os investimentos em Cuba desde 1925 e só realizava uma campanha de manutenção, o que levou a indústria praticamente à crise em 1958 (1982, p. 115, 117).

A história de absorção assimétrica da tecnologia no setor açucareiro cubano coincide com a história da divisão da classe agrária dominante em duas frações: o colono (proprietário ou arrendatário dos canaviais) e o *hacendado* (proprietário da central açucareira). A tensão existente entre estas duas frações ilustra um padrão típico de concorrência especulativa no interior da classe dominante, cujo desdobramento foi a própria modernização dependente. A separação da indústria e da agricultura em Cuba foi um processo que se iniciou em meados do século XIX e se concluiu no início do século XX. Foi fruto da centralização industrial e modernização tecnológica que converteu os 1.170 engenhos centrais de 1881 em apenas 171 engenhos centrais em 1903 (Lecuona, 2009, p. 221). Esse processo de modernização foi acompanhado por um grande salto na produtividade. Em 1877, 1.191 centrais produziram 520.000 toneladas de açúcar. Em 1894, 450 centrais produziram um milhão de toneladas de açúcar (Pino-Santos, 1983, p. 213). Visto em perspectiva mais diacrônica, Juan Noyola definiu como "revolução industrial do açúcar" o processo de incremento da produtividade entre meados do século XIX a meados do século XX. A capacidade de produção de açúcar passou de 1,5 milhão de toneladas em 1902 a 5 milhões em 1920. Em meados do século XX, 161 centrais tinham capacidade de produzir 7 milhões de toneladas de açúcar (Noyola, 1978, p. 39, 49).

Do outro lado, a agricultura permaneceu rústica. Se até 1929 identificam-se tentativas fracassadas de mecanização da colheita canavieira cubana, depois da crise econômica mundial os proprietários praticamente abandonaram as iniciativas de melhoria tecnológica na agricultura, ao calcularem que os altos custos da mecanização corresponderiam a residuais e incertos ganhos futuros. Enquanto o excedente do açúcar fosse garantido mais facilmente através do desemprego, os latifundiários se desinteressariam do progresso técnico agrícola. Em certo sentido, os proprietários adquiriram a consciência a respeito do papel estratégico do desemprego sazonal na garantia dos baixos custos de produção e, portanto, dos altos rendimentos e da competitividade internacional. Além disso, entre 1930 e 1958, as raras tentativas de mecanização da colheita canavieira foram bloqueadas pelos próprios trabalhadores, por meio de métodos ludistas: incêndios e depredação das máquinas adquiridas por seus patrões, destruição daqueles motores que significariam ainda mais desemprego. De modo que a disparidade tecnológica entre agricultura e indústria na produção açucareira foi perpetuada por interesse de dois atores atuantes na estrutura agrária: os proprietários, que calculavam as vantagens econômicas do desemprego sazonal; e os trabalhadores, que temiam a perda dos seus únicos quatro meses anuais de assalariamento. Nas palavras de Charles Edquist, investigador dos processos de escolha tecnológica na produção canavieira cubana:

> A principal razão eram os baixos salários dos trabalhadores agrícolas e a abundância de força de trabalho manual. Nestas condições, as experiências de mecanização não eram consideradas economicamente atrativas, até mesmo para os maiores latifundiários canavieiros. Deste momento em diante, os trabalhadores se opuseram fortemente à introdução de máquinas colheitadeiras (...). Os países produtores de cana-de-açúcar eram – e são – geralmente subdesenvolvidos, com abundância de mão de obra barata. Na maioria dos casos, a máquina não pode competir com os trabalhadores manuais, por causa dos altos custos da compra, operação e manutenção das colheitadeiras (1985, p. 33).

Neste sentido, o atraso técnico era um componente importante do jogo especulativo, no qual a principal regra era minimizar os custos de reprodução da população e os custos com capital constante. O desinteresse pelo progresso técnico na agricultura e a absorção de tecnologia moderna no setor industrial agravava as assimetrias de produtividade. Assim surgiu a capacidade ociosa da indústria açucareira, que passou a fortalecer o potencial especulativo do açúcar cubano no mercado mundial. As assimetrias de produtividade entre a indústria e a agricultura aprofundavam a segregação social, alargando o abismo entre o proprietário da indústria açucareira moderna e o trabalhador rural temporário, que sobrevivia adotando formas de vida camponesa em minifúndios de subsistência.[9]

A concorrência entre as frações da classe proprietária resultantes desta modernização assimétrica explica a subutilização das capacidades produtivas existente em 1958 e a intensa centralização de capital na cadeia açucareira. Durante a expansão ocorrida entre fins do século XIX e a Primeira Guerra, os colonos se beneficiaram da concorrência entre os *hacendados*, pois houve crescimento da capacidade industrial e relativa escassez de matéria-prima. Com a modernização das centrais e aumento exponencial de capacidade produtiva industrial, os colonos manipularam a elevação especulativa dos preços da cana. Diante disso, os proprietários de central assumiram uma política ofensiva de aquisição de terras em larga escala, onde pudessem plantar as chamadas *canas de administração*, controlar as ferrovias de transporte da cana e assim evitar os altos preços especulativos dos colonos.[10] Com a disseminação das canas de administração, os colonos começaram a perder poder especulativo, e se converteram no elo fraco da burguesia agrária, padrão que se manteve até os anos 1950.[11] Com o surgi-

---

9   Sobre a história da separação da indústria e da agricultura na produção açucareira decorrente da modernização da *plantation* ver Pino-Santos, 1983, p. 213, 278-279, 426-9, 434. Sobre os desdobramentos desta separação na década de 1960, ver Valdés Paz, 2009, p. 21-41.

10   As canas de administração eram os canaviais de propriedade de *hacendados*, que não passavam pelo mercado interno antes do processamento industrial e, portanto, não estavam sujeitas às manipulações especulativas. Além disso, para garantir o rendimento industrial, a cana precisa ser moída não mais do que 24 horas depois de colhida, de modo que o controle do transporte ferroviário era determinante na concorrência entre *hacendados* e colonos (Lecuona, 2009, p. 77). Sobre a função do monopólio das ferrovias na expansão açucareira ver Noyola, 1978, p. 43-4 e Guerra, 1970.

11   Os colonos conquistaram medidas de regulamentação para favorecer sua participação na cadeia produtiva, especialmente após a revolução de 1933. Entre suas conquistas estavam, por exemplo, o decreto-lei 522 que estabelecia uma cota mí-

mento das canas de administração e o prejuízo dos colonos, os proprietários de centrais passaram a preferir arrendar suas terras ao invés de administrá-las diretamente, fundindo as canas de administração aos sistemas de arrendamentos e subarrendamentos. Dessa forma, os *hacendados* não só obtinham ganhos mais fáceis, como evitavam o contato direto com os trabalhadores e suas incômodas reivindicações, que recaíam sobre colonos arrendatários. A renda da terra foi uma ferramenta de dominação entre as frações da classe dominante, isto é, o colono arrendatário sofria prejuízos devido ao controle monopolista da central açucareira por parte de uma oligarquia financeira muitas vezes estrangeira. Por isso, a origem histórica das reservas de canas de administração foi a modernização da *plantation* e a batalha intercapitalista entre *hacendados* e colonos, da qual os primeiros saíram economicamente vitoriosos. As canas de administração, por exploração direta ou arrendamento, mantinham o proprietário da central protegido das flutuações do mercado mundial. Ademais, a progressiva centralização das centrais nas mãos das oligarquias financeiras conectava os estreitos canais especulativos do arrendamento das canas de administração aos largos corredores especulativos dos grupos financeiros de Wall Street, o que por sua vez explica a ampliação progressiva da superfície ociosa e da mão de obra desocupada (Pino-Santos, 1983, p. 213, 278-279, 426-9, 434). Segundo Oscar Zanetti Lecuona,[12] em 1952, a concentração fundiária havia aumentado enormemente a distância econômica e social entre os grandes e pequenos colonos. Enquanto 730 grandes colonos, que representavam 0,01% do total, cultivavam 29% das canas moídas, uma massa de 40 mil colonos pequenos (61% do total) moíam apenas 8,6% de sua produção (Lecuona, 2009, p. 81).

Atores sociais da plantation modernizada

Em síntese, a estrutura social da agricultura cubana antes da revolução pode ser descrita a partir de cinco grandes classes sociais subdivididas em frações (Valdés Paz, 1997, p. 25). No topo estavam os *hacendados*, predominantemente rentis-

---

nima de moenda de 20% de canas de colonos nas centrais (ou seja, um máximo de 80% de canas de administração), além de pagamentos mínimos fixos de 5,5 arrobas de açúcar aos colonos arrendatários, e 6 arrobas de açúcar aos colonos proprietários, por cada 100 arrobas de cana entregue às centrais (Lecuona, 2009, p. 46-9).

12 Oscar Zanetti Lecuona é historiador cubano, especialista em economia açucareira, professor da Universidade de Havana.

tas, que se dividiam entre aqueles que arrendavam suas terras e aqueles que as administravam diretamente. Estes *hacendados* estavam organicamente vinculados ao capital internacional e ao grande circuito especulativo, controlando potentes conglomerados de centrais açucareiras. Em seguida estava a burguesia agrária, subdividida entre proprietária e arrendatária. Dentro desta classe havia a fração da grande burguesia, de postura ofensiva e participação financeira na ordem econômica internacional, e a fração da burguesia local que se aproveitava do circuito especulativo dos subarrendamentos. De modo geral, eram especuladores. Como burguesia agrária também se classificou a fração dos colonos, que podiam ser "livres" ou "contratados".[13] Abaixo dos mais frágeis colonos da burguesia agrária havia um heterogêneo campesinato, subdividido entre proprietários, arrendatários, subarrendatários, parceiros e precaristas. O campesinato possuía fundamentalmente dois perfis. O camponês forte era formado pelos proprietários que, apesar de não possuírem trabalhadores em suas propriedades, acessavam maior volume na distribuição do excedente. Já os pequenos camponeses não tinham terras e geralmente submetiam-se à situação de subarrendatários, parceiros ou precaristas. O proletariado rural era formado por assalariados fixos e eventuais, sendo que os eventuais adotavam formas camponesas de sobrevivência conforme a demanda de força de trabalho na entressafra. O hibridismo desta fração de classe, simultaneamente proletária e camponesa, e fruto da própria modernização da *plantation*, era o reflexo do regime de propriedades latifúndio-minifúndio na estrutura social: o mesmo assalariado eventual dos canaviais era levado a subarrendar ou simplesmente se apossar provisoriamente de uma porção de terra para a subsistência de sua família durante a entressafra. Assim, uma parcela considerável da classe trabalhadora rural era composta por camponeses-proletários, fato que será política e demograficamente dimensionado no próximo capítulo. Por fim, a quinta classe presente na estrutura agrária era de comerciantes, que não lidavam diretamente com a propriedade da terra, mas proporcionavam a circulação das mercadorias agrícolas. Os circuitos comerciais de especulação eram igualmente heterogêneos.

---

13   Os colonos livres possuíam maior capacidade de negociação dependendo de seu acesso a ferrovias públicas, e produziam em terras próprias ou arrendadas. Os colonos contratados produziam nas terras do proprietário do engenho, isto é, as canas de administração. Eram contratualmente obrigados a vender sua produção às respectivas centrais, sem margem de negociação dos preços (Lecuona, 2009, p. 49).

Esta era a estrutura social da *plantation* modernizada, como reflexo do regime de propriedades latifúndio-minifúndio. Veremos a seguir como o regime de cultivos se submeteu historicamente às forças da especulação financeira.

REGIME DE CULTIVOS: CANAVIAIS EM WALL STREET

O que dinamizava a estrutura latifúndio-minifúndio era a especulação e a subutilização das capacidades produtivas.[14] Em uma palavra, se o corpo do regime de propriedades latifúndio-minifúndio foi formado pela absorção assimétrica de progresso técnico no setor açucareiro, a especulação era sua alma. A especulação ocorria em dois planos. No plano macro, através da subutilização geral das capacidades produtivas: ociosidade da terra, capital inativo e desemprego da força de trabalho. No plano micro, como exposto anteriormente, através de um complexo sistema de arrendamentos e subarrendamentos, pequenos vasos de transmissão do grande fluxo especulativo atrelado à ordem econômica internacional. O nexo entre a subutilização geral dos recursos e a pequena especulação foram as "canas de administração". Verificaremos a seguir como a subutilização geral dos recursos afetava o regime de cultivos.

Em 1958, os latifúndios canavieiros cubanos mantinham 46% de sua superfície ociosa. Além disso, usualmente, 20% da plantação não era colhida (Chonchol, 1961, p. 8, 12). Isso significa que 66% da superfície das propriedades canavieiras se mantinha subutilizada (um total de quase 85 mil *caballerías* de terra).[15] Além disso, havia quase 16 mil *caballerías* infestadas por um arbusto chamado marabú.[16] Chonchol argumentou:

> Esta situação era consequência, em grande parte, do modo tradicional de produção açucareira cubano, pois quando o mercado de exportação melhorava se produzia mais área e não cultivando mais intensivamente

---

14   Nas Teses Econômicas do Movimento Revolucionário 26 de Julho: "Outra característica de nossa condição subdesenvolvida nos impõe o fato de que Cuba têm 40% de sua população ocupada na agricultura, que produz nesta atividade somente 20% da renda nacional" (Castro, Boti, Pazos, 1959, p. 84).

15   A cana não colhida é chamada em Cuba de "*caña quedada*" (no Brasil, cana bisada). Sobre isso, Lecuona sustentou: "A disponibilidade de terras permitiu a aplicação sistemática da política da *caña quedada* para obter melhores rendimentos" (2009, p. 90).

16   Segundo Chonchol, "o marabú era, em Cuba, o símbolo da terra abandonada e não trabalhada pelo empresário latifundiário" (1961, p. 25).

a área plantada, e da falta de interesse de ditas companhias em aproveitar os recursos disponíveis de terra e força de trabalho em outras
produções (seu negócio exclusivo era produzir açúcar para o mercado
exterior) (1961, p. 8).

Os dados apresentados por Lecuona são até mais alarmantes: segundo ele,
quase metade das plantações de cana permaneciam como *caña quedada* e não
apenas 20% (2009, p. 90). Assim, o atraso técnico, a produção extensiva, a reserva
de plantações e a ociosidade da terra eram as consequências agrícolas estruturais dos meios encontrados pela oligarquia fundiária para ampliar sua margem
especulativa de lucro. Na realidade, o principal objetivo do latifundiário cubano
não era produzir açúcar, e sim manipular preços e ativos financeiros de modo a
garantir a maior rentabilidade. Além da terra ociosa, havia capacidade industrial
subutilizada. Segundo Celso Furtado, 25% da capacidade da indústria açucareira
cubana antes da revolução estava estagnada, o que representava algo em torno de
1,75 milhões de toneladas de açúcar não produzidas por ano (Furtado, 1969, p.
349). Fidel Castro afirmou em 1953, durante sua autodefesa no julgamento que o
condenava pelo ataque ao quartel Moncada, que havia 1,5 bilhão de dólares de capital inativo em Cuba sob comando do Banco Nacional e do BANFAIC e que com
os recursos disponíveis a ilha poderia manter uma população três vezes maior
em condições de igualdade social (Castro, 2007, p. 46).[17] Segundo Juan Noyola, a
subutilização dos fatores produtivos - força de trabalho, capital e terra – era sem
dúvida a principal característica da estrutura econômica cubana (1978, p. 65). Em
1961, Noyola sustentou:

> A economia cubana em todo o período compreendido entre o fim dos
> anos vinte e o momento do triunfo da Revolução era, provavelmente,
> entre todas as economias do mundo capitalista (tanto desenvolvidas,
> quanto subdesenvolvidas), a que tinha uma proporção mais alta de de-
> socupação, uma proporção mais deficiente de utilização de todos os
> recursos (1978, p. 115).

---

17   Estas afirmações de Fidel Castro merecem mais um olhar político e qualitativo,
      que uma exigência de exatidão quantitativa, especialmente considerando as reais
      condições de isolamento em que sua autodefesa foi preparada (Castro, 2007). O
      BANFAIC era o Banco de Fomento Agrícola e Industrial de Cuba, criado em 1950
      pelo governo Carlos Prío Socarrás (Lecuona, 2009, p. 26).

Chonchol foi um dos maiores críticos do modelo extensivo da agropecuária cubana e considerou este um dos principais obstáculos a serem superados para o desenvolvimento econômico da ilha após a revolução. Cuba, apesar de ser o primeiro produtor de açúcar do mundo, era um dos últimos em termos de rendimentos por área plantada, tendo coeficiente de 4,5 toneladas de açúcar por hectare em 1958-1959 (Chonchol, 1961, p. 11). O índice deixava muito a desejar se comparado com Indonésia (11,7) ou Hawai (10,6). Mas, como visto, não havia, da parte dos latifundiários, interesse econômico no incremento tecnológico da agricultura (Lecuona, 2009, p. 84-5; Edquist, 1985, p. 33). A pecuária reproduzia o mesmo modelo extensivo e rústico: quase não havia pastos artificiais, havia apenas um animal solto por hectare e um trabalhador a cada 300 ou 600 hectares (Chonchol, 1961, p. 12).

A subutilização da terra e da força de trabalho se vinculava organicamente ao caráter monocultor e exportador da economia cubana. A modernização da *plantation* significou especialização técnica e social cada vez mais irreversível na monocultura canavieira. Quanto mais dependente das flutuações do preço de um único produto no mercado mundial, mais a especulação era o subterfúgio doslatifundiários. Estava formado o círculo vicioso de "antidesenvolvimento", alavancado por um regime de cultivos de monocultura especulativa.[18]

No mesmo relatório da FAO, Chonchol constatou que, antes da revolução, a produção de alimentos era rudimentar, pequena e quase exclusivamente para autoconsumo. Em 1958, a dependência cubana do açúcar era tal, que este único produto representava 54% do valor total da produção agrícola em termos monetários; 56% da superfície cultivada total; 50% da força de trabalho agrícola; e 77% do valor das exportações totais de Cuba (Chonchol, 1961, p. 11). A produção cubana era tão pouco diversificada que seus cinco produtos principais (cana, gado, café, tabaco e arroz) representavam 80% do valor total da produção

---

18   Sobre os prejuízos da monocultura, Chonchol analisou: "A monoprodução tem sido uma das características mais salientes da agricultura cubana até o momento da Reforma Agrária (...). As rotações de cultivo eram quase desconhecidas, sem falar na possibilidade de empresas de exploração mista agrícola-pecuária. Ainda que esta superespecialização contribuísse, às vezes, para desenvolver uma capacidade empresarial e técnica muito superior à dos grandes agricultores tradicionais dos países latino-americanos, era, ao mesmo tempo, causa de uma utilização muito deficiente dos recursos terra e força de trabalho, e não permitia aproveitar as grandes vantagens econômicas e sociais de uma agricultura mais integrada" (1961, p. 14).

agropecuária em 1958 (idem, 1961, p. 13).[19] O comércio exterior seguia o mesmo padrão hiperespecializado: apenas o açúcar, o tabaco e o café representavam 84,7% do total das exportações do país (idem, 1961, p. 15). De todo açúcar cubano exportado em 1958, 65% se destinou aos Estados Unidos e os outros 35% se dividiam principalmente entre Inglaterra e França (Lecuona, 2009, p. 156, 232). Em contrapartida, a dependência externa de alimentos era cada vez maior. Entre 1955 e 1958, o valor das importações de alimentos cresceu em 30,4%, sendo que a importação de itens básicos na dieta cubana como o arroz e o feijão cresceram respectivamente 111% e 66% (Chonchol, 1961, p. 15). Em 1958, 70% do valor das importações cubanas vieram dos Estados Unidos (Lecuona, 2009, p. 232). Este padrão dependente acoplado à economia estadunidense era reproduzido viciosamente desde 1898. Como afirmou Juan Valdés Paz[20], havia uma relação orgânica entre a subutilização dos fatores, a monocultura, o atraso técnico e a dependência externa, porque:

> Estas empresas tinham por norma aproveitar ao máximo os recursos livres de custos – fertilidade do solo, infraestrutura pública e condições ambientais –, e por isso as exportações careciam ou dispunham de um mínimo de fatores técnicos e grande parte da área se mantinha ociosa

---

19 Em 1958, o gado bovino representava 25,2% da produção agropecuária em termos monetários; o tabaco empregava cerca de 180 mil trabalhadores em período de maior atividade, incluindo cerca de 70 mil no trabalho estacional, e representava apenas 6,4% do valor total das exportações, ocupando 4.470 *caballerías* plantadas; o café, que representava apenas 1,3% das exportações cubana, empregava 50 mil trabalhadores fixos e 150 mil trabalhadores sazonais na entressafra da cana, ocupando aproximadamente 10.432 *caballerías* plantadas; o arroz era produzido exclusivamente para o mercado interno e havia quadruplicado entre 1948 e 1958, além de ser o setor agrícola mais desenvolvido tecnicamente devido à alta demanda de irrigação (Chonchol, 1961, p.12-15).

20 Juan Valdés Paz é um dos maiores especialistas na agricultura da ilha. Sociólogo e politólogo cubano, foi professor do Departamento de Filosofia da Universidade de Havana e investigador do Centro de Estudos sobre América e do Instituto de História de Cuba. Durante vinte anos se dedicou a diversos cargos na agricultura, incluindo de administrador, de Delegado Regional da Administração Geral de Engenhos e até de Vice-Ministro. Atualmente continua seu trabalho como pesquisador independente. Em 2014, lhe foi concedido o Prêmio Nacional de Ciências Sociais e Humanas de Cuba. Tivemos a honra de entrevistá-lo em julho de 2012, em Havana. Sua trajetória pessoal está detalhada a título de anedota em nota mais adiante no capítulo 2.

a fim de manter os níveis de ocupação e produção abaixo da demanda do mercado interno, assim como fazer competitivas e rentáveis as exportações (2009, p. 3).

A persistência da monocultura extensiva e sua conversão em plataforma de especulação financeira foi, entre outros fatores, uma consequência da apropriação estadunidense das terras cubanas e da consolidação da dependência neocolonial. Duas ondas de acumulação primitiva de capital, nas quais os empresários estadunidenses se apropriaram de volumosos recursos econômicos e naturais de Cuba, criaram as condições para que a monocultura alcançasse tal modernização.[21] A primeira com a ocupação militar dos Estados Unidos entre 1898 e 1902; e a segunda com a crise de 1920. Faremos uma breve recapitulação destas duas ondas, para explicar como se chegou à situação estrutural de 1958.

Ordem Militar nº 62 e acumulação primitiva

O domínio dos grandes investidores dos Estados Unidos sobre o açúcar cubano teve início na ocupação militar de 1898 a 1902. As primeiras medidas do interventor militar Leonard Wood foram recolher as armas do Exército Libertador cubano, criar uma Polícia Nacional comandada pelo chefe de Polícia de Nova York e criar a Guarda Rural para conter rebeliões camponesas. Em seguida, decretou uma série de leis econômicas que favoreciam a apropriação dos recursos produtivos da ilha por grandes corporações, como as Ordens Militares nº 34 e nº 62. A Ordem Militar nº 34 facilitava a apropriação privada das linhas ferroviárias do país, estratégicas no controle da produção açucareira. Mas foi a Ordem Militar nº 62 que constituiu o primeiro e mais contundente ato de acumulação primitiva de capital dos Estados Unidos sobre Cuba. A Ordem determinava que todos os supostos donos de propriedades comunitárias camponesas (*haciendas comunales*) deveriam apresentar em juízo os documentos que o comprovassem. Os grandes grupos empresariais dos Estados Unidos com enorme facilidade passaram à frente dos camponeses mais humildes, falsificaram documentos, compraram os jurados e assim se apossaram de dezenas de milhares de *caballerías*. Além disso, apenas estas grandes corporações possuíam capacidade técnica de medição agrária exigida pela lei para comprovação das propriedades e por isso puderam selecionar para si as terras mais férteis. Como garantia final, as empresas tinham

---

21   Sobre o conceito de acumulação primitiva de capital ver Marx, 2006, capítulo XXIV.

ao seu lado a Guarda Rural, que lhes favorecia contra os habitantes camponeses considerados então "invasores" de suas próprias terras. Muitas empresas estadunidenses adquiriram enormes superfícies por meio dessa superioridade técnica, burocrática e militar em relação aos camponeses. A *United Fruit Company*, por exemplo, em 1904 adquiriu duas centrais (Boston e Preston), além de 2.791 *caballerías*, por meio destes expedientes (Pino-Santos, 1983, p. 525-7). Em 1905, as empresas dos Estados Unidos já possuíam 21% da safra cubana (Le-Riverend, 1979, p. 207). Entre 1898 e 1913, o capital estadunidense havia quadruplicado seus investimentos na ilha (Pino-Santos, 1983, p. 12).

A desocupação militar da ilha foi negociada em 1902 por meio da Emenda Platt, redigida por Elihu Root (Secretário de Estado do presidente McKinley) e apresentada ao Congresso dos Estados Unidos pelo Senador Orville H. Platt. Ela determinava, entre outros itens, as seguintes proposições: a) Cuba reconheceria o direito dos Estados Unidos a intervir em seus assuntos internos sempre que considerassem necessário para "preservar a independência da ilha"; b) Cuba forneceria territórios para bases navais e carvoeiras dos Estados Unidos com finalidade de executar a intervenção caso necessário, abrindo caminho para o surgimento da Base de Guatánamo; c) Cuba não celebraria tratados com nenhum poder estrangeiro e não autorizaria que nenhum estrangeiro obtivesse territórios da ilha; d) a Isla de Pinos não seria mais território de Cuba; e) a Emenda Platt deveria ser aprovada como emenda constitucional cubana condicionando a desocupação militar dos Estados Unidos (Pino-Santos, 1983, p. 291). De fato, após ligeiros atritos internos à classe dominante cubana, a Emenda Platt foi aprovada como emenda constitucional da ilha com apoio efusivo do *Círculo de Hacendados* (que depois formou a *Asociación Nacional de Hacendados*), da *Unión de Fabricantes de Tabacos*, do *Centro de Comerciantes*, das *Sociedades Económicas de Amigos del País*, entre outros grupos abertamente anexionistas (Pino-Santos, 1983, p. 291-295). A oposição de Manuel Sanguily, que denunciou a violação da soberania cubana contida na Emenda e propôs a nacionalização da terra, foi amplamente derrotada. Em troca da Emenda Platt, os Estados Unidos retiraram suas tropas de Cuba em 20 de maio de 1902 (Pino-Santos, 1983, p. 292).

Em 11 de dezembro de 1902, como previsto na Emenda Platt, foi firmado o Tratado de Reciprocidade entre Cuba e Estados Unidos. Ele determinava que 530 produtos dos Estados Unidos obtivessem entrada preferencial em Cuba, descontando entre 20% a 40% das tarifas, sendo que 33 destes produtos possuíam descontos tarifários maiores que 40% (Pino-Santos, 1983, p. 442). Em troca, Cuba obtinha entrada preferencial de poucos produtos exportáveis aos Estados Unidos, especialmente o açúcar e o tabaco. O Tratado também impedia que Cuba se relacionasse com outros países de modo preferencial, transformando-a em uma espécie de protetorado comercial dos Estados Unidos, sob a ameaça permanente de nova ocupação militar.[22]

A Dança dos Milhões

Em 1913, o setor açucareiro cubano alcançou máxima expansão no mercado dos Estados Unidos: 87% do açúcar produzido na ilha era exportado (Lecuona, 2009, p. 222). Em seguida, com a Guerra Mundial, a queda da produção de açúcar de beterraba na Europa permitiu uma contínua modernização da *plantation* cubana sem queda de preços, o que desencadeou uma euforia especulativa (Le-Riverend, 1979, p. 212). Finda a Guerra, dois fatos se somaram para reverter a estabilidade de preços. Primeiro, a produção de açúcar de beterraba e cana dos Estados Unidos cresceu significativamente, concorrendo com a produção cubana e reduzindo seu espaço no mercado estadunidense. Segundo, as indústrias açucareiras europeias retomaram a produção (Le-Riverend, 1979, p. 247). Com isso, os preços do açúcar começaram a cair. Mas a queda foi adiada por um processo especulativo sem precedentes chamado Dança dos Milhões, ocorrido entre 1918 e 1919, e que desencadeou a segunda onda de acumulação primitiva de capital dos Estados Unidos sobre os recursos cubanos. Cabe registrar que, precisamente nestes anos de 1918 e 1919, 100% da safra cubana foi vendida aos Estados Unidos (Lecuona, 2009, p 32).

A Dança dos Milhões determinou uma nova relação entre Wall Street e o açúcar cubano. A especulação foi desencadeada por uma falsa informação a respeito de uma suposta onda de escassez de açúcar nos Estados Unidos. Na virada de 1918 a 1919, a imprensa estadunidense alertou para uma crise de desabastecimento de açúcar no país. Todos os principais veículos de ampla circulação anunciaram que o produto acabaria em poucos dias, gerando uma descontrolada

---

22 Ameaça que se concretizou ao menos em cinco ocasiões: entre 1906 e 1909 por pedido do próprio presidente cubano Estrada Palma, de postura anexionista; em 1912; entre 1917 e 1920; e em 1933 e 1934, com o interventor Welles, após a derrubada do ditador Machado por uma rebelião popular que gerou forte instabilidade política (Pino-Santos,1983, p. 308-10; Mao Junior, 2007, p. 154).

"fome de açúcar" (Pino-Santos, 1983, p. 373-76). Mas a campanha não possuía nenhum fundamento real, e a retomada da produção europeia logo após o fim da guerra indicava exatamente o contrário. Contudo, a repercussão do tema influenciou de tal maneira o mercado que os preços do açúcar subiram de 9 centavos de dólar a libra em fevereiro de 1919, para 23 centavos em maio. Entre maio e agosto, a especulação prosseguiu, e os produtores cubanos chegavam a projetar preços acima de 50 centavos de dólar a libra (Pino-Santos, 1983, p. 375-7). Um eufórico jogo de apostas açucareiras começou a ferver em Cuba e altas somas foram negociadas, gerando uma enorme ilusão de riqueza. A cidade de Havana se encheu de automóveis de último modelo, mansões se ergueram, e uma série de gastos suntuosos foi praticada descontroladamente pela sacarocracia cubana (Pino-Santos, 1983, p. 376). Mas quando a safra foi disponibilizada o açúcar abarrotou os mercados. Nada daquilo era real: os preços começaram a cair. De maio a dezembro, em apenas seis meses, despencaram de 23 para 3 centavos a libra (Le-Riverend, 1979, p. 222). A sacarocracia cubana já havia consumido as riquezas projetadas do futuro, que de repente evaporaram. As elites do açúcar criaram dívidas impagáveis com bancos estrangeiros, e suas posses foram hipotecadas. Foi assim que os credores internacionais se apropriaram de uma imensa massa de capacidade produtiva cubana num piscar de olhos. O *The National City Bank* da família Rockefeller foi sem dúvida o maior beneficiário: tomou posse de dez centrais açucareiras da noite para o dia, e criou a *General Sugar Company* que comandava quatro empresas para administrá-los (Pino-Santos, 1983, p. 396).[23] Em 1923, a ofensiva dos Rockefeller através do *The National City Bank* já havia conquistado o controle direto e indireto de 32 centrais, o que correspondia a 25% da safra do país (Pino-Santos, 1983, p. 407, 412). Outras grandes empresas que se beneficiaram da crise de 1920 foram a *Compañía Atlántica del Golfo*, a *Cuban American Sugar Mills* e, novamente, a *United Fruit Company* (Pino-Santos, 1983, p. 255). Em 1914, 38 centrais estavam controladas pelos Estados Unidos, correspondendo a 40% da safra (Pino-Santos, 1983, p. 382). Em 1927, eram 75 centrais (de 185 ativos) de propriedade estadunidense, o que representava 62% da safra (Pino-Santos, 1983, p. 254). Além disso, em 1924, 60% do sistema bancário cubano pertencia a empresas estadunidenses (Lecuona, 2009, p. 243). Lecuona calculou um total de 48 centrais que passaram para os Estados Unidos entre 1920 e 1925 (2009, p. 27). É

---

23   *Compañía Azucarera San Cristobal; Compañía Azucarera de Sagua; Compañía Azucarera Vertientes; Compañía Azucarera Camaguey.*

incontestável que a Dança dos Milhões consolidou a participação dos canaviais cubanos nas apostas de Wall Street. Segundo Le-Riverend:

> Não há, na história republicana de Cuba, fatos mais ilustrativos da debilidade de nossa estrutura econômica que os que caracterizam a crise de 1920-21 (...). O sentimento anti-imperialista se torna preciso, se define, a partir de então. Podemos inclusive falar da aparição de uma nova consciência nacional a partir do ano de 1923 (1979, p. 221).

A origem da capacidade ociosa da indústria açucareira cubana guarda relações com a Dança dos Milhões. Pois o primeiro efeito da forte influência de Wall Street na produção açucareira da ilha foi a ampliação da função especulativa da terra e da indústria. Ademais, Cuba sofreu as pressões da expansão do açúcar de beterraba no sul dos Estados Unidos, do açúcar de cana das Filipinas, Porto Rico e Hawai (anexadas ou quase anexadas aos Estados Unidos), e da retomada da produção europeia no pós-guerra. A partir de 1920, a ampliação da capacidade produtiva de Cuba ocorrida na década anterior, de 2,6 para 4,1 milhões de toneladas métricas de açúcar, não poderia manter-se sem que se desestabilizassem os preços (Fraginals, 1989, p. 359). Desde então, principiou-se um desequilíbrio entre a crescente capacidade produtiva da ilha e a redução do espaço do mercado estadunidense.

Tratado de Reciprocidade de 1934 e Lei Costigan-Jones

Quando Cuba parecia acordar do impacto da crise de 1920, veio a crise de 1929. Foi um segundo solavanco brusco. Duas crises de profundidade estrutural se sobrepuseram, gerando retração da economia açucareira, ampliação do desemprego e redução de salários. As tarifas preferenciais com os Estados Unidos inviabilizavam a diversificação da economia da ilha e, em meio às crises, Cuba ficou refém de uma única mercadoria, cuja produção se expandia ao redor do mundo.

A expansão da produção de açúcar no mundo, unida ao contexto da crise de 1929, gerou uma onda regulacionista que orientou o mercado mundial no sentido dos blocos preferenciais. Para estabilizar os preços, em 1926, o governo cubano impôs por meio da Lei Verdeja uma redução compulsória da safra em 10% (Lecuona, 2009, p. 227). No ano seguinte, a Conferência Açucareira de Paris restringiu a safra cubana a 4 milhões de toneladas. Para se adaptar à situação, Cuba se integrou ao Plano Chadbourne em 1931, cujo objetivo era equilibrar a

produção e consumo mundiais, por meio da regulamentação de cotas de exportação e importação pré-determinadas. O governo da ilha também estabeleceu cotas
internas dos colonos para uso das centrais, bem como a garantia da compra do
açúcar excedente pelo Estado (Ramos, 2007, p. 563; Lecuona, 2009, p. 140). Em
1931, o Convênio Internacional de Açúcar de Bruxelas regulou cotas de produção
para países correspondentes a 50% do mercado mundial (Lecuona, 2009, p. 43).

Até que no fatídico ano de 1934, a conjuntura regulacionista impulsionou
uma nova edição do Tratado de Reciprocidade de 1902, bem como a aprovação
da Lei Costigan-Jones no Congresso dos Estados Unidos. Estas duas medidas juntas aprofundaram o vínculo de dependência de Cuba com seu "parceiro". Como
sintetizou Noyola:

> No ano de 1934, quando todos os países da América Latina estavam su-
> bindo suas tarifas, Cuba, em troca de obter uma cota no mercado açu-
> careiro norte-americano e de conseguir um desconto tarifário, abaixou
> suas tarifas e assim cortou suas próprias asas para o crescimento indus-
> trial. Isto é, o futuro do crescimento da economia cubana se conectou
> novamente ao açúcar e não se fez nenhuma tentativa para diversificar,
> para transformar a estrutura da economia (1978, p. 58).

O novo Tratado de Reciprocidade elevava o desconto tarifário dos produtos
estadunidenses em Cuba para 60% e ampliava a quantidade de produtos sobre os
quais incidiam as menores tarifas.[24] Em contrapartida, enquanto a taxa de importação de açúcar geral era de 1,87 dólar, a taxa cubana seria de 0,90 dólar (Lecuona,
2009, p. 192). A Lei Costigan-Jones foi a cartada final da política de redução da
produção açucareira praticada pela sacarocracia de Wall Street: o Congresso dos
Estados Unidos estabeleceu a cota de 24,9% do mercado interno para o açúcar
cubano, equivalente ao consumo médio do período entre 1929 e 1933, isto é, 1,9
milhão de toneladas de açúcar ao ano (Pericás, 2004, p.28). O problema foi que

---

24   No Tratado de Reciprocidade de 1902, do total de 530 produtos dos Estados Uni-
      dos com tarifas preferenciais em Cuba, 48,3% tinham o desconto de 20%, e apenas
      0,6% tinha o desconto máximo de 40% (Pino-Santos, 1983, p. 442). Já no Tratado
      de 1934, a proporção de produtos com descontos maiores cresceu: mais de 78%
      dos produtos teriam descontos maiores que 30%, sendo que destes 32% teriam
      desconto de 40% (Pino-Santos, 1983, p. 475). No total, o Tratado de 1934 favorecia
      550 produtos estadunidenses em troca de mais de 20 produtos cubanos, entre eles
      o açúcar com redução de 40%; o rum com redução de 37,5% e o tabaco com redu-
      ção de 21% (Pericás, 2004, p. 28).

este período correspondia ao menor consumo do século. Nos anos 1920, o açúcar cubano havia ocupado em média 50% do mercado estadunidense (Lecuona, 2009, p. 227; Le-Riverend, 1979, p. 246-7; Acosta, 1973, p. 70). A diminuição pela metade do espaço do açúcar cubano no mercado estadunidense reduziu a participação deste na renda nacional: em 1921, 60% da renda nacional cubana vinha do açúcar e em 1939, apenas 27% (Acosta, 1973, p. 59). Daí em diante, a reduzida cota dos Estados Unidos só foi provisoriamente abolida durante a Segunda Guerra (Lecuona, 2009, p. 44). Além disso, em 1937 o Congresso dos Estados Unidos definiu que apenas 1% do açúcar cubano comprado poderia ser refinado na ilha, ampliando ainda mais a capacidade ociosa da indústria (idem, 2009, p. 157). Isso explica porque o complexo açucareiro-financeiro se empenhou em reduzir a produção para elevar os preços, e manteve uma enorme capacidade ociosa como margem especulativa.

O Tratado de Reciprocidade de 1934 e a Lei Costigan-Jones representaram também uma jogada política sobre a luta de classes na ilha. As rebeliões populares nacionalistas que derrubaram o regime Machado em 1933 combatiam a Emenda Platt. Na realidade, a Emenda Platt caiu junto com Machado. A renovação do Tratado em 1934 demonstrou que o controle da produção açucareira desenvolvido pelos Estados Unidos já dispensava esforços militares.

Ascensão da sacarocracia cubana

Nos anos 1940 o perfil de investimento dos Estados Unidos em Cuba se alterou por conta da queda da rentabilidade do açúcar, decorrente do aumento da produção mundial e das pressões da concorrência sobre as expectativas dos preços. Entre 1929 e 1958, o investimento estadunidense na agricultura cubana caiu 46%, ao mesmo tempo em que o investimento em petróleo cresceu 170%, em serviços públicos se elevou 160%, e nos corredores comerciais 230% (Acosta, 1973, p. 60). Na realidade, na década de 1940, as perspectivas nada animadoras do mercado açucareiro promoveram um giro na política imperialista, e as empresas estadunidenses começaram a liquidar seu patrimônio açucareiro. Por isso, enquanto em 1939 os Estados Unidos possuíam 66 centrais e 55% da produção e os cubanos possuíam 56 centrais e 22% da produção, já em 1951 os americanos detinham 41 centrais e 42% da produção e os cubanos ampliaram seu poder açucareiro para 113 centrais e 59% da produção (Acosta, 1973, p. 61). A mudança no perfil de investimento estadunidense na ilha prosseguiu nesta mesma tendência até a revolução, e em 1959 os Estados Unidos possuíam somente 36 centrais e várias empresas estavam em processo de liquidação. Em 1947, o Tratado de 1934 foi substituído pelo Acordo exclusivo entre Cuba e Estados Unidos celebrado na reunião do Acordo Geral de Tarifas e Comércio (GATT), e a cota cubana, suspensa durante a guerra, foi restabelecida a 28,6% do mercado estadunidense (Lecuona, 2009, p. 184; Pino-Santos, 1983, p. 477).[25]

Em 1958, as propriedades estadunidenses em Cuba representavam nada menos que 40% da produção açucareira, 90% dos serviços de eletricidade e telefonia, 50% das ferrovias e 23% das indústrias não açucareiras (JUCEPLAN apud CEPAL, 1980, p. 14). Por tudo isso, Le-Riverend definiu Cuba, até 1958, como uma *republica intervenida* (1979). Florestan Fernandes a definiu como "um apêndice segmentar e especializado dos Estados Unidos" (2007, p. 73). Esta trajetória de integração crescente entre Wall Street e a monocultura canavieira explica porque as palavras de Fidel Castro reverberavam tanto na realidade cubana de 1953:

> Oitenta e cinco por cento dos pequenos agricultores cubanos estão pagando renda e vivem sob a perene ameaça de despejo das suas parcelas de terra. Mais da metade das melhores terras cultiváveis está em mãos estrangeiras. No Oriente, que é a província mais vasta, as terras da *United Fruit Company* e da *West Indies* unem a costa norte com a costa sul. Há duzentas mil famílias que não tem uma faixa de terra para semear *viandas* para seus filhos famintos e, ao mesmo tempo, cerca de trezentas mil *caballerías* de terras produtivas permanecem sem cultivar em mãos de poderosos interesses (2007, p. 41-2).[26]

O movimento revolucionário cubano dos anos 1950 combatia precisamente a subutilização dos recursos. Fidel disse: "é inconcebível que existam homens que se deitem com fome, enquanto haja uma polegada de terra sem semear" (Castro, 2007, p. 49). Partimos então para o terceiro eixo da modernização da *plantation*, que será analisado a seguir: a segregação social reproduzida por um regime de trabalho herdeiro da escravidão.

---

25   Para completar, a cláusula 202-E da Lei Açucareira dos Estados Unidos ameaçava não comprar açúcar daqueles que regulassem o mercado de trabalho com a proibição da importação de mão de obra estrangeira, caso de Cuba desde 1933, como veremos adiante (Lecuona, 2009, p. 185).

26   "Vianda" corresponde, em Cuba, a uma categoria de alimentos brancos como batata, mandioca, banana e suas variações. Usaremos neste trabalho o termo em espanhol, pela ausência de uma tradução apropriada ao português.

Regime de trabalho: a maldição das multidões

Em 1956, a situação da miséria rural cubana foi descrita por uma pesquisa da *Agrupación Católica Universitária* (ACU) divulgada em um folheto com título "Por que reforma agrária?".[27] A pesquisa forneceu importantes pistas a respeito dos efeitos assimétricos da modernização da *plantation*, através de uma descrição da vida dos trabalhadores rurais baseada em cinco dimensões: o regime alimentício, o acesso à assistência médica, o acesso à educação, a situação habitacional e a renda familiar. Por meio desta pesquisa foi possível descobrir que Cuba, apesar de possuir a aparência estatística de um país rico, sustentava-se à custa de uma profunda assimetria social.

Maquiagem estatística

Nos anos 1950, analistas econômicos poderiam fazer uma leitura superficial da riqueza nacional da ilha. Cuba possuía o 3º maior PIB *per capita* da América Latina em 1952,[28] era o 2º maior consumidor de carne *per capita* do continente, tinha a 2ª maior rede de estradas pavimentadas por território, a 2ª maior relação de médicos por habitante, além de apresentar o 3º maior salário pago aos trabalhadores da indústria açucareira na América Latina. O próprio BIRD havia sustentado, em 1951, que o nível de vida cubano era mais elevado que os demais países tropicais latino-americanos (Pericás, 2004, p. 31). Outros dados ampliavam esta ilusão: Cuba possuía um carro a cada 39 habitantes, um equipamento de rádio a cada cinco pessoas, e 57% de sua população era urbana. Economistas cubanos como Felipe Pazos preferiam usar o termo "semidesenvolvido" para definir a sociedade cubana (Pericás, 2004, p.32). Contra esta postura, que exaltava a modernização a partir das estatísticas agregadas, Carlos Rafael Rodríguez, do então Partido Social Popular (o partido comunista oficial de Cuba antes da revolução), em 1956, argumentava:

> Certos consumos de luxo que, se bem nos dão uma aparência de civilização superior, conspiram contra o progresso nacional por um falso investimento das poupanças e provocarão, no longo prazo, um estanca-

---

27 A confiabilidade da pesquisa da *Agrupación Católica Universitaria* foi demonstrada pelo fato de que tanto a CEPAL, como a FAO usaram a ACU como fonte em vários documentos oficiais (por exemplo, CEPAL/FAO, 1963).

28 O PIB *per capita* cubano em 1952 era de 406 dólares de 1950, atrás apenas de Venezuela com 450 e da Argentina com 428 dólares (CEPAL, 1953, p. 32).

mento tal do processo econômico que nos levará a níveis subcivilizados (1983, p. 65).

Na realidade, a modernização dos padrões de consumo das elites, a alta taxa de urbanização e o progresso técnico da indústria açucareira gerava a ilusão de desenvolvimento num país de extrema segregação social. A concentração de 25% da população e 75% da produção industrial cubana em Havana contribuía para consolidar esta falsa percepção (Pericás, 2004, p. 34). Em termos de produto social, isso significava que o custo de reprodução da população beirava a sobrevivência, liberando amplas margens de excedente para usufruto dos círculos privilegiados da classe dominante.

Retrato da miséria rural

Em 1957, Cuba contava com 6.356.000 habitantes, dos quais 41,2% viviam no campo (CEPAL, 1963, p. 53; CEPAL, 1964, p. 272; Pino-Santos, 1983, p. 270). De acordo com o relatório de Jacques Chonchol[29], das 2,8 milhões de pessoas que viviam no campo, 860 mil (31% da população rural) compunha a força de trabalho agrícola (Chonchol, 1961, p. 4). Segundo a CEPAL, na década de 1950, 44% da força de trabalho total da ilha era agrícola (CEPAL, 1963, p. 50). A pesquisa da *Agrupación Católica Universitária* (ACU) revelou que apenas 4% dos trabalhadores rurais cubanos consumiam carne de boi, menos que 1% deles comiam peixe, e somente 2,12% consumiam ovos. A dieta dos trabalhadores rurais se reduzia, basicamente, a arroz (24% da dieta), feijão (23%) e *viandas* (22%). Apenas 11,2% deles consumiam leite e não mais que 3,36% comiam pão. Assim, as entusiasmantes estatísticas agregadas da ilha se chocavam com o fato de que a proteína animal fazia parte de um rol de artigos de luxo.

A situação de acesso ao sistema de saúde era igualmente precária: apenas 8% dos entrevistados pela ACU tinham frequentado alguma vez a assistência médica gratuita do Estado. Além disso, 36% dos entrevistados admitiram apresentar algum tipo de parasitismo intestinal, 31% possuíam malária (Acosta, 1973, p. 81),

---

29   Jacques Chonchol é um engenheiro agrônomo chileno, que protagonizou a história da reforma agrária na América Latina. Como técnico da FAO (FoodandAgricultureOrganization) foi enviado a Cuba para assessorar a reforma agrária da ilha em 1959 e 1960. Dez anos mais tarde, em 1970, tornou-se ministro da agricultura de Salvador Allende. Com o golpe, conseguiu fugir de seu país com a família e viveu por duas décadas na França. Tivemos a oportunidade de entrevista-lo em julho de 2011.

14% já tinham sofrido de tuberculose e 13% de tifoide.[30] A educação formal tampouco alcançava os trabalhadores rurais: 44% deles nunca tinham frequentado a escola e 43% se definiram como analfabetos. O Censo de População e Habitação oficial do governo cubano de 1953 revelou um analfabetismo total de 23,6% da população, o que totalizaria 1.032.849 pessoas (Acosta, 1973, p. 79).[31] Contudo, em 1959, o governo revolucionário se deparou com a seguinte situação: 50% das crianças em idade escolar não podiam matricular-se por ausência de vagas nas escolas. Comparando o déficit de matrícula da população em idade escolar de 1959 com o censo oficial de 1953, José Acosta chegou à conclusão que o índice oficial de analfabetismo de 23,6% divulgado pelo governo era significativamente subestimado (1973, p. 79). Além disso, segundo dados da CEPAL, nos anos 1950, 69,2% das crianças cubanas de até 15 anos eram submetidas ao trabalho agrícola (CEPAL, 1963, p. 53).

A precariedade habitacional dos trabalhadores rurais era ainda mais alarmante. Suas casas eram na maioria das vezes construídas pelos próprios trabalhadores, com os materiais que se encontrassem à mão: os chamados *bohíos*.[32] Dos entrevistados, 63,96% não possuíam nem vaso sanitário, nem pia em suas casas e 88,5% acessavam apenas água de poço. Apenas 3,24% deles possuíam água encanada dentro de casa. A construção das habitações também era preocupante: 60,53% das casas eram feitas com paredes de madeira, teto de guano e chão de terra. Apenas 7,26% dos trabalhadores rurais possuíam acesso à eletricidade, e 89,84% deles viviam à luz de velas. Além disso, 41,64% das casas possuíam apenas um quarto, que deveria ser compartilhado por toda a família. Estes dados são coerentes com o Censo de População e Habitação oficial de 1953, segundo o qual apenas 4,1% das moradias no meio rural possuíam banheiros; apenas 10,3% possuíam água encanada; e apenas 10% possuíam acesso à eletricidade. O censo de 1953 revelou que a situação urbana, ainda que fosse significativamente melhor, se sustentava à custa de enormes bolsões de miséria. Por exemplo, 45,8% dos mo-

---

30   Os dados referentes a enfermidades costumam ser subestimados, devido ao compreensível constrangimento dos entrevistados em revelar este tipo de informação.

31   Estes dados correspondem com os divulgados pela CEPAL, que diagnosticou uma taxa de analfabetismo de 41% da população rural acima de 15 anos, o que significaria entre 20% e 25% da população total no mesmo período (CEPAL, 1963, p. 45).

32   *Bohíos* eram choupanas de origem indígena, nas quais morava a maior parte das famílias de camponeses. O *Departamento de Viviendas Campesinas* do INRA construiu 12.500 casas e 500 edifícios sociais em um ano (Chonchol, 1961, p. 27)

radores urbanos não possuíam banheiro; 24,4% destes não tinham acesso à água encanada; e 13% não possuíam acesso à eletricidade. O mesmo censo de 1953 afirmou que 56% das 1,2 milhões de casas participantes do censo, estavam em condições "altamente inabitáveis", sendo que no meio rural as condições de habitação consideradas péssimas se ampliavam para 79,6% da população (CEPAL, 1980, p. 154; Acosta, 1973, p. 83-5).

Os dados coletados pela ACU no que concerne à renda familiar finalizam o quadro da extrema pobreza: 50,64% das famílias de trabalhadores rurais viviam com uma renda anual menor que 500 pesos; 42,15% das famílias acessavam de 500 a 1000 pesos por ano; e 7,21% das famílias possuíam entre 1.000 e 1.200 pesos por ano.[33] O quadro geral revela, portanto, que 92,79% das famílias entrevistadas sobreviviam com menos de 1.000 pesos por ano, incluída nesta conta a produção para autoconsumo. Enquanto a renda *per capita* dos trabalhadores rurais era igual a 91,25 pesos ao ano, a renda *per capita* nacional de 1956 correspondia a 398 pesos ao ano, ou seja, 4,3 vezes maior. Nesse quadro, o perfil dos gastos familiares rurais não chegava a surpreender: 69,3% de sua renda eram destinados à alimentação e 14,06% ao vestuário.[34] Esta situação de miséria era continuamente reproduzida pelo desemprego.

Desemprego estrutural e tiempo muerto

O desemprego estrutural era característica permanente da economia cubana, responsável por alargar o fosso entre a massa de trabalhadores rurais e uma minoria enriquecida. Em 1957, 16,4% da força de trabalho cubana estavam totalmente desempregadas (361 mil pessoas), 10,1% estavam subempregadas em atividades temporárias ou de tempo parcial (233 mil pessoas), e 7% trabalhavam com seus parentes sem remuneração (154 mil pessoas). Isso significa que 33,5% da força de trabalho cubana estava desempregada, subempregada ou ativa sem remuneração, o que correspondia a 748 mil pessoas, dentro de um universo de 2,2 milhões (Acosta, 1973, p. 69; Pino-Santos, 1983, p. 265; Lecuona, 2009, p. 128).[35] O desemprego estrutural cubano apresentava uma característica específica gerada pela monocultura: o *tiempo muerto*. Os canaviais, que não conheciam a mecanização,

---

33   Nos anos 1950, havia paridade entre peso e dólar (Lecuona, 2009, p. 192).

34   A pesquisa completa da ACU está em Chonchol, 1961, p. 16-18 e Acosta, 1973, p. 78-87.

35   Dados extraídos do Conselho Nacional de Economia em 1958.

dispensavam os cortadores de cana de abril a novembro. O período de chuvas de maio a outubro correspondia ao crescimento das plantações. A produção agrícola dos cultivos não canavieiros era incapaz de absorver a força de trabalho durante o *tiempo muerto*. Só este tipo específico de desemprego, havia alcançado 457 mil pessoas nos anos 1950, ou seja, aproximadamente 20% da força de trabalho total cubana (Aranda, 1968, p. 12; Pino-Santos, 1983, p. 265). O esforço estatístico por mascarar o desemprego estrutural foi visível no Censo Populacional de 1953, quando o governo coletou dados sobre a força de trabalho durante a colheita canavieira, divulgando uma desocupação de apenas 8% da população (Castro, Boti, Pazos, 1959, p. 93).

O volume de desemprego permanente gerava uma pressão de rebaixamento salarial, fragilizando as possibilidades de negociação dos trabalhadores rurais. É certo, portanto, que a superexploração do trabalho em Cuba era uma das alavancas fundamentais da geração de excedente. A superexploração do trabalho se agravava por dois motivos. Primeiro, o crescimento da população cubana foi proporcionalmente maior que o crescimento do setor açucareiro, especialmente depois que o setor entrou em crise nos anos 1920 e encontrou um limite nos anos 1930, devido aos desequilíbrios do mercado mundial e ao crescimento da produção de açúcar nos Estados Unidos e na Europa (Pino-Santos, 1983, p. 374-5, 463; Le Riverend, 1972, pp.230-246; Lecuona, 2009, p. 227). Ao mesmo tempo, o Estado cubano aplicou uma política para ampliação do desemprego estrutural através da importação de força de trabalho trazida das Antilhas pelas grandes empresas açucareiras e sucessivamente incentivadas pelos governos. Em 1912, o presidente José M. Gómez autorizou a "importação" de 1.400 haitianos pela *United Fruit Company*, o que inaugurou um período de 30 anos de fluxo substancial de *braceros* antilhanos para Cuba (Acosta, 1973, p. 54). Na sequência, o presidente Mario García Menocal, entre 1913 e 1921, permitiu que as companhias açucareiras estadunidenses introduzissem 156 mil trabalhadores das Antilhas em Cuba (Pino-Santos, 1983, p. 304). Segundo os dados de Ramiro Guerra, entre 1912 e 1925, 140 mil haitianos e 100 mil jamaicanos foram "importados" para as plantações de cana-de-açúcar em Cuba, ampliando o desemprego e garantindo o rebaixamento dos salários (Acosta, 1973, p. 54). Entre 1928 e 1940, esta política permaneceu ativa: 100 mil *braceros* jamaicanos e haitianos foram trazidos para as plantações cubanas, o que correspondia a quase um terço do total de cortadores de cana existentes na ilha (Edquist, 1985, p. 25). A importação de mão de obra antilhana foi fortemente combatida pelos trabalhadores rurais cubanos, até que, com a Revolução de 1933, três conquistas foram obtidas: primeiro, a jornada de 8 horas de trabalho no setor industrial; segundo, a nacionalização de 50% dos trabalhadores dos canaviais por cada unidade produtiva; e terceiro, a vinculação do salário mínimo do trabalhador rural ao volume de cana cortada (50 centavos de peso para cada 100 arrobas de cana), protegendo-o das abruptas flutuações de preço (Lecuona, 2009, p. 52-3). Mas só a partir da Constituição de 1940, a importação de mão de obra estrangeira para ampliar as margens do desemprego estrutural foi definitivamente proibida (Edquist, 1985, p. 53).

A política de importação de mão de obra antilhana para Cuba, um país de desempregados, revelava o projeto das elites: garantir um regime de trabalho marcado pela extração violenta do excedente. Apesar de alguns conflitos passageiros entre a sacarocracia cubana e os interesses de Wall Street a respeito da política açucareira, a colaboração do Estado cubano com o grupo financeiro mundialmente hegemônico dos Rockefeller alcançou seu auge na era Batista. Esta colaboração revelava porque a realização das determinações históricas do subdesenvolvimento bloqueara qualquer iniciativa nacionalista da parte da burguesia cubana.

O MUNDO VISTO DE CIMA

Como escreveu Eduardo Galeano: "nossa derrota sempre esteve implícita na vitória alheia" (2004, p. 14). A outra face da segregação social cubana era a sua classe dirigente, mergulhada em atividades especulativas e organicamente associada aos grandes grupos monopolistas dos Estados Unidos.[36] Fulgencio Batista é um caso exemplar. Representava a plena integração entre poderes de Estado e poderes econômicos privados nacionais e internacionais. Em 1958, Batista era proprietário de três centrais açucareiras e diversas colônias de cana, totalizando a capacidade produtiva de 22.845.254 arrobas de açúcar ao dia (ou seja, 342.679 toneladas métricas). O patrimônio açucareiro de Batista estava organizado em cinco empresas. Além disso, Batista possuía dez empresas de comunicações e publicidade; onze grandes empreendimentos turísticos; sete companhias de transportes aéreo, marítimo e rodoviário; três grandes empresas de serviços metropolitanos; sete companhias de investimentos financeiros; e duas indústrias, incluindo

---

36   Uma síntese do patrimônio da burguesia cubana e estrangeira que controlava o setor açucareiro e outros ramos da economia da ilha está apresentada em dois quadros ao final desta seção.

a 2ª maior fábrica de papel jornal do país. O presidente cubano também era acionista da *Compañía Azucarera Atlántica del Golfo S.A*, do *Banco Hispano Cubano*, da *Cuban Telephony Company*, do *Banco Godoy-Sayán de Ahorro y Capitalización* e credor do Estado cubano, que lhe devia 500.000 dólares (Jimenez, 2000). Por mais incrível que possa parecer, todos estes empreendimentos não eram os negócios prioritários de Batista. O magnata tinha como horizonte de prioridades a especulação imobiliária. Possuía nada menos que 22 empresas de construção civil e urbanização, entre elas algumas empresas fantasma e muitas em nomes de testas-de-ferro, como se descobriu após a sua fuga (ver Quadro 1).

Batista e os Rockefeller-Sullivan

Quando Fulgencio Batista, na madrugada do dia 10 de março de 1952, desferiu o golpe de Estado que derrubou Carlos Prío Socarrás faltando 80 dias para as eleições, tinha na sua retaguarda ninguém menos que os irmãos John Foster Dulles (Secretário de Estado da Casa Branca da administração Eisenhower) e Allen Welsh Dulles (subdiretor da CIA), sócios importantes do grupo financeiro Sullivan & Cromwell (Castro, 1959, p. 92; Pino-Santos, 1983, p. 548). O grupo Sullivan & Cromwell possuía célebre parentesco com um dos troncos da família Rockefeller (da *Standart Oil Company*), que por sua vez havia conquistado a hegemonia financeira da produção açucareira em Cuba desde 1920, devido à crise que sucedeu ao processo especulativo da Dança dos Milhões (Pino-Santos, 1983, pp.375-7). Os Rockefeller e os Sullivan & Cromwell estavam integrados financeiramente o bastante para serem considerados como um único grupo pela historiografia. Em 1952, as propriedades do grupo Rockefeller e dos Sullivan & Cromwell somadas controlavam 18 centrais açucareiras cubanas, organizadas em cinco grandes consórcios operados majoritariamente pelo *The National City Bank*, também propriedade do grupo Rockefeller. Com isso, os Rockefeller-Sullivan comandavam direta e indiretamente um total de 35.694 *caballerías* de terra (superfície equivalente à área de Trinidad y Tobago) e 79.460 trabalhadores apenas nas centrais, sem contar as plantações. Isso significa que por trás de Batista havia uma verdadeira potência financeiro-açucareira (ver Quadro 2, item 1).

Nos anos 1950, diante do acirramento da concorrência dos mercados açucareiros e da expectativa de queda dos preços, os Rockefeller-Sullivan adotaram uma política de venda de suas propriedades agrárias em Cuba, deslocando investimentos para recursos energéticos e minerais da ilha. Por isso, desde 1958, passaram a constituir o segundo grupo produtor de Cuba, ficando atrás do magnata cubano Julio Lobo, o "imperador do açúcar", que havia, ao contrário, iniciado uma política ofensiva de aquisição de centrais desde 1940 e consolidado a compra de uma parte da *Compañía Azucarera Atlantica del Golfo* em 4 de março de 1958.[37] Os Rockefeller-Sullivan controlavam também a *American Telephone & Telegraph*, cuja filial, *Compañía Cubana de Teléfonos*, detinha monopólio do serviço telefônico da ilha em sociedade com o grupo Morgan (Jimenez, 2000). Além disso, através da *Freeport Sulphur Company* e da *American Smeltin & Refining Company* (AS&R), em aliança com a Casa Morgan, os Rockefeller-Sullivan já haviam demonstrado forte interesse pela exploração mineral do níquel nas montanhas do Oriente cubano (Pino-Santos, 1983, p. 544), e já exploravam o petróleo cubano por meio da *Esso Standart Oil Company*, que era então o segundo maior consórcio não financeiro do mundo (Jimenez, 2000). Os Sullivan & Cromwell também possuíam braços no setor de transportes, marcadamente a partir da fusão da *Cuba Railways* (da família Tarafa) com outras empresas ferroviárias que operavam na ilha, com intuito de formar o monopólio *Ferrocarriles Consolidados* (Pino-Santos, 1983, p. 519). Em suma, o grupo Rockefeller-Sullivan tinha muito a perder em Cuba. Por isso, munido destes dimensionados interesses econômicos, iniciou um conflito com o presidente Carlos Prío Socarrás que culminou com o golpe de 1952, precisamente por dois motivos: a exploração do níquel e a política açucareira.

Carlos Prío havia concedido, em meados de 1950, a exploração do níquel à empresa holandesa *Billinton*, de dimensões desprezíveis perto dos gigantes Rockefeller. A *Billinton*, única concorrente da *American Smeltin & Refining Company* (AS&R) no processo concessionário, havia aceitado a nova e repentina cláusula estabelecida pelo governo Prío, que determinava a necessidade de participação de no mínimo 20% de capital cubano na exploração do mineral. A favorita AS&R havia se recusado a cumprir a cláusula, alegando que o consórcio já estava fechado. Mas os Rockefeller se irritaram por perder espaço na exploração do níquel devido à manobra improvisada de Carlos Prío que, por sua vez, apresentara explícitos interesses em participar pessoalmente do "capital cubano" exigido pela nova cláusula. A relação entre os Rockefeller e o governo Prío ficou ainda mais tensa devido à política açucareira. Sustentado pela sacarocracia cubana, o governo Prío im-

---

37   Compra cujas parcelas não puderam ser pagas, pois três das quatro venceriam depois de 1959 (Jimenez, 2000, p. 97).

plementou uma política expansionista e livre-cambista no setor, o que contribuía para a deterioração do preço do açúcar no mercado mundial. Entretanto, o grupo Rockefeller-Sullivan, por suas apostas açucareiras em Wall Street, tinha interesses na restrição da produção do açúcar cubano, como meio de garantir a estabilização e controle dos preços mundiais em níveis mais elevados. A política expansionista de Prío representava um obstáculo à elevação dos preços do açúcar no mercado mundial.[38]

Três fatores então se coordenaram para constituir o golpe de 10 de março de 1952. Primeiro, os interesses econômicos dos Rockefeller-Sullivan estavam duplamente ameaçados pelo governo Prío. Depois, os irmãos Dulles, sócios da Sullivan & Cromwell, assumiram em 1952 os cargos de alto escalão no governo Eisenhower nos Estados Unidos, comandando a Secretaria de Estado e a CIA. E por fim, Fulgencio Batista apresentava um perfil adequado para servir aos interesses dos Rockefeller-Sullivan: havia abafado a Revolução de 1933 e desde então comandara o exército cubano, apresentando um exemplar currículo de ações repressivas contra agitações populares e de fidelidade aos interesses da oligarquia financeira em sua passagem pela presidência entre 1940 e 1944 (Pino-Santos, 1983, p. 544). Estes três fatores se combinaram para que os interesses dos Rockefeller-Sullivan fossem colocados em primeiro plano no governo cubano entre 1952 e 1958.

Após o golpe, Batista imediatamente alterou a política açucareira no sentido restricionista, facilitou os interesses da AS&R concedendo a exploração do níquel com isenções fiscais, além de proteger a família Rionda na aquisição e expansão do *King Ranch* em Camaguey.[39] Batista também criou o BRAC (*Buró de Represión de Actividades Comunistas*), em conexão direta com a CIA por meio do general Martín Díaz Tamayo, como demonstra uma carta de Allen Dulles destinada a Batista em 15 de julho de 1955 (Pino-Santos, 1983, p. 549-50). Batista teria assumido a tarefa de cumprir as diretrizes da Missão Truslow a serviço dos monopólios

---

38 Além disso, os governos de Grau San Martín (1944-48) e Carlos Prío (1948-52) do partido dos *Auténticos* tinham aumentado levemente as tarifas para importação de arroz, alguns produtos têxteis e calçados, protegendo com timidez estas indústrias cubanas, o que seria um motivo a mais para o incômodo dos Estados Unidos (Acosta, 1973, p. 73).

39 A família Rionda fazia parte do complexo açucareiro-financeiro que atuava em Wall Street coordenada com os Rockefeller-Sullivan, o Banco Schroeder e em aliança com o grupo Czarnikow (Pino-Santos, 1983, p. 546).

estadunidenses.[40] O indício mais forte desta subordinação é a radicalidade com que foram realizadas as duas finalidades do regime. Primeiro, a rentabilidade do capital internacional. Enquanto entre 1936 e 1953 os lucros estadunidenses em Cuba cresceram em 90 milhões de dólares, apenas entre 1953 e 1958, cresceram 250 milhões de dólares (Acosta, 1973, p. 68). E segundo, o enriquecimento das elites cubanas para modernização de seus padrões de consumo. A política econômica de Batista seguiu o princípio do "gasto público compensatório": por meio de um subterfúgio keynesiano criou o BANDES em 1955 e emitiu 350 milhões pesos em títulos para financiar obras públicas. Batista injetou dinheiro público na construção civil em uma enxurrada sem precedentes, definida como "política do cimento".[41] Além do gasto com obras da construção civil, Batista queimou 408 milhões de dólares das reservas públicas com pagamento de dívidas aos Estados Unidos (Acosta, 1973, p. 71). O vínculo orgânico entre Batista, o grupo Rockefeller-Sullivan e outros membros da sacarocracia cubana instrumentalizava o Estado para reprodução das determinações históricas do subdesenvolvimento, sem qualquer mediação nacional ou popular.

Retrato da sacarocracia

Para além do grupo Rockefeller-Sullivan, os principais recursos da economia açucareira estavam concentrados em poucas famílias cubanas, bastante integradas por casamentos e outros graus de parentesco. O principal *hacendado* cubano era Julio Lobo Olavarría, que comandava quase sozinho a produção de 15 centrais açucareiras correspondentes a 12.106 *caballerías* e 45.836 trabalhadores, com capacidade produtiva de 65 milhões de arrobas de açúcar por dia (975.000 toneladas métricas), além do controle das duas maiores refinarias do país (ver Quadro 2, item 2). Além disso, Julio Lobo era proprietário dos principais corredores comerciais e empresas de exportação de açúcar do mundo. Sua empresa *Galbán Lobo Trading Company* era a principal vendedora do produto no mercado mundial, controlando de 35% a 60% do açúcar cubano e porto-riquenho e 60% do refino do mercado norte-americano (Jimenez, 2000). Lobo também possuía a *National*

---

40   Missão econômica do BIRD em Cuba, em 1949.

41   As Teses Econômicas do MR 26-7 denunciaram: "Batista dirige o 'gasto público compensatório' levantando 'pirâmides no deserto' (...), realizou pavimentações e edificações faraônicas e estéreis, a chamada política do cimento" (Castro, Boti, Pazos, 1959, p. 93)

Bonded Warehouses Company, um gigantesco depósito açucareiro que armazenava o produto de 21 centrais e era proprietária de um porto. Além disso, era dono do *Banco Financiero* (com 12 milhões de dólares em depósitos dos 21 centrais que armazenavam seu açúcar com Lobo); da *Corporación Aeronáutica Antillana S.A.*, uma companhia aérea local com circulação interna às suas propriedades, uma das três "linhas tributárias" da ilha, ou seja, isenta de impostos por transportar o correio oficial; e a *Corporación Inalámbrica Cubana S.A.* de radio, telégrafo e telefonia (Jimenez, 2000).

A segunda maior família do setor açucareiro, depois de Julio Lobo, era a *Sucesión Falla Gutierrez*, formada pelos herdeiros de Laureano Falla Gutiérrez. Por serem proprietários do *The Trust Company of Cuba*, o maior banco do país em depósitos, constituíam o principal grupo açucareiro-financeiro nacional. Aproximadamente 56% dos depósitos do *The Trust* pertenciam a apenas 26 empresas açucareiras. A *Sucesión Falla* era proprietária de sete centrais, constituindo o 2º maior grupo de latifundiários cubanos em termos de quantidade de centrais depois de Julio Lobo, e o 3º maior em capacidade produtiva total (depois de Julio Lobo e da *Compañía Atlántica del Golfo* dos Sullivan & Cromwell). A capacidade produtiva total de suas centrais era de 2.190.000 arrobas de açúcar por dia (32.850 toneladas métricas). Além disso, comandavam um total de 26.283 trabalhadores e detinham diretamente 5.221 *caballerías* organizadas em sete empresas (ver Quadro 2, item 3). A família também possuía ações na poderosa *Compañía Azucarera Atlántica del Golfo* desde que a companhia declarou um "plano de liquidação completa". Em concorrência com Julio Lobo, Fulgencio Batista e Francisco Blanco, os Falla estavam buscando o controle majoritário da empresa. Por fim, eram acionistas importantes de mais dez empresas de distintos ramos (Jimenez, 2000).[42]

O terceiro grupo da sacarocracia cubana era a Família Braga-Rionda, proprietária de um complexo açucareiro de seis centrais, 23.773 *caballerías* e 22.833 trabalhadores (ver Quadro 3, item 4). Os Braga-Rionda eram fortemente integrados ao capital internacional, atuando em coordenação com os Rockefeller por conta de seus interesses especulativos em Wall Street. Em 1957, os Braga-Rionda

---

42 A *Nauyú Destillering Company* (a 2ª maior destilaria cubana), o *Banco de los Colonos*, a *Petrolera Transcuba S.A.*, a *Compañía Cubana de Refrigeración Eléctrica*, a *Papelera Nacional*, a *Compañía Cubana de Pesca y Navegación S.A.*, a *Compañía Cubana de Fibra y Jarcia S.A.*, a *Compañía Agrícola Henequenera Estrella S.A.*, a *Compañía Inmobiliaria Payret S.A.* (proprietária do Cinema e Teatro Payret) e a *Corporación Intercontinental de Hoteles de Cuba S.A.*

destituíram Julio Lobo do primeiro lugar no controle do comércio açucareiro em Cuba, com a empresa *Cuban Trading Company*, que armazenava o açúcar de 25 centrais, junto com a *Compañía General Cubana de Almacenes Públicos* e a *Compañía Marítima Guayabal S.A.* (devedora do BANDES). Os Braga-Rionda também possuíam negócios na pecuária com a *Compañía Ganadera Becerra S.A.* (proprietária de 7.300 cabeças de gado selecionado e 1.178 *caballerías*). Eram proprietários da primeira indústria de tábuas de madeira feitas com bagaço de cana do mundo, a *Compañía de Productos de Fibras Manatí S.A.*, e também da recém--aberta *Compañía Cubana Primadera S.A.*, do mesmo ramo, acionista da *Cuban Bagasse Products*. Por fim, a família Braga-Rionda possuía um prolífico casamento com a família Gómez Mena.

O quarto grupo açucareiro cubano mais importante era a Família Gómez Mena, aparentada da Família Braga-Rionda. A filha de José Gómez Mena (o patriarca), Liliam Gómez Mena, havia se casado com Alfonso Fanjul Estrada que, por sua vez, era filho de Higino Fanjul Rionda, um dos sucessores do patrimônio Braga-Rionda. Em 1958, Alfonso Fanjul Estrada era diretor e acionista do *The Trust Company of Cuba* e ocupava cargos de chefia em outras sete grandes empresas (Jimenez, 2000).[43] A Família Gomez Mena era proprietária de quatro centrais açucareiras da empresa *Nueva Compañía Azucarera Gómez Mena S.A.*, que somavam uma capacidade de 1.350.000 arrobas de açúcar por dia (20.250 toneladas métricas), 15.250 trabalhadores e 4.666 *caballerías*, constituindo a 4ª maior produtora cubana de açúcar (ver Quadro 2, item 5).[44] Gómez Mena apresentava um currículo político relevante: havia sido presidente do *Instituto Cubano de Estabilización del Azúcar* (ICEA) e Ministro da Agricultura em 1936. Além disso, o grupo se destacava por ter sido vanguarda de inovações tecnológicas da indústria açucareira: foram os primeiros a eletrificar um engenho, a aplicar a irrigação em larga escala, a reflorestar, e a empregar álcool como combustível. Gómez Mena

---

43   Era Vice Presidente da *Nueva Compañía Azucarera Gómez Mena S.A.*, da *Cuban Trading Company*, da *The Francisco Sugar Company*, da *Manatí Sugar Compay*, da *Construtora Airform de Cuba S.A.* , da *The New Tuinicú Sugar Company*, e Diretor Geral da *Industrial Arrocera de Mayabeque S.A.*, além de ser acionista das seguintes empresas: *Cuban Bagasse Products*, *Compañía Internacional de Envases S.A.*, *Compañía Oriental Papelera S.A.*,e *North Atlantic Kenaf Corporation*. (Jimenez, 2000)

44   Note-se que em 1958 a *Compañía Azucarera Gómez Mena S.A.*, originalmente deste tronco familiar, era de propriedade de Julio Lobo, que a havia comprado da *Compañía Azucarera Atlántica del Golfo* em 1957 (Jimenez, 2000).

era o principal cliente do *Banco de los Colonos* e possuía ações em vários empreendimentos, incluindo as *Industrias Siporex S.A.* de Batista.[45]

Outros grupos da sacarocracia que controlava a produção cubana com considerável influência monopolista eram a Família Tarafa (proprietária de três centrais, com 3.404 *caballerías*, no comando de 8.010 trabalhadores); a *American Sugar Refining Company* (proprietária das duas centrais mais modernas e com maior capacidade produtiva da ilha, que somavam 6.438 *caballerías*, comandavam 15.968 trabalhadores e, juntos, representavam 10% do total do açúcar cru processado pela refinaria localizada nos Estados Unidos); Salustiano García Díaz (proprietário de quatro centrais, que somavam 1.936 *caballerías* e comandavam 10.532 trabalhadores); a *United Fruit Company* (que detinha 20.250 *caballerías* e comandava 20.000 trabalhadores); Manuel Aspuru San Pedro (proprietário de três centrais, detinha 8.634 *caballerías* e comandava 8.100 trabalhadores); entre outros (ver Quadro 2, itens 6 a 10; e Jimenez, 2000).

Este breve mapa da concentração e centralização de capital em Cuba nos anos 1950 explica o alto grau de instrumentalização do Estado, reforçado pela intolerância política deste segmento a qualquer tímida redistribuição do excedente. Este contraste entre a miséria das multidões e o extravagante bem estar das elites é um dado histórico que ajuda a explicar porque um Estado controlado pela sacarocracia não seria capaz de resolver os chamados "problemas nacionais". Caberia, então, a outro sujeito histórico dar cabo desta batalha.

---

45   A Família Gómez Mena era proprietária da *Indústria Arrocera de Mayabeque S.A.* e possuíam ações na *Cuban Bagasse Products*, na *Compañía Internacional de Envases S.A.* e na *Constructora Airform de Cuba* (Jimenez, 2000).

QUADRO 1: PATRIMÔNIO DE FULGENCIO BATISTA POR SETOR, 1958

AGROPECUÁRIO (5)	
Empresa	Propriedades
Compañía Agrícola Defensa S.A.	Central Washington, com 2.835 trabalhadores, além da 5ª maior refinaria do país, a 18ª maior destilaria, e 10 *caballerías* em Las Villas.
Compañía Agrícola Punta Felipe S.A.	Colônias com capacidade de produzir 18.571.115 arrobas de açúcar por dia na central Washington, em Las Villas
Compañía Agrícola Delta S.A.	Colônia com capacidade de produzir 3.659.139 arrobas de açúcar por dia na central Resulta, em Las Villas
Industrias Andorra S.A.	Central Andorra em nome de esposa de Batista, Martha Fernandez Miranda, com produção de 185.000 arrobas de açúcar por dia, 3.000 trabalhadores, a 17ª maior refinaria do país, a 9ª maior destilaria, e com 338 *caballerías* em Pinar del Río
Rancho Veloz Sugar Company S.A.	Central Constancia, em nome de Fernando de la Riva, com capacidade de 430.000 arrobas de açúcar por dia, 3.000 trabalhadores e 392 *caballerías* em Las Villas
COMUNICAÇÃO E PUBLICIDADE (10)	
Empresa	Proprietário Nominal
Alerta S.A.	Ramon Vasconcelos Maragliano (jornal)
Canal 12 S.A.	Gaspar Pumarejo (Canal 12 da televisão)
Circuito Nacional Cubano S.A.	Antonio Pérez Benitoa (emissora de rádio)
Radio Reporter S.A.	Manuel Perez Benitoa e Andre Domingos Morales del Castillo
Cadena Oriental de Radio	Fulgencio Batista
RHC, Cadena Azul de Cuba S.A.	Fulgencio Batista
Revista Gente S.A.	Fulgencio Batista
Compañía Editorial Mediodía S.A.	Fulgencio Batista

Radio Siboney S.A.	Fulgencio Batista
Compañía Inversiones Radiales S.A.	Fulgencio Batista

TURISMO (11)	
Empresa	Informações
Antillean Hotel Corporation	Capital de 25 milhões de dólares
Playas del Golfo S.A.	Composta pelas empresas *Centro Turístico Barlovento* e *Compañía de Fomento de Bauta S.A.*, que foi escolhida pelo governo Batista para construir o aqueduto de Bauta
Kawama Beach Club	Vendido ao BANDES em 1957, virou propriedade de Batista por processo fraudulento
Compañía Hotelera Antillana	
Compañía Motel El Oasis S.A.	
Compañía de Fomento y Turismo de Trinidad S.A.	
Hoteles Isla del Tesoro S.A.	
Compañía Territorial Playa Francés	
Gerona Beach Territorial S.A.	
Varadero Realty Company	
Terramar S.A.	

TRANSPORTE (7)	
Compañía Cubana de Aviación	Em nome da *Compañía Inmobiliária Rocar S.A.* e uma das quatro companhias aéreas existentes no país
Aerovías Q S.A.	Uma das quatro companhias aéreas existentes no país
Naviera Cubana del Atlántico S.A.	Em sociedade com Julio Lobo Olavarría, controlava três rotas marítimas e um terminal de barcos através das firmas *Línea de Navegación del Golfo-Cuba S.A.*, *Naviera Cubamar S.A.*, *Naviera Vacuba S.A.*, *Operadora Marítima Unión S.A.* e *Terminal de Muelle y Navegación Atarés S.A.*

Cuba Aeropostal S.A.	
Cooperativas de Ómnibus Aliados	
Compañía Interamericana del Transporte S.A.	
Compañía de Ómnibus Metropolitanos S.A.	
SERVIÇOS METROPOLITANOS (3)	
Compañía de Parquímeros Cubanos S.A.	Importadora de parquímetros que eram vendidos à *Organización Nacional de Estacionamentos Públicos*, criada pelo governo Batista em 1957
Park Meter Corporation	Produtora de parquímetros em Nova York associada à *The Karpark Corporation* de Ohio
Servicios Metropolitanos de Gas S.A.	Em nome de Prudencio Fernandez del Rio, abastecia toda Havana metropolitana e construía gasodutos, com empréstimos do BANDES
INVESTIMENTO (7)	
Compañía de Inversiones Balaspis S.A.	Empresa fantasma, que seria usada para transmitir seus bens aos seus familiares sem gerar suspeitas, fato comprovado quando um de seus testamentos foi encontrado no cofre n° 58 do *The Trust Company of Cuba*
Compañía de Inversiones Bonti S.A.	Em nome de Cristobal Díaz Gonzales
Compañía de Fomento Almendares S.A.	
Compañía de Inversiones Victoria S.A.	
Compañía de Inversiones y Desarrollo de Baracoa	
Compañía de Inversiones Dofinca S.A.	
Inversiones Dalmen	
INDÚSTRIAS (2)	
Compañía Técnica Cubana S.A.	A 2ª maior fábrica de papel jornal a partir de bagaço da cana; em nome de Cristobal Díaz Gonzales obteve um empréstimo do BANDES de 17 milhões de pesos
Industrias Siporex S.A.	Produção de blocos de concreto

CONSTRUÇÃO CIVIL (22)	
Compañía Inmobiliária Rocar S.A.	Empresa fantasma em nome de Andrés Domingo Morales del Castillo, ministro de Batista, e Manuel Pérez Benitoa, que possuía ações da maior parte das outras empresas de Batista
Compañía de Inmuebles S.A.	Em nome de Cristobal Díaz Gonzales
Compañía Ingeniería del Golfo S.A.	Construiu a rodovia mais cara do governo Batista por 35 milhões de dólares
Compañía de Fomento del Túnel de La Habana S.A.	Túnel que custou aos cofres públicos 10 milhões de dólares
Construcciones Marítimas Baliza S.A.	Credora do BANDES
Compañía Urbanizadora Crismery S.A.	Em nome de Cristobal Díaz Gonzales
Urbanizador Cruz S.A.	Em nome de Cristobal Díaz Gonzales
Compañía Urbanizadora Varadero S.A.	Proprietária das empresas *Varadero Realty Company* e *Terramar S.A.*
Propiedad Horizontal Miramar	Em sociedade com Cristóbal Díaz Gonzales
Compañía Inmobiliária Adorsina	
Compañía Inmobiliária Marimuca S.A.	
Compañía Constructora del Litoral S.A.	
Mercantil del Puerto de La Habana S.A.	
Propietaria de Fincas Rústicas S.A.	
Compañía Urbanización de Sur S.A.	
Sociedad Marimelena Realty Company	
Compañía Urbanizadora Valvelano S.A.	
Urbanizadora Crysa S.A.	
Inmobiliaria Miramar	
Compañía Territorial San Vicente S.A.	

Fonte: Jimenez, 2000

QUADRO 2: PATRIMÔNIO DOS DEZ PRINCIPAIS GRUPOS AÇUCAREIROS, 1958

1. ROCKEFELLER-SULLIVAN

Empresa	Centrais	Superfície (caballerías)	Nº de Trabalhadores	Província
Compañía Atlántica del Golfo	Álava	8.979	25.671	Matanzas
	Conchita			
	Mercedes			
	Lugareño			Camaguey
	Morón			
	Stewart			
Compañía Azucarera Vertientes-Camaguey de Cuba	Agramonte	4.078	20.132	Camaguey
	Estrella			
	Vertientes			
Compañía Central Alta Gracia S.A.	Alto Cerdo	2.562	7.972	Oriente
	Palma			
	Santa Ana			
Punta Alegre Sugar Company	Baraguá	9.635	7.035	Camaguey
	Florida			
	Macareño			

Empresa	Centrais	Superfície (caballerías)	Nº de Trabalhadores	Província
The Cuban American Sugar Mills Company	Chaparras	10.440	18.650	Oriente
	Delícias			
	Mercedita			Pinar del Rio
TOTAL	18 centrais	35.694 caballerías	79.460 trabalhadores	

2. JULIO LOBO

Empresa	Centrais	Superfície (caballerías)	Nº de Trabalhadores	Província
Compañía Azucarera Gómez Mena S.A.	San Antonio	383	2.610	Havana
Compañía Azucarera Tánamo de Cuba	Tánamo	3.833	3.160	Oriente
Central Araújo S.A.	Araújo	326	2.780	Matanzas
Central Cabo Cruz S.A.	Cape Cruz	137	1.650	Oriente
Central El Pilar S.A.	El Pilar	329	3.000	Pinar del Río
Central Escambray S.A.	Escambray	1	2.130	Las Villas
Hershey Corporation [a]	Hershey	2.000	6.450	Havana
Central La Francia S.A.	La Francia	1.088	750	Pinar del Rio
New Niquero Sugar Company	Niquero	33	5.600	Oriente
Parque S.A.	Parque Alto	46	1.650	Las Villas
Central Perseverancia S.A.	Perseverancia	1.261	3.500	Las Villas

Empresa	Centrais	Superfície (caballerías)	Nº de Trabalhadores	Província
Rosario Sugar Company	Rosario	582	1.750	Havana
Central San Cristóbal S.A. (b)	San Cristóbal	4	2.500	Pinar del Rio
Central Tinguaro S.A.	Tinguaro	558	2.400	Matanzas
Miranda Sugar Estates (c)	Miranda	1.525	5.906	Oriente
TOTAL	15 centrais	12.106 caballerías	45.836 trabalhadores	

3. SUCESIÓN FALLA

Empresa	Centrais	Superfície (caballerías)	Nº de Trabalhadores	Província
Compañía Azucarera Central Patria	Patria	527	3.836	Camaguey
Compañía Azucarera Adelaida	Adelaida	1.063	2.970	Camaguey
Central Andreita Compañía Azucarera S.A.	Andreita	243	2.023	Las Villas
Compañía Azucarera Central Manuelita S.A.	Manuelita	93	439	Las Villas
Compañía Azucarera Fidelidad S.A.	San Germán	1.184	5.270	Oriente
Compañía Azucarera Buena Vista S.A.	Punta Alegre	1.418	4.630	Camaguey
Central Violeta Sugar Company	Violeta	693	7.115	Camaguey
TOTAL	7 centrais	5.221 caballerías	26.283 trabalhadores	

4. BRAGA-RIONDA

Empresa	Centrais	Superfície (caballerías)	Nº de Trabalhadores	Província
Compañía Azucarera Céspede S.A.	Céspedes	960	3.100	Camaguey
The Francisco Sugar Company	Elia [d]	503	800	Camaguey
	Francisco	2.489	5.200	Camaguey
Manatí Sugar Company	Manatí	4.288	9.963	Oriente
New Tuinicú Sugar Company	La Vega	1	270	Las Villas
	Tuinicú	300	3.500	Las Villas
TOTAL	**6 centrais**	**23.773 caballerías**	**22.833 trabalhadores**	

5. GÓMEZ MENA

	Centrais	Superfície (caballerías)	Nº de Trabalhadores	Província
Nueva Compañía Azucarera Gómez Mena S.A	Amistad [e]	315	2.500	Havana
	Mercedita [f]	1.403	6.250	Havana
	Gómez Mena [g]	2.385	5.000	Havana
	Resolución	563	1.500	Las Villas
TOTAL	**4 centrais**	**4.666 caballerías**	**15.250 trabalhadores**	

6. FAMÍLIA TARAFA

Empresas	Centrais	Superfície (caballerías)	Nº de Trabalhadores	Província
Azucarera Central de Cuba S.A.	Cuba (h)	1.356	4.335	Matanzas
	Santo Domingo	338	2.000	Matanzas
Compañía Ingenios Azucareros de Matanzas S.A.	España	1.710	1.675	Matanzas
TOTAL	3 centrais	3.404 caballerías	8.010 trabalhadores	

7. AMERICAN SUGAR REFINING COMPANY

Empresas	Centrais	Superfície (caballerías)	Nº de Trabalhadores	Província
Central Cunagua S.A. (i)	Cunagua / Jaronú (j)	6.438 caballerías	15.968 trabalhadores	Camaguey

8. SALUSTIANO GARCÍA DÍAZ

Empresas	Centrais	Superfície (caballerías)	Nº de Trabalhadores	Província
Antillas Sugar Estates	Báguanos	951	3.992	Matanzas
	Tacajó	210	1.980	Oriente
Compañía Azucarera Ingenio Algodones	Algodones	512	3.060	Camaguey
Compañía Azucarera Delpurio	Purio	263	1.500	Las Villas
TOTAL	4 centrais	1.936 caballerías	10.532 trabalhadores	

9. UNITED FRUIT COMPANY

United Fruit Company				
	Boston	2.963	7.500	Oriente
	Preston [k]	5.191	12.500	
TOTAL	2 centrais	20.250 caballerías	20.000 trabalhadores	

10. MANUEL ASPURU SAN PEDRO

Compañía Azucarera Central Toledo S.A.	Toledo	8.100	5.500	Havana
	Fajardo			
Compañía Azucarera de Guines S.A.	Providencia	534	2.600	Havana
TOTAL	3 centrais	8.634 caballerías	8.100 trabalhadores	

Fonte: Jimenez, 2000.

(a) A *Hershey Corporation* era proprietária da maior refinaria de açúcar do país, além de outras propriedades como a ferrovia eletrificada da *Compañía del Ferrocarril Cubano de Hershey* com 190 km de serviço público e 130 linhas privadas, a indústria *Aceites Vegetales S.A.*, e uma planta de geração e transmissão de eletricidade a partir do açúcar.

(b) A Central San Cristóbal S.A. possuía a 2ª maior refinaria de açúcar do país.

(c) A *Miranda Sugar Estates* era sociedade de Julio Lobo com a *West Indies Sugar Corporation*.

(d) A central Elia criava gado, plantava kenaf, produzia fermento, e detinha o controle do porto e terminal Guayabal. Talvez a informação mais interessante sobre o Elia era que seu administrador era Manuel Portuondo Regil, ninguém menos que o vice-presidente de Cuba.

(e) Primeira central eletrificada do país.

(f) Diversificada: cultivavam abacaxi, milho e arroz em grandes quantidades.

(g) Diversificada: produziam arroz e fermento. Foi o primeiro a possuir laboratórios químicos e uma estação experimental

(h) Uma das 30 centrais que se associava com criação de gado.

(i) O açúcar cru das duas centrais exportado aos Estados Unidos supria 10% do total da *American Sugar Refining Company*, a maior refinaria do mercado mundial.

(j) Maior capacidade produtiva do país.

(k) O Preston é a primeira central em número de trabalhadores e o segundo em superfície.

UMA REVOLUÇÃO CONTRA O SUBDESENVOLVIMENTO

O Movimento Revolucionário 26 de Julho (MR 26-7) se propunha a alterar as determinações históricas do subdesenvolvimento cubano. Isso significava bloquear o uso do excedente destinado à modernização do consumo das elites e à rentabilidade do capital financeiro internacional. O MR 26-7 apresentava duas novas finalidades para a utilização do excedente gerado na sociedade cubana. A primeira nova finalidade era o *igualitarismo*, através do qual se iria desmontar a estrutura social estratificada de apropriação do excedente e bloquear o esquema de reprodução do desemprego. Para realizar a finalidade igualitária, reconhecia-se a necessidade não apenas de redistribuir o excedente e utilizá-lo com propósitos sociais, mas também de ampliar a capacidade de geração, ou seja, reorientar o uso das forças produtivas para as reais necessidades da coletividade nacional.[46] A segunda nova finalidade da utilização do excedente seria a *soberania nacional*, isto é, internalizar os centros de decisão e ampliar o controle da sociedade cubana sobre os rumos e ritmos de seu próprio desenvolvimento. Isso significava, necessariamente, romper com a dependência externa dos Estados Unidos, cujo principal mecanismo era a cota de açúcar cubano estabelecida desde 1934.[47] Igualitarismo e soberania nacional se fundiram em um projeto de *soberania popular* que encontrava obstáculos de natureza imediata e de natureza estrutural. O obstáculo mais imediato era o governo de Batista, que expressava a simbiose entre Estado, classe dominante e capital internacional. O obstáculo estrutural era a própria modernização da *plantation*, isto é, seus regimes de propriedade, de cultivo e de trabalho, que garantiam a perpetuação do sofrimento social (violência) e a subutilização das capacidades produtivas (desperdício). Por isso, a luta por igualitarismo e soberania nacional passava pela ruptura com esta estrutura agrária, motor reprodutivo do subdesenvolvimento. Foi nesse sentido que o MR 26-7, ao

---

46   Nas Teses Econômicas do MR 26-7: "O Governo democrático do [Movimento] 26 de Julho cuidará zelosamente por altos salários para o trabalhador, por rendas altas para seus cidadãos. Junto a essa política distributiva, de justiça social, estará obrigado a fazer crescer a economia cubana, desenvolvê-la, e prover a técnica à nova produção" (Castro, Boti, Pazos, 1959, p. 79).

47   Nas Teses Econômicas do MR 26-7, sustentou-se: "Se Cuba aspira a produzir arroz, isso põe em perigo a cota. Se Cuba se dispõe a industrializar-se; se Cuba deve produzir seus alimentos, tudo isso põe em perigo a cota (...). A renda de seis milhões de cubanos não pode seguir dependendo de que nos cortem ou não a cota" (Castro, Boti, Pazos, 1959, p. 84-5).

combater a dupla articulação e erguer-se contra a *plantation* modernizada, punha em xeque o sistema em sua totalidade.

O movimento revolucionário tratou de propagandear a ideia de que o subdesenvolvimento era um *projeto* – não era um dado natural, e tampouco uma fatalidade histórica. Os sujeitos deste projeto de subdesenvolvimento, uma vez identificados, deveriam ser responsabilizados.[48] Por conseguinte, o MR 26-7 defendia um projeto de desenvolvimento guiado não apenas por novas finalidades, mas também por novos sujeitos.[49]

O Programa de Moncada

Na sua autodefesa de 1953, Fidel Castro anunciou o que depois foi definido como Programa de Moncada. Eram cinco leis imediatas, seguida de dez medidas, a serem realizadas pelo novo poder que lograsse derrubar o regime Batista. Analisaremos brevemente o Programa de Moncada a fim de justificar a interpretação histórica apresentada neste trabalho. A primeira lei do Programa de Moncada era a proclamação da Constituição de 1940 (Castro, 2007, p. 38). Desde o golpe de Batista a Constituição de 1940 havia sido substituída por Estatutos escritos pela cúpula do novo governo. Fidel Castro denunciou, em 1953, a ilegalidade dos Estatutos, decorrente não apenas das circunstâncias em que foram escritos, mas também da concentração de todos os poderes da República sob a figura de um único indivíduo, garantida pelo artigo 257. Este artigo determinava que os Estatutos poderiam ser modificados pelo Conselho de Ministros com aprovação de dois terços de seus membros, sendo que todos estes membros eram nomea-

---

48   Fidel Castro denunciou em 1953: "Envia-se a cadeia o infeliz que rouba por fome, mas nenhum dentre as centenas de ladrões que roubaram milhões do Estado dormiu sequer uma noite atrás das grades" (2007, p. 45).

49   Novos sujeitos identificados por Fidel Castro em sua autodefesa: "Chamamos de povo se de luta se trata, aos seiscentos mil cubanos que estão sem trabalho; (...) aos quinhentos mil trabalhadores do campo que vivem nos *bohíos* miseráveis, que trabalham quatro meses ao ano e passam fome durante o resto (...); aos quatrocentos mil trabalhadores industriais e cortadores de cana cujas aposentadorias estão desfalcadas, de cujas conquistas estão sendo arrebatadas (...); aos cem mil agricultores pequenos (...) que tem que pagar por suas parcelas como servos feudais; aos trinta mil professores abnegados, sacrificados e necessários (...); aos vinte mil pequenos comerciantes constrangidos pelas dívidas (...); aos dez mil profissionais jovens" (2007, p. 36-7).

dos pelo presidente.[50] Diante desta modalidade moderna de poder absoluto, os organismos da República se curvaram: não só o poder Legislativo se fundiu ao Executivo, como o próprio Tribunal de Garantias Constitucionais se submeteu à nova lei, abolindo a Constituição e aderindo ao golpe. A Constituição de 1940, portanto, passou a representar o resgate da República de Cuba, "sequestrada" por um golpe de Estado ilegal. Mas defender a Constituição de 1940 não era mero formalismo. Tratava-se da Constituição mais democrática da história da República. Talvez por isso, nunca havia sido efetivamente cumprida, já que seus artigos eram conflituosos com a modernização da *plantation*. Em relação ao regime de propriedades, por exemplo, o artigo 87 estabelecia a função social da propriedade privada (Heredia, 1978, p. 138). Em seguida, o artigo 90 apresentava uma política ainda mais radical:

> Proíbe-se o latifúndio e, para efeito de seu desaparecimento, a Lei assinalará a máxima extensão da propriedade que cada pessoa ou entidade pode possuir para cada tipo de exploração a que a terra se dedique, levando em conta as respectivas peculiaridades. A Lei limitará restritivamente a aquisição e possessão da terra por pessoas e companhias estrangeiras e adotará medidas que tendam a reverter a terra aos cubanos (Cuba, 2011, p.36).

Além de proibir o latifúndio e sinalizar para a necessidade de nacionalização da propriedade agrária, o texto constitucional apresentava uma política de distribuição de terras estatais para famílias de trabalhadores rurais.[51] Isso quer dizer que na Constituição de 1940 havia nada menos que uma política de reforma agrária, que foi posta em vigor apenas com a Lei nº 3 da Sierra Maestra em outubro de 1958. O texto de 1940 também continha uma legislação trabalhista relativamente avançada: garantia a jornada de oito horas, o salário mínimo e as férias remuneradas, proibia as demissões arbitrárias, e estabelecia o direito ao trabalho para prote-

---

50   Fidel Castro denunciou Batista em 1953: "um homem se autodeclarou, em uns estatutos, dono absoluto, não só da soberania, como também da vida e da morte de cada cidadão e da existência mesma da nação" (2007, p. 86).

51   Transitória Segunda do Título VI da Constituição de 1940: "O Estado repartirá as terras de sua propriedade que não necessite para seus próprio fins, de forma equitativa e proporcional, atendendo à condição de pai ou chefe de família e dando preferência a quem a venha trabalhando diretamente sob qualquer título. Em nenhum caso o Estado poderá dar a uma só família terras que tenham um valor superior a dois mil pesos ou uma extensão maior que duas *caballerías*" (Cuba, 2011, p. 111).

ger o desempregado (Lecuona, 2009, p. 118). Reestabelecer a Constituição de 1940 e devolver ao povo o poder para modificá-la significava não apenas recuperar a legalidade constitucional usurpada por Batista, mas também reconquistar a proteção trabalhista, os direitos sociais e uma política nacionalista de reforma agrária contra o latifúndio, dando um passo no sentido da realização das finalidades do movimento revolucionário.

A segunda lei imediata do Programa de Moncada romperia com a cadeia especulativa de subarrendamentos que submetiam o camponês-proletário às ondas de desemprego sazonal, à cobrança de volumosas rendas pelo uso da terra e a dívidas com os especuladores fundiários, entregando até 2 *caballerías* da terra a todos os arrendatários, subarrendatários, parceiros e precaristas que nela trabalhassem, e permitindo que estes comprassem mais 3 *caballerías*. A terceira lei do Programa de Moncada interferia diretamente na distribuição do excedente econômico: todas as empresas do país estariam obrigadas a entregar 30% de seus rendimentos aos trabalhadores (com exceção das empresas exclusivamente agrícolas, já atingidas pela lei anterior de distribuição de terras). A quarta lei do Programa de Moncada visava conquistar a fração de colonos para o projeto de desenvolvimento da revolução, combatendo o poder especulativo das canas de administração. A lei concederia aos colonos o direito de participar de ao menos 55% do rendimento da cana, além de uma cota mínima de 40 mil arrobas por central a todos os colonos já estabelecidos a mais de três anos. A quinta lei imediata do Programa de Moncada representava um literal acerto de contas com o regime Batista: determinava a confiscação dos bens mal versados pela cúpula do governo. Por exemplo, o patrimônio público adquirido por Batista através da sua própria "política do cimento". Metade destes bens seria destinada a um fundo de trabalhadores e a outra metade a políticas de assistência social (Castro, 2007, p. 39). Todas estas medidas abalavam a tradicional trajetória do excedente, reequacionando o produto social.

Após estas cinco leis imediatas, outras dez medidas mais abrangentes foram elencadas por Fidel Castro em sua autodefesa (idem, 2007, p. 40-9). Primeiro, uma *reforma agrária* que abolisse a renda da terra, proibisse o latifúndio e a propriedade estrangeira, criasse propriedades estatais e cooperativas camponesas, além de reflorestar a superfície da ilha. Em segundo lugar, seria executada uma *reforma educacional* que garantisse educação gratuita a todos os cidadãos, aumentasse o salário dos professores de 200 para 350 pesos, permitisse o uso gratuito do transporte público pelos professores, além de um recesso de seis meses a cada cinco anos para realização de cursos especiais de pedagogia. Em terceiro lugar, seriam *nacionalizados os setores estratégicos* então controlados por monopólios estrangeiros, especificamente os *trusts* elétrico e telefônico, comandados pelos Morgan e pelos Rockefeller-Sullivan.[52] Em quarto, o Estado se responsabilizaria por garantir *eletricidade* a todos, já que a dificuldade de universalizar seu acesso vinha do fato de que o *trust* elétrico não considerava rentável estender suas linhas para determinadas regiões, mantendo-as deliberadamente no escuro. Em quinto, seria realizada uma *reforma tributária* com fins igualitários, a começar pela devolução de valores cobrados sobre os setores mais pauperizados da população e considerados excessivos. Em sexto lugar, o Estado se responsabilizaria por garantir o *direito à moradia digna*, a partir de um programa de construção de casas, do rebaixamento dos aluguéis pela metade e da triplicação da cobrança de impostos dos locadores urbanos. Em sétimo, o Estado seria responsável por garantir a todos o *acesso gratuito ao sistema de saúde*. Em oitavo, o Estado assumiria o dever de garantir *emprego digno* a todos, especialmente através da própria obra social necessária à finalidade igualitária da revolução, como a construção de hospitais e escolas. Em nono lugar, estava uma política de *industrialização*. Sobre isso, Castro sustentou em 1953:

> Cuba segue sendo uma fábrica produtora de matérias primas. Cuba exporta açúcar para importar doces, exporta couro para importar sapatos, exporta ferro para importar arados... Todo o mundo está de acordo que a necessidade de industrializar o país é urgente (2007, p. 42).

Com uma postura crítica a respeito da inserção econômica de Cuba na divisão internacional do trabalho, o Programa de Moncada buscava requalificar esta

---

52   A *Compañía Cubana de Eletricidad* era propriedade do Grupo Morgan, que detinha 88% das ações. Era uma filial da *Eletric Bonds & Share*. Apenas 4% de acionistas eram cubanos. A empresa possuía 7.464 empregados e fornecia o serviço de eletricidade a 3 milhões de usuários (aproximadamente metade da população do país). Considerando a enorme massa de cubanos sem acesso à eletricidade, esse dado é suficiente para revelar o caráter monopólico do serviço. As tarifas elétricas também eram monopólicas: eram o dobro ou o triplo das cobradas nos Estados Unidos. A *Compañía Cubana de Teléfonos* era um monopólio de propriedade do Grupo Morgan em sociedade com Grupo Rockefeller-Sullivan. A casa matriz era *American Telephone & Telegraph* (Jimenez, 2000).

inserção a partir de uma política industrial.[53] A industrialização havia sido até
então inviabilizada pelo caráter subordinado e dependente da inserção cubana
na ordem econômica internacional, através da qual os Estados Unidos bloqueavam o potencial de desenvolvimento da ilha com ameaças a respeito do mercado
açucareiro. Sobre a necessidade da industrialização, já havia em Cuba um debate
entre setores da esquerda revolucionária e setores reformistas desenvolvimentistas ligados à CEPAL.[54]

A industrialização seria viabilizada pela décima medida do Programa de
Moncada: estatizar 1,5 bilhão de pesos de capital inativo do Banco Nacional e do
BANFAIC e utilizá-lo para o desenvolvimento econômico cubano.

Nacionalismo democrático revolucionário

Mas o Programa de Moncada não se referenciava simplesmente na Constituição de 1940 e em uma versão mais radicalizada das reformas estruturais da
CEPAL. O MR 26-7 foi herdeiro histórico de uma corrente do pensamento político cubano que definiremos aqui como "nacionalismo democrático revolucioná-

---

53   Apesar do distinto matiz ideológico, o Partido Social Popular apresentava posição
       bastante similar. Carlos Rafael Rodríguez sustentou em 1956: "Foram os repre-
       sentantes do capital financeiro norte-americano os responsáveis pela deformação
       estrutural de Cuba, os que nos impuseram a condição de país monocultor e mono-
       exportador" (1983, p. 61).

54   Carlos Rafael Rodríguez, do PSP, polemizava com os setores reformistas cubanos
       reivindicando posições do próprio Raúl Prebisch. Em 1956, argumentou: "Elabo-
       ram toda uma série de teorias para privar o desenvolvimento econômico de sua
       verdadeira substância e convertê-lo em uma simples diversificação agrícola, com
       certo aumento da produtividade agrária através do incremento da mecanização
       da agricultura. (...) Sobre isso, subscrevemos sem reservas as palavras de Prebisch,
       segundo as quais o desenvolvimento 'não é um mero aumentar do que hoje existe,
       mas sim um processo de intensas mudanças estruturais' e que 'a industrialização
       será a chave para o crescimento do nível de vida latino-americano'. (...) Nossa pri-
       meira tese: desenvolvimento para Cuba significa empreender a industrialização,
       mais além da mera tecnificação da agricultura (...). E mais além da reduzida indus-
       trialização das matérias primas agrícolas como o bagaço ou o kenak, que também
       é essencial. Todo o contrário, em uma palavra, do que recomendou, seguindo os
       cânones imperialistas muito explicáveis, a pomposa Missão Truslow que conse-
       guiu deslumbrar momentaneamente a certos economistas cubanos e a uma parte
       da nossa própria burguesia industrial" (1983, p. 56-7). O tema da industrialização
       cubana será novamente abordado no capítulo 4.

rio", com forte conteúdo anti-imperialista (CEPAL, 1980, p. 16). A defesa da soberania nacional e da superação da dependência econômica da ilha estava ancorada nesta corrente. Desde o século XIX, lideranças nacionalistas de viés democrático, que içaram a bandeira da soberania, forjaram uma cultura política de defesa da verdadeira independência cubana. Esta corrente foi se tornando mais robusta a cada geração. A luta por soberania nacional foi uma força social que atravessou as décadas em constante sofisticação até 1959. Várias gerações acumularam forças para que se alcançasse a formulação do Programa de Moncada e a própria existência do MR 26-7. O código genético do nacionalismo democrático revolucionário cubano vinha de muitas figuras. De Ignácio Agramonte e Carlos Manuel Céspede, *criollos* justiceiros que libertaram os próprios escravos e desencadearam a Guerra dos Dez Anos contra a Espanha em 1868. De Máximo Gómez e Antonio Maceo, camponeses pobres que criaram seus exércitos populares, radicalizaram a luta pela liberdade e foram derrotados pela primeira vez em 1878. Vinha ainda mais fortemente de José Martí, que após unir-se a Gómez e Maceo, lançou-se na segunda guerra de independência e morreu em combate em 1895. A formulação nacionalista de Martí, sintetizada nas palavras que proferiu na Conferência Monetária das Repúblicas da América em 1891, é a herança histórica mais significativa absorvida pela corrente nacionalista revolucionária cubana. Martí sustentou:

> Quem diz união econômica, diz união política. O povo que compra, manda, O povo que vende, serve. É preciso equilibrar o comércio para assegurar a liberdade. O povo que quer morrer, vende a um só povo, e o que quer salvar-se, vende a mais de um. O influxo excessivo de um país no comércio de outro, se converte em influxo político. (...) O primeiro que faz um povo para dominar outro, é separá-lo dos demais povos. O povo que quer ser livre, seja livre em negócios. Distribua seus negócios entre países igualmente fortes (Martí, 2005, p. 154-155).

Estas palavras de Martí foram citadas por Ernesto Guevara em 8 de agosto de 1961 na reunião do Conselho Interamericano Econômico e Social, a mesma que fundou a Aliança para o Progresso em Punta del Este (Guevara, 2003, p. 3).

Houve também uma "versão parlamentar" do nacionalismo revolucionário, representada por Manuel Sanguily, que nos primeiros anos da República combateu a ocupação militar dos Estados Unidos no Congresso Constituinte, denunciou as posturas anexionistas e a Emenda Platt. O sentimento nacionalista revolucionário também moveu Julio Antonio Mella, Ruben Villena, Antonio Guiteras que se empenharam para derrubar a ditadura de Gerardo Machado, lideraram as greves operárias, os protestos estudantis e a guerrilha no Oriente entre 1923 e 1933. Todos estes sujeitos históricos, em diferentes contextos, origens sociais e realidades individuais, apresentaram em comum a luta inegociável pela soberania nacional.

Essa corrente histórica adquiriu um potencial místico na representação da coragem popular, que foi sintetizado muito especialmente pela figura de Fidel Castro. Ao panteão dos mártires nacionalistas cubanos, se juntaram dois jovens comandantes do MR 26-7: Abel Santamaría, caído no ataque ao Quartel Moncada em 1953, com 25 anos, e Frank País, morto no combate urbano contra a ditadura Batista em 1957, com 22 anos. Sem falar em Ernesto Guevara e Camilo Cienfuegos, cuja notoriedade dispensa comentários. A persistência histórica da luta por soberania nacional em Cuba foi, com o passar das décadas, dando maior legitimidade à organização de combates mais radicalizados e violentos. Isso explica parcialmente porque os guerrilheiros da Sierra Maestra conquistaram a hegemonia na sociedade cubana entre 1956 e 1959, apesar da violência da guerra civil. Porque o combate do MR 26-7 não era exatamente uma novidade, e coadunava com essa corrente histórica que já havia sedimentado relações de solidariedade em segmentos estratégicos do povo cubano.

A Lei nº 3 da Sierra Maestra

A primeira realização efetiva do Programa de Moncada, como afirmou o guerrilheiro e intelectual cubano Fernando Martínez Heredia, foi a Lei nº 3 da Sierra Maestra, decretada pelo Exército Rebelde em outubro de 1958.[55] A lei foi redigida por Fidel Castro, Ernesto Guevara e Humberto Sori Marín (que depois abandonou as fileiras da revolução) (Heredia, 1978, p. 136). Determinava a apli-

---

55   Fernando Martínez Heredia foi guerrilheiro do MR 26-7 na década de 1950 e, após a revolução, se aproximou das posições políticas de Ernesto Guevara expostas no grande debate econômico. Foi diretor da revista *Pensamiento Crítico*, que durante seus cinco anos de existência (1967-1972) se tornou um polo de atração de intelectuais, escritores e artistas, vinculada ao Departamento de Filosofia da Universidade de Havana. Depois de 1970, Heredia discordou da linha adotada pelo governo cubano e a revista deixou de existir (Heredia, 2010, p. 9-18). Sobre a Sierra Maestra, afirmou: "a lei 3 foi a primeira das leis revolucionárias pelas quais se instrumentalizou o cumprimento do Programa de Moncada. Foi, certamente, nossa primeira lei de reforma agrária" (1976, p. 143).

cação dos artigos da Constituição de 1940 sobre a questão agrária. De imediato, a distribuição de terras estatais em lotes de no máximo 2 *caballerías* ao campesinato que nela trabalhasse. Na sequência, a eliminação do latifúndio e a nacionalização da terra, junto com a promessa de expandir a política em escala nacional. A Lei nº 3 da Sierra Maestra consolidou a situação de dualidade de poderes em Cuba, pois, como conta Heredia, já se tratava de um ato de governo posto em prática pela guerrilha:

> Nossos primeiro ato de governo, antes de estabelecer a primeira escola, foi ditar um grupo revolucionário estabelecendo a Reforma Agrária, na qual se dispunha, entre outras coisas, que os donos de pequenas parcelas de terra deixassem de pagar seu aluguel até que a Revolução decidisse em cada caso. De fato, avançávamos com a Reforma Agrária como ponta de lança do Exército Rebelde (1976, p. 137).

Para além da popularidade da ação, a reforma agrária era também "um veículo para aumentar a produtividade e a produção agrícola, no marco de um projeto de desenvolvimento baseado na indústria nacional com um mercado interno que será ampliado pelo auge do nível de vida dos agricultores individuais" (Heredia, 1978, p. 138). Por isso, a reforma agrária constituía o verdadeiro motor do processo revolucionário.

Por onde passasse o Exército Rebelde, o esquema de especulação agrária da estrutura latifúndio-minifúndio era desmontado com a legitimidade da Constituição de 1940 e através da Lei nº 3. No topo da lista de pessoas com prioridade para recebimento de até 2 *caballerías* do Estado estavam aqueles que trabalhavam em terras alheias: os subarrendatários, parceiros e precaristas. Depois a terra seria distribuída aos camponeses que serviram ou auxiliaram ao Exército Rebelde e aos familiares das vítimas do regime Batista (Heredia, 1978, p. 140). A indenização aos proprietários-arrendatários foi organizada de acordo com a declaração de bens de 20 de outubro de 1958, na qual houve generalizada sonegação fiscal, o que prejudicou os latifundiários (idem, 1978, p. 139). Outras medidas de incentivo à produção e combate à especulação fundiária foram aplicadas pela Lei nº 3: a proibição da venda ou arrendamento de todas as propriedades distribuídas pelo Exército Rebelde; a indivisibilidade das propriedades de 2 *caballerías*; a isenção de impostos aos ex-proprietários que investissem a sua indenização em atividades produtivas; a estatização de todas as terras que não estivessem inscritas no Registro de Propriedade de 20 de outubro; o oferecimento de crédito aos novos proprietários de minifúndios a taxas de juros rebaixadas pela metade; a proibição de que qualquer pessoa adquirisse mais que 5 *caballerías* por meio da nova lei; o controle dos preços agrícolas pelo Exército Rebelde para combater a especulação; entre outras (idem, 1978, p. 139-141).

A Lei nº 3 se combinou a uma política do Exército Rebelde para impulsionar a auto-organização do campesinato. Foram criados comitês revolucionários camponeses em escala local e regional, e realizados o Congresso dos Camponeses em Armas (em 21 de setembro de 1958) e a Plenária Regional Açucareira (em 28 de novembro e 6 de dezembro de 1958), entre outros eventos de organização política e militar dos trabalhadores rurais pela revolução. Conforme a guerrilha tomava posse de novos recursos agrários e industriais, os colocava imediatamente sob comando das finalidades revolucionárias, conquistando as massas camponesas e o proletariado rural na execução mesma do novo projeto de desenvolvimento. A expressão máxima da organização popular rural do Exército Rebelde foi a Conferência Nacional de Trabalhadores Açucareiros, que reuniu, entre 18 e 20 de dezembro de 1958, sindicalistas de cinco províncias e mais de 700 representantes de trabalhadores e camponeses contra o regime Batista (Heredia, 1978, p. 142). Um papel de destaque na organização política do campesinato e do proletariado rural foi cumprido por Raúl Castro na II Frente Oriental, grupo de vanguarda da auto-organização popular no campo. Os organismos rurais então criados eram a encarnação da *soberania popular*: mutirões camponeses se integraram ao Exército Rebelde para construir escolas, hospitais e novas estradas, ultrapassando a mera execução do novo regime de propriedades. Tudo isso, ainda em plena guerra civil, foi a demonstração da capacidade histórica dos novos sujeitos que emergiam na disputa concreta pelo igualitarismo e pela soberania nacional.

Cabe ainda neste capítulo uma breve reflexão sobre o caráter da revolução cubana, fruto da seguinte pergunta: porque a luta contra o subdesenvolvimento cubano foi revolucionária? Existem várias respostas complementares a esta pergunta. Destacaremos apenas um aspecto que nos parece decisivo. Qualquer projeto político que buscasse alterar as determinações históricas do subdesenvolvimento cubano só poderia ser efetivado se existisse um sujeito histórico capaz de sustentá-lo. O projeto de desenvolvimento proposto pelo MR 26-7 não era inicialmente socialista, mas orientado pelas duas finalidades destacadas (igualitarismo e soberania nacional). A luta contra o subdesenvolvimento cubano foi revolucionária porque entre a realidade cubana e as finalidades propostas pelo MR 26-7 não surgiram novas mediações históricas, isto é, não surgiram sujeitos capazes de executar um programa de reformas estruturais que se aproximasse da igualdade social e da soberania nacional sem romper plenamente com o esquema de reprodução do capitalismo dependente.

Por isso as reformas estruturais em Cuba dependeram, necessariamente, de uma revolução. Para Carlos Rafael Rodríguez essa necessidade se estendia para todo o continente latino-americano, tomado pelas deformidades do capitalismo dependente:

> Quem empreender a reforma evolutiva dos níveis de renda se encontrará com a resistência organizada dos setores sociais privilegiados da América Latina e de seus protetores militares. Deverá, ademais, afetar inevitavelmente aos investidores norte-americanos. Por isso, terão que afrontar, mais cedo ou mais tarde, este dilema: ou decidem realizar as transformações por vias revolucionárias, ou sofrerão a mesma derrota que todos os processos reformistas experimentaram nas últimas décadas latino-americanas (1983, p. 283).

A lição histórica que podemos extrair do caso cubano é que o subdesenvolvimento e seus meios de reprodução (a dupla articulação entre segregação social e dependência) constituíam a forma específica possível do capitalismo periférico da ilha. Um novo capitalismo periférico, naquela situação histórica específica, fracassou. Provavelmente porque em tais condições estruturais até mesmo um *combate moderado* às determinações históricas do subdesenvolvimento cubano não poderia ocorrer sem conflito social. E o sujeito político que não estivesse disposto ao conflito, não poderia realizar qualquer transformação mínima, ficando atado ao processo de modernização conservadora. Neste sentido, as reformas estruturais só puderam ser executadas em Cuba pela ação de um sujeito histórico que estivesse disposto ao conflito: o MR 26-7.[56]

"Sem revolução, não há Reforma Agrária", bradou Fidel Castro em 14 de julho de 1959, ao encerrar o Primeiro Fórum Nacional sobre o tema. Em Cuba, não haveria qualquer reforma estrutural se não houvesse revolução.

---

56 Nas Teses Econômicas do MR 36-7: "Um plano efetivo de desenvolvimento econômico só será estabelecido se uma enérgica ação da cidadania elimina o obstáculo Batista e seu regime. Um plano efetivo de desenvolvimento econômico só será levado a cabo se seus executores, uma vez no poder, consigam o respaldo político das maiorias cidadãs" (Castro, Boti, Pazos, 1959, p. 78).

CAPÍTULO 2 - PRIMEIRA REFORMA AGRÁRIA, IMPULSOS E IMPASSES (1958-1963)

É um critério unânime que o fenômeno latifundiário revelado pelos dados anteriores não só contradiz o conceito moderno da justiça social, como também constitui um dos fatores que conformam a estrutura subdesenvolvida e dependente da economia cubana.

Lei de Reforma Agrária, 17 de maio de 1959
(apud Padrino, 1960, p. 48).

Senhores, é nosso critério mais firme que a única reforma agrária possível é a que liquide de uma única e boa vez com o latifúndio nativo e estrangeiro, recupere para o Estado grandes extensões improdutivas e entregue aos camponeses a terra em que trabalham.

Carlos Rafael Rodríguez, 10 de abril de 1969
(1983, p. 284).

Numa só palavra, podíamos definir até onde ia o desenvolvimento agropecuário: diversificação. Ou seja, a Revolução em sua política agrícola representava a antítese do que havia existido durante os anos de dependência do imperialismo e da exploração da classe proprietária de terras.

Ernesto Guevara, outubro de 1964
(1982, p. 20).

TRANSFORMAÇÃO DO REGIME DE PROPRIEDADES

Entre a chegada do Exército Rebelde em Havana no dia 1º de janeiro e a assinatura da Lei de Reforma Agrária no dia 17 de maio de 1959, se desenvolveu uma tensão crescente entre setores moderados e revolucionários da sociedade cubana pós-Batista. Frustrada a tentativa militarista do General Eulogio Cantillo e da embaixada estadunidense de empossar o Coronel Ramón Barquín, que daria continuidade às determinações históricas da ordem neocolonial, assumiu a presidência, no dia 3 de janeiro, Manuel Urrutia, representante de setores moderados com quem os guerrilheiros compuseram uma fugaz frente ampla conhecida como Governo Provisório. Urrutia encabeçou seu gabinete moderado com o Primeiro Ministro José Miró Cardona. Fidel Castro se reservou o cargo de Comandante em Chefe do Exército Rebelde. Ainda que as lideranças da guerrilha tenham se posicionado em cargos estratégicos de comando militar, não ocuparam diretamente o poder ministerial. Raúl Castro foi nomeado Comandante Militar de Santiago de Cuba e Ernesto Guevara se tornou Comandante Militar de Havana. Prevendo novas dificuldades para a execução do Programa de Moncada, o Movimento 26 de Julho fortaleceu sua aliança com o Partido Socialista Popular (o partido comunista de Cuba), que até meados de 1958 havia apresentado duras críticas à tática da guerrilha.[1] Nas primeiras semanas de 1959, os comandantes do Movimento 26 de Julho articularam suas alianças com o PSP e com o Diretório Revolucionário, e se prepararam para uma nova fase de combates políticos, na qual estava em jogo a execução ou não do programa de transformações estruturais.

A distância entre o gabinete Urrutia, com poder político formal, mas sem poder militar, e o Exército Rebelde, com o poder militar efetivo, mas inicialmente com pouco acesso ao governo, produziu uma "primeira crise governamental" (Lobaina, 2012), superada em 16 de fevereiro de 1959, quando Fidel Castro foi nomeado Primeiro Ministro. A luta de classes penetrou aceleradamente dentro do próprio governo. Com Fidel Castro na liderança do Conselho de Ministros, foi restaurada a essência da Constituição de 1940, reduzindo a função do Presidente Urrutia à assinatura de leis. Quando o Exército Rebelde tomou parte dos instrumentos políticos do governo, abriu-se o caminho para uma mudança da própria natureza do Estado, a começar pela substituição definitiva de seu aparato militar.

---

1   Os principais dirigentes do PSP eram Blas Roca, Carlos Rafael Rodríguez e Aníbal Escalante.

Divergências profundas entre Urrutia e o Exército Rebelde não demoraram a emergir e no correr de seis meses se tornaram incontornáveis. Os ministros nomeados por Urrutia organizavam nos bastidores uma política de abrandamento das reformas, buscando evitar que as leis do Programa de Moncada fossem levadas a cabo. Por outro lado, Fidel Castro pressionava para a aprovação rápida das leis revolucionárias, que respondessem imediatamente às demandas de justiça social. Como afirmou o historiador Rolando Ávila, "Fidel estava a contratempo. Tempo de manter neutralizadas as expectativas das classes sociais reacionárias, incluindo o imperialismo. E, por outra parte, a execução do Programa que ele promete no Moncada" (Ávila, 2012). A disputa entre dois projetos de desenvolvimento com distintas finalidades entrava em uma nova fase histórica. A força do Programa de Moncada adivinha de que não apenas *propunha* novas finalidades ao desenvolvimento histórico cubano, como já as estava *executando*. As ações do Exército Rebelde e a Lei nº 3 da Sierra Maestra constituíam uma alternativa concreta de desenvolvimento, cujo ponto de partida era a reforma agrária. O setor de Urrutia buscava contornar as transformações estruturais, criando mediações entre as prometidas reformas e as velhas determinações históricas do subdesenvolvimento, em nome da pacificação do país.

Carlos Rafael Rodríguez conta que até maio de 1959, a burguesia cubana e as empresas estrangeiras que controlavam os meios econômicos da ilha realizaram manobras na tentativa de suavizar a reforma agrária. Um grupo de pecuaristas ofereceu ao novo governo 10.000 vacas grávidas em troca de uma reforma agrária mais branda. Enquanto isso, o Diário da Marinha aconselhava que a distribuição de terras fosse realizada apenas em terrenos pantanosos, nos montes, ou em terras invadidas pelo marabú (Rodríguez, 1978, p. 121). Contudo, a reforma agrária do Moncada já estava em andamento desde outubro de 1958 e, conforme se expandia, criava as bases materiais de um novo poder, estreitando os caminhos dos setores moderados.

A Lei de Reforma Agrária de 17 de maio de 1959

Em 17 de maio de 1959, na Sierra Maestra, Fidel Castro finalmente assinou a Lei de Reforma Agrária, demarcando simbolicamente de onde partiriam as transformações estruturais. A data foi uma homenagem a Niceto Pérez, trabalhador assassinado pela Guarda Rural em 17 de maio de 1946 (Acosta, 1972b, p. 93). No texto da lei, o latifúndio foi identificado como principal mecanismo reprodutor do caráter dependente e subdesenvolvido da economia cubana, caracterizado por cinco elementos:

> A *dependência da renda nacional, para sua formação, da produção para a exportação*, considerada como a 'variável estratégica' da economia cubana, que se torna assim altamente vulnerável às depressões cíclicas da economia mundial; a *alta propensão a importar*, inclusive mercadorias que em outras condições puderam ser produzidas no país; a consequente *redução do efeito multiplicador dos investimentos* e das próprias exportações; o *atraso técnico* nos métodos de cultivos e de exploração pecuária; em geral, o *baixo nível de vida da população* cubana e, em especial, da rural, com a conseguinte estreiteza do mercado interno, incapaz, em tais condições, de alentar o desenvolvimento nacional da indústria (Padrino, 1960, p. 48, grifos nossos). [2]

A princípio, como se vê, a reforma agrária era apenas uma reforma estrutural. As diretrizes econômicas que viabilizariam esta ruptura não apresentavam tantas discrepâncias em relação ao programa de reformas estruturais da própria CEPAL, como constatou inúmeras vezes Carlos Rafael Rodríguez: substituir importações diversificando a agricultura, incrementar exportações industrializando a agricultura e criar um mercado interno através da redistribuição da renda nacional, com vistas à futura industrialização do país.[3] A essência inegociável do Programa de Moncada era o igualitarismo e a soberania nacional, estando ausente, nesse período, a menção ao socialismo. Ainda que a revolução cubana tenha transitado da proposta nacionalista e democrática para a estratégia socialista com rapidez, as duas finalidades do Programa de Moncada se mantiveram como as principais forças orientadoras do processo histórico cubano até 1970, quando, como veremos, estas finalidades são hierarquizadas de outra forma.

---

2   Todas as informações e citações da Lei de Reforma Agrária de 17/05/1959 foram extraídas diretamente do texto da lei, organizado na compilação das Leis Agrárias Revolucionárias por Padrino, 1960, p. 47-67.

3   Em 1969, no 13º Período de Sessões da CEPAL, Carlos Rafael Rodríguez destacou: "O que ocorreu em nosso país é tudo isso que a CEPAL postula como condições para o desenvolvimento, ou seja: a Reforma Agrária, a eliminação das desigualdades irritantes de renda, a realização de nossa independência econômica e a asseguração de níveis de vida humanos para quem, até ontem, vivia em condições deploráveis; e, sobretudo, o estabelecimento da base material e técnica (...) que – estamos seguros disso – servirá de exemplo a nossos povos irmãos da América Latina" (Rodríguez, 1983, p. 290).

Por um lado, sem a reforma agrária, não poderia haver desenvolvimento econômico nacional, já que a modernização da *plantation* aprofundava as disparidades técnicas e sociais da estrutura produtiva e viabilizava o desperdício das divisas com o consumo suntuário das elites. Por outro lado, uma reforma agrária que desatasse os entraves econômicos e culturais do subdesenvolvimento cubano afetaria as bases e a natureza do capitalismo periférico, ameaçando gravemente o modo de vida das classes dominantes e a rentabilidade das empresas estadunidenses. Por isso, a reforma agrária que transformasse as estruturas da sociedade cubana não poderia ocorrer por dentro da ordem estabelecida. Em outras palavras, as determinações do subdesenvolvimento eram tão inegociáveis para seus beneficiários, que a burguesia cubana não constituiu a capacidade de organização nacional da sociedade, e tampouco soube manipular instituições democráticas para absorver as tensões inerentes da segregação social. Na interpretação de Florestan Fernandes, a burguesia cubana não teria sido capaz de criar caminhos de transição da *ordem neocolonial dependente* para a *ordem social competitiva*. Sintetizou:

> Nem os Estados Unidos avançaram, para proporcionar à burguesia cubana espaço econômico e político para realizar uma revolução dentro da ordem, pela qual a ordem social competitiva poderia sair da hibernação, nem as classes burguesas de Cuba possuíam condições e meios para se tornarem revolucionárias no nível de profundidade que se impunha espontaneamente, a qual exigia que 'arriscassem tudo' em troca de algo que parecia uma utopia ou um 'sonho'. O essencial, pois, não é o quanto a burguesia cubana estava dividida internamente, mas o fato de haver preferido a contemporização como técnica de acumulação de forças (Fernandes, 2007, p. 104).

Esta debilidade da burguesia cubana teria feito com que o movimento nacionalista revolucionário, para executar as reformas estruturais que ampliassem o controle interno do desenvolvimento, fosse impelido para "fora das 'forças da ordem'" (Fernandes, 2007, p. 102). E enquanto isso, o gabinete Urrutia "tentou brecar a revolução e adaptá-la a um desenvolvimento que só serviria para consolidar a ordem social competitiva" (idem, 2007, p. 119).

Em linhas gerais, a Lei de 17 de maio traçava dois objetivos prioritários: erradicar a miséria rural e promover o desenvolvimento econômico, isto é, redistribuir o excedente e ampliar as bases de sua geração. Na Lei de Reforma Agrária,

o igualitarismo e a soberania nacional se fundiam numa estratégia de desenvolvimento econômico, cujas tarefas prementes consistiam em eliminar a subutilização das capacidades produtivas, ativando terras ociosas e força de trabalho
desempregada, de modo a ampliar as exportações e incrementar a capacidade
importadora; diversificar a agricultura para fornecer matéria-prima à indústria nacional, prover a população de alimentos e economizar divisas gastas com
importação; e estimular o aumento da produtividade com incentivos públicos
ao setor privado. Era impossível executar estas tarefas sem que fossem elimi-
nados dois obstáculos: a ociosidade da terra que fornecia base material para o
comportamento especulativo e a especialização monocultora que beneficiava a
economia estadunidense.

Sendo assim, a lei propagou dois *slogans*: a eliminação do latifúndio e o direito à propriedade da terra para os agricultores que nela trabalhassem. Como pro-
metido em outubro de 1958, o artigo 1º da Lei de 17 de maio proibia o latifúndio
maior que 30 *caballerías*. O artigo 2º apresentava três exceções a esse limite máximo: as propriedades maiores que 30 *caballerías* com plantações de cana e arroz
que apresentassem rendimentos maiores que 50% da média nacional na última
colheita; as propriedades pecuaristas que possuíssem um mínimo de gado por
hectare a ser definido pelo Instituto Nacional de Reforma Agrária (INRA); e as
áreas cuja eficiência técnica e o rendimento econômico fossem gravemente prejudicados pela redução da escala. Em nenhuma das exceções, a lei permitia que a
propriedade ultrapassasse a extensão de 100 *caballerías*. O artigo 5º determinava a
ordem de execução das expropriações: primeiro seriam afetadas as terras cultivadas por arrendatários, subarrendatários, parceiros ou precaristas e, na sequência,
seriam expropriadas as terras excedentes dos latifúndios maiores que 30 *caballerías*. As terras estatais também seriam redistribuídas. Tal como a Lei da Sierra
Maestra, a Lei de 17 de maio declarava que todas as terras não registradasem 20
de outubro de 1958 seriam consideradas estatais, punindo os latifundiários que
haviam declarado propriedades reduzidas para sonegar impostos (artigo 8º).

As propriedades menores que 30 *caballerías* e submetidas a arrendamentos,
subarrendamentos e parcerias também seriam desapropriadas nas áreas correspondentes, e seus proprietários ficariam com o restante. Nesse sentido, era uma lei
particularmente punitiva para os "rentistas puros", que não guardavam nenhuma
porção de suas terras para uso próprio e utilizavam toda a superfície para fins
especulativos, pois nesse caso seriam plenamente distribuídas em favor de quem

nelas estivesse produzindo.[4] O artigo 11º proibia o estabelecimento de contratos de arrendamento e parceria de qualquer tipo, impedindo que o sistema rentista fosse restaurado. Já os artigos 33º e 34º, aboliam o mercado livre da terra, restringindo a transmissão da propriedade a três formas legais: a venda ao Estado, a permuta autorizada pelo Estado e a hereditariedade. Dessa forma, criou-se um bloqueio legal contra as forças econômicas de restauração da estrutura agrária rentista e uma proteção aos pequenos produtores beneficiários da redistribuição. Essa proteção era consolidada com o artigo 62º, que proibia o desalojamento de todos os beneficiários da lei.

Com isso, as duas engrenagens típicas da especulação fundiária foram paralisadas. Tanto os circuitos internos de especulação, constituídos pelas complexas teias de arrendamento e subarrendamento, quanto os circuitos externos que iam frutificar em Wall Street, alimentados pelas gigantescas extensões de terras ociosas e de plantações de reserva mantidas pelos latifundiários, foram radicalmente limitados.

O componente nacionalista da reforma agrária se concentrava nos artigos 12º ao 15º. Determinava-se que, passado um ano da promulgação da lei, não seriam mais permitidas explorações canavieiras por Sociedades Anônimas que não cumprissem com três requisitos: primeiro, que todas as ações fossem nominativas; segundo, que todos os titulares fossem cubanos; terceiro, que nenhum dos titulares fosse proprietário de qualquer fábrica de açúcar (refinarias ou centrais). As Sociedades que não cumprissem os requisitos perderiam imediatamente os direitos das cotas de moendas nas centrais. O artigo 13º possuía impacto histórico, pois alterava a dinâmica de concentração e centralização do capital vigente em Cuba desde o século XIX. Proibia-se que os proprietários de plantações canavieiras fossem proprietários de centrais e refinarias, isto é, eliminava-se a existência das "canas de administração" através do desmembramento, apenas no setor pri-

---

4   Posteriormente, em 1961, foi aprovada a Resolução nº 266, que concedia às viúvas e aos idosos que não possuíssem nenhum outro meio de vida que não a renda da terra, um pagamento mensal em efetivo do Estado, de uma quantidade não inferior à que recebiam como renda. Posteriormente, este pagamento se converteu em pensão vitalícia, pois como analisou Antero Regalado: "não se trata já, nesse caso, de pagamento por um bem expropriado, mas sim de atender a um problema de tipo social, humano" (Regalado, 1979, p. 171). Regalado foi guerrilheiro camponês em Ariguanabo, homenageado pela ANAP depois de sua morte com a ordem."Antero Regalado para camponeses que se sobressaem".

vado, da agricultura e da indústria. Os proprietários com menos que 30 *caballerías* deveriam se ajustar a essa lei ao longo de um ano, se desfazendo de uma ou outra parte de suas posses. Os maiores de 30 *caballerías*, submetidos ao artigo 1º, veriam extintas as suas "canas de administração". O artigo 14º proibia todas as Sociedades Anônimas que não fossem nominativas, evitando que as determinações da lei fossem burladas na escuridão do anonimato financeiro. No mesmo sentido, declarava-se que todas as transferências de propriedades entre parentes de até 4º grau realizadas a partir do dia 1º de janeiro de 1959 deveriam ser registradas (artigo 65º). Para concluir a "cubanização" da estrutura agrária, o artigo 15º determinava que a propriedade da terra, a partir de então, só poderia ser adquirida por cidadãos cubanos, eliminando o direito de herança de propriedades estrangeiras.

Pelo texto da lei, todas as terras expropriadas seriam distribuídas em duas formas novas de propriedade: o "mínimo vital" e as cooperativas agrícolas. Imediatamente depois do início da aplicação da lei, surgiu uma terceira forma nova de propriedade: as Granjas do Povo, de propriedade estatal. Junto da propriedade privada remanescente, a nova agricultura cubana seria composta por quatro formas de propriedade, sendo duas privadas, uma estatal e uma mista.

O mínimo vital era uma parcela de terra fértil de 2 *caballerías* para cada família de cinco indivíduos, cuja posse teria caráter inalienável (artigo 16º). Seu tamanho poderia variar de acordo com a fertilidade da terra, orientado para garantir uma renda mínima anual estabelecida pelo INRA. A lei declarava indivisíveis as novas propriedades distribuídas, evitando que as heranças para as gerações seguintes despedaçassem a escala mínima calculada. O mínimo vital seria distribuído com base em três critérios. Primeiro, todos os arrendatários, subarrendatários, parceiros e precaristas que cultivassem menos que 2 *caballerías* (artigo 18), bem como os pequenos proprietários com menos de 2 *caballerías* (artigo 19), receberiam gratuitamente do Estado a parcela de terra faltante para completar o mínimo vital, por meio de títulos de propriedade privada entregues pelo INRA. Segundo, todos os arrendatários, subarrendatários, parceiros e precaristas que cultivassem entre 2 e 5 *caballerías*, receberiam gratuitamente 2 *caballerías* e poderiam adquirir mais 3 *caballerías* mediante venda forçada. Em terceiro, no caso de arrendatários de terras estatais, as 3 *caballerías* restantes não seriam transmitidas por venda forçada, mas sim gratuitamente. Os camponeses do Exército Rebelde e os familiares de assassinados pelo regime Batista teriam prioridade na distribuição das terras, seguidos pelos habitantes e vizinhos de cada região expropriada.

Ainda assim, todos os cidadãos cubanos sem propriedades poderiam solicitar o mínimo vital, de qualquer parte da ilha (artigos 22º e 23º).

Os proprietários afetados pela lei de reforma agrária deveriam apresentar-se dentro do prazo de três meses para expropriação, do contrário perderiam o direito à indenização (artigos 25º e 26º). Logo que a lei foi regulamentada, determinou-se que os proprietários poderiam escolher suas melhores terras, deixando as piores para a redistribuição (Pino-Santos, 02/07/1959; Rodríguez, 1978, p. 133).

O tema da indenização foi o motivo mais explícito de polêmica entre os dois setores do Governo Provisório. Havia na Constituição de 1940, dois mecanismos de redistribuição agrária: a expropriação com indenização em dinheiro ou a confiscação. O setor revolucionário do Governo Provisório defendeu a criação dos Títulos de Reforma Agrária emitidos pelo Estado para indenizar os proprietários afetados, proposta que não era aceita pelos latifundiários (Acosta, 1972b, p. 94-5). Outra polêmica ocorreu porque os latifundiários contestaram o uso do registro de 20 de outubro de 1958 para estipular os preços das terras. A Lei criou os Títulos de Reforma Agrária com juros de 4,5% ao ano e um prazo de 20 anos para retorno dos valores pelo Estado (artigos 29º e 31º).[5] O preço da indenização da terra foi 400 pesos por *caballería* (Chonchol, 1961, p. 28). Apesar das edificações rurais e plantações já semeadas serem indenizadas à parte pelo Estado (artigo 29º), a lei determinava que 45% dos rendimentos da propriedade seriam descontados da indenização, por corresponderem aos valores "produzidos sem o esforço do capital privado e unicamente por causa da ação do Estado, da Província, do município ou de organismos autônomos" (artigo 30º) (Padrino, 1960, p. 56).

A lei incentivava a produtividade das terras restantes dos latifundiários, ao isentá-los de impostos por 10 anos quando os valores indenizados fossem investidos em atividades produtivas. Todos os proprietários que abandonassem suas terras seriam punidos com a perda da indenização (artigo 66º). Nas Disposições Transitórias da Lei, estabelecia-se que toda a terra sob propriedade privada deveria ser produtiva e as parcelas que não fossem postas em atividade no prazo de um ano também seriam expropriadas.

---

5   Segundo René Dumont, agrônomo francês que, esteve em Cuba para assessorar o processo de reforma agrária no mesmo período de Jacques Chonchol, a reforma agrária cubana tinha juros da indenização mais altos que da reforma agrária capitalista japonesa (Dumont, 1970, p. 28).

Do ponto de vista institucional, a lei assegurava dois organismos estratégicos de planejamento e ativação da nova estrutura agrária: as Zonas de Desenvolvimento Agrário (capítulo 4) e o INRA (capítulo 6). As Zonas de Desenvolvimento Agrário foram unidades administrativas regionais responsáveis pela execução direta da reforma agrária em todas as suas dimensões: desde as expropriações até o desenvolvimento sociocultural. As ZDAs organizavam o estabelecimento de escolas rurais, casas de maternidade, pronto-socorro, atendimento médico e odontológico, criação de espaços recreativos, bibliotecas, ginásio de esportes, e todos os meios de produção difusão cultural para população rural. Foram criadas 28 ZDAs, numeradas por Província, abarcando territórios bastante extensos, sobretudo considerando a amplitude das tarefas a elas atribuídas (Chonchol, 1961, p. 23). Para cada Zona haveria um Chefe, subordinado ao Instituto Nacional de Reforma Agrária.[6]

O INRA foi criado, tecnicamente, como organismo central de execução da reforma agrária. Mas na realidade foi bem mais que isso: foi o aparato político que abrigou o setor revolucionário do Governo Provisório. Nas palavras do historiador cubano Rolando Ávila, o INRA foi "o mecanismo para levar o Programa de Moncada em sua primeira etapa e tinha como base o povo organizado e o povo armado" (Ávila, 2012). Em um contexto em que não se podia contar com o Governo Provisório, era preciso criar um instrumento de poder para garantir a efetividade da reforma agrária. Por isso, o INRA foi criado a partir das bases do próprio Exército Rebelde. As funções a ele atribuídas afetavam todas as dimensões da vida rural: elaborar os planos de produção e incremento tecnológico, prover de insumos e crédito público as cooperativas e os pequenos agricultores, construir escolas rurais, hospitais e centros de recreação e cultura, além de dezenas de milhares de casas que substituíssem os *bohíos*.[7] Além disso, ao INRA se atribuía as tarefas de elaborar e propor políticas tarifárias e fiscais com vistas ao aumento da produção, dirigir e administrar os fundos da reforma agrária, escrever o Regulamento das Cooperativas, bem como designar seus administradores. Por fim, todos os organismos autônomos destinados à regulação, estabilização,

---

6   Eram cinco Zonas de Desenvolvimento Agrário em Pinar del Río; três em La Habana; quatro em Matanzas; cinco em Las Villas; três em Camaguey e oito no Oriente (Chonchol, 1961, p. 23).

7   Para financiar tudo isso, foi criado o Departamento de Crédito do INRA, que subordinou e, mais tarde, absorveu o antigo BANFAIC.

promoção e defesa da produção agrícola foram incorporados ao INRA, a exemplo do Instituto Cubano de Estabilização do Açúcar.

Tendo nascido do seio do Exército Rebelde, o INRA foi inicialmente um organismo militar, que expandiu seu poder mediante distribuição de armas aos beneficiários da reforma agrária, para que cada um deles a protegesse com as próprias mãos. Como explicou Ávila: "as Zonas de Desenvolvimento se converteram em Zonas Militares, porque se entregou as armas ao povo" (Ávila, 2012). Neste sentido, o INRA era um "Estado dentro do Estado" (Fernandes, 2007, p. 179), cuja finalidade era a defesa armada da execução do Programa de Moncada. Foi o organismo que selou a aliança entre Movimento 26 de Julho, o PSP e o Exército Rebelde. O INRA organizou o povo em armas e era militarmente superior e autônomo em relação às forças moderadas do Governo Provisório. Fidel Castro despachava suas diretrizes de Primeiro Ministro do escritório do INRA, do qual era Presidente, e raramente participava das reuniões do gabinete Urrutia (Mao Junior, 2007, p. 333). Ademais, ao executar a reforma agrária, o INRA "desagregava a base tradicional de dominação da burguesia nacional e estrangeira" (Fernandes, 2007, p. 180).

A Lei de Reforma Agrária acelerou o processo revolucionário e deteriorou as relações internas do Governo Provisório, além de ser um divisor de águas no que diz respeito à relação entre Cuba e Estados Unidos. As tensões se agravaram quando Urrutia passou, em seus discursos públicos, a acusar Fidel Castro de "comunismo", e usar seu poder para adiar a assinatura das leis do Programa de Moncada. Fidel Castro insistia em responder com clareza que não era comunista. De fato, a reforma agrária viabilizava o capitalismo e a propriedade privada no campo. Como sustentou Carlos Rafael Rodríguez: "o limite de 30 *caballerías* estabelecido como máximo para a propriedade individual definia patentemente que a revolução cubana, nesta etapa, considerava aceitável a existência do capitalismo na agricultura" (Rodríguez, 1978, p. 136). A rigor, a primeira reforma agrária difundiu a propriedade privada da terra a mais de 200 mil famílias (idem, 1978, p. 35).

A disputa entre moderados e revolucionários se agravou em junho, quando o Comandante Pedro Díaz Lanz, Chefe das Forças Aéreas Revolucionárias, desertou e apareceu nos Estados Unidos para denunciar o "comunismo" cubano. O fato desencadeou uma "segunda crise governamental" (Lobaina, 2012). No dia 17 de julho de 1959, Fidel Castro renunciou ao cargo de Primeiro Ministro, não sem antes explicar-se por duas horas na televisão, acusando o Presidente Urrutia de bloquear as mudanças revolucionárias. Enquanto Fidel discursava, a população cubana indignada tomou as ruas para exigir a renúncia de Urrutia, que assinou sua demissão antes mesmo do término do discurso (Mao Junior, 2007, p. 333). Desde junho, o Conselho de Ministros estava se transformando em favor do setor castrista. Figuras da vanguarda revolucionária como Raúl Roa e Pedro Miret já estavam a postos no Ministério das Relações Exteriores e da Agricultura, respectivamente (Lobaina, 2012). Isso permitiu que, logo após a queda de Urrutia, o Conselho de Ministros nomeasse Osvaldo Dorticós à Presidência, consolidando em definitivo a direção revolucionária do governo cubano.

As Leis de Nacionalização

Além da Lei de Reforma Agrária, outras leis de expropriação compuseram as forças de desmonte da *plantation* modernizada. Uma das mais importantes foi a Lei de Recuperação dos Bens Malversados do Governo Provisório (lei nº 78), assinada em 13 de fevereiro de 1959, que reavia, através dos Tribunais Revolucionários, as riquezas públicas desviadas ilicitamente pelos governos anteriores (Chonchol, 1961, p. 78). Para a execução desta lei foi criado o Ministério de Recuperação de Bens Malversados que, em abril de 1960, declarou que já havia recuperado 400 milhões de dólares (Rodríguez García, 1987, p. 232), cifra que mais tarde alcançaria um total de 2,94 bilhões de dólares (Rodríguez, 1978, p. 123).

As expropriações dos grandes grupos estadunidenses pela lei de reforma agrária deu início a um conflito que se expandiu de modo incontornável. No início de 1960, Cuba pôs em prática as célebres palavras de Martí: "a união com o mundo e não com uma parte dele; não com uma parte dele, contra outra" (Martí, 2005, p. 155). A ilha havia comprado 300 mil toneladas de petróleo da União Soviética e as refinarias de petróleo estadunidenses Texaco, Esso e Shell se recusaram a processar a matéria-prima "socialista". Ao governo cubano não restou opção a não ser intervir nas refinarias para mantê-las funcionando. Na sequência, os Estados Unidos responderam com uma lei no Congresso que eliminava a cota de importação de açúcar cubano, dando os primeiros passos em direção ao bloqueio (Rodríguez, 1969, p.14).

Como resposta, então, Cuba aprovou no dia 6 de junho de 1960, a Lei de Nacionalizações nº 851, que determinava a nacionalização de todas as empresas estrangeiras da ilha e criava um "Fundo de Pagamento das Exportações de Bens e

Empresas de Nacionais dos Estados Unidos" que seria alimentado com as divisas obtidas da venda de açúcar aos próprios Estados Unidos, isto é, uma indenização condicionada ao fim do bloqueio açucareiro (Chonchol, 1961, p. 30). Através da Lei de Nacionalizações nº 851 foram estatizadas 36 centrais açucareiras, todas as empresas de eletricidade e telefonia da ilha, todas as refinarias de petróleo, somando 700 milhões de dólares correspondentes aos investimentos estadunidenses em Cuba dentro de um total de 1,1 bilhão (Rodríguez, 1978, p. 122; Dumont, 1970, p. 35). A Lei de Nacionalizações atingiu o sistema bancário quase inteiro, que era controlado predominantemente por estrangeiros (Rodríguez García, 1987, p. 233).

A tensão crescente que acelerou o desmonte da *plantation* modernizada foi registrada pela Primeira Declaração de Havana, em 2 de setembro de 1960, através da qual o governo cubano se posicionou decisivamente pela emancipação dos povos subdesenvolvidos do mundo, demonstrando que não abririam mão da soberania recém conquistada, além de agradecerem explicitamente à União Soviética pela ajuda militar. Ao deixar claras as suas preferências, Cuba criava as condições para uma "guerra quente" na periferia da Guerra Fria. Declararam:

> A Assembleia Geral Nacional do Povo de Cuba: (…) condena energicamente a intervenção aberta e criminosa que durante mais de um século o imperialismo norte-americano exerceu sobre todos os povos da América Latina (...). Aceita e agradece o apoio dos mísseis da União Soviética caso seu território seja invadido por forças militares dos Estados Unidos (...). Ratifica a política de amizade com todos os povos do mundo (...). Condena o latifúndio, fonte de miséria para o campesinato e sistema de produção agrícola retrógrado e desumano (...). Condena, enfim, a exploração do homem pelo homem e a exploração dos países subdesenvolvidos pelo capital financeiro imperialista (apud Bell *et alli*, 2007, p. 290).

Pouco depois, em 13 de outubro de 1960, o governo cubano aprovou a Lei de Nacionalizações nº 890, completando um ciclo de expropriações que irreversivelmente modificaria a estrutura agrária da ilha. A Lei nº 890 expandiu as expropriações do governo à burguesia cubana, nacionalizando uma massa gigantesca de meios de produção: 105 centrais açucareiras, 160 fábricas, 60 estabelecimentos comerciais, 56 companhias de serviços estratégicos (transporte, eletricidade, telefonia) e culturais (imprensa, cinemas). A partir de então, as 161 centrais açucareiras que compunham os meios industriais do principal produto da economia cubana estavam sob propriedade estatal ou cooperativa.[8]

Do ponto de vista da estrutura agrária, existiram ainda outros três mecanismos de redistribuição fundiária: doações, vendas voluntárias e a modificação do artigo 24 da Lei Fundamental da República realizada no dia 22 de dezembro de 1959, que autorizava a confiscação das terras de pessoas ou empresas que tivessem saído do país ou burlado as leis revolucionárias (Chonchol, 1961, p. 30-31).[9]

---

8   Juan Valdés Paz, cuja história pessoal é tão interessante quanto a própria revolução, nos relatou que no início de 1960, aos 19 anos, se engajou como professor voluntário para as campanhas de alfabetização. Foi rapidamente treinado para a tarefa. Algumas semanas mais tarde, lhe avisaram que não seria mais professor voluntário, mas sim diplomata e para isso faria um curso expresso na Universidade. Mas a velocidade da revolução era tão alucinante, que tampouco isso ocorreu. Justamente em outubro de 1960, na ocasião da Lei de Nacionalizações n° 890, os jovens professores voluntários foram reunidos em um galpão em Havana. Sem saber porque estavam ali reunidos, alguns chegaram a cogitar que seriam preparados para fazer a guerrilha na América Latina. No meio da madrugada, Fidel Castro em pessoa apareceu e declarou: "Já lhes disseram por que estão aqui? Bom, eu venho do Conselho de Ministros. Nacionalizamos todas as indústrias do país e vocês serão interventores. Mas vocês são professores: vão intervir, mas dentro de alguns meses outros os vão substituir". Foi assim que Juan Valdés Paz passou 20 anos trabalhando como administrador do setor açucareiro. Durante a primeira Safra do Povo, administrou a central Constancia de Encrucijada, em Las Villas, sem nunca ter entrado em uma fábrica antes em toda sua vida. Em seguida, fez um curso de administrador, e já na Segunda Safra lhe ampliaram o comando para um total de 12 centrais. Tão logo sentiu-se "expert", o jovem Valdés Paz foi deslocado para a administração agrícola, tarefa muito mais complexa pela ausência do componente industrial disciplinador do trabalho e pela inexistência de tecnologia acumulada no processo de produção. Depois de 20 anos, tornou-se professor de economia, sociologia e história (Valdés Paz, 2012). Orlando Borrego, que trabalhava ao lado de Che no ministério das Indústrias, relatou que o filósofo Jean Paul Sartre esteve presente durante a cerimônia de posse dos novos administradores do setor açucareiro em 14 de outubro de 1960. Na ocasião, Borrego lhe perguntou sobre o que pensava dos novos administradores, ao que Sartre respondeu: "Isso é uma loucura, são uns adolescentes!" (apud Borrego, 2002, p. 21).

9   Conta Carlos Rafael Rodríguez que, no entretempo, dezenas de milhares de grandes proprietários nacionais e estrangeiros fugiram para Miami, "com a convicção, expressada ao chegar lá, de que, poucas semanas depois, a derrota da Revolução lhes devolveria suas fábricas em pleno funcionamento" (Rodríguez, 1978, p. 128).

Retrato da transformação estrutural

O resultado das expropriações realizadas até maio 1961 está exposto na tabela 3.

Apesar de garantir a permanência da propriedade privada até 30 *caballerías*, o que para muitos países poderia ser considerado um latifúndio de grande escala, o grau de concentração fundiária era tal que 85% das terras agrícolas do país faziam parte de alguma propriedade que foi ao menos parcialmente atingida pela Lei de Reforma Agrária. Isso porque, como vimos, no início de 1959, três mil pessoas eram proprietárias de 62% da área agrícola total de Cuba (Chonchol, 1963, p. 74). O total de terras atingidas pelo conjunto dos mecanismos expropriadores até maio de 1961 se aproximava de 374.071 *caballerías*, isto é, 55,8% das terras agrícolas cubanas. A superfície afetada foi imediatamente redistribuída.

TABELA 3 – SUPERFÍCIE EXPROPRIADA APÓS DOIS ANOS DE REFORMA AGRÁRIA (MAIO/1961)			
Lei	Superfície (hectares)	Superfície (*caballerías*)	%
Lei da Reforma Agrária	1.199.184	89.358	23,9
Lei da Recuperação dos Bens Malversados [a]	163.214	12.162	3,3
Doações ao INRA	322.590	24.038	6,4
Vendas voluntárias e art. 24	581.757	43.350	11,6
Lei de Nacionalização (n° 851)	1.261.587	94.008	25,1
Lei de Nacionalização (n° 890)	910.547	67.850	18,1
Modificação do Art. 24 da Lei Fundamental [b]	581.157	43.305	11,6
TOTAL	5.020.036	374.071	100

Fonte: Chonchol, 1961, p. 28.
(a) "Essa cifra está subestimada. Na realidade é maior, mas estes são os únicos antecedentes estatísticos exatos que o Departamento Legal do INRA possui até agora", escreveu Chonchol em seu relatório (1961, p. 28).
(b) Acosta, 1972b, p. 107. Fonte: Departamento Legal do INRA

Apesar de garantir a permanência da propriedade privada até 30 *caballerías*, o que para muitos países poderia ser considerado um latifúndio de grande escala, o grau de concentração fundiária era tal que 85% das terras agrícolas do país faziam parte de alguma propriedade que foi ao menos parcialmente atingida pela Lei de Reforma Agrária. Isso porque, como vimos, no início de 1959, três mil pessoas eram proprietárias de 62% da área agrícola total de Cuba (Chonchol, 1963, p. 74). O total de terras atingidas pelo conjunto dos mecanismos expropriadores até maio de 1961 se aproximava de 374.071 *caballerías*, isto é, 55,8% das terras agrícolas cubanas. A superfície afetada foi imediatamente redistribuída.

Até 12 de junho de 1961, relata Jacques Chonchol, 31.812 títulos de propriedade de mínimo vital haviam sido outorgados pelo INRA, totalizando 30 mil *caballerías*. Ademais, a partir de março de 1961 cerca de 25 mil pequenos colonos de cana se tornaram proprietários de unidades entre 2 e 5 *caballerías*, recebendo um total de 80 mil *caballerías*. Sendo assim, aproximadamente 110 mil *caballerías* foram distribuídas em pequenas propriedades individuais em apenas dois anos de reforma agrária (Chonchol, 1961, p.28). Os atos de expropriação executados pelo INRA, dos quais Chonchol participou pessoalmente, não foram tão conflituosos como se poderia supor. Talvez porque o segmento fervorosamente contrarrevolucionário da burguesia cubana já estivesse em Miami. Chonchol relatou:

> O processo de tomada da terra ocorreu em um ambiente de extraordinária tranquilidade e sem que se produzissem violências maiores (...). A intervenção equivalia à tomada física da posse de terra. Nela, de comum acordo, o representante do INRA e o dono da propriedade fixavam o lote que este conservaria (...). Ocorreu um caso em que, ao ir tomar posse de um latifúndio de mais de 600 *caballerías*, fomos no automóvel do próprio dono da propriedade e almoçamos em sua casa, antes que o Chefe do INRA na província procedesse a reunir os camponeses do latifúndio para anunciar-lhes que, a partir daquele momento, com exceção das 50 *caballerías* que ficavam com o dono, o resto da terra ficava subdividido em três cooperativas de umas 200 *caballerías* cada (1961, p. 26).

As expropriações das propriedades pecuárias ocorreram mais rapidamente que as agrícolas, pois os grandes proprietários (*cebadores*) e os médios (melhoradores) reagiram às novas medidas paralisando subitamente a compra de gados filhotes criados pelos pequenos proprietários. Isso comprometeu o dinamismo do setor, e forçou o governo a antecipar-se como agente comprador dos gados filhotes. Pelas especificidades do setor pecuário, as unidades se converteram predominantemente em propriedades estatais de administração direta (posteriormente Granjas do Povo). Já as plantações de cana e arroz só foram expropriadas depois da colheita da safra de 1960 e se tornaram predominantemente Cooperativas (Chonchol, 1961, p. 26).

Sendo assim, o regime de propriedades passou a ser composto por quatro formas: as Cooperativas, herdeiras das canas de administração e, portanto, das melhores terras; as Granjas do Povo que concentravam as melhores terras da pecuária; as pequenas propriedades individuais de até 5 *caballerías*, redistribuídas pelo governo; e as propriedades entre 5 e 100 *caballerías*, remanescentes da estrutura agrária anterior. Duas delas, as Cooperativas e as Granjas do Povo, poderiam ser consideradas formas completamente novas na estrutura agrária cubana.

Nas tabelas a seguir, é possível enxergar a situação da estrutura agrária cubana em maio de 1959 e em maio de 1961. A tabela 4 mostra estrutura de posse da terra tal como declarado pelos afetados pela reforma agrária nos três meses que se seguiram à aprovação da lei. Segundo estas declarações, 66,1% dos proprietários possuíam até 5 *caballerías*, e ocupavam apenas 7,4% da superfície agrária; na outra extremidade, 9,4% dos proprietários possuíam mais que 30 *caballerías*, e controlavam 73,3% da superfície.

TABELA 4 - ESTRUTURA DE POSSE DA TERRA SEGUNDO DECLARAÇÕES JURADAS DOS PROPRIETÁRIOS AFETADOS PELA PRIMEIRA LEI DE REFORMA AGRÁRIA (1959)						
Tamanho	**Superfície**		**Propriedades**		**Proprietários**	
	Caballerías	%	Número	%	Número	%
Até 5 *caballerías* (67 hectares)	46.741	7,4	28.735	68,3	20.229	66,1
De 5 a 30 caballerías (67 a 402 hectares)	122.040	19,3	9.752	23,2	7.485	24,5
Mais que 30 *caballerías* (mais de 402 hectares)	464.844	73,3	3.602	8,5	2.873	9,4
Total	633.625	100	42.089	100	30.587	100
Fonte: Chonchol, 1961, p. 7 – Departamento Legal do INRA						

Já tabela 5 revela a estrutura agrária cubana de maio de 1961, com a maior parte da reforma agrária já executada, mas ainda não completamente concluída. É possível visualizar a nova estrutura a partir de três olhares: primeiro, a composição das quatro formas de propriedade; segundo, a dimensão do setor estatal e do setor privado; e terceiro, a dimensão do setor INRA e da burguesia agrária.[10]

---

10   O Setor INRA é considerado por Jacques Chonchol (1961, p. 66) como o conjunto de meios de produção agropecuários que serão coordenados e submetidos aos planos estatais de produção. Por isso, o Setor INRA é composto pelo Setor Estatal somado aos agricultores pequenos (até 5 *caballerías*), organizados pela ANAP (Associação Nacional dos Agricultores Pequenos). O critério de compreensão do Setor INRA é, antes de tudo, político: a base produtiva sob controle dos segmentos aliados da revolução.

TABELA 5 - SUPERFÍCIE AGROPECUÁRIA CUBANA POR SETOR (MAIO/1961)(EM CABALLERÍAS)				
	Setor Estatal		Setor Privado	
	Granjas do Povo	Cooperativas Canavieiras	Até 5 caballerías (Setor ANAP)	De 5 a 100 caballerías (b)
Superfície (caballerías)	181.330	60.317	180.055	328.528
% superfície total (a)	24,2	8,0	24,0	43,8
Superfície	241.647		508.583	
% superfície total (a)	32,2		67,8	
Setor	Setor INRA		Burguesia Agrária	
Superfície	421.702		328.528	
% superfície total (a)	56,2		43,8	
Superfície total (a)	750.230			
Cabeças de Gado	1.022.737	131.691	--	--
% Massa Bovina	20,0	2,6	--	--
Por Setor	1.154.428		3.945.572 (c)	
% Massa Bovina	22,6		77,4	
Massa Bovina Total	5.100.000			

Fonte: Chonchol, 1961, p. 28, 44, 65-66.

Obs: O autor ressalva que os dados do setor estatal são exatos, com estatísticas do INRA, mas os dados do setor privado são estimados, dado o dinamismo do processo revolucionário e ausência de estatísticas precisas. O setor privado está definido com maior precisão na tabela 9.

(a) Superfície total *em propriedades*, que corresponde a 89% da superfície total da ilha de 842.955 *caballerías*.

(b) O limite definido como 100 *caballerías* decorre da aplicação das exceções, que ampliam o limite de 30 *caballerías* em casos específicos de alta produtividade.

(c) Chonchol ressalva que, apesar de não haver os dados exatos da divisão da massa bovina entre pequenos e grandes proprietários privados, é notório que "o grosso dessa cifra deve encontrar-se em mãos de agricultores privados com mais que 5 *caballerías*" (1961, p. 66).

Algumas observações são necessárias para interpretação da tabela 5. Primeiro, as Cooperativas são consideradas parte do setor estatal, porém possuíam caráter híbrido, pois eram regulamentadas e dirigidas pelo Estado, podendo simultaneamente obter excedentes privados. Ocupavam, em maio de 1961, 8% da superfície cubana em propriedades, notadamente as melhores terras das antigas canas de administração. As Granjas do Povo, herdeiras da pecuária de grande escala (dos *cebadores*), possuíam 24% das terras, também localizadas entre as melhores do país. O setor estatal, por suas formas de propriedade, pode ser considerado completamente novo na estrutura agrária cubana, somando 32,2% da superfície em maio de 1961.

Os pequenos agricultores até 5 *caballerías* estavam representados, desde 17 de maio de 1961, pela Associação Nacional de Agricultores Pequenos (ANAP), que, ao ser composta pelos beneficiários diretos da reforma agrária, possuía forte afinidade com a revolução (Barrios, 1987, p. 20). À época, o setor de pequenos agricultores ocupava 24% da superfície da ilha em propriedades. O setor latifundiário remanescente (entre 5 e 100 *caballerías*) detinha expressivos 43,8% da superfície agrícola em propriedades da ilha e o setor privado total ocupava 67,8%.

O processo de reforma agrária foi tão dinâmico e acelerado que, segundo os dados de Juan Valdés Paz, ao final de 1962, concluídas as expropriações e estabilizada a nova estrutura agrária, o setor estatal já detinha 41% das terras agrícolas do país (277.272 *caballerías*), enquanto setor privado 59% (399.031 *caballerías*) (Valdés Paz, 1997, p. 93-94).

O processo de expropriações foi decisivamente influenciado pela declaração do caráter socialista da revolução, proclamada em 16 de abril de 1961, em seguida à invasão estadunidense de Playa Girón. A possibilidade de guerra quente nas periferias da Guerra Fria atingiu seu clímax com a crise dos mísseis (outubro de 1962). Declarada socialista, a revolução alçou as suas finalidades a um novo patamar: o igualitarismo e a soberania nacional se tornaram a essência de um projeto de destruição das relações capitalistas. Com isso, as novas formas de propriedade agrária em Cuba foram lançadas no turbilhão do debate econômico da transição ao socialismo, integrado às polêmicas desenvolvidas no chamado segundo mundo (Pericás, 2004). Cuba, a partir de então, foi um elo entre o terceiro mundo e o segundo, entrelaçando a busca da superação do subdesenvolvimento à tarefa de construir o socialismo.

As formas novas de propriedade surgidas da reforma agrária (as Granjas e Cooperativas) constituíam meios econômicos criados com vistas a atingir o igualitarismo e a soberania nacional. A partir da declaração do caráter socialista da revolução, foram submetidas a novos critérios de análise. As novas formas da propriedade agrária deveriam não apenas superar a segregação social e a dependência externa, mas também se prestar à criação de uma economia socialista. No impulso dessa finalidade, as Cooperativas foram convertidas em Granjas Estatais, o que gerou um debate que será analisado a seguir.

COOPERATIVAS OU GRANJAS ESTATAIS?

A principal especificidade da reforma agrária cubana foi a preservação da escala das unidades produtivas. Durante sua execução, o governo revolucionário tomou consciência de que o perfil sociológico e psicológico do camponês cubano era fortemente proletarizado. Isso significava que em Cuba a "fome por terras" era menos intensa que a "fome por salários", o que permitia que as unidades produtivas não fossem fragmentadas em pequenas propriedades individuais, preservando as vantagens da escala da *plantation* modernizada. Mas não apenas o perfil do camponês cubano cumpriu um papel na preservação da escala. Houve uma conjunção de outros fatores, entre eles as exigências técnicas herdadas; a finalidade igualitária do desenvolvimento; e a declaração do caráter socialista da revolução. Partindo do princípio da preservação da escala, a reforma agrária criou as cooperativas canavieiras e as granjas estatais, duas novas formas de propriedade da terra que, a partir de abril de 1961, passaram a orientar-se pela busca de uma economia socialista. Com a transformação de todas as cooperativas canavieiras em granjas estatais em setembro de 1962, surgiram divergências relacionadas às vantagens e desvantagens de cada uma destas formas para alcançar as finalidades da revolução.

A polêmica sobre cooperativas e granjas estatais antecedeu aquele que ficou conhecido como "grande debate econômico cubano" de 1963 e 1964. Em referência, definimos tal controvérsia como "pequeno debate agrário" de 1961 e 1962. Apesar de ter problematizado sobre alguns de seus temas fundamentais, foi substancialmente diferente na formação dos setores de opinião. O pequeno debate agrário dividiu, com nitidez, dirigentes cubanos de um lado, e especialistas estrangeiros (defensores da revolução) de outro. Identificamos dois eixos fundamentais do pequeno debate: a gestão e a escala das unidades produtivas. Como pano de fundo estava a dificuldade de definir quais deveriam ser os mecanismos de controle estatal sobre a utilização privada dos excedentes, que melhor coordenassem formas econômicas socializantes com o aumento da produtividade geral do trabalho.[11]

O camponês-proletário e a preservação da escala

O perfil proletário do campesinato cubano foi uma característica sociológica identificada por muitos especialistas que se aproximaram da reforma agrária da ilha.[12] É possível afirmar que Cuba era um país essencialmente agrário, mas não camponês. "A produção açucareira", escreveu Acosta, "determinou o surgimento e desenvolvimento de um proletariado agrícola com um peso relativo majoritário no total da população rural e vinculado à atividade econômica básica do setor agropecuário" (1972a, p. 80-1). Antes da revolução, dois terços da superfície agrícola cubana eram trabalhados por "métodos não camponeses" (Rodríguez, 1966, p. 25). Segundo o último censo anterior à revolução, 63,6% do total dos trabalhadores agrícolas eram assalariados (Barkin, 1978, p. 23). Somava-se a isto uma insegurança histórica do camponês cubano em relação à propriedade individual da terra. Ao longo de um século, os camponeses foram constantemente desalojados e deslocados para as fronteiras agrícolas pouco férteis, perdendo suas casas e plantações, sem condições objetivas de resistência. A expansão agrícola dos latifundiários e companhias estrangeiras desde meados do século XIX se agravou com o surgimento da Guarda Rural em 1898, que executava a espoliação com violência, contribuindo para gerar insegurança do camponês em relação à própria terra. Por isso, este segmento da população rural passou a identificar no assalariamento um

---

11   O papel dos excedentes privados na transição ao socialismo constitui a polêmica mais importante dos debates econômicos do segundo mundo. Essa polêmica se pôs e repôs em vários momentos do século XX para as sociedades que buscaram construir uma alternativa socialista ao capitalismo. O núcleo filosófico do problema está na ordem prioritária da mudança, isto é, se seria preciso desenvolver as forças produtivas por meios capitalistas como condição de surgimento de uma nova cultura socialista, ou se, ao contrário, não seria possível fundar esta nova cultura socialista senão a partir do desenvolvimento das forças produtivas alavancado por formas econômicas já socializadas.

12   Ao conversarmos com Jacques Chonchol sobre o tema, ele sustentou: "a maior parte dos trabalhadores canavieiros não tinha uma mentalidade de agricultor, mas sim uma mentalidade de proletário. Então, era fácil passar de uma empresa de proletários capitalistas a uma de proletários socialistas" (Chonchol, 2012).

meio de vida muito mais estável e promissor. Sem dúvida, o perfil assalariado do camponês cubano acelerou sua inserção na nova economia estatal da revolução. Carlos Rafael Rodríguez explicou o fenômeno:

> A visão ao redor dos camponeses pobres que viviam em condições comparáveis à sua própria ou inferiores, a lembrança das vicissitudes de uma época ainda recente em que eram também camponeses e a experiência de que era possível melhorar sua situação mediante a luta por elevação dos salários e das condições de vida como proletários, conduziu aos trabalhadores agrícolas, em seu conjunto, a não projetar o objetivo de conquistar a terra para nela trabalharem como agricultores pequenos. Isso não quer dizer que eram indiferentes à posse ou não de alguma quantidade de terra (1978, p. 119).

A distribuição da propriedade individual da terra foi uma das diretrizes fortes da lei de reforma agrária. Contudo, cultivar alimentos nas 2 *caballerías* do mínimo vital era mais uma atividade complementar ao assalariamento, que um meio de vida autossuficiente. O meio de vida fundamental do trabalhador rural cubano era o salário, ressalvado o predomínio camponês no cultivo de tabaco na parte ocidental da ilha. A pequena propriedade individual certamente auxiliava no abastecimento familiar, mas as precárias condições técnicas tornavam os excedentes privados do pequeno camponês ainda mais incertos e dependentes das flutuações dos preços. A tendência camponesa ao assalariamento criava as condições sociológicas e subjetivas para a política das Granjas do Povo, pela simples conversão de latifúndios privados em grandes unidades estatais, mais próximas do modelo econômico socialista.[13]

Antes mesmo de ser declarada socialista, a revolução identificou essa especificidade sociológica do trabalhador rural cubano e encontrou a possibilidade de evitar a fragmentação da unidade agrária, buscando preservar as vantagens da escala. Por isso, as novas propriedades criadas no seio do processo revolucionário foram, logo de partida, formas coletivas de organização da produção: as cooperativas e as granjas estatais.

---

13 Sobre isso, afirmaram Paul Sweezy e Leo Huberman: "As reformas agrárias burguesas tiveram sempre como objetivo dividir os grandes latifúndios em pequenas propriedades de camponeses. Ideias mais radicais, pelo menos a partir de Marx, rejeitam essa solução com o duplo argumento de que a agricultura em pequena escala, feita pelos camponeses, é insoluvelmente ineficiente, e constitui inevitavelmente uma força contra revolucionária" (1960, p. 145).

Cooperativas agrícolas

As cooperativas agrícolas criadas na primeira reforma agrária em Cuba foram herdeiras das antigas canas de administração e 45% dos canaviais do país, com as melhores terras, ficaram sob sua responsabilidade (INRA, 03/05/1960, p. 43).[14] A formação das cooperativas foi uma maneira de evitar o retalhamento da terra em parcelas individuais, ainda que em muitos casos tenham sido fundadas várias cooperativas a partir de um único latifúndio.

No universo dos debates socialistas, a cooperativa era uma forma de propriedade particularmente polêmica, pois representava a transição entre a propriedade privada individual e a propriedade socializada, na qual os excedentes privados ainda cumpriam um papel de força motriz. Teoricamente as cooperativas são propriedades privadas coletivas, que guardam semelhanças com sociedades empresariais tipicamente capitalistas. Entretanto, as cooperativas cubanas nasceram organicamente vinculadas à direção do INRA e à planificação centralizada da economia e, portanto, eram mais similares à propriedade socializada do que à propriedade privada. No Regulamento Geral de Cooperativas de Cana, aprovado em 3 de maio de 1960, definiu-se que, durante cinco anos, 80% dos lucros das cooperativas deveriam ser gastos em construções de casas e outros edifícios coletivos (instalações agropecuárias, serviços médicos, esportes, eventos sociais). Os outros 20% seriam distribuídos entre os cooperativados na forma de excedente privado (INRA, 1960a, p. 41-2). Os recursos para produção, afirmava o Regulamento, seriam distribuídos pela Administração Geral das Cooperativas de Cana do INRA. Além disso, determinava-se que 30% da superfície das cooperativas deveriam ser destinadas a cultivos não canavieiros, para alimentação dos cooperativados e para o mercado interno. Cada cooperativa recebeu do Estado 200 vacas leiteiras, 50 porcas e 1 touro para iniciar sua produção (Chonchol, 1963, p. 111). Tudo isso fazia com que as cooperativas fossem extremamente dependentes do poder central e, mesmo que possuíssem uma margem de decisão na utilização do excedente privado, era bastante estreita.

---

14   As Cooperativas criadas da primeira reforma agrária são diferentes das Cooperativas de Créditos e Serviços e das Sociedades Agropecuárias dos camponeses da ANAP. As primeiras foram formadas das canas de administração, por trabalhadores que já eram assalariados e se tornaram, coletivamente, donos de parcelas das propriedades de seus patrões. As segundas foram formadas por diferentes modalidades de coletivização de propriedades privadas individuais.

Os objetivos das cooperativas definidos pelo Regulamento ditavam as seguintes diretrizes: fomentar e cultivar os canaviais; intensificar a produção da cana, plantando variedades de alto rendimento; diversificar a agricultura e alcançar soberania alimentar interna; aumentar a renda dos cooperativistas; garantir o bem estar social e educação de seus membros; construir casas e edifícios; colaborar com o INRA para o desenvolvimento econômico; cumprir os objetivos da reforma agrária. Os cooperativados poderiam sair da sociedade voluntariamente, mas estavam proibidos de vender seus direitos (INRA, 1960a, p. 41-2).

Na teoria, a gestão das cooperativas combinava autonomia local com centralização. O Regulamento criava as Assembleias Gerais das cooperativas, espaço para discussões abertas e decisões internas. Nas Assembleias se votava livremente um Conselho de Direção e um coordenador da cooperativa. O coordenador teria a responsabilidade de representar a cooperativa perante o Estado, o INRA e todos os organismos externos (INRA, 1960a, p. 42). Porém, constatando que as cooperativas ainda não possuíam capacidade administrativa e técnica para executar seus objetivos com êxito, o Regulamento estabelecia que o INRA designaria um administrador para, junto com o coordenador, dirigir a gestão da produção. Neste sentido, como sustentava o Regulamento, a cooperativa "em sua etapa inicial, estará sob a direção do Instituto Nacional de Reforma Agrária, para efeito de assegurar seu melhor desenvolvimento mediante ajuda e orientação técnica" (INRA, 1960a, p. 43). Na prática, porém, os organismos de poder local não agregaram tanta participação e o funcionamento das cooperativas, em seus dois anos e meio de vida, foi marcado pela subordinação ao poder central, ao contrário daquilo que se supõe da autogestão.

Em apenas um ano, foram criadas 622 cooperativas, conjugadas em 46 agrupações intermediárias, ocupando um total de 60.316 *caballerías*. Delas participavam 122.448 cooperativistas e mais 46.614 trabalhadores eventuais contratados apenas para a safra ou para serviços temporários. Estes cooperativistas se tornaram um importante polo militar de defesa da revolução. Para proteger as plantações das agressões externas e internas, 54% dos cooperativistas participavam das Milícias Nacionais Revolucionárias (Chonchol, 1961, p. 57).[15] Este envolvimento

---

15   No início de 1960, as Centrais Adelaida e Punta Alegre, sob o comando de cooperativas agrícolas, foram atingidas por bombas lançadas de aviões, gerando um incêndio de grandes proporções. Na Central de Punta Alegre foram queimadas 2.220.000 arrobas de cana e na Adelaida 7.500.000. Para salvar a cana, trabalhadores de todas as cooperativas da região foram cortá-la imediatamente e decidiu-

militar dos cooperativistas não correspondeu com um envolvimento administrativo esperado nas unidades de produção.

Granjas do Povo

Já as Granjas do Povo não constavam como uma forma de propriedade prevista na Lei de Reforma Agrária e surgiram em fins de 1959 como uma solução particular para os latifúndios do setor pecuário. As Granjas eram enormes fazendas estatais com trabalhadores assalariados, que guardavam maior similaridade funcional com as empresas capitalistas, já que possuíam um padrão formalmente centralizado de decisão econômica. Foram criadas a partir de três argumentos.

Em primeiro lugar, do ponto de vista técnico, o caráter rústico e extensivo da atividade pecuária não permitia a redução repentina da escala, pois não havia tecnologia instalada que viabilizasse a rápida conversão ao modelo intensivo. O modelo extensivo se baseava em uma escala gigante, que foi preservada nas Granjas. Em segundo lugar, do ponto de vista econômico, surgiu a necessidade de controlar o consumo de carne. Quando o Exército Rebelde confiscou rebanhos e repartiu vacas entre pequenos camponeses que não possuíam o conhecimento para criá-las, houve um sacrifício generalizado dos animais para fins alimentares, em flagrante desperdício da criação leiteira. Muitos camponeses nunca tinham comido carne bovina antes e a mudança de padrão alimentar sem precedentes gerou uma euforia. Entre 1958 e 1960, o peso da massa bovina sacrificada cresceu 22% e Chonchol alertou para uma eventual crise pecuária, que representava "um dos problemas mais sérios que a Reforma Agrária Cubana enfrenta hoje em dia" (Chonchol, 1961, p. 73-4). René Dumont apresentou a mesma preocupação, alegando que os abates descontrolados teriam superado a velocidade reprodutora dos animais, gerando a necessidade posterior de racionamento de carne bovina (Dumont, 1970, p. 37). Em 1961, na tentativa de reverter a perda de animais sacri-

---

-se que o açúcar seria produzido nas Centrais vizinhas: Morón, Violeta, Pátria, e na própria Adelaida. Este episódio foi apenas um pequeno exemplo da tensão crescente entre os trabalhadores agrícolas e as agressões militares que buscavam derrotar a revolução (INRA, 1960b, p. 86-7). A Revista INRA publicou, em março de 1960, o recado enviado por um trabalhador rural para Fidel, por meio do jornalista Waldo Medina: "Diga ao Fidel, assim que encontrá-lo, que aqui enviamos este dinheirinho para aviões que defendam Cuba. Mas se estes tipos de fora não quiserem vender aviões, que não os compre, pois os facões de trinta e poucos mil parceiros bastarão para liquidar os bandidos" (apud Medina, 1960, p. 83).

ficados, foi criada a Operação Vaca, pela qual foram importadas 13 mil vacas de raça, a 400 milhões de dólares (CEPAL, 1964, p. 288). Por isso, o controle estatal da pecuária exercido pelas granjas era uma necessidade econômica. O terceiro argumento era de natureza política e social, relacionado com a finalidade igualitária da revolução. As propriedades pecuárias possuíam poucos trabalhadores, às vezes um único homem a cada 50 *caballerías*, e o governo hesitou em aplicar o modelo cooperativo considerando que seriam criadas unidades privilegiadas, com poucos trabalhadores e muito excedente, gerando desproporções de renda em relação às cooperativas agrícolas (Chonchol, 1961, p. 37). Por estas três razões, o governo decidiu controlar diretamente a pecuária através do modelo de granjas estatais, nomeadas então de Granjas do Povo.

Outro fator fundamental se somou às circunstâncias descritas e alçou as Granjas do Povo a um papel estratégico. Quando a revolução cubana se declarou socialista em abril de 1961, referenciais marxistas passaram a influenciar a nova organização econômica.

Na percepção de Karl Marx, a concentração de capital representava o desenvolvimento histórico da escala como alavanca técnica e social da produtividade, aglomerando massas de capital e trabalho em grandes instalações industriais (Marx, 2006, capítulo XXIII). No que diz respeito à concentração das forças produtivas agrárias, Marx defendeu a superioridade da grande escala em um artigo publicado no *The International Herald* em 15 de junho de 1872, com título "A Nacionalização da Terra". Nele, Marx criticou a pequena propriedade agrária:

> Na França, é certo, o solo está acessível a todos os que o podem comprar, mas precisamente esta facilidade trouxe consigo uma divisão em pequenos lotes cultivados por homens com meios muito pequenos (...). Esta forma de propriedade fundiária e o cultivo retalhado de que necessita uma vez que exclui todas as aplicações de melhoramentos agrícolas modernos — converte o próprio lavrador *[tiller]* no mais decidido inimigo do progresso social e, acima de tudo, da nacionalização da terra (...). Agarra-se na mesma com apego fanático ao seu pedaço de terra e à sua condição de proprietário meramente nominal. Por este caminho, o camponês francês foi atirado para o mais fatal antagonismo com a classe operária industrial (Marx, 1982).

Igualmente, quando a tradição marxista clássica analisou os determinantes da fase monopolista do capitalismo, identificou a concentração de capital como um fator de aumento da eficiência, rentabilidade e poder. Não seria à toa que o capitalismo monopolista, com superioridade técnica e vocação estatal-militar, suplantara historicamente o capitalismo concorrencial (Lênin, 1979). Como Marx, Lênin foi um crítico do capitalismo concorrencial de pequena escala, considerado o principal inimigo da transição ao socialismo na Rússia. Em 1921, Lênin defendeu que, nas circunstâncias da transição soviética, o capitalismo de Estado guardava afinidades consideráveis com o socialismo.[16] A chave deste combate político era a luta entre a economia centralmente planificada e a economia autônoma especulativa.

No debate econômico cubano de 1963 e 1964, Guevara foi fortemente influenciado por estas concepções de Lênin e frequentemente citou seus textos (Pericás, 2004). Em fevereiro de 1964, ao defender a proposta do Sistema Orçamentário de Financiamento, que rejeitava o uso do cálculo econômico no interior do setor estatal, Guevara afirmou:

> Como técnica, o antecessor do sistema orçamentário de financiamento é o monopólio imperialista radicado em Cuba (...). Quando os monopolistas se retiraram, levaram seus quadros superiores e alguns intermediários; ao mesmo tempo, nosso conceito imaturo da revolução nos levou a arrasar com uma série de procedimentos estabelecidos, pelo simples fato de serem capitalistas. Por isso, nosso sistema não alcançou ainda o grau de eficiência que tinham as sucursais *'criollas'* dos monopólios, no que se refere à direção e ao controle da produção (Guevara, 1982, p. 188).

Quando Cuba adentrou no universo dos debates da transição ao socialismo, as Granjas do Povo já existiam, mas certamente foram fortalecidas pela defesa marxista da grande propriedade estatal como forma superior de organi-

---

16   Em seu célebre panfleto *Sobre o Imposto em Espécie*, no qual defendeu a Nova Política Econômica (NEP) para substituir o "comunismo de guerra", Lênin propunha a adoção do capitalismo de Estado como *recuo tático* para reestabelecer a aliança da revolução com o pequeno camponês tradicional russo. Nessa ocasião, fez uma ressalva: "Não é o capitalismo de Estado que está em guerra com o socialismo, mas a pequena-burguesia somada ao capitalismo privado que lutam juntas contra o capitalismo de Estado e o socialismo. A pequena-burguesia se opõe a qualquer forma de intervenção estatal, contabilidade e controle, seja no capitalismo de Estado, seja no socialismo de Estado. (...) A continuação da anarquia da pequena propriedade é o maior e o mais sério perigo e certamente será nossa derrota" (Lênin, 1965). Sobre o debate econômico da transição soviética da década de 1920 ver Vasconcelos, 2013.

zação técnico-econômica. Em maio de 1961, estavam organizadas 266 Granjas do Povo, que ocupavam 181.330 *caballerías* nas quais trabalhavam 96.498 assalariados, sendo 71% destes trabalhadores temporários. As unidades eram de larguíssima escala: 682 *caballerías* em média (Chonchol, 1961, p. 41-2). Possuíam 1.245.000 cabeças de gado e 4.160 tratores (Aranda, 1968, p. 285). Devido à sua origem pecuária, 75% das granjas estavam concentradas nas províncias orientais (Las Villas, Camaguey e Oriente) (Chonchol, 1961, p. 41). Em síntese, as Granjas do Povo se originaram das circunstâncias concretas do setor pecuário e, em seguida, entraram em consonância com os princípios marxistas que orientaram explicitamente a economia cubana a partir de abril de 1961. A lógica da não fragmentação da terra se transformou na defesa da escala máxima como imperativo da socialização.[17] A Granja do Povo passou a ser definida como uma forma superior de propriedade porque, como diziam os cubanos, "pertence a todo o povo, e não a uma parte do povo" (Chonchol, 1961, p. 45). A tabela 6 mostra uma radiografia das cooperativas e das Granjas do Povo que definiram o novo regime de propriedades, em maio de 1961.

TABELA 6 – SUPERFÍCIE E FORÇA DE TRABALHO DE COOPERATIVAS E GRANJAS DO POVO (MAIO/1961)		
	Cooperativas	**Granjas do Povo**
Nº de Agrupações	46	--
Nº de Unidades Produtivas	622	266
Superfície total (caballerías)	60.317	181.330
Caballería/ Unidade (média)	96,9	682
Cooperativistas ou trabalhadores fixos	122.448	27.321
Trabalhadores eventuais	46.614	69.177
Trabalhadores fixos /Unidade produtiva (média)	197	103
Caballería/Cooperativista ou trabalhador fixo (média)	0,49	6,64
Fonte: Chonchol, 1961, p. 41-2, 53.		

---

17   Carlos Rafael Rodríguez afirmou: "a fragmentação da terra em pequenas parcelas representava um atraso na socialização da agricultura" (Rodríguez, 1963a, p. 6-7).

A conversão das Cooperativas em Granjas

A conversão das Cooperativas em Granjas Estatais foi votada em setembro de 1962, por decisão dos trabalhadores no Congresso Nacional de Cooperativas, com 1.381 delegados favoráveis e apenas 3 contrários. A proposta havia sido submetida a dois meses de debate nos Conselhos e Assembleias cooperativas (Fernandes, 2007, p. 186). Os dirigentes cubanos incentivaram politicamente a conversão com o argumento igualitarista de Fidel Castro: as cooperativas geravam desigualdades sociais a partir de diferenças naturais da fertilidade da terra, e isso não poderia ser aturado na nova sociedade socialista. Nas palavras de Fidel:

> A cooperativa é um bom sistema de produção, mas que tem também seus defeitos, como o que se origina na diversidade de terras, das distintas fertilidades de cada terra, daquela comunidade que está em uma cooperativa de terra boa e receberá benefícios superiores àquela que está em uma cooperativa de terra ruim (...). Contudo, não será assim nas Granjas do Povo. Não importa que uma Granja tenha terra pobre e a outra tenha terra rica. Os trabalhadores de todas as granjas receberão os mesmos benefícios; as crianças de todas as granjas receberão iguais benefícios, seja pobre ou rica a terra onde as granjas estão (apud Chonchol, 1961, p. 45).

A conversão das Cooperativas em Granjas Estatais foi bastante criticada pelos analistas estrangeiros que apoiavam a revolução cubana, entre eles Jacques Chonchol, René Dumont e Michel Gutelman.[18] Veremos primeiro os argumentos cubanos em favor das granjas estatais e, posteriormente, as críticas dos especialistas estrangeiros.

Para efeito de síntese, Juan Valdés Paz esquematizou os problemas e contradições das cooperativas agrícolas cubanas em seis esferas de análise: (1) econômica, (2) territorial, (3) administrativa, (4) organização do trabalho, (5) política e social e (6) ideológica.

---

18   Michel Gutelman foi um agrônomo francês da equipe do economista Charles Bettelheim, que esteve na ilha para assessorar o governo revolucionário ao longo da década de 1960. Bettelheim foi muito atuante no debate econômico sobre a transição ao socialismo e se opôs frontalmente à proposta de Guevara do sistema orçamentário de financiamento. Participou do debate cubano com um artigo (ver Bettelheim, 1982).

Na esfera econômica, as cooperativas apresentavam três problemas. O primeiro deles eram as imensas dificuldades de autofinanciamento, que bloqueavam a autonomia econômica em relação ao Estado. Isso gerou frustração, pois os cooperativistas não alcançavam os rendimentos necessários para que os 20% de excedentes privados previstos para utilização "livre" fossem satisfatórios. O segundo problema foi a queda da renda média anual dos cooperativistas devido à ineficiência econômica. O terceiro problema foi de produtividade: apesar de o Regulamento ditar que os cooperativistas receberiam salários equivalentes às suas jornadas de trabalho acrescidos dos excedentes (INRA, 1960a, p. 41), esta determinação não ocorreu na prática. Valdés Paz constatou que a distribuição do excedente interno da cooperativa não correspondia ao esforço de cada um, o que gerou um afrouxamento das condições de trabalho.[19] Isso agravava o problema da rentabilidade e gerava mal-estar entre os cooperativistas.

Na esfera territorial havia um problema inerente à dinâmica da reforma agrária. Muitas cooperativas possuíam descontinuidades territoriais, pois estavam atravessadas pela propriedade do antigo latifundiário. Tratando-se de um período de transição, a estrutura agrária anterior e a nova estrutura estavam ainda interpenetradas geograficamente. Sendo as cooperativas unidades ainda economicamente frágeis, esse fator as afetou mais fortemente. Por um lado, havia cooperativas da mesma agrupação muito distantes umas das outras, com poucos recursos para transporte, inviabilizando uma gestão coletiva eficaz. Por outro, havia uma desorganização dos próprios cultivos, pois o bloqueio econômico e o incentivo governamental à diversificação agrária fizeram proliferar produções pequenas para autoconsumo. Isso gerou dispersão dos cultivos, pequenas plantações isoladas dentro e fora das cooperativas, prejudicando a eficiência agrícola.

---

19 A falta de correspondência entre a jornada e o salário também se originou da ausência do capataz como força coercitiva de organização do trabalho. Valdés Paz analisou: "Na agricultura capitalista há um capataz. O capataz é um arbitrário, impõe a norma que quer e paga o que quer, salvo a resistência que se pode apresentar da parte dos trabalhadores (...). Quando nós substituímos esse esquema de exploração, suprimimos o capataz. Ao suprimir o capataz, essa função que era até simbolicamente a representação da exploração, rompemos com o elo que organiza o trabalho. Porque em trabalhos manuais em campo livre, a céu aberto, como a agricultura e a construção, a presença direta daquele que controla a força de trabalho é determinante. Senão, ninguém trabalha, porque a agricultura é muito dura e a construção também" (Valdés Paz, 2012). Este tema será retomado no capítulo 4.

Na esfera administrativa surgiu um problema da duplicidade de poderes entre o coordenador e o administrador da cooperativa, junto da tendência de substituição do poder local emanado da Assembleia pelas ordens emitidas pelo poder central. Neste sentido, a combinação entre autonomia e centralização proposta pelo Regulamento das Cooperativas não havia funcionado como esperado e a autonomia não se efetivou.[20] Ademais, a dispersão territorial dificultava enormemente o trabalho do administrador do INRA, que, ao não poder contar com um poder administrativo local, via redobrar suas tarefas. Isso gerou perda de controle da contabilidade interna, prejudicando a participação das cooperativas nos planos estatais.

Na esfera da organização do trabalho, três outros problemas surgiram. Primeiro, como decorrência da dispersão territorial, vários cooperativistas viviam fora das suas unidades, gerando uma desagregação entre trabalhadores e comunidade produtiva. Esta desagregação induzia um segundo problema: muitos dos cooperativistas trabalhavam várias horas para produtores privados ou em parcelas próprias, reduzindo o esforço coletivo interno à cooperativa. O terceiro problema era de desigualdade de renda entre trabalhadores eventuais e cooperativistas. Se os membros fixos apresentavam queda de rendimento devido às dificuldades de autofinanciamento, certamente a situação dos eventuais era ainda mais insegura. Quando as cooperativas foram convertidas em granjas se enfatizou a necessidade de reduzir a proporção de trabalhadores eventuais.

Na esfera política e social, havia três ordens de problemas. Antes de tudo, o perfil assalariado dos cooperativistas gerou uma "inviabilidade sociológica" do autogoverno, devido a um despreparo cultural e político herdado da situação anterior. Era impossível converter, em tão pouco tempo, um assalariado que realizava apenas um procedimento da cadeia produtiva, em um sujeito com responsabilidade sobre todo o processo econômico e seus desdobramentos. Valdés Paz sintetizou:

> Não se tratou somente das implicações funcionais, mas da inviabilidade sociológica de uma organização cooperativa em empresas agrárias desenvolvidas sob fortes relações capitalistas de produção, nas quais o trabalho assalariado desvinculava o produtor do interesse

---

20   Constatou Valdés Paz: "A participação dos atores de base foi mínima ou nenhuma, tanto para a elaboração de propostas, como para tomada de decisões organizativas" (2009, p. 147).

pela terra e de sua participação no resultado econômico final, limitava seu domínio do processo produtivo e lhe impedia toda a experiência administrativa (2009, p. 20).

Em segundo lugar, não havia, um organismo político de representação social específica dos cooperativistas (como foi a ANAP para os pequenos agricultores, por exemplo). Isso dificultava a formação de organização coletiva e autoconsciência deste segmento, e comprometia sua comunicação com o governo sobre os problemas enfrentados. Em terceiro lugar, os cooperativistas sentiram-se ainda mais insatisfeitos porque os trabalhadores das granjas possuíam maiores salários e estabilidade, gerando condições visivelmente desiguais de bem estar social. Tudo isso se agravava devido à ausência de uma "cultura cooperativista", o que desgastava os vínculos comunitários, e dificultava a criação do ambiente político necessário para o autogoverno da produção. Na opinião de Carlos Rafael Rodríguez, a herança sociológica assalariada teria sido o problema fundamental das cooperativas. Ele sustentou:

> As tentativas realizadas entre 1960 e 1962 para converter aos antigos trabalhadores agrícolas da cana em proprietários coletivos através de formas cooperativas baseadas no usufruto permanente da terra encontraram pouco interesse por parte destes trabalhadores (1978, p. 146-7).

Como efeito desta desorganização, surgiram disparidades em relação ao grau de coletivização da terra de cada cooperativa, de acordo com os distintos graus de percepção ideológica dos seus membros. As dificuldades fizeram com que alguns grupos limitassem a socialização da terra e encontrassem soluções privadas para a ineficiência da produção coletiva. Desse quadro, não surpreende que tenha havido queda da sindicalização dos trabalhadores cooperativistas, que perderam seus vínculos com a luta assalariada. Estes problemas enfrentados pelas cooperativas estão sumariados na tabela 7.

Esfera	Contradições Funcionais
TABELA 7 - PROBLEMAS DAS COOPERATIVAS CANAVIEIRAS (SETEMBRO/1962)	
Econômica	Inviabilidade de custear a maioria das cooperativas
	Ausência de rendimentos distribuíveis e diminuição da renda média anual em termos de salários
	Igualitarismo na distribuição da renda, independente das horas trabalhadas
Organização Territorial	Descontinuidade territorial das propriedades que integram as cooperativas
	Dispersão das áreas agrícolas
	Proliferação de parcelas de autoconsumo dentro e fora da cooperativa
Direção e Administração	Duplicidade de poderes entre coordenador e administrador da cooperativa
	Tendência à substituição do primeiro pelo segundo
	Violação do Regulamento das Cooperativas: não funcionamento do Conselho de Direção e escassa participação dos cooperativistas
	Dissolução do aparato administrativo permanente e não substituição por outro equivalente
	Perda de controle administrativo
Organização do Trabalho	Alta proporção de cooperativistas que vivem fora da cooperativa
	Cooperativistas que trabalham para produtores privados ou em parcelas próprias
	Trabalhadores não cooperativistas com direitos, condições de trabalho e renda diferentes
Política e Social	"Inviabilidade sociológica" da conversão de trabalhadores assalariados em cooperativistas
	Falta de representação social e política dos cooperativistas
	Condições de vida inferior ao Granjeiro [assalariado da Granja Estatal]
	Falta de uma cultura cooperativista
Ideológica	Diferenças de nível de coletivização entre as cooperativas
	Existência de grupos cooperativos que limitavam a socialização da terra
	Cooperativistas que investiam em propriedades privadas
	Queda da sindicalização

Fonte: Valdés Paz, 2009, p. 20.

Carlos Rafael Rodríguez viu com muito otimismo a conversão das cooperativas em granjas estatais.[21] Para ele, tratava-se de uma exigência da construção do socialismo, que foi antecipada devido às circunstâncias analisadas. Alegou:

> A fé dos trabalhadores agrícolas da cana na Revolução fez possível que aquilo que poderia originar uma crise, se resolvesse – mediante decisão democrática em que participaram todos os cooperativistas – com a transformação das Cooperativas em Granjas Canavieiras, precipitando-se assim, com bom resultado, um processo que estava programado para vários anos (1963a, p. 8).

Para Valdés Paz, a convivência entre as duas formas colocou em evidência os problemas das cooperativas e acelerou o processo de coletivização no caminho dos *solkhozes* soviéticos, porém por motivação voluntária (Valdés Paz, 2009, p. 16). O próprio Valdés Paz, contudo, não deixou de constatar os novos inconvenientes criados pelo modelo de granjas estatais.[22]

Apesar de todos estes contratempos vividos pela propriedade cooperativa, alguns especialistas estrangeiros a consideravam a forma mais adequada ao desenvolvimento agrário cubano. Estes especialistas criticaram duramente o modelo das Granjas do Povo, especialmente por quatro aspectos: o gigantismo da escala, o excessivo centralismo da gestão, o assalariamento estatal igualitário prejudicial à produtividade e a desorganizada diversificação agrícola. Discutiremos aqui primeiramente as razões apresentadas em defesa da forma cooperativa e depois os argumentos críticos à escala, à gestão e ao assalariamento estatal igualitário próprio das Granjas do Povo. O problema da diversificação agrária será discutido em uma próxima seção.

---

21 As posições de Rodríguez revelam a diferente localização do "pequeno" e do "grande debate". No "pequeno debate", a controvérsia sobre cooperativas e granjas reflete a luta entre a propriedade privada coletiva e a propriedade estatal. Neste caso, Rodríguez defendia a estatização como forma superior. Já no "grande debate" a polêmica expressava-se no *interior* do setor estatal. Nesta esfera, Rodríguez defendia o cálculo econômico dentro do setor estatal como alavanca de desenvolvimento, incluindo unidades de autogestão com ênfase no poder local, isto é, descentralização do próprio poder estatal.

22 Entre eles, a escala demasiadamente grande para as condições técnico-administrativas existentes; a homogeneidade do aparato administrativo das granjas, inadequado para a diversidade de tamanhos e cultivos das unidades produtivas; e a perda de especialização decorrente da excessiva diversificação agrícola estimulada pelo governo (Valdés Paz, 2009, p. 18).

A cooperativa foi especialmente elogiada por Jacques Chonchol e por René Dumont, por dois motivos principais: sua escala tecnicamente adequada e sua aptidão política para absorver a vontade direta dos trabalhadores nas decisões de produção. Em 1961, Chonchol postulou:

> O tamanho corrente de cada cooperativa (entre 1.000 e 1.500 hectares) e entre 200 e 300 trabalhadores (considerando os eventuais), é um tamanho que permite conjugar, em uma mesma empresa agrícola, as vantagens da diversificação, rotação de cultivos, agricultura mista (produção agrícola e pecuária) com as economias de escala, divisão do trabalho, mecanização dos trabalhos e um controle administrativo eficiente (...). Esta organização com sua estruturação regional e a representação ativa dos trabalhadores no processo de direção das empresas têm, ademais, a vantagem de facilitar a ascensão social e psicológica destes e de equilibrar a necessidade de programas nacionais (básicos em uma economia planificada) com as realidades concretas das empresas (1961, p. 57-8).

Eram, em suma, duas as principais virtudes das cooperativas. Primeiro, a virtude da escala: além de ser tecnicamente mais viável, a cooperativa possuía maior vocação para adaptar-se a um modelo intensivo de produção (argumento justificado na tabela 8).

TABELA 8 - SUPERFÍCIE/TRABALHADOR: GRANJAS DO POVO E COOPERATIVAS CANAVIEIRAS (1961)		
	Granjas do Povo	Cooperativas
Caballería/Trabalhador Permanente	6,64	0,49
Caballería/Trabalhador Eventual	2,62	1,30
Caballería/Trabalhador Total	1,90	0,36
Fonte: Chonchol, 1961, p. 42		

A relação de *caballerías* por trabalhadores permanentes, como se vê, era quase 14 vezes maior na Granja do Povo, que por sua origem pecuária havia herdado a experiência mais extrema do modelo extensivo. Na avaliação de Chonchol, esta constituía uma das piores heranças da estrutura agrária anterior e a escala da cooperativa criava as condições adequadas para superá-la. A segunda virtude da cooperativa era da gestão: era uma forma capaz de aliviar a tensão entre o plano econômico centralizado e a democracia na unidade produtiva, tema central do grande debate econômico cubano (Pericás, 2004). Para ele, as Assembleias das cooperativas serviriam como prática política catalisadora do desenvolvimento cultural dos trabalhadores, forjando a consciência econômica de cada cooperativista e alargando a solidariedade comunitária necessária ao autogoverno. Além disso, ao aguçar-se a percepção administrativa dos trabalhadores, a produtividade deveria crescer devido ao interesse material direto de cada um pela propriedade coletiva. Haveria, na opinião de Chonchol, uma correlação inevitável entre interesse material e aumento da produtividade do trabalho, que a forma cooperativa poderia articular de modo virtuoso através da autogestão, sem que isso significasse abandono da consciência social.

Chonchol considerou criticamente três grandes argumentos da direção revolucionária para a nova orientação: o igualitarismo, o controle estatal da alimentação e a ideia de "forma superior". Sobre o igualitarismo, Chonchol afirmou que seria simples e possível resolver as disparidades sociais geradas por diferenças da fertilidade do solo por meio de medidas fiscais.[23] Sobre o controle estatal da produção de alimentos, o engenheiro reconheceu que esta poderia ser uma vantagem no caminho até a soberania alimentar, pois a baixa rentabilidade de muitos cultivos carecia de garantias extraeconômicas fornecidas pelo Estado. Porém, a esta ressalva agregou que considerava possível conciliar o controle estatal com autonomia de gestão, por meio da coordenação dialética entre o plano centralizado e os interesses locais. Assegurou:

> Deve-se realizar a planificação dos orçamentos a partir de um plano de produção que nasce em nível local, com instruções gerais que podem vir da parte central. Depois, na administração dos recursos, pode haver muito mais influência da parte central. Porém, não devemos esquecer uma coisa: são as eficiências administrativas. Sempre quando há excessiva centralização, há ineficiência administrativa em algum lugar. E isso afeta em definitivo o resultado produtivo. Eu sou partidário de maior autonomia para a base, com as relações fundamentais com o poder central. Mas com uma autonomia suficiente para poder ser eficiente na base (...). Da parte central, deve haver grandes diretrizes, grandes orientações básicas. Definir qual é a estratégia de desenvolvimento em um país é uma coisa que se faz desde o centro. Mas na aplicação disso, é preciso muita entrega de autonomias e um diálogo entre o centro e

---

23   Chonchol nos afirmou: "Daqueles que obtêm muitos lucros, se pode tomar o excedente por meio de impostos. E o tamanho das cooperativas não era tão grande para produzir grandes lucros" (2012).

a base. Sem isso, creio que o exercício do centralismo conduz a um desastre. E a excessiva autonomia sem uma orientação geral conduz a que cada um faça o que queira. Há uma combinação que não é fácil de determinar (Chonchol, 2012).

Sobre a ideia da máxima escala como "forma superior", Chonchol identificou duas influências: por um lado a tradição econômica marxista e, por outro, a tradição da *plantation* estadunidense.[24] Ele afirmou, em 1963, que a percepção da grande empresa estatal como forma superior era um mito que seria desmentido pela realidade concreta da economia cubana (1963, p. 126).

Chonchol alegava que as Granjas do Povo eram um desastre em termos de organização da agricultura, por sete motivos. Primeiro, seu gigantismo prejudicava tanto a eficácia administrativa, quanto a qualidade técnica da produção, especialmente num contexto de expressiva escassez de especialistas agrários, muitos dos quais tinham deixado a ilha após a revolução (Chonchol, 1963, p. 118). Ademais, a grande empresa agrícola requeria proporcionalmente muito mais quadros técnicos do que a empresa média ou pequena. Naquelas condições, seria quase impossível administrar satisfatoriamente granjas com 600 *caballerías* em média. Um dos efeitos da precariedade técnico-administrativa era uma "defeituosa distribuição territorial das inversões" (Chonchol, 1961, p. 48).

Em segundo lugar, o gigantismo das granjas aumentaria enormemente os custos de transporte dentro de cada unidade, gerando falhas decorrentes das dificuldades de locomoção do administrador e dos técnicos agrícolas, fruto de uma irracionalidade geográfica que trazia fortes prejuízos (idem, 1961, p. 50). As dificuldades de transporte também geravam atrasos de pagamentos e de insumos que perdiam o momento climático correto e desequilíbrios territoriais do uso de

---

24   "Em Cuba", sustentou Chonchol, "a influência da grande agricultura tradicional, da mecanização agrícola a la norte-americana (apesar da atual oposição política) e da concepção da grande empresa socialista de Estado foram fatores que sem dúvida pesaram todos, alguns deles talvez de um modo inconsciente, na decisão de estabelecer as Granjas do Povo" (1961, p. 46). O mesmo confirmou Juan Valdés Paz: "a referência para a oligarquia capitalista da grande produção se buscaria, primeiro, na grande fazenda e nas companhias capitalistas e, depois, nos *solkhoses* soviéticos" (2009, p. 14). René Dumont comentou, sobre este tema, que a *caballería* é uma unidade 200 vezes maior que o Mou chinês. Dadas as proporções de cada país, percebe-se que o "gigantismo" teria sido, antes de tudo, uma influência estadunidense.

fertilizantes. Chonchol descreveu o caos territorial ao qual estavam submetidas as granjas:

> Nem sempre as Granjas do Povo estabelecidas constituem uma só unidade territorial. Em muitos casos, uma mesma Granja se compõe de 2, 3, 4 ou 5 lotes de terra isolados uns dos outros por outras unidades (privadas ou cooperativas canavieiras) e às vezes as distâncias entre os lotes extremos são bastante consideráveis. Tudo isso é produto do desejo de estabelecer grandes unidades e da distribuição territorial das propriedades que se integraram como granjas do povo (1961, p. 41).

Carlos Rafael Rodríguez mostrou, em artigo da Revista Cuba Socialista nº 27 (1963b, p. 77-78), a dimensão da desorganização territorial existente entre 1959 e 1963, visível nos mapas de duas granjas do povo: Patrício Lumumba e Mártires de Placetas. Nos Mapas 1 e 2 é possível enxergar como, apesar da busca pela superioridade da escala, do ponto de vista prático, não foi possível aproveitar eventuais ganhos devido à fragmentação territorial das unidades.

CROQUI 1: GRANJA PATRÍCIO LUMUMBA

Croqui baseado em mapa de Rodríguez, C.R., 1963b, p. 77.

CROQUI 2: GRANJA MÁRTIRES DE PLACETAS

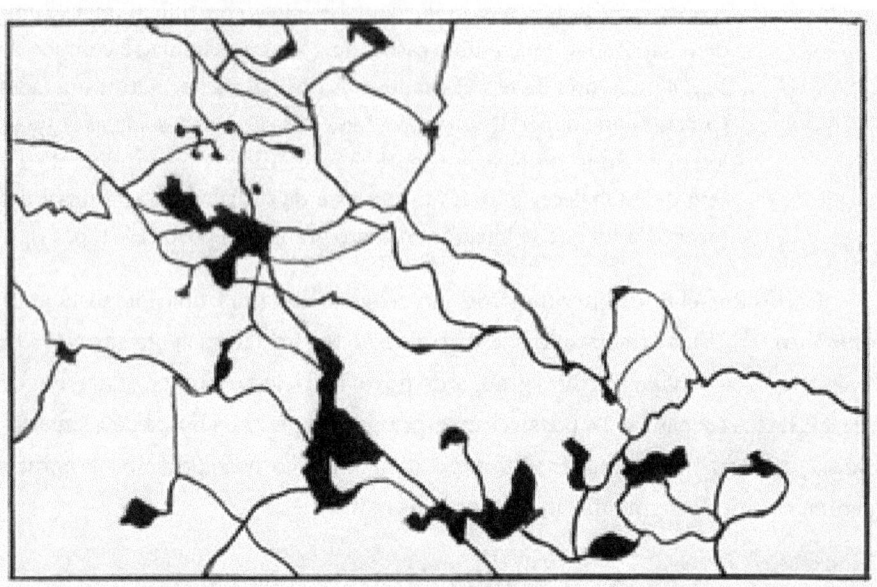

Croqui baseado em mapa de Rodríguez, C.R., 1963b, p. 78.

A terceira crítica de Chonchol era que a enormidade da granja aumentava a distância entre os administradores e os trabalhadores, reproduzindo a divisão entre trabalho intelectual e manual, que teoricamente se queria superar. Seria preciso, na opinião dele, que houvesse organismos intermediários entre a administração das granjas e os trabalhadores, pois o gigantismo da granja impedia a integração consciente do trabalhador local ao processo produtivo e, muito menos, ao plano agropecuário nacional. Além disso, o modelo das granjas reforçaria a mentalidade assalariada capitalista ao inibir a participação da base na gestão da empresa, fomentando a falta de consciência sobre o processo produtivo em sua totalidade (Chonchol, 1961, p. 51).

A quarta crítica de Chonchol às granjas era que o gigantismo era fruto da transposição de um princípio da indústria para a agricultura. O deslocamento do raciocínio da superioridade da escala da indústria para a agricultura teria desconsiderado os limites naturais da própria agricultura, que na prática relativizam os ganhos de escala. A ideia de que a "máxima escala" seria sempre mais rentável no setor agrário decorreria de um raciocínio muito teórico e pouco técnico. Como sustentou Chonchol:

Existe uma tendência a se pensar que a grande empresa coletiva, altamente mecanizada, permite obter na agricultura as mesmas vantagens de especialização e produção em massa que a grande empresa industrial. (...) Teoricamente, a grande empresa agrícola deveria ter as mesmas vantagens econômicas da grande empresa industrial: especialização máxima dos distintos grupos de trabalhadores, operações em cadeia, produção em massa, redução de gastos gerais de administração, rentabilidade econômica a um baixo custo unitário de produto obtido. Na prática, porém, o processo de produção agrícola é muito mais complexo, variável e inseguro, especialmente devido à ação de uma série de fatores naturais imprevisíveis e no mínimo difíceis de controlar (1961, p. 46, 48-9).

Uma quinta crítica ao gigantismo das granjas era que induziam a perpetuação do modelo extensivo (ver tabela 8).

Uma sexta crítica era que as granjas eram deficitárias por definição, uma vez que os salários não correspondiam à produtividade do trabalho e isso exigia que o Estado sempre arcasse com as diferenças, amortecendo o impacto social da falta de rentabilidade econômica. O déficit era uma condição inevitável da busca da soberania alimentar, como reconheceu o próprio Chonchol.[25] Mesmo assim, o engenheiro defendia que houvesse maior correspondência entre salários e trabalho, para garantir um patamar mínimo de produtividade.

Por fim, a sétima crítica de Chonchol era em relação à postura dos dirigentes da revolução que, na tentativa de evitar a burocratização excessiva da agricultura, acabavam enxugando as equipes administrativas de modo a torná-las extremamente ineptas. Exemplificou o problema com as palavras de um Chefe de Província do INRA: "burocratismo ocorre quando, no lugar em que se necessita 5 pessoas, haja 8. Porém, se para evitar o burocratismo, onde se necessitem 4 pessoas haja somente 1 ou 2, isso já é contraproducente, antieconômico e ineficaz" (apud Chonchol, 1961, p. 50).[26]

25　Em defesa da soberania alimentar, Chonchol sustentou: "Creio que é fundamental para qualquer tipo de país, tanto socialista, como capitalista, se quer ter autonomia, ter em seu mercado interno uma alta proporção de produtos alimentícios básicos produzidos internamente, mesmo que custe mais caro" (2012).

26　Para Valdés Paz, o excesso de centralismo e a ineficácia administrativa da gestão agrária nos primeiros anos da revolução foram mais um fruto da escassez de quadros técnicos e políticos do que de uma precaução ideológica, e teria sido corrigido em 1963 (2009, p. 14).

René Dumont, outro engenheiro agrônomo que esteve em Cuba nos anos 1960, foi ainda mais crítico ao modelo agrário adotado, pois, sendo um defensor aguerrido da autogestão, problematizou tanto as granjas, quanto as cooperativas. Para Dumont havia dois problemas centrais que afetavam as duas formas de propriedade: o excesso de centralismo na gestão e o assalariamento estatal igualitário. Para Dumont, a revolução cubana teria sido tecnicamente ineficaz e excessivamente generosa com os trabalhadores rurais, ao contrário da revolução soviética. Ele escreveu: "Se a URSS explora seus camponeses, Cuba os está mimando demais!" (1970, p. 36).[27]

Quanto às cooperativas, Dumont pensava que, na realidade, eram propriedades estatais, teoricamente autônomas, já que a obrigatoriedade do uso de 80% do excedente com a construção de edifícios coletivos sufocava a iniciativa local. Além disso, tratava-se de uma norma débil, pois não especificava o custo máximo das obras, dando margem para desperdício de recursos importados. Apesar da escala tecnicamente adequada das cooperativas cubanas, Dumont alegava que a excessiva centralização de seu funcionamento poderia bloquear sua evolução, pois tanto a utilização privada do excedente, quanto o sentimento de cada trabalhador como proprietário, seriam importantes estímulos ao trabalho. Em agosto de 1960, ele expressou sua opinião pessoalmente a Guevara e propôs a criação de um sistema de prêmios aos trabalhadores mais disciplinados, através do qual conquistariam "ações" da empresa cooperativa e, portanto, maior participação no excedente. Dumont estava definitivamente deslocado da finalidade igualitária da revolução, mas se justificava com argumentos econômicos realistas: em 1962, por exemplo, das 622 cooperativas, apenas 3 obtiveram balanços lucrativos, um sintoma de problemas estruturais nas relações de produção (Dumont, 1970, p. 51).

Sobre as Granjas, suas críticas eram ainda mais enfáticas. Alegou que a escala era tão equivocada que seus técnicos passavam mais tempo se deslocando de um

---

27   A Associação Nacional de Agricultores Pequenos (ANAP) em seu II Congresso em 1963 realizou uma autocrítica do funcionamento das Sociedades Agropecuárias, uma nova forma de propriedade agrária resultante da coletivização voluntária dos camponeses. Definiram o equívoco como "comunismo prematuro", sintetizado em duas medidas: primeiro, o salário fixo mensal igual para todos, independentemente da quantidade de horas trabalhadas e sem levar em conta a produção; segundo, a repartição gratuita e igualitária de produtos agrícolas da própria Sociedade para livre autoconsumo de seus membros. Criou-se uma relativa autoconsciência deste problema criticado por Dumont (Barrios, 1987, p. 54).

lado a outro e ocupados com papeladas burocráticas do que propriamente melhorando as condições técnicas da produção. Sobre a escala das granjas, Dumont ironizou: "o gigantismo não é um artigo da fé marxista, que apenas condena – corretamente – o microfundismo como um obstáculo para a técnica moderna" (1970, p. 55). Além disso, ele alertava para o fato de que, em 1963, a produtividade do Setor ANAP havia sido duas vezes maior que das granjas, de modo que na prática a ideia da "forma superior" não se justificava (1970, p. 73). Sobre isso, Dumont também argumentou que o socialismo não era sinônimo de grande escala e que certamente poderia ser compatibilizado com formas mais flexíveis de gestão (1970, p. 180). Mas a principal crítica de Dumont às granjas era o assalariamento estatal igualitário, um dos "excessos de generosidade" dos dirigentes cubanos. O assalariamento estatal igualitário seria um fator inerente de indisciplina, negligência com os custos de produção, desperdício de recursos, e incapacidade contábil.[28] Para ele, o modelo era inevitavelmente deficitário e não haveria sequer um plano de desenvolvimento para arcar com tal déficit. Contudo, a grande contribuição de Dumont para a revolução cubana não se referia às polêmicas sobre gestão: foi sua proposta de diversificação agrária especializada, plenamente acatada pela direção revolucionária em 1963 (tema que será tratado adiante).

Já Michel Gutelman, agrônomo que acompanhou Charles Bettelheim em suas visitas a Cuba, desaprovou a excessiva centralização das unidades produtivas agrárias, que teria sido agravada pela conversão das cooperativas em granjas. No caso de Gutelman, suas críticas estavam organicamente vinculadas ao "grande debate" e eram alinhadas à defesa do cálculo econômico.[29] Sustentou:

> Essa vontade de impor o esquema rígido do plano a processos de produção que, por natureza, não se podem desenvolver em quadros rígidos, conduzia a negar a planificação em si própria e provocava uma série de círculos viciosos de desorganização econômica (1975, p. 140).

---

28 "O salário diário garantido", afirmou Dumont, "que é alto e é pago independentemente de quanto trabalho foi executado, relaxou a disciplina laboral, especialmente tendo em vista que agora há um sentimento predominante de que ninguém nunca será demitido, mesmo se trabalhar pouco" (1970, p. 120).

29 Para seu grupo, era patente a "impossibilidade prática de exercer uma gestão a partir do centro, dado o nível atingido de desenvolvimento das forças produtivas" (Gutelman, 1971, p. 148).

Gutelman chegou a afirmar que, paradoxalmente, certo grau de desorganização econômica havia favorecido a produção, pois afrouxou os laços do centralismo exagerado e permitiu a tomada de iniciativas extrarregulamentares positivas para o desenvolvimento do país (1975, p. 114). Para ele, a combinação de centralização com autonomia proposta no Regulamento das Cooperativas nunca havia sido posta em prática uma vez que "as unidades de produção encontravam-se em estado de inferioridade permanente" em relação ao poder central (1975, p. 133).

Valdés Paz comentou diretamente a opinião de Gutelman, com o argumento de que o agrônomo, ao escrever sua crítica, desconsiderava as condições históricas mais amplas da revolução cubana que determinaram a centralização, entre elas, as agressões externas e internas; o bloqueio econômico dos Estados Unidos; a escassez de técnicos que impunha uma escala inadequada; a transformação acelerada e radical dos regimes de propriedades, cultivos e trabalho na agropecuária cubana; a necessidade de criar padrões novos de gestão e normas de trabalho. Em síntese, sem desconsiderar as diferentes naturezas das missões de cada um destes especialistas internacionais,[30] Valdés Paz alegou que as críticas de Gutelman, Chonchol e Dumont pecaram por um equívoco comum: a desconsideração da correlação de forças sociais e geopolíticas do processo revolucionário cubano. Nas suas palavras:

> Eles estão aqui em um período em que ocorreu a invasão de Girón, a crise de outubro, Plano Mangosta, a luta contra os bandidos, há um conflito militar que acompanha a revolução e eles não se deram por inteirados – como se as decisões políticas sobre a agricultura não guardassem relação com isso também. Defendeu-se uma política agrária, como se esta pudesse desenhar-se em separado do cenário de conflito em que está toda a revolução cubana neste período (Valdés Paz, 2012).

Se o "pequeno debate agrário" entre granjas e cooperativas pendeu rápida e absolutamente em favor das granjas, pois unificou os cubanos em torno da mesma

---

30   Afirmou Valdés Paz, em entrevista: "Jacques Chonchol vem em uma assessoria da FAO e fica aqui um período não muito extenso. Ele faz um relatório sobre a agricultura cubana que eu considero um dos melhores de que dispomos para esse período. É um relatório de caráter técnico. (…) Gutelman é outro caso. Não vem como funcionário internacional igual Chonchol, mas vem como assessor técnico de Charles Bettelheim. É um especialista agrário e Charles Bettelheim o traz por este motivo. Ele participa, com Bettelheim, de vários relatórios ao governo, porque este foi assessor do governo cubano entre os anos 1961 e 1967" (Valdés Paz, 2012).

visão, já a solução do grande debate econômico foi mais contraditória e complexa, afetando igualmente as decisões sobre política agropecuária. Alguns argumentos dos especialistas internacionais em defesa da autogestão das cooperativas durante o "pequeno debate" foram retomados por Carlos Rafael Rodríguez no "grande debate", porém agora orientados para o interior da administração estatal.

Os instrumentos econômicos propostos por Rodríguez para alavancar a produtividade ampliavam as margens do excedente privado no interior do setor estatal em duas dimensões. Primeiro, na dimensão individual, por meio de um sistema de incentivos materiais para aumento da eficiência de cada trabalhador. Segundo, na dimensão coletiva, com o autofinanciamento das granjas, ou seja, uma relativa autonomia das propriedades estatais em relação ao próprio Estado que só seria possível com o crescimento do excedente retido na unidade produtiva. Isto fomentaria, como consequência, uma diferenciação social entre os indivíduos e entre as granjas, no interior de uma economia estatizada. Ao contrário, o sistema orçamentário de financiamento concebido por Guevara convertia todo excedente em orçamento estatal, posteriormente redistribuído na forma de serviços públicos igualitários e investimentos produtivos. A proposta de Guevara negava, assim, a autonomia econômica das unidades produtivas e evitava qualquer forma de diferenciação social (Pericás, 2004; Vasconcelos, 2012).

Entretanto, o grande debate permaneceu inconcluso, e seus desdobramentos foram híbridos. Diante do impasse entre os dois modelos de desenvolvimento socialista, o governo revolucionário optou por experimentar ambos.[31] Enquanto Carlos Rafael Rodríguez estivesse na direção do INRA, aplicaria o cálculo econômico na agricultura; e enquanto Ernesto Guevara chefiasse o Ministério das Indústrias, implementaria o sistema orçamentário de financiamento no setor. Valdés Paz nomeou esta saída híbrida de "modelo dual" (2009, p. 18-9). Para ele, contudo, o modelo dual possuía um equívoco originário:

---

31   Como constatou Pericás: "durante algum tempo, tanto o cálculo econômico como o sistema orçamentário de financiamento conviveram no país" (2004, p. 125). Sobre a dualidade de modelos conta-nos Valdés Paz: "há um momento em que essa polêmica que é resolvida por Fidel Castro com a decisão de que um modelo de gestão como o sistema orçamentário que propunha o Che fosse ensaiado em certos setores da economia, fundamentalmente na indústria e comércio exterior, e que o sistema de cálculo econômico se ensaiasse na agricultura e no comércio interior" (2012).

Existia um fato contraditório: enquanto a agricultura, por seu nível de deficiência e de trauma organizativo, tinha problemas de produção (houve uma queda do produto agrário), ensaiar o cálculo econômico onde havia uma contração do produto era, de partida, inviável, porque não haveria incentivos materiais para dar, não haveria excedente, teria que ser subsidiado etc. O modelo do cálculo foi usado em um setor que, por definição, não possuía condições para tal. Vice-versa: o setor da indústria que, sim, possuía excedentes, que podia aplicar o cálculo econômico porque tinha com que premiar, o que repartir, se pôs a ensaiar um sistema de financiamento que negava os incentivos materiais, no qual o excedente ficava nas mãos do Estado e nem sequer se reconheciam relações mercantis (Valdés Paz, 2012).

Como resultado:

As contradições entre ambos os sistemas tornou cada vez mais difícil conciliá-los em um plano único, assim como seus subsistemas de controle. Por outro lado, a incongruência entre cada sistema e a realidade econômica de seu respectivo setor – inviabilidade de custear os setores de cálculo econômico e rentabilidade nos setores orçamentários – fez cada vez mais supérflua a busca de vantagens baseadas nestas experiências (Valdés Paz, 2009, p. 33).

A contradição originária do "modelo dual" será retomada adiante, conforme necessário para a análise das transformações agrárias. O fundamental a ser notado é que os argumentos centrais dos especialistas estrangeiros utilizados para defender as propriedades privadas coletivas (cooperativas) no "pequeno debate agrário" foram retomados por Carlos Rafael Rodríguez para a defesa da autogestão de propriedades estatais (cálculo econômico) no grande debate. De modo geral, entre 1961 e 1964, a sociedade cubana atravessou um contexto de pressão militar internacional e, simultaneamente, lidou com estas controvérsias internas sobre o regime de propriedades. A busca de soluções econômicas aos impasses históricos do subdesenvolvimento e da transição ao socialismo ocorreu influenciada por esta conjuntura bélica e foi permanentemente limitada pelas estreitas margens de excedente disponível. Do desmonte da *plantation* modernizada, estas novas contradições emergiram. Conforme a sociedade realizou suas experiências de produção e administração orientada pelas finalidades do igualitarismo e da soberania nacional, esbarrou em obstáculos referentes à produtividade e realizou inflexões nos regimes agrários de propriedades, de cultivos e de trabalho. Neste aspecto, a função do excedente privado no processo de desenvolvimento socialista foi uma fonte constante de inquietação ao longo da década de 1960. Enquanto as novas formas de propriedade socialista eram objeto destas polêmicas, as discussões tomaram um rumo específico no setor privado da agricultura cubana.

CAMPESINATO: PRINCÍPIO DA VOLUNTARIEDADE E ANAP

Apesar do perfil assalariado do camponês cubano, havia um setor de agricultores pequenos tradicionais para o qual foi desenvolvida uma política cuidadosa e específica. Em maio de 1961, 24% da superfície cubana, isto é, uma estimativa de 180.055 *caballerías*, pertenciam a cerca de 150 mil famílias de pequenos agricultores com menos de 5 *caballerías*. Muitas das terras por eles ocupadas correspondiam aos antigos arrendamentos, subarrendamentos e parcerias, que foram objeto prioritário da reforma agrária. Este setor de pequenas propriedades, desde antes da revolução, apresentava produtividade expressivamente maior que os latifúndios herdados pelo setor estatal.[32] Também por isso, apresentavam considerável relevância econômica no conjunto da produção agrícola nacional.

Em agosto de 1961, segundo os dados de Carlos Rafael Rodríguez, o setor privado estava composto como mostra a tabela 9.[33] Vê-se que 592 proprietários se enquadravam nas exceções da lei, e mantiveram propriedades maiores que 30 *caballerías*, ocupando a extensão de 28.125 *caballerías*. Os proprietários entre 5

---

32   Segundo o Censo de 1946, o rendimento das propriedades menores que 10 hectares (0,7 *caballería*) variava entre 102 e 200 pesos/hectare. Ao mesmo tempo, os latifúndios entre 1.000 e 5.000 hectares (75 e 372 *caballerías*) possuíam produtividade média de 23,8 pesos/hectare, e os latifúndios maiores que 5.000 hectares (372 *caballerías*) possuíam produtividade média de apenas 4,94 pesos/hectare (Valdés Paz, 1997, p. 29).

33   As estimativas de Jacques Chonchol organizadas na tabela 5 apresentam diferenças com os dados de Carlos Rafael Rodríguez da tabela 9 a respeito do setor privado. A diferença é pouco expressiva para o setor de proprietários com menos de 5 *caballerías*, mas bastante significativa para a superfície ocupada pela burguesia agrária. A explicação possível para esta diferença é que os cálculos publicados por Rodríguez em 1963 possuíam maior precisão estatística em relação aos proprietários que fugiram para Miami e abandonaram suas terras, bem como sobre as novas expropriações realizadas aceleradamente entre maio e agosto de 1961, constando uma superfície ocupada pela burguesia agrária muito reduzida em relação à estimativa de Chonchol.

e 30 *caballerías* eram 10.623, e seriam expropriados a partir de outubro de 1963 pela segunda reforma agrária.

Tabela 9 – Superfície e propriedades do setor privado agropecuário (agosto/1961)		
Tamanho	Número de Propriedades	Superfície (caballerías)
Até 5 cab.	154.703	174.971,35
De 5 a 10 cab.	6.062	45.270,00
De 10 a 20 cab.	3.105	45.477,76
De 20 a 30 cab.	1.456	37.819,95
Maior que 30 cab.	592	28.125,97
Fonte: Rodríguez, 1963a, p. 10		

Em 1962, já 200 mil famílias de pequenos proprietários haviam sido beneficiadas pela reforma agrária com o mínimo vital (Rodríguez, 1978, p. 35). Uma parcela expressiva destes pequenos agricultores trabalhava como assalariada eventual do setor estatal. Em 1965, 40 mil famílias beneficiadas com o mínimo vital não possuíam terras suficientes para gerar excedentes comercializáveis, o que provavelmente correspondia à dimensão do setor camponês que alternava seus cultivos de autoconsumo com o assalariamento estatal temporário. As outras 160 mil famílias geravam excedentes comercializáveis e possuíam um modo de vida mais tipicamente camponês (Rodríguez, 1966, p. 41). Essa foi a base social sobre a qual foi criada a Associação Nacional de Agricultores Pequenos, com objetivo de integrá-los econômica e politicamente à revolução.

A Fundação da ANAP e seus princípios

Quando a ANAP foi fundada, em 17 de maio de 1961, havia aproximadamente 154.703 pequenos agricultores em Cuba, em diferentes níveis de organização econômica e política. O Congresso de fundação contou com a presença de 3.800 delegados, eleitos em assembleias realizadas ao largo de todo país.[34] O presidente da ANAP, José Ramírez Cruz (conhecido como "Pepe"), foi con-

---

34   O Congresso de fundação da ANAP foi fruto da acumulação de forças da Plenária Nacional Açucareira, ocorrida de 10 de dezembro de 1960. Nela, a Associação de Colonos se recusou a participar, o que separou definitivamente o setor de pequenos e médios camponeses que estavam com a revolução do setor de grandes colonos que eram contrários (Barrios, 1987, p. 18).

tundente no anúncio do princípio da voluntariedade que marcou a proposta da revolução cubana para os pequenos agricultores. O princípio da voluntariedade foi uma cláusula permanente da política revolucionária com o campesinato, contrariando explicitamente a violenta campanha de coletivização forçada dirigida por Stálin a partir de 1929. Discursou Pepe Ramírez, em 1961:

> Não se obrigará camponeses a formar parte de cooperativas. Ninguém está autorizado a empregar métodos coercitivos, nem ameaças, para obrigar camponeses a organizarem-se em cooperativas. Os camponeses irão formar parte de uma cooperativa quando, consciente e voluntariamente, estejam de acordo em fazê-lo, ou seja, por um ato absolutamente voluntário (apud Barrios, 1987, p. 25).

A linha de ação da ANAP se resumia, originalmente, a organizar, unir e orientar os pequenos agricultores na aplicação do programa agrário da revolução (Barrios, 1987, p. 22). A instituição herdara o espírito de luta guerrilheira da II Frente Oriental Frank País, comandada por Raúl Castro, que foi a vanguarda política e militar da integração dos camponeses ao Exército Rebelde. Originalmente, a ANAP foi criada para ser um organismo político de massas que pudesse representar os pequenos agricultores perante a Revolução, e representar a Revolução perante os pequenos agricultores. Este caráter de mão-dupla da representação política foi definido por Carlos Rafael Rodríguez como a "dupla personalidade da ANAP" (Barrios, 1987, p. 45; Rodríguez, 1966, p. 39).

Dois problemas práticos marcaram a história da integração do setor camponês cubano na transição ao socialismo. O primeiro problema foi a violação do princípio da voluntariedade durante duas ondas de violência contra pequenos agricultores: uma onda ocorreu entre agosto de 1961 e março de 1962; a outra, entre 1968 e 1970 durante a chamada "ofensiva revolucionária". Em ambos os casos, a postura de violência, logo que diagnosticada, foi rapidamente combatida pela direção revolucionária. O segundo problema foram as excessivas atribuições administrativas assumidas pela ANAP entre 1961 e 1963, o que bloqueou seu caráter político original. Suas funções administrativas foram remanejadas a partir de 1963, quando o II Congresso da ANAP realizou um balanço crítico da questão. A seguir, vamos analisar estes dois problemas, compreendendo-os como componentes do debate a respeito da correlação entre a revolução socialista, o controle estatal e a utilização privada dos excedentes.

Os erros cometidos com o campesinato

A aliança do camponês-proletário com o Exército Rebelde é a gênese da relação dos pequenos agricultores com a ANAP. A integração do campesinato ao Exército Rebelde foi o fiel da balança da vitória dos guerrilheiros. Conscientes deste fato, os dirigentes da reforma agrária priorizaram a concessão da terra a quem nela trabalhasse, fortalecendo as bases econômicas desta classe que os apoiou. Ao contrário do que ocorreu na revolução russa, a ampliação da camada de pequenos proprietários agrícolas fortaleceu ainda mais a aliança entre revolucionários cubanos e camponeses.[35] Neste quadro, o princípio da voluntariedade foi uma estratégia de organização econômica do campesinato em favor da revolução. A tarefa fundamental da ANAP era o convencimento político dos pequenos agricultores a respeito das vantagens da coletivização voluntária.

Contudo, entre agosto de 1961 e março de 1962, alguns agentes da revolução cometeram dois tipos de erros que violavam o princípio da voluntariedade: primeiro, a repressão excessiva contra a especulação comercial de produtos agrícolas; e segundo, a execução de expropriações inadequadas de pequenos camponeses pela modificação do artigo 24 da Lei Fundamental, que punia o comportamento contrarrevolucionário (Rodríguez, 1963a, p. 13-14).

O primeiro erro foi cometido devido à onda de especulação camponesa com os preços dos alimentos entre 1960 e 1962. Esta onda se originava não da queda da produção alimentar, mas sim do fato de que esta não cresceu no mesmo ritmo galopante do crescimento da demanda.[36] A isto se somava a turbulência do processo revolucionário e o bloqueio econômico a partir de dezembro de 1960, contribuindo para a percepção da escassez relativa e para a sensação de insegurança alimentar. Diante disso, uma das medidas coercitivas que feriram o princípio da

---

35   A Revolução Russa teve de enfrentar a dupla natureza da sua reforma agrária. O apoio entusiasmado dos camponeses pobres à revolução de Outubro sofreu um "efeito rebote". Ao distribuir a terra em pequenas parcelas individuais, a reforma agrária converteu os camponeses pobres em camponeses médios. Assim, ampliou o campesinato médio, sua base econômica e suas pulsões especulativas, contra o projeto de economia planejada da revolução. Esse "efeito rebote" exigiu o recuo tático da NEP entre 1921 e 1929, que depois foi substituída pela coletivização forçada de Stálin (Bettelheim, 1976, p. 215; Vasconcelos, 2013).

36   Esta é a análise de Carlos Rafael Rodríguez: "Ainda que a produção não tenha caído nos anos de 1959 e 1961 nas terras estatais, tampouco podia incrementar-se em medida suficiente para equiparar-se à demanda em ascenso" (1966, p. 38).

voluntariedade foi a proibição dos camponeses de levar seus produtos agrários aos seus próprios familiares que viviam nas cidades, o que os indignava e gerava uma margem de insatisfação com o governo (Barrios, 1987, p. 31).

Contra o problema da especulação comercial camponesa, a revolução propunha três políticas. A primeira era de uma administração de preços que estabelecesse patamares remunerativos ao pequeno produtor. A proposta se originava da percepção de que o preço, para o pequeno agricultor, cumpriria o mesmo papel estimulante que o salário para o trabalhador, e que era através do preço digno que o camponês amenizaria seu impulso especulativo e ampliaria a proporção de seus produtos vendidos às *Tiendas del Pueblo* estatais.[37] A segunda política era de incentivos ao camponês para melhorar sua produtividade, através de uma gradação de preços diferenciais. Assim, o camponês que conseguisse produzir mais que 35 toneladas de cana/hectare venderia seus produtos ao Estado por melhores preços, e cada camponês que incrementasse sua produtividade em pelo menos 30% ao ano seria devidamente remunerado (Rodríguez, 1966, p. 41). A terceira medida era de crédito, assistência técnica, fornecimento de insumos, fertilizantes e sementes aos pequenos agricultores, tendo como contrapartida que estes vendessem 75% de sua produção ao Estado (Rodríguez, 1963a, p. 16).

Ao mesmo tempo, os dirigentes temiam o surgimento de uma camada de produtores individuais privilegiados em relação aos demais trabalhadores rurais e por aval da própria revolução. Essa correlação entre tática (estímulos de preços) e estratégia (coletivização voluntária) para o campesinato cubano sintetizava a visão pragmática e perspectiva da revolução sobre as tensões entre o controle estatal e a utilização privada dos excedentes. Foi esclarecida por Carlos Rafael Rodríguez:

> Ao estabelecer preços justos para seus produtos, a revolução cubana está muito longe de pensar com a fórmula bukharinista de 'enriquecei--vos!', dirigida ao camponês rico [*kulak*]. Trata-se de preços com rentabilidade suficiente para estimular as formas agrotécnicas mais eficazes e nunca para promover a acumulação excessiva ou o ócio improdutivo (1966, p. 48).

---

37   Carlos Rafael Rodríguez defendeu a política de preços remunerativos ao camponês com este raciocínio: "se partiu do princípio de que, no período de transição, nas condições da construção do socialismo, o preço joga para os pequenos produtores individuais aliados da classe trabalhadora, o mesmo papel que o salário para os proletários" (1966, p. 40).

O segundo erro cometido com os camponeses foram as expropriações indevidas. Como relatou Carlos Rafael Rodríguez, muitos agentes da revolução não distinguiram os protagonistas dos boicotes e sabotagens de seus coadjuvantes pequenos camponeses, que muitas vezes foram levados a certas atitudes por fragilidade diante das pressões de seus patrões. Com a modificação do artigo 24, os agentes da revolução expropriaram camponeses "suspeitos" de ações contrarrevolucionárias, sem tentativa prévia de convencimento. Essa precipitação foi criticada por Rodríguez:

> Alguns organismos locais não souberam distinguir acertadamente entre os burgueses rurais e antigos latifundiários, que eram os chefes e principais protagonistas daquelas atividades, e certos pequenos camponeses que, arrastados por sua propaganda, vítimas de medo e temerosos do futuro, colaboraram com o inimigo de modo mais ou menos decidido. Uma política extremista conduziu a golpear – mediante expropriações baseadas em leis aplicáveis aos contrarrevolucionários – tanto os inimigos verdadeiros e permanentes como os adversários confusos e ocasionais. A expropriação de pequenos agricultores – em alguns casos correta do ponto de vista estritamente legal– serviu para que os inimigos levassem à confusão dezenas de pequenos camponeses trabalhadores (1966, p. 37).

Reconhecidos estes equívocos, em março de 1962, foi convocada uma reunião dos Chefes de ZDA com Fidel Castro, na qual se deliberou pela devolução imediata de todas as expropriações indevidas realizadas pela revolução (Rodríguez, 1963a, p. 14). No II Congresso da ANAP, em maio de 1963, foi feito um balanço de que os erros tinham sido predominantemente corrigidos. A correção revalorizava a soberania dos organismos de base da ANAP, afastando chefes autoritários. Barrios relatou: "foram afastados muitos dirigentes que empregavam métodos negativos de 'mandonismo' e de 'caciquismo', fazendo com que os organismos de base e de direção nos municípios e províncias funcionassem com direção coletiva" (1987, p. 47). A partir de então, foi estabelecido um novo principio de funcionamento da ANAP: da direção coletiva e da responsabilidade individual (Barrios, 1987, p. 47).

A correção rápida dos erros tinha uma razão política estratégica, vislumbrada no Congresso da ANAP de maio de 1963. A esta altura, a segunda reforma agrária já estava sendo formulada e o governo estava prestes a expropriar todos o setor privado com posses maiores que 5 *caballerías*. O campesinato, neste momento, precisava estar seguro e confiante na revolução, do contrário esta segunda rodada de expropriações poderia gerar receios de que todos fossem afetados. A burguesia agrária, já em campanha ofensiva contra o governo, realizava boicotes à produção, sacrificava animais sem necessidade, incendiava plantações, danificava máquinas e também lançava boatos a respeito de que o governo teria um plano para se apossar de todas as propriedades camponesas.

Fidel Castro, na ocasião do II Congresso da ANAP, disputava explicitamente a base camponesa com a burguesia agrária, denunciando a tática de contrainformação e cinismo de seus inimigos internos:

> É preciso ter cuidado com os burgueses. Empregam toda classe de truques para subornar e corromper. Há burgueses que antes nem cumprimentavam o empregado, o trabalhador, e agora o convidam a passear em seus carros e os levam para beber. Que estão fazendo? Tratando de ampliar sua base social (...). Se o capitalismo regressasse a nosso país, o que lhes dariam imediatamente são agressões aos trabalhadores e empregados que agora convidam para uns tragos (apud Barrios, 1987, p. 57).

Fidel anunciou, além disso, que a revolução concebia o desenvolvimento nacional sobre duas bases - o setor estatal e o setor camponês - e que os pequenos agricultores poderiam ficar "absolutamente seguros" de que não seriam prejudicados por nenhuma expropriação futura. Com isso preparava-se o terreno para que a segunda reforma agrária não criasse um clima de insegurança, que ameaçasse a hegemonia da revolução no segmento social fiel da balança (Barrios, 1987, p. 58-9). No mesmo sentido, Fidel defendeu que aquele não era o momento de realizar a campanha de coletivização voluntária e que deveriam ser paralisados os convencimentos pela cooperativização.

Apesar da compreensão e correção dos erros com campesinato em 1962, os mesmos erros voltaram a acontecer em 1968, no período da "ofensiva revolucionária". Desta vez, estavam vinculados aos "planos especiais" que se explicarão mais adiante, mas eram da mesma natureza: funcionários do governo que "substituíram a necessária discussão coletiva e individual pelo método burocrático de 'ordem e mando'" (Barrios, 1987, p. 83). O balanço a respeito foi realizado em 1970, coordenadamente com a autocrítica em relação à frustrada safra de 10 milhões de toneladas de açúcar.

O administrativismo da ANAP

A ANAP entre 1961 e 1963 não cumpriu com seu caráter político original, e acabou se lançando a tarefas administrativas, tal como se fosse um departamento do INRA. Uma de suas principais funções passou a ser a concessão de crédito ao setor camponês, tarefa que não podia ser adiada, pois representava um pilar da reforma agrária. Antes da revolução, o BANFAIC possuía apenas 12 mil clientes e, destes, apenas 7 mil tinham acesso ao crédito. A ANAP, em apenas um ano de vida, havia entregado 93 milhões de pesos em crédito para 180 mil famílias camponesas, a juros de 2,5% a 4% ao ano. Para acelerar a integração do setor camponês ao setor estatal da agricultura, estabeleceu-se um "compromisso moral" dos camponeses que recebessem crédito: que vendessem toda sua produção ao Estado, sem qualquer obrigação contratual e de acordo com o princípio da voluntariedade (Barrios, 1987, p. 36-8).[38] O crédito era visto pela revolução como estratégico, pois era o mecanismo imprescindível para evitar que a reforma agrária sofresse a mesma reversão estrutural que muitas transformações da América Latina já haviam sofrido. Explicava Barrios:

> Os camponeses cubanos não podiam sofrer as amarguras e decepções dos camponeses de outros países, beneficiados por supostas reformas agrárias, que ao não receber o crédito em quantia necessária e a baixos juros, nem a garantia de mercados seguros e preços justos para suas colheitas, no transcurso de uns poucos anos, vítimas de emprestadores, golpistas e intermediários, se viram novamente convertidos em parceiros, arrendatários ou simples assalariados, ou uma mescla de todas essas categorias, tão comum nos países irmãos da América Latina (1987, p. 38).

Entre 1961 e 1963, a ANAP havia concedido um total de 180.424.607 pesos em créditos ao setor camponês, tendo um percentual de recuperação de 85% dos títulos vencidos (Barrios, 1987, p. 50-51). Apesar de ser uma tarefa estratégica, a concessão de créditos transformou a ANAP em uma espécie de INRA dos camponeses, e as funções de assistência técnica e administrativa se sobrepuseram fortemente a seu caráter político. Constatado este problema no Congresso de 1963, uma política de retificação foi elaborada.

---

38   A liberdade comercial do pequeno agricultor foi constatada pela própria CEPAL em 1963: "Os pequenos agricultores – salvo pelo estipulado em convênios celebrados através da ANAP – conservam seu direito de vender diretamente seus produtos aos consumidores" (1964, p. 267).

Foi criado o Vice Ministério para a Produção Privada e Cooperativa do INRA, para cumprir as funções técnico-administrativas até então executadas pela ANAP, ou seja, a elaboração dos planos de produção privados; a distribuição de insumos técnicos e materiais; a administração das *Tiendas del Pueblo*; e a concessão de crédito (Barrios, 1987, p. 62).[39] A ANAP passou, a partir de 1963, a cumprir suas funções políticas originais. Mesmo assim, o administrativismo da ANAP teve como consequência um desenvolvimento pouco satisfatório de seus organismos de base, que não funcionavam com a mesma vitalidade que se esperava, gerando um distanciamento do campesinato em relação aos planos de produção agropecuária.

A política de coletivização voluntária

Uma das mais importantes funções políticas e ideológicas da ANAP era o convencimento a respeito das vantagens da coletivização voluntária. A coletivização voluntária poderia ser realizada, inicialmente, por três novas formas de propriedade agrária dos camponeses: as Sociedades Agropecuárias, as Cooperativas de Créditos e Serviços e as Brigadas de Ajuda Mútua. As Sociedades Agropecuárias eram a coletivização integral do uso da terra por parte de produtores individuais, que unificavam suas parcelas e criavam uma cooperativa. À diferença das cooperativas agrícolas criadas pela lei de reforma agrária, estas eram de fato propriedades privadas coletivas, com mais forte autonomia em relação ao Estado. Na medida em que necessitassem de ajudas técnicas e financeiras estatais, as Sociedades adquiriam o "compromisso moral" de vender sua produção às *Tiendas del Pueblo*. Já as Cooperativas de Crédito e Serviços eram uma coletivização parcial, para alguns elos específicos da cadeia produtiva. Por exemplo, para adquirir crédito, para comprar máquinas e compartilhá-las, para comprar fertilizantes, para construir edificações agrícolas, armazéns, casas ou ginásios, para solicitar assistências técnicas do Estado, entre outros. Estas cooperativas não unificavam as terras, mas estimulavam a associação camponesa em etapas específicas da produção. Em 1963, surgiu ainda uma nova modalidade de coletivização voluntária:

---

39   O Vice Ministério para a Produção Privada e Cooperativa do INRA foi dissolvido em 1965, e suas funções passaram para a Direção Geral de Colheitas. Esta mudança gerou uma expressiva descoordenação entre o campesinato e o plano de produção agropecuária, que foi constatada no III Congresso da ANAP em 1967 (Barrios, 1987, p. 73).

as Brigadas de Ajuda Mútua. Neste caso, tratava-se da coletivização parcial do trabalho. Por exemplo, os agricultores pequenos ajudavam-se mutuamente na colheita da safra de seus vizinhos em processo rotativo, ou então se integravam na colheita do setor estatal, sendo posteriormente ajudados pelos assalariados estatais em suas propriedades privadas. A evolução destas unidades de coletivização voluntária está retratada na tabela 10.

Tabela 10 - Coletivização voluntária (1963/1967)					
	1963			1967		
Formas	Unidades	Membros	Caballerías	Unidades	Membros	Caballerías
Cooperativas de Crédito e Serviços (CCS)	527	46.133	32.213	1.301	79.067	57.347
Sociedades Agropecuárias (SAP)	328	3.844	2.764	126	1.511	1.453
Brigadas de Ajuda Mútua	0	0	0	1.652	--	--
Total	855	49.977	34.977	3.079	80.578	58.800

Fonte: Valdés Paz, 2009, p. 36; Barrios, 1987, p. 75.

Vê-se que as Sociedades Agropecuárias não obtiveram êxito, tendo caído pela metade em número de unidades, membros e superfície ocupada entre 1963 e 1967. A ANAP definiu que o problema das Sociedades Agropecuárias havia sido o "comunismo prematuro", que as tornou economicamente inviáveis, devido a uma proposta de igualitarismo absoluto: o salário fixo mensal era igual para todos, independentemente da quantidade de horas trabalhadas e sem levar em conta a produção, e o mesmo ocorria com a repartição gratuita de produtos agrícolas da própria Sociedade para livre autoconsumo de seus membros (Barrios, 1987, p. 54).

Ao contrário, as Cooperativas de Créditos e Serviços tiveram uma trajetória ascendente e cresceram em 2,5 vezes em número de unidades, 70% em número de membros e 80% em termos de superfície ocupada entre 1963 e 1967. Tendo surgido apenas em 1963, as Brigadas de Ajuda Mútua já somavam 1.652 unidades em 1967 (Barrios, 1987, p.75).

Os argumentos pela coletivização voluntária que orientavam o processo de convencimento envolviam as dificuldades de mecanização agrícola individual; a falta de mão de obra para colheita do setor privado; a retribuição à solidariedade dos assalariados estatais com a colheita dos pequenos agricultores; a tendência dos assalariados preferirem trabalhar no setor estatal, gerando escassez de braços no setor privado, entre outros.[40] Foi criada, por exemplo, a aposentadoria camponesa, pela qual o Estado poderia comprar a parcela do camponês idoso e integrá-la às Granjas, pagando-lhe uma pensão vitalícia. Além disso, o aumento da produtividade do setor estatal e ampliação relativa de seus excedentes tornava a coletivização mais atraente ao camponês, além de amenizar a escassez relativa de alimentos, atenuando o fôlego da especulação. Por fim, propunha-se o fortalecimento da ANAP como organismo de conscientização socialista que persuadisse ideologicamente o camponês à coletivização. Esses argumentos se tornavam mais eficientes quando proferidos por uma geração de jovens camponeses formados tecnicamente, pelas escolas da revolução, para trabalhar na larga escala, e relativamente desapegados à propriedade agrícola de seus pais (Rodríguez, 1963a, p. 19; 1966, p. 49-51). Em 1966, como balanço da política da revolução para o campesinato até então executada, Carlos Rafael Rodríguez sustentou:

> A presença de numeroso setor camponês não cooperativo não tende a debilitar a aliança proletário-camponesa, nem representa um obstáculo para o socialismo. Ao contrário, a revolução cubana está segura de que o método com que foram enfocados os problemas do camponês constitui a melhor garantia de sua identificação plena com o socialismo e o veículo mais seguro e eficaz para sua incorporação voluntária e crescente na economia socialista (1966, p. 52).

Os pequenos agricultores, portanto, constituíram um pilar do desenvolvimento agropecuário cubano após a reforma agrária. Entre 1959 e 1963, ocuparam um papel importante na produção de alimentos e na defesa militar da revolução.

---

40   "A implantação do socialismo", escreveu Rodríguez, "faz com que esses trabalhadores agrícolas sejam cada vez mais resistentes a vender sua força de trabalho ao setor privado e prefiram sentir-se membros da comunidade socialista nas Granjas" (1966, p. 49).

Até aqui analisamos a mudança do regime de propriedade da terra em termos de superfícies setoriais, bem como as características, contradições e problemas das novas formas de propriedade surgidas da revolução. Outro aspecto fundamental do desmonte da *plantation* modernizada foi o enfraquecimento da monocultura, acelerada pela crise da inserção cubana na ordem econômica internacional. A crise da inserção engendrou um processo reativo de diversificação agrícola entre 1959 e 1963 com importantes consequências estruturais.

DIVERSIFICAÇÃO AGRÁRIA: RUPTURA DA DUPLA ARTICULAÇÃO

A transformação estrutural da agricultura cubana foi acompanhada de uma política de diversificação, diretamente proporcional à ruptura com a dupla articulação sustentadora do subdesenvolvimento capitalista. Por um lado, a crise da dependência externa foi acelerada pelo bloqueio econômico dos Estados Unidos desencadeado a partir de dezembro de 1960; por outro, a superação da segregação social gerou uma gigantesca propensão interna ao consumo. Assim, a desintegração da dupla articulação 'dependência externa-segregação social' foi catalisadora da desestabilização da monocultura canavieira, na medida em que gerou a necessidade imediata de produção de alimentos. Em 1963, o solo para plantio diversificado havia se expandido em 29.806 *caballerías* (CEPAL, 1964, p. 286).

Inicialmente analisaremos a crise da inserção econômica internacional cubana após a revolução, para depois identificarmos as causas e a dimensão do aumento da demanda interna, fruto da luta contra a segregação social. Por fim, sintetizaremos os efeitos destes dois fatores na produção agrícola entre 1959 e 1963.

Crise da inserção neocolonial: em busca da soberania nacional

Quando o bloqueio econômico dos Estados Unidos se iniciou em dezembro de 1960, em resposta às nacionalizações de todas as propriedades estadunidenses da ilha, 3 milhões de toneladas de açúcar cubano ficaram instantaneamente sem destino, o que correspondia a 51% da safra daquele ano (Barkin, 1978, p. 128-9; Rodríguez, 1983, p. 469). No ano anterior, das 5 milhões de toneladas de açúcar exportadas de Cuba, 60% se destinaram aos Estados Unidos (CEPAL, 1964, p. 274; Aranda, 1968, p. 65). Esta inserção correspondia ao padrão histórico reproduzido pelos Tratados Preferenciais de 1902, 1934 e 1947. Na outra mão, 69,6% das importações cubanas de 1958 foram obtidas dos Estados Unidos. Em 1960, esse valor foi 48,5%. A partir da crise da inserção econômica internacional, os cubanos se viram impelidos a encontrar outras fontes importadoras e criar condições imediatas de produzir internamente o indispensável (Barkin, 1973, p. 134-5). O impacto do bloqueio estadunidense sobre a estrutura agrária cubana se fez sentir: nos anos imediatamente anteriores à revolução, os alimentos ocupavam quase 30% da pauta de importações cubanas,[41] um valor que variou entre 150 e 250 milhões de pesos (CEPAL, 1964, p. 285; Rodríguez, 1978, p. 29). Além disto, mais de 50% dos insumos agrícolas eram importados, incluindo 80% das máquinas e fertilizantes (Rodríguez, 1969, p. 29).

Em fevereiro de 1960, meses antes do bloqueio, Cuba havia assinado seu primeiro convênio comercial com a União Soviética, através do qual os soviéticos se comprometiam a: (1) comprar 425 mil toneladas de açúcar cubano em 1960 mais 1 milhão de toneladas anuais entre 1961 e 1965, a preços do mercado mundial; (2) conceder 100 milhões de dólares em créditos com vencimentos de 12 anos e 2,5% de juros ao ano, que deveriam ser destinados à compra de equipamentos e assistência técnica (Rodríguez García, 1987, p. 232). Além disso, o petróleo soviético seria vendido a preços 30% mais baratos que o petróleo cartelizado do bloco capitalista (Noyola, 1978, p. 124). A partir de dezembro de 1960, porém, este convênio não era suficiente para proteger a economia cubana do impacto.

Entre 1960 e 1963, o bloqueio se aprofundou e se disseminou para outros países. Desde 4 de setembro de 1961, por meio do Foreign Assistance Act, os Estados Unidos proibiram qualquer ajuda privada a Cuba proveniente de seu território. Poucos meses depois, em 7 de fevereiro de 1962, Kennedy declarou que qualquer produto estadunidense estaria proibido de entrar Cuba e as mercadorias cubanas tampouco poderiam entrar nos Estados Unidos, trânsito que estava sendo realizado por meio de embarcações internacionais. As dificuldades cubanas se expandiram quando, em 1º de agosto de 1962, uma emenda ao Foreign Assistance Act declarou que os Estados Unidos não prestariam assistência a quaisquer países que ajudassem Cuba. Em 10 de outubro de 1962, os portos estadunidenses se fecharam para todos os navios que já tivessem entrado em portos dos países socialistas. No ano seguinte, a crise entre Cuba e Estados Unidos alcançou seu ápice. Em 8 de fevereiro de 1963, os Estados Unidos proibiram que os cidadãos estadunidenses viajassem à Cuba, bem como executassem negócios privados com o governo

---

41   Mais especificamente 30,4% em 1955; 27,6% em 1956; 27,0% em 1957; e 27,5% em 1958 (Valdés Paz, 1997, p. 29).

cubano. Em 14 de maio do mesmo ano, o governo estadunidense passou a fiscalizar, com exigências específicas, os produtos alimentícios e remédios enviados a Cuba, dificultando o contato da população cubana dos Estados Unidos com seus familiares da ilha. A ofensiva econômica se completou quando os Estados Unidos passaram a condicionar o comportamento diplomático de outras nações: em dezembro de 1963, outra emenda no *Foreign Assistance Act* proibiu a assistência dos Estados Unidos a qualquer país que não rompesse relações comerciais com Cuba (Pericás, 2004, p. 42).

O bloqueio havia posto em crise a inserção neocolonial, porém, enquanto outra inserção ainda não estava consolidada, foi criado um ambiente de sensível insegurança comercial. Isso fez com que o período entre 1960 e 1963 correspondesse à crise de transição entre duas inserções de Cuba na ordem econômica internacional. Esta insegurança só foi sanada em fins de 1963, com um segundo convênio com a União Soviética, anunciado por Fidel Castro em janeiro de 1964.

A crise da inserção neocolonial cubana, contudo, já apontava uma rota de fuga. Em 1961, 72% do açúcar exportado se direcionou para países de economia centralmente planificada: de um total de 6,4 milhões de toneladas de açúcar exportados, 4,6 milhões foram consumidos pelo bloco soviético, sendo 3,3 milhões para União Soviética (51%); e 1 milhão para a China (15%) (CEPAL, 1964, p. 274). Já em 1963, a nova inserção se fortaleceu: mais de 80% das transações cubanas com o exterior se deram com países de economia planificada, sendo 42% das exportações direcionadas à URSS, de onde se obteve 50% das importações. China e Tchecoslováquia secundavam respectivamente em importância nas transações cubanas. Os três juntos representaram 66% das exportações e 72% das importações cubanas em 1963 (idem, 1964, p. 276-7). A crise da inserção neocolonial cubana e a guinada à inserção no bloco soviético está retratada nos Gráficos 1 e 2.[42]

---

42   Barkin, 1973, p. 134-5. Os dados do comércio exterior para 1958-1963 coincidem com o relatório da CEPAL (1964, p. 280-1), diferindo apenas em pequenas nuances. A América Latina não foi incluída porque possuía participação residual no comércio exterior cubano. O bloqueio do petróleo venezuelano, sozinho, reduziu em 75% as importações cubanas da América Latina entre 1958 e 1962. As exportações cubanas para Espanha apresentam crescimento entre 1962 e 1963 porque Cuba firmou acordos com o país para venda de açúcar em 1963, bem como para França e Reino Unido (CEPAL, 1964, p. 277).

GRÁFICO 1 - EXPORTAÇÕES CUBANAS POR PAÍS DE DESTINO
(1958 -1970) (%)

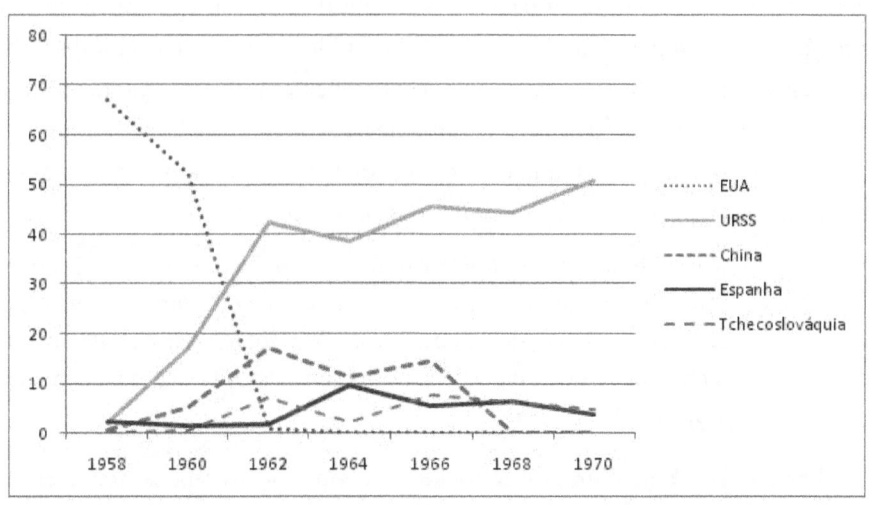

GRÁFICO 2 - IMPORTAÇÕES CUBANAS POR PAÍS DE ORIGEM
(1958-1970) (%)

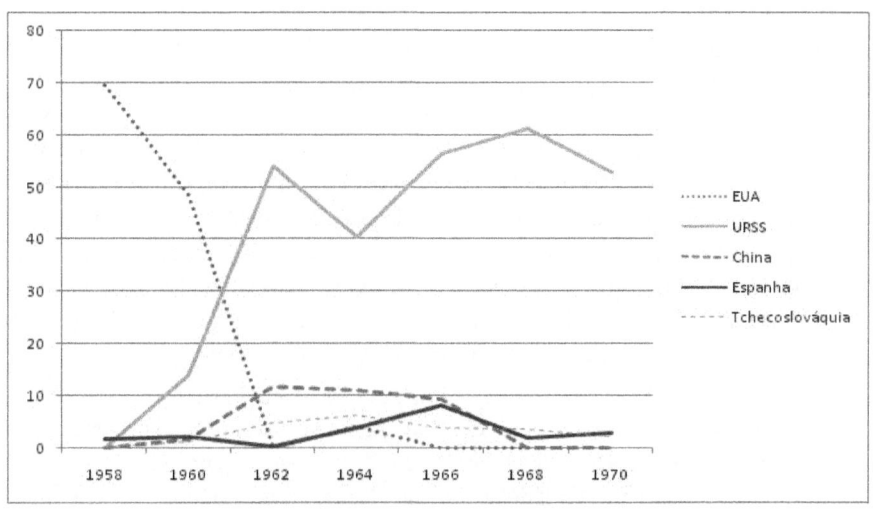

A reorientação das correntes de comércio e a adaptação do sistema produtivo eram consequências da ruptura com a dependência e a segregação social. O capital estadunidense havia sido incisivamente atacado pelas leis de nacionalizações. O modo de vida da burguesia nacional foi prejudicado pela regulamentação do conteúdo destas importações. O consumo suntuário foi limitado e a modernização do luxo das elites foi interrompida.[43] Os excedentes utilizados para consumo suntuário passaram a ser gastos na compra de bens de capital e bens de consumo corrente para a maioria da população. Como analisou a CEPAL em 1963, a revolução trouxe uma mudança na finalidade das importações:

> No curso de 1959, se implantaram restrições à importação de artigos suntuários, às quais se sucederam a criação de uma tarifa complementar sobre a compra de automóveis e a fixação de taxas *ad valorem* que incidiram sobre a maioria dos produtos, com exceção dos alimentos básicos (1964, p. 284).

Por um lado, a mudança de conteúdo das importações refletia uma diretriz consciente do processo revolucionário, que visava economizar divisas e alterar a finalidade de sua utilização. Desde julho de 1959, a Lei de Reforma Tributária (nº 447) havia sobretaxado produtos de luxo.[44] A substituição de importações, política já amplamente defendida na América Latina pela CEPAL, envolvia economizar divisas desperdiçadas em bens supérfluos para investimento industrial. Como analisado por Pericás, as diretrizes gerais que compunham o projeto de

---

43   Fidel Castro, no famoso discurso à Segunda Assembleia Nacional do Povo de Cuba, em 4 de fevereiro de 1962, como resposta à ampliação do bloqueio econômico aprovada pelo Conselho Interamericano Econômico e Social (CIES) reunido em Punta del Este em agosto de 1961 e à expulsão de Cuba do quadro da Organização dos Estados Americanos (OEA) em 31 de janeiro de 1962, bradou: "Não importa que para cá não venham automóveis em muitos anos; não importa, inclusive, que muitos objetos de luxo não venham a Cuba em muitos anos. Não importa, se esse é o preço da liberdade! Não importa, se esse é o preço da dignidade! Não importa, se esse é o preço que exigido para a pátria!" (Castro, 4 fev. 1962).

44   O governo passou a cobrar 20% de impostos sobre automóveis, 15% sobre cervejas e 60% sobre rendas maiores que 500 mil dólares ao ano. No outro extremo da segregação social, a lei cobrava apenas 3% de imposto de renda sobre aqueles que recebiam menos que 4 mil dólares ao ano. Como orientação opcional, a lei solicitava que os trabalhadores doassem 4% de seus salários para o Fundo de Reforma Agrária, proposta que encontrou expressiva adesão (Pericás, 2004, p. 55).

desenvolvimento dos comunistas do PSP e da CEPAL dos anos 1950 tinham enormes semelhanças:

> Pode-se observar que o projeto econômico pós-revolução foi muito influenciado pela CEPAL – que tinha muitas das suas ideias sendo discutidas em Cuba nos anos 1950 -, assim como por uma linha mais 'radical' preconizada pelos comunistas. Na prática, as propostas eram muito parecidas; a principal diferença, no início do processo, estava na ênfase no aprofundamento das medidas, não necessariamente no conteúdo das mesmas (2004, p. 59).

Por outro lado, tratava-se de uma política emergencial de substituição de importações, que apesar de constituir uma diretriz fundamental do projeto de desenvolvimento da revolução, se transformou numa questão de sobrevivência. Na realidade, o bloqueio econômico desencadeou a substituição de importações alimentares através de uma diversificação agrícola urgente, nada planejada e com forte tendência ao caos. Como afirmou Gutelman: "o governo revolucionário, desorientado pela perda súbita de um mercado internacional e ainda incapaz de ter uma noção perfeita sobre a solidez do novo mercado, não se preocupou em manter, e muito menos em aumentar, a produção de açúcar" (1975, p. 210). Ao mesmo tempo em que o bloqueio, por si mesmo, gerou insegurança alimentar, o incremento da demanda interna resultante da forte redistribuição de renda contribuiu para um desequilíbrio entre oferta e demanda de alimentos.

Aumento da demanda interna: em busca da igualdade social

O Programa de Moncada buscava romper com a segregação social, redistribuindo radicalmente o excedente. Além da reforma agrária, da reforma tributária e do combate à especulação pelo controle e subsídio de preços dos alimentos através das *Tiendas del Pueblo*, outras cinco grandes medidas imediatas alteraram a distribuição do excedente: a reforma urbana; a política de salários; a redução de tarifas estratégicas; a expansão dos serviços públicos básicos; e a política de emprego.

Em março de 1959, antes da aprovação da lei de reforma urbana, uma lei de aluguéis havia reduzido em 50% a cobrança dos imóveis das cidades. A lei de reforma urbana foi aprovada em outubro de 1960. Através dela, o pagamento dos aluguéis se transformava em uma mensalidade de indenização aos proprietários rentistas, de maneira que todas as famílias locatárias teriam a chance de comprar os imóveis que ocupavam. Junto disso, um mutirão de construção de casas para usufruto privado permanente foi realizado por funcionários estatais. A concessão da moradia estatal era feita mediante pagamento de no máximo 10% da renda familiar. Entre 1959 e 1960, foram construídas nada menos que 15.123 casas novas e 500 edifícios agrícolas com funções sociais (CEPAL, 1964, p. 272; Rodríguez García, 1987, p. 233). A queda dos gastos familiares com habitação urbana foi brutal.

A política de salários da revolução afetou primeiramente os assalariados não agrícolas. De acordo com dados da Carteira de Saúde e Maternidade Operária, o número de assalariados não agrícolas registrados entre janeiro e abril cresceu em 41% entre 1957 e 1961 (Chonchol, 1961, p. 71).[45] Apenas em 1959, houve aumento de 22% dos salários, o que correspondia a 167 milhões de pesos a mais na massa salarial (Piñero, 1960, p. 85). A política de redução tarifária também contribuiu para o crescimento da demanda interna. A tarifa elétrica foi reduzida em 30% em julho de 1959,[46] ano em que o consumo de energia cresceu 13% (Piñero, 1960, p. 86). A tarifa telefônica também foi reduzida.

A política de ampliação dos serviços públicos estatais e gratuitos contribuiu para a melhoria radical da qualidade de vida da população pobre. Entre 1958 e 1962, o número de matrículas de adultos no nível primário cresceu em 16%. Nesse período, as matrículas em todos os níveis de escolaridade dobraram, com exceção do ensino tecnológico, no qual as matrículas aumentaram em 38 vezes (CEPAL, 1964, p. 273). Entre 1958 e 1965, o número de pessoas que concluíram o ensino primário cresceu da ordem de 22 mil para 74 mil; a conclusão do ensino secundário cresceu de 4.563 em 1959 para 20.819 pessoas em 1966; e o número de formados no ensino superior cresceu de 1.151 em 1959 para 1.830 em 1966 (Fernandes, 2007, p. 233-235). Durante 1961, o analfabetismo cubano caiu de 23,6% para 3,9% e, no início do ano seguinte, Cuba se declarou território livre de analfabetismo (Rodríguez, 1969, p. 43; Rodríguez García, 1987, p. 236). No que diz respeito ao desenvolvimento da saúde, apenas entre 1958 e 1962, o número

---

45   O crescimento deu um salto em 1960: 252.399.600 salários registrados em 1957; 259.584.300 em 1958; 273.439.900 em 1959; 381.231.100 em 1960; e 428.409.100 em 1961 (Chonchol, 1961, p. 71).

46   Em agosto de 1959, a *American and Foreign Power Company* (AFPCo), subsidiária da *Eletric Bond and Share*, matriz da *Compañía Cubana de Electricidad* cancelou o financiamento de 15 milhões de dólares, como resposta à redução da tarifa (Pericás, 2004, p. 38).

total de hospitais da ilha cresceu 2,6 vezes, de 55 para 144 estabelecimentos. O número de leitos cresceu, no mesmo período, de 22.080 para 38.199, isto é, 70% (CEPAL, 1964, p. 273). Tudo isso acelerou a superação da segregação social e ampliou direta ou indiretamente o poder de compra da população.

O uso da capacidade produtiva ociosa foi uma das políticas mais importantes para o desenvolvimento econômico e social após a revolução e, em termos de força de trabalho, refletia em uma política de emprego que buscava atrair os desempregados para o setor estatal. Os resultados foram muito rápidos: entre 1957 e 1963, os postos de trabalho aumentaram em 25%, o que absorveu mais de 50% da mão de obra cronicamente desempregada. Segundo a CEPAL, 425 mil pessoas ingressaram no mercado de trabalho entre 1957 e 1963. A rapidez sem precedentes com que o problema estrutural mais grave do subdesenvolvimento cubano foi combatido foi um exemplo histórico importante aos países latino-americanos (1964, p. 272). Apesar disso, o aumento do emprego foi acompanhado de uma redução da produtividade do trabalho, como constatou a CEPAL:

> O problema do emprego foi superado apenas parcialmente, refletindo a parte ainda não solucionada, não tanto pela situação de virtual desocupação, mas sim pela queda dos níveis de produtividade por homem ocupado. Hoje em dia, este é um dos principais problemas enfrentados pela economia cubana e que afeta igualmente o setor agropecuário e o manufatureiro (1964, p. 269).

Todas estas políticas de redistribuição de renda, junto da restrição estabelecida à importação de bens de luxo, geraram um enorme aumento da liquidez, que só poderia ser realizado através da ruptura dos nós do capitalismo periférico. Entre 1961 e 1963, a poupança total cubana cresceu de 465 milhões para 797 milhões de pesos; enquanto a circulação monetária cresceu de 630 a 709 milhões de pesos (CEPAL, 1964, p. 294). A dimensão do aumento da demanda, porém, gerou desequilíbrios e pressões inflacionárias nada desprezíveis.

Entre 1958 e 1961, o consumo dos trabalhadores assalariados aumentou em 25%, equivalente a 500 milhões de dólares. Em 1958 havia um equilíbrio relativo entre a oferta e procura de alimentos, estabilizados em 555 milhões de pesos. Destes, 412 milhões foram produzidos internamente e 143 milhões foram importados. O problema foi que em 1961 a oferta total de alimentos caiu para 532 milhões de pesos devido ao bloqueio econômico estadunidense, ao mesmo tempo em que a demanda cresceu para 727 milhões de pesos. Vencer este déficit e acompanhar o incremento da demanda interna impunha uma rigorosa política de produção nacional de alimentos, que fosse capaz de incrementar 50% da oferta em apenas três anos (Gutelman, 1975, p. 213).

O bloqueio, porém, inviabilizava importações vitais, como a gordura animal. A gordura animal proveniente de Chicago constituía 90% da gordura total consumida por Cuba. Jacques Chonchol foi responsável por um plano de cultivo de oleaginosas que substituíssem a importação de gordura animal estadunidense por gordura vegetal produzida na ilha a partir de girassol, amendoim, soja e milho (Chonchol, 2012). Foi um caso excepcional, junto com os cítricos, em que a diversificação se orientou por uma proposta tecnicamente planejada. Na maior parte das províncias, o processo de diversificação agrícola respondeu a uma dinâmica espontânea e urgente, repleta de contradições.

Diversificação: em busca do desenvolvimento econômico

A diversificação agrícola ocorrida entre 1959 e 1963 foi defendida pela direção revolucionária com três argumentos, vinculados às novas finalidades do desenvolvimento cubano. Em primeiro lugar, a diversificação era uma política de emprego de trabalhadores no *tiempo muerto*. Iria ocupar a mão de obra durante os meses em que a cana dispensava seu contingente, respondendo pela finalidade igualitária da revolução. Em segundo lugar, a diversificação era um imperativo de soberania alimentar. Ao longo de toda história cubana, a flutuação dos preços da cana no mercado mundial foram, senão o único, o mais importante fator que criava capacidade de importação de alimentos para os trabalhadores. Alimentar a população com autonomia interna era uma tarefa chave na busca da soberania nacional. Em terceiro lugar, haveria uma correlação virtuosa entre diversificação e industrialização.[47] Produzir alimentos era uma tarefa inescapável do desenvolvimento industrial, como exaltou Regino Boti:

> Para que haja um rápido crescimento industrial em um país qualquer, a agricultura tem a tarefa de produzir, aos trabalhadores industriais, mais alimentos sem grandes altas de preços e, à indústria propriamente dita, maiores quantidades de matérias primas. Ao mesmo tempo, para que a indústria cresça, é necessário aumentar o nível de vida do camponês,

---

47 A correlação virtuosa entre reforma agrária, produção de alimentos e industrialização será mais detidamente apresentada no Capítulo 4, sobre as estratégias de desenvolvimento.

para que este compre produtos manufaturados ou bens, ou seja, maquinarias, para a agricultura (11/07/1959).[48]

No início, a diversificação agrícola se concentrou nas cooperativas herdeiras das canas de administração, que ainda conservavam 45% da produção canavieira nacional. A cana-de-açúcar, que ocupava 75% da superfície agrícola das cooperativas em 1960, passou a ocupar 58% em 1961, recuando cerca de 10.000 *caballerías* em apenas um ano. Em contrapartida, os outros cultivos das cooperativas se expandiram ao largo de 11.631 *caballerías*, ampliando sua ocupação de 2% para 22% da superfície agrícola. A superfície das cooperativas utilizada como pastos naturais também foi reduzida em 1.631 *caballerías*. A rápida inflexão da agricultura cooperativa, da monocultura para diversificação, pode ser visualizada na tabela 11.

TABELA 11 - SUPERFÍCIE DAS COOPERATIVAS CANAVIEIRAS POR CULTIVOS				
	1960		**1961**	
	Superfície *(caballerías)*	**%**	**Superfície** *(caballerías)*	**%**
Cana-de-açúcar	45.000	75	35.000	58
Outros cultivos	1.409	2	13.040	22
Pastos Naturais	13.591	23	11.960	20
Total	60.000	100	60.000	100
Fonte: Chonchol, 1961, p. 55.				

Não se tratava de uma política anti-açucareira. A diversificação se coordenava à proposta de intensificação da produção canavieira, uma medida de combate à heterogeneidade estrutural, que buscava aproximar os níveis tecnológicos da indústria e da agricultura, separados por mais de um século de desenvolvimento desigual e combinado. A intensificação permitiria manter o nível da produção canavieira abrindo espaço a novos cultivos, com os quais seriam economizadas as divisas gastas em alimentos importados (entre 150 e 250 milhões) e utilizá-las no desenvolvimento industrial do país. Diversificação e intensificação agrícolas eram

---

48   Regino Boti foi um dos autores do programa econômico do MR 26-7. Após a revolução, tornou-se ministro da Economia no gabinete Urrutia e, em 1960, foi deslocado para dirigir a Junta Central de Planificação (JUCEPLAN), na qual atuou até 1964. Suas ideias eram desenvolvimentistas, tendo ele participado da fundação da CEPAL em 1948.

os pilares de uma estratégia geral de desenvolvimento econômico. O Regulamento das Cooperativas explicitava:

> Os cooperativistas terão como objetivo fundamental fomentar e cultivar área canavieiras que lhes correspondam, intensificando a produção para efeito de desfrutarem de áreas que lhes permitam a diversificação de sua produção, com o fim de lograr maiores rendas (INRA, 1960a, p. 41).

Contudo, se no Regulamento a diversificação e a intensificação estavam articuladas, na realidade, a insegurança alimentar decorrente do bloqueio impediu que a segunda acompanhasse o ritmo da primeira.

Os dados de Chonchol mostram que, durante os primeiros três anos de reforma agrária, foi possível conciliar o crescimento canavieiro com a curva ascendente da diversificação agrícola. Entre 1957 e 1961, a produção de açúcar cresceu 19%, o tabaco se ampliou em 38,1%, o arroz 46,3%, o amendoim 67,3%, o café 5%, e as batatas 6,7%. Entre 1959 e 1961, a produção de tomate cresceu 45,9%, o algodão se expandiu na ordem de 100 vezes, o sisal cresceu 29,8% e a soja foi plantada na ilha ampliando em 55 vezes sua produção. Segundo a CEPAL, entre 1958 e 1960, a produção de milho aumentou 44%, e as *viandas* expandiram 88%. A produção de feijão entre 1958 e 1961 registrou ampliação de 5 vezes (CEPAL, 1964, p. 276).[49] Este aumento da produção canavieira, contudo foi avolumado pelo corte de todos os canaviais existentes na ilha por ordem do governo, que colheu a reserva de 20% da produção tradicionalmente não cortada pelos especuladores (Chonchol, 1961, p. 71). O crescimento da produção dos principais produtos alimentares da ilha está retratado na tabela 12.

---

49 Dados da CEPAL extraídos de documentos da JUCEPLAN. Além dos cultivos, entre 1960 e 1963, a produção de frango cresceu em 35% e de ovos em 10%; e entre 1957 e 1963, o volume de pesca expandiu 33% (CEPAL, 1964, p. 289).

Tabela 12 - Volumes anuais de produção de dez cultivos da agricultura cubana (1957-1961)					
Cultivos[a]	Produção Nacional (em toneladas métricas)				
	1957	1958	1959	1960	1961
Açúcar (cru)	5.616.914	5.727.641	5.906.280	5.804.958	6.683.674
Tabaco	41.712	50.649	35.569	45.252	57.604
Arroz (com casca)	256.796	225.943	282.062	304.239	375.714 (b)
Tomate	---	---	89.062	102.396	129.962
Algodão (fibra limpa)	---	---	53	776	5.530
Amendoim	4.203	2.540	2.367	5.346	7.030 (b)
Soja	---	---	---	277	15.668 (b)
Sisal (fibra bruta)	---	9.447	8.525	13.193	11.069 (b)
Café	36.687	43.737	29.512	55.161	38.525 (b)
Batatas	94.931	79.263	71.613	97.613	101.382

Fonte: Chonchol, 1961, p. 69-70.
(a) Os dez produtos correspondem a 87,3% do valor global da produção agrícola cubana em 1959-60.
(b) Valores de 1961 assim identificados estão ainda estimados. Os outros são valores reais.

Entretanto, entre 1961 e 1963, esta provisória conciliação entre a cana-de--açúcar e a diversificação agrícola foi rompida, e a produção de cana demonstrou expressiva tendência de queda, junto com outros cultivos industriais (café, algodão, tabaco). Por estar descoordenada com a intensificação canavieira, a política de diversificação agrícola começou a criar problemas estruturais relacionados à balança comercial, prejudicando a obtenção de divisas da venda de açúcar. O crescimento dos cultivos alimentares entre 1958 e 1963 está comparado com a curva dos cultivos industriais, em índices, no Gráfico 3. Podemos visualizar a alteração estrutural da proporção entre produto agrícola da cana-de-açúcar, de outros cultivos industriais (tabaco, café, algodão) e dos cultivos alimentares (cereais, legumes, *viandas* e hortaliças). De 1958 a 1961, o aumento da produção alimentar ocorreu simultaneamente ao crescimento da produção canavieira e dos outros cultivos industriais. Contudo, de 1961 a 1963, a produção alimentar cresceu, enquanto os cultivos industriais reduziram - especialmente a cana-de-açúcar.

GRÁFICO 3 – PROPORÇÃO DA PRODUÇÃO AGRÍCOLA: ALIMENTOS,
CANA-DE-AÇÚCAR E OUTROS CULTIVOS INDUSTRIAIS
(1957-1963) (EM ÍNDICES, 1957 = 100)

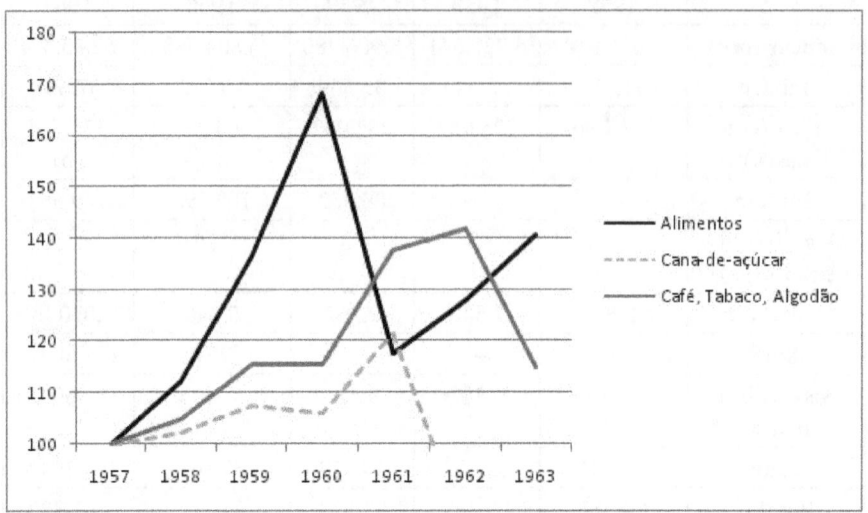

Provavelmente as curvas se tornaram divergentes porque entre 1958 e 1961, os cultivos industriais cresceram (cana incluída) através do uso das extensões de terras ociosas dos latifúndios expropriados. Contudo, caíram entre 1961 e 1963 porque passaram a competir por terras com os cultivos alimentares. Apenas para 1962, por exemplo, planejou-se expandir a produção de arroz, milho, feijão, amendoim, soja, *viandas*, hortaliças e frutas em 33.512 *caballerías* (Chonchol, 1961, p. 44).[50] No balanço geral entre 1959 e 1963, o volume da produção agrícola total excluindo a cana-de-açúcar cresceu 45%, enquanto a produção de cana caiu em média 15% ao ano. A queda total da produção açucareira entre 1957 e 1963 foi de 30% (CEPAL, 1964, p. 269, 285).

Essa contradição entre cana-de-açúcar e produção alimentar foi criada pela perpetuação do modelo extensivo e pelo impacto do bloqueio estadunidense na estrutura agrícola cubana. Nesse período, a urgência comandou a política agrária, mais que qualquer estratégia consciente e planejada de desenvolvimento. Apesar de a diversificação agrícola fazer parte do programa de transformações estrutu-

---

50 O mesmo plano propunha ampliação de 25.114 *caballerías* para pastos artificiais de capim pangola; 2.273 *caballerías* para algodão; 693 *caballerías* para café e sisal; 156 *caballerías* para reflorestamento; e 134 *caballerías* para tabaco (Chonchol, 1961, p. 44).

rais, e ainda que a produção de alimentos tenha efetivamente crescido, nada disso foi suficiente para abrir as esperadas avenidas das importações substituídas, sobretudo considerando o aumento sem precedentes da demanda interna.

Na realidade, a diversificação agrícola cubana foi um processo diretamente proporcional à crise da inserção. Foi uma resposta emergencial e tecnicamente desorganizada à terceira ordem de problemas apontada por Furtado na introdução deste trabalho: "da inserção na economia internacional que assegure o acesso à tecnologia e aos recursos financeiros fora das relações de dependência" (Furtado, 1994, p. 40). Por conta disto, surgiram ao menos três novos problemas estruturais que serão abordados a seguir.

Problemas estruturais da diversificação: extensiva, desorganizada e insuficiente

Primeiro, foi realizada uma diversificação *extensiva*, isto é, desacompanhada da devida intensificação da produção agrícola. Este processo reforçou a heterogeneidade estrutural, ao invés de atenuá-la. Segundo, por ser reativa, a diversificação foi territorialmente *desorganizada*, eliminando a possibilidade do planejamento das superfícies de cultivos, comprometendo as tão defendidas vantagens de escala das Granjas do Povo. Terceiro, a diversificação foi *insuficiente*. Apesar do expressivo aumento da produção de alimentos, este não acompanhou o crescimento da demanda, gerando desequilíbrios macroeconômicos críticos.

O primeiro problema, a diversificação extensiva, foi constatado por Chonchol em seu relatório para a FAO: "a única possibilidade de crescimento da produção agropecuária do país é a intensificação para obter mais produtos vegetais e animais por unidade de superfície" (1961, p. 77). Por causa do modelo extensivo, as tensões entre diversificação alimentar, cana-de-açúcar e pecuária se tornaram insuportáveis. Ao invés de gerar benefícios mútuos, a diversificação extensiva criou competição por superfície, já que um cultivo só poderia crescer em função da diminuição de outro. A intensificação da produção canavieira nos anos 60 variou como mostra a tabela 13. É visível que entre 1961 e 1963, como resultado da diversificação radical e do bloqueio econômico, a intensidade da produção do açúcar caiu 24,7%. Isso fez com que, em 1963, a exportação de açúcar atingisse o valor mais baixo da década, como mostra a tabela 14.[51]

---

51   Em 1964, a produção açucareira se recuperou para 4,47 milhões de toneladas e daí em diante, foi sempre superior a 1963 (Barkin, 1978, p. 128-9).

TABELA 13 - RENDIMENTOS DA CANA E DO AÇÚCAR (1961-1967) (TONELADAS/HECTARE)		
Ano	Cana	Açúcar
1961	40,88	4,87
1962	31,13	3,95
1963	30,78	3,59
1964	39,30	4,65
1965	48,54	5,66
1966	48,41	5,95
1967	52,44	6,33
Fonte: Gutelman, 1971, p. 258. Dados do Minaz.		

TABELA 14 - PRODUÇÃO E EXPORTAÇÃO DE AÇÚCAR (1952-1963) (MILHÕES DE TONELADAS)		
Ano	Produção	Exportação
1952	7,2	5,0
1956	4,5	4,6
1956	4,7	5,4
1957	5,7	5,3
1958	5,8	5,6
1959	6,0	5,0
1960	5,9	5,6
1961	6,8	6,4
1962	4,8	5,0
1963	3,9	3,3
Fonte: CEPAL, 1964, p. 282.		

O açúcar, que antes representava 25,1% do setor industrial em 1961, passou a representar 15,8% em 1963 (CEPAL, 1964, p. 291). A queda da exportação de açúcar gerou queda da capacidade de importação, refletida no aumento do déficit comercial cubano nos anos 1962 e 1963. O déficit comercial cubano de 1960 alcançou 19,6 milhões de pesos. Em 1961, se ampliou para 76,6 milhões de pesos e, em 1962, saltou para 238,7 milhões de pesos. Em 1963, caiu para 116,9 milhões de pesos (CEPAL, 1964, p. 285). Por isso, a CEPAL chegou a diagnosticar uma "crise da produção açucareira em 1962 e 1963" (idem, 1964, p. 270). O principal motivo apontado pela CEPAL para tal crise foi a redução da superfície das plantações de cana em 9.687 a 14.903 *caballerías*, o que correspondia a quase 15% da superfície canavieira contabilizada em 1959 (CEPAL, 1964, p. 287; Chonchol, 1961, p. 4).

Mas este não foi o único motivo da crise açucareira. Outros três motivos agravaram a situação. Primeiro, como previsto, a diversificação absorveu mão de obra para outros cultivos e o novo regime de propriedades ampliou o número de horas trabalhadas para autoconsumo. O que não se imaginava, é que isso geraria escassez de mão de obra do setor canavieiro, pior remunerado e de trabalho mais pesado. A mecanização do corte da cana ainda era absolutamente insuficiente para suprir os braços que migraram de setor. O segundo motivo foi a seca sem precedentes de 1961 e 1962, cuja duração e gravidade afetaram todas as colheitas. O terceiro motivo foi o ciclone Flora de fins de 1963. Seus prejuízos calculados pela JUCEPLAN foram enormes: 10% da superfície de cana foi perdida; 60% da produção de arroz, frutas e grãos; 70% da safra de algodão e café; 80% dos milhos e tubérculos; 40% do gado bovino e porcino; e 70% das aves (CEPAL, 1964, p. 285).

Apesar da crise da produção açucareira, os preços do açúcar no mercado mundial se comportaram de forma a evitar um desastre maior na geração de excedentes cubanos. Entre 1959 e 1961, os preços do mercado açucareiro sinalizaram uma tendência de queda devido à diminuição do volume importado pelos Estados Unidos em 9% e pelo mercado mundial em 19%, combinado a um aumento generalizado da produção.[52] Porém em 1962, as más condições climáticas de Cuba e da Europa, somadas à reorientação geográfica das compras dos Estados Unidos e à especulação financeira típica do setor, fizeram os preços subirem a quase 4 centavos de dólar a libra em 1962 e até 12 centavos de dólar a libra em 1963. Neste contexto, Cuba conseguiu negociar um aumento do preço do açúcar vendido aos países socialistas da ordem de 4 para 6 centavos de dólar a libra e, apesar da crise na produção, a ilha obteve mais rendimentos do que em safras anterior - o que não impediu o déficit comercial pronunciado, porém o reduziu sensivelmente em relação a 1962 (CEPAL, 1964, p. 277-8; p. 281; Gutelman, 1975, p. 231-2). Nessa ocasião, a CEPAL concluiu que, tendo em vista que a substituição de importações

---

52   Em 1959, por exemplo, 1,2 milhões de toneladas foram estocadas no mercado mundial. Apenas em 1961, a produção açucareira mundial cresceu em 21 milhões de toneladas, o que reforçou a tendência de queda de preços para 2,91 centavos de dólar a libra (CEPAL, 1964, p. 278).

requeria uma alavanca inicial de incremento de importações, o único caminho de Cuba para ampliar suas capacidades de importar seria o próprio açúcar:

> Visto em conjunto o panorama das exportações cubanas, parece evidente que o crescimento da capacidade para importar nos próximos anos dependerá fundamentalmente das possibilidades de expandir a produção e as exportações de açúcar (1964, p. 283).

Neste sentido, o primeiro problema estrutural, a diversificação extensiva, ao reduzir a produção e os rendimentos da cana, gerou uma crise no único setor capaz de ampliar a capacidade de importação requerida para a industrialização, que figurava como eixo da estratégia de desenvolvimento. A industrialização estava programaticamente associada à reforma agrária e à diversificação.[53] Contudo, não era viável realizar tudo isso ao mesmo tempo, o que foi sendo percebido ao longo de 1963, através das consequências problemáticas estruturais da redução da cana, especialmente o crescimento do déficit comercial que se pretendia sanar.

O segundo problema estrutural foi a perda de escala decorrente do fato de que a diversificação não apenas foi extensiva, como foi territorialmente desorganizada. Gutelman explicou que "dois anos após a tomada do poder, o ardor dos administradores em aplicar, cada um por si, a diretiva geral da diversificação tinha transformado os campos cubanos num verdadeiro mosaico de culturas diversas" (1975, p. 223). Se o gigantismo das Granjas do Povo se justificava devido às vantagens técnicas e econômicas da larga escala para o aumento da produtividade, o aspecto desorganizado e espontâneo da diversificação havia anulado essa vantagem, disseminando cultivos dispersos de pequena escala que recortavam cada uma das grandes unidades produtivas em pequenos fragmentos. Dumont atestou que em alguns casos havia 25 a 35 cultivos em uma só Granja, enquanto o recomendável seria que houvesse de 2 a 4 cultivos por unidade (Dumont, 1970, p. 141). Haveria, no total, cerca de 60 cultivos em todas as Granjas, praticados em pequena escala, e isso significava que cada Granja empreendeu um esforço

---

53   Como sintetizou Carlos Rafael Rodríguez: "A Revolução se propôs, desde o primeiro momento, a eliminar a dependência de um só cultivo e tender à diversificação, que permitiria, por um lado, diminuir a um mínimo as importações de alimentos que eram escandalosas para terra tão fértil como a nossa e, de outro, fornecer uma base de matérias primas para a indústria nacional, tendo como o resultado, em ambos os casos, um incremento nos excedentes de exportação agrícola e industrial" (Rodríguez, 1963a, p. 21-22).

para produzir mais da metade de todos os cultivos existentes na ilha dentro de uma mesma unidade produtiva (Gutelman, 1975, p. 223). Com a desorganização territorial que marcou a diversificação agrícola do setor estatal, a produtividade dos pequenos produtores privados da ANAP era maior que a produtividade da "forma superior" das granjas estatais.

Na ocasião, Chonchol afirmou: "não é que a diversificação seja incorreta, mas sim a pretensão de que se pode manejar eficientemente uma empresa dessa dimensão, com esse grau de diversificação" (Chonchol, 1961, p. 49). Como Chonchol, Gutelman opinou que "a política de diversificação agrícola correspondia indiscutivelmente a uma estratégia de desenvolvimento correta, mas, concebida como uma tática, deparava com imensas dificuldades" (1975, p. 215). Gutelman propunha que a diversificação deveria ser objetivo de longo prazo, porque na velocidade com que ocorreu, colocou em risco o equilíbrio geral da economia, incluindo as próprias conquistas sociais da revolução. Mais que uma estratégia apegada a inverter de imediato o regime de cultivos da monocultura de exportação, a diversificação desorganizada respondia às pressões do mercado internacional. A potencial ausência de compradores de açúcar impeliu Cuba a esse giro brusco, para evitar desabastecimento alimentar. A diversificação durou enquanto havia incerteza sobre a durabilidade do convênio entre Cuba e União Soviética, pois não havia garantias de médio prazo sobre a nova inserção econômica.

A contradição entre a busca da larga escala e o retalhamento radical dos cultivos demonstra a confusão técnica que predominou nas granjas. A experiência provou que a diversificação não poderia ser uma orientação política em si e que deveria constituir um planejamento tecnicamente respaldado por critérios agronômicos e métodos de cultivo especializados. As granjas aprofundavam o modelo extensivo e deixavam todos os cultivos sob o comando de um único administrador. Cada cultivo exigia um tipo distinto de maquinaria, de fertilizantes, de preparo do solo, de procedimento de colheita, e os técnicos das granjas não estavam preparados para lidar com tantas especialidades. Esta era também a percepção da CEPAL em 1963:

> Com frequência se aplicou o princípio da diversificação sem que se determinasse previamente as zonas ou áreas em que deveriam ser semeados os novos cultivos, e isso deu lugar a que cada empresa agrícola tentasse produzir um elevado número de artigos, em certas ocasiões subdividindo e especializando de forma excessiva as terras disponíveis.

Ao mesmo tempo, se introduziram novos cultivos a um ritmo e em uma magnitude que não correspondiam plenamente aos conhecimentos e experiências da mão de obra agrícola. Ao que parece, o cultivo da cana foi o mais afetado por este processo (CEPAL, 1964, p. 287).

Neste caso, o governo cubano adotou as orientações de René Dumont. Dumont elaborou um programa de diversificação agrícola para Cuba, através do qual cada unidade produtiva deveria se especializar em no máximo 4 cultivos. O programa estava orientado por dois princípios. O primeiro era a diversificação especializada, que deveria obedecer a uma disposição geográfica racional. Seria criado um anel horticultor de produtos perecíveis ao redor de Havana e das outras grandes cidades.[54] A cana e o gado, ao contrário, deveriam ficar distantes dos núcleos urbanos. Cada cultivo industrial (cana, gado, café, tabaco, algodão, sisal, frutas) deveria ocupar uma superfície próxima da respectiva indústria e concentrar-se cada um em uma única região do país, garantido a especialização regional e a convergência vertical entre agricultura e indústria. Cada unidade produtiva deveria conter um setor horticultor e produzir leite em pequena escala, de modo a garantir a soberania alimentar interna. Além disso, todas as unidades produtivas deveriam combinar pecuária com cultivos em sistema de rodízio, pois isto aumentaria a produtividade de ambos. Assim, um planejamento da diversificação nacional com especialização regional substituiria a diversificação reativa em escala local aleatória (Dumont, 1970, p. 40-44).

O segundo princípio do programa de Dumont era a educação técnica para diversificação especializada. Propunha a disseminação de manuais de instruções referentes a 30 cultivos, que incluísse forragens para animais, 15 a 20 frutas e vegetais básicos e no mínimo 12 técnicas agrícolas. O manual deveria ser diferenciado em vários níveis correspondentes à divisão do trabalho, sendo que o administrador deveria dominar o processo completo. Para os analfabetos, poderiam ser feitos manuais desenhados. Segundo Dumont, esta medida singela poderia economizar milhões de pesos em erros técnicos de produção (Dumont, 1970, p. 45).[55]

---

54   Dumont atribuiu a autoria do modelo dos anéis horticultores ao agrônomo Von Thunen (Dumont, 1970, p. 142).

55   Havia um terceiro princípio de Dumont, cujo teor político está contemplado no debate sobre cooperativas e granjas: o agrônomo defendia a autogestão, o autofinanciamento e a autonomia jurídica das unidades agrícolas, com o argumento de

O terceiro problema estrutural, por fim, não foi gerado pela diversificação, mas deveria ter sido solucionado por ela, e não foi: era o desequilíbrio entre a oferta e a demanda de alimentos. Sobre isso, antes de tudo, é preciso ressaltar as palavras de Juan Noyola: "foi a primeira reforma agrária da história do mundo que não trouxe consigo uma queda inicial da produção" (1978, p. 119). De fato, a produção de alimentos para o mercado interno cresceu a uma taxa média de 5,8% ao ano entre 1957 e 1963.[56] À época, foi constatado que o setor de alimentos para o mercado interno era o "segmento mais dinâmico da agricultura" (CEPAL, 1964, p. 288). Entretanto, o crescimento da produção de alimentos foi insuficiente para satisfazer o incremento da demanda. Esse desequilíbrio gerou pressões inflacionárias de difícil controle e obrigou ao governo a criar as medidas de racionamento alimentar - que caracterizaram a revolução cubana por décadas.[57] Ainda assim, o estreito racionamento não impediu a própria CEPAL de notar que, no caso de produtos alimentares básicos e têxteis, a situação do consumo da população cubana havia melhorado sensivelmente depois da revolução:

> Apesar de que a oferta interna foi insuficiente para cobrir dito alargamento [da demanda] e da apreciável queda que se registrou em alguns produtos de 1961, o consumo por habitante tendeu a melhorar em relação às cifras que prevaleciam em 1957 nos principais artigos agrícolas: arroz, farinha de trigo, tubérculos e legumes. Ao contrário, o consumo de gorduras e produtos pecuários – sobre os quais se dispõe de pouca informação quantitativa – parece não haver recuperado os níveis anteriores, apesar dos melhoramentos na produção de carne de porco, ave e peixes, entre outros produtos. Por sua vez, a produção de calçados e têxteis de

---

que, ao receber todos os seus suprimentos do Estado, as unidades não conseguiam mensurar os reais custos de produção, gerando um desperdício sistemático e a queda da produtividade do trabalho. Dentro deste princípio estava a proposta de que os salários correspondessem necessariamente com as horas trabalhadas, medida que só foi generalizada em Cuba depois do fracasso da safra de 10 milhões de toneladas em 1970 (Dumont, 1970, p. 46).

56   Corrigida por um crescimento demográfico de 1,9% ao ano, significava um aumento do mercado interno de alimentos de 3,8% ao ano por habitante (CEPAL, 1964, p. 288).

57   A CEPAL analisou à época que: "O resultado foi a formação de um déficit interno de grande magnitude que teve que ser detido mediante um estrito racionamento da maioria dos artigos de consumo e aumentos de preços dos mesmos" (CEPAL, 1964, p. 270).

algodão fez possível aumentar o consumo interno, preferencialmente dos estratos mais numerosos da população (CEPAL, 1964, p. 274).

Buscando atenuar o desequilíbrio entre oferta e demanda alimentar, em 1961, a Central de Trabalhadores Cubanos aprovou em seu IX Congresso a necessidade de congelamento dos salários até que se reestruturasse todo o sistema salarial do país (Rodríguez García, 1987, p. 236).[58] O sistema de racionamento envolvia sobretudo alimentos, roupas e calçados.[59] Seu propósito era garantir, em um contexto de aumento da demanda interna, tanto um nível básico de vida a todos, sem grandes disparidades de consumo resultantes das ainda presentes assimetrias de renda, quanto um reequilíbrio da economia. Tal como alegou Sergio Aranda em 1968:

> O sistema de racionamento imposto em Cuba obedece ao propósito de garantir a cada cidadão, independentemente de seu nível de renda, classe social ou responsabilidade administrativa, o direito de adquirir determinadas quantidades de cada um dos alimentos racionados, evitando, assim, que os grupos de mais baixa renda ficassem marginalizados deste consumo (...). O racionamento em Cuba é motivado por um fenômeno de desajuste essencialmente transitório (1968, p. 39-40).

Os desequilíbrios macroeconômicos gerados por estes três problemas estruturais não deixaram de influenciar as decisões de política agrária levadas a cabo em outubro de 1963.

---

58   O novo sistema salarial foi aprovado em setembro de 1962 e implementado de forma experimental em 36 unidades agropecuárias e 27 unidades não agropecuárias ao longo do ano de 1963 (Rodríguez García, 1987, p. 238-9).

59   O racionamento consistia em, basicamente, 1,48 quilo de carne de boi desossada mensal por pessoa; 1,38 quilo de arroz mensal por pessoa; 1 litro de leite por dia para crianças menores de 7 anos e adultos maiores de 65 anos; e 6 latas de leite condensado ao mês para as outras idades. Não havia restrição específica para consumo de pão, ovos, açúcar e hortaliças (Aranda, 1968, p. 39-40). Em 1969, a porção de arroz dobrou para 2,7 quilos mensais por pessoa (Barkin, 1973, p. 139). Cabe lembrar que a dieta dos trabalhadores rurais antes da revolução era muito mais pobre, e que produtos como carne e leite, agora garantidos a todos, eram considerados de luxo. Ademais, além do abastecimento regular da *libreta*, a maioria da população ativa fazia uma ou duas refeições gratuitas nos centros de trabalho.

Acirramento da luta de classes e tendências gerais da economia em 1963

Em suma, esta primeira etapa da reforma agrária cubana, entre 1959 e 1963, se caracterizou por uma enorme liberação de forças produtivas subutilizadas, especialmente terra e trabalho, bem como por uma fortíssima guinada da produção agrícola decorrente da acelerada transformação do regime de propriedades, da desorganizada diversificação e do bloqueio econômico estadunidense. A *plantation* modernizada estava em pleno desmonte. O aumento da demanda de alimentos e o aumento da proporção de plantio de autoconsumo são consequências imediatas da aplicação da reforma agrária. Em 1969, Carlos Rafael Rodríguez traçou um balanço geral da agricultura cubana entre 1959 e 1963, que por sua capacidade de síntese merece ser citado:

> Na agricultura, os problemas organizativos incidiram com mais força devido às próprias características do setor. Por outro lado, a consigna da diversificação surgida como antítese da nossa história anterior de monocultura e dependência ao imperialismo e que, nas circunstâncias do momento, buscava uma resposta à incerteza externa, enfrentou erros e dificuldades em sua aplicação. Em primeiro lugar, a *diversificação foi executada mais em termos absolutos que relativos*. Isto levou a que se desmontassem uns 200 mil hectares de cana para dedicá-los a outros cultivos, medida esta que, seguida da severa seca que se prolongou de fins de 1961 a 1962 e a problemas organizativos e de força de trabalho, provocou uma severa redução das safras de 1962 e 1963. Em relação aos *problemas de força de trabalho*, podemos assinalar que se originam dos novos programas agrícolas que determinaram uma oferta estável de emprego e incremento do poder aquisitivo, das necessidades de defesa do país, bem como da nova concepção das relações de trabalho que nos levava à erradicação das condições de exploração subumanas. Em segundo lugar, o início de um grande número de linhas agrícolas e pecuária, com *tecnologias insuficientemente dominadas*, significaram grandes tensões para uma organização agrícola ainda pouco desenvolvida e sujeita aos naturais reajustes derivados do processo de transformações políticas e sociais (Rodríguez, 1969, p. 16-17, grifos nossos).

Este balanço é importante para, partindo dele, pontuarmos as principais determinações que desencadearam a segunda reforma agrária, iniciada em 10 de outubro de 1963. Identificamos quatro determinações mais importantes que tornaram necessária a 2ª reforma agrária em 1963. A primeira determinação se relaciona à crescente tensão do contexto internacional. Do bloqueio de 1960 em diante, o governo dos Estados Unidos adotou uma postura agressiva para derrotar militarmente a revolução cubana. Estavam inconformados, por um lado, com as suas perdas materiais, isto é, o controle da economia cubana; e por outro lado, com o fracasso moral de terem sido expulsos de um país no qual, até pouco tempo, derrubavam e empossavam presidentes. A invasão da Playa Girón em 16 de abril de 1961 e a crise dos mísseis de outubro de 1962 foram conflitos produzidos pela estratégia agressiva dos Estados Unidos no contexto de Guerra Fria, o que acabou amplificando as afinidades entre Cuba e a União Soviética e abrindo caminhos para a radicalização da revolução com a segunda reforma agrária.

A segunda determinação estava relacionada ao acirramento da luta de classes, decorrente das crescentes sabotagens da burguesia agrária remanescente na ilha, que também se tornava cada vez mais agressiva, acompanhando a postura do governo dos Estados Unidos. Entre as ações mais graves, estavam os incêndios e assassinatos: queimaram canaviais, criações avícolas, armazéns estatais de mantimentos, destruíram escolas rurais, casas de trabalhadores e camponeses. Alguns assassinatos de lideranças civis e militares da revolução foram exemplificados por Antero Regalado.[60] Outros seguiram o exemplo de Hubert Matos e Manuel Artíme, que entraram em organizações camponesas para, de dentro delas, criar intrigas, antipatias e confusões (Regalado, 1979, p. 168). A segunda reforma agrária foi a medida que eliminou a base econômica deste segmento ativamente contrarrevolucionário, arrematando a derrota incompleta das antigas elites cubanas.

A terceira determinação se referia à necessidade de eliminar o caos territorial gerado a partir da primeira reforma agrária. Como exemplificado nos Mapas 1 e 2, as granjas estatais eram territórios dispersos, entrecortados por latifúndios privados remanescentes, o que amplificou os problemas estruturais da desorganização econômica. O controle do Estado sobre as superfícies que separavam

---

60   Regalado recorda: "Chegaram a assassinatos de professores voluntários como Conrado Benítez, do jovem estudante alfabetizador popular Manuel Ascunce, do camponês lutador e combatente do Exército Rebelde na Sierra Maestra Pancho Tamayo, os camponeses honestos e revolucionários de Escambray, Pedro Lantigua e Carlos Cancio, os dirigentes camponeses de Las Villas, Juan González e Romelio Cornelio, o camponês miliciano e revolucionário de Ceiba del Agua, Vicente Pérez Noa, as crianças camponesas de Bolodrón, Fermín e Yolanda Rodríguez, o dirigente agrícola de Gunes, Humberto Hernandez e o trabalhador açucareiro da central Osvaldo Sánchez, Profírio Acosta" (1979, p. 178).

fragmentos da mesma granja figurou como fundamental para a reorganização da agricultura, agora em bases socializadas. A construção de uma economia centralmente planificada exigia que o conjunto das forças produtivas participasse do plano, do contrário, fatores externos a ele poderiam miná-lo. A segunda reforma agrária incorporou quase toda a superfície cubana ao plano econômico nacional.

Por fim, uma quarta determinação da segunda reforma agrária foi consequência do contexto macroeconômico. Apesar do crescimento de 9% ao ano do produto material entre 1961 e 1963, o crescimento médio da poupança em 30% ao ano e o crescimento médio da circulação monetária em 6% representaram um forte desequilíbrio. Muitos dos investimentos necessários para reequilibrar estruturalmente a economia cubana foram adiados por falta de peças de reposição e ainda assim atingiu-se o crescimento total de 19% do produto material entre 1959 e 1963 (CEPAL, 1964, p. 269, 273, 294).[61] Na interpretação da CEPAL, além das peças de reposição, em 1963, a escassez de energia havia se tornado um gargalo do crescimento cubano.

Além disso, havia surgido um problema fiscal decorrente do crescimento do gasto público que sextuplicou entre 1959 e 1964, saltando de 389,6 milhões para 2,4 bilhões de pesos (CEPAL, 1964, p. 294).

O desequilíbrio se manifestava também na balança comercial: entre 1959 e 1963, a balança havia sido deficitária em 550 milhões de dólares, como fruto da queda de mais de 33% do valor das exportações cubanas entre 1957 e 1962.[62] Só entre 1962 e 1963, as exportações caíram 100 milhões de dólares, de 520 para 420 milhões (CEPAL, 1964, p. 270, 285). Para reequilibrar as contas, foram adquiridos 700 milhões de dólares em empréstimos externos, sendo que 300 destes foram condicionados à compra de bens de capital (CEPAL, 1963, p. 270). Apesar da regulação das compras de produtos de luxo, que contribuiu com a queda de 44% das importações entre 1957 e 1963, o aumento em 10% dos gastos com matérias

---

61   Sobre o conceito de produto material, esclarece a CEPAL: "O conceito de produto material se refere ao total do valor agregado na elaboração de bens e na prestação de serviços diretamente no transcurso de um ano e expresso em preços de mercado (...). Difere do conceito de produto interno bruto a preços de mercado, no qual não se inclui serviços como os de água potável, financeiros, habitação, pessoais e profissionais, administração pública e defesa, e outros similares, qualificados como não produtivos" (CEPAL, 1964, p. 275).

62   Sobre a exportação: 40% da queda foi de volume exportado e 60% foi de deterioração de preços (CEPAL, 1964, p. 270).

primas, combustíveis e bens de capital não permitiram a economia de divisas esperada (CEPAL, 1964, p. 270). Furtado analisou o problema:

> A revolução cubana começara por redistribuir a renda com vistas a elevar o nível de consumo da grande massa da população, o que significa que, não apenas a taxa de investimento não se elevaria, mas também que a capacidade para importar liberada pela redução de consumo das classes ricas foi absorvida pela importação de bens de consumo de uso geral, ou de produtos intermediários e matérias primas para produzi--los dentro do país (1969, p. 345).

Isso tudo gerou pressões no balanço de pagamentos que acabaram por restringir importações. Por fim, apesar da política de emprego ter apresentado resultados rápidos em termos de absorção de mão de obra desocupada, o alívio da exploração brutal do trabalho e a desvinculação dos salários em relação às jornadas, gerou uma queda importante da produtividade, constatada pela CEPAL:

> Em 1961-1963, a política econômica enfrentou o problema da queda registrada nos níveis de produtividade. Deu-se um impulso aos programas de adestramento e qualificação da força de trabalho industrial e se realizaram campanhas destinadas a estimular o incremento da produção por homem ocupado (CEPAL, 1964, p. 270).

Diante do acirramento da luta de classes, da desorganização da agricultura e de tais desequilíbrios macroeconômicos, a direção revolucionária, agora declaradamente socialista, definiu seu caminho: se ampliariam as bases da economia estatal, se fortaleceriam os controles sobre a economia e a superfície agrícola ainda comandada pela burguesia agrária seria plenamente incorporada ao novo projeto de desenvolvimento cubano.

CAPÍTULO 3 - SEGUNDA REFORMA AGRÁRIA E PARADOXO DO AÇÚCAR (1963-1967)

> Era de se esperar que o setor externo em pouco tempo se transformasse no ponto nevrálgico, onde se decidiria o futuro da Revolução cubana.
>
> *Celso Furtado* (1969, p. 342).

> Edificar sobre o açúcar é melhor do que edificar sobre a areia?
>
> *Jean-Paul Sartre* (apud Galeano, 2004, p. 86)

Transformação do regime de propriedades

Assinada em 3 de outubro de 1963, a segunda reforma agrária foi o golpe final no setor privado latifundiário remanescente em Cuba. A lei alegava que a burguesia agrária estava obstruindo a produção de alimentos para a população, especulando com a agricultura e utilizando suas altas rendas para fins "antissociais e contrarrevolucionários". Por isso, sua existência seria incompatível com o socialismo. Sustentavam também que a burguesia rural estava servindo de base política para as ações de sabotagem do imperialismo estadunidense, num momento decisivo para o desenvolvimento da agricultura cubana.[1] Além disso, a descoordenação entre o plano agrícola nacional e o setor privado latifundiário obstruía os projetos de desenvolvimento em curso e agravava a desorganização econômica. O principal objetivo da lei, portanto, era eliminar essa burguesia rural, composta por aproximadamente 10.000 proprietários que detinham, desde

---

1   As informações referentes à segunda lei de reforma agrária foram extraídas do seu texto original organizado em Bell *et alli*, 2011, p. 283-6.

fins de 1962, 138.822 *caballerías*, incluídas 1.000 arrobas de cana cultivadas em 22 mil *caballerías* (Rodríguez, 1963a, p. 10; 1963b, p. 74; Gutelman, 1975, p. 88).

A Lei de Reforma Agrária de 3 de outubro de 1963

O primeiro artigo da lei declarava a nacionalização de todas as propriedades privadas maiores que 5 *caballerías* (67 hectares), excetuando-se dois casos: as propriedades exploradas em conjunto por familiares, contanto que as porções individuais de cada membro não fossem maiores que 5 *caballerías* (artigo 2); e as propriedades de alta produtividade, que já tinham demonstrado espírito de cooperação com os planos estatais, perpetuando a exceção da primeira reforma agrária (artigo 3). O absenteísmo era considerado pela lei um ato de sabotagem ao desenvolvimento agrícola do país e mereceria punição. Reforçou-se que a indenização seria um direito apenas das propriedades produtivas. As porções de terras submetidas a arrendamentos e vendas, ilegais desde 3 de junho de 1959, também não seriam indenizadas. Os proprietários produtivos e em situação legal receberiam indenizações de 15 pesos mensais por *caballería* expropriada durante 10 anos (artigos 4 e 6). Esse valor representava nada mais que 3,8% da indenização da primeira reforma agrária (de 400 pesos por *caballería*), refletindo uma correlação de forças sociais e políticas completamente distinta (Chonchol, 1961, p. 28). Em nenhum caso as indenizações seriam menores que 100 pesos mensais, nem superiores a 250 pesos mensais.[2] Caso as terras afetadas estivessem sendo geridas por um terceiro, o administrador adquiria direito à indenização, e não o proprietário. Diferente de 1959, essa indenização valeria também pelas plantações, o gado, as máquinas e as edificações agrícolas presentes nas propriedades expropriadas (artigo 6). Os proprietários atingidos pela lei que morassem em suas casas rurais e não possuíssem outra residência poderiam continuar vivendo em suas fazendas se assim desejassem, isto é, teriam que conviver com a granja estatal vizinha (artigo 5).

Além disso, caso as propriedades afetadas estivessem registradas como garantias hipotecárias, os compromissos seriam imediatamente anulados, junto com qualquer dívida ou obrigação que vinculasse aquela terra (artigo 7). Outra medida decisiva foi a intervenção estatal em todas as contas bancárias dos expro-

---

2   O que significa que um proprietário que tivesse o máximo de 25 *caballerías* expropriadas, receberia a mesma indenização que um proprietário que perdeu 16 *caballerías*.

priados, com três finalidades: o pagamento atrasado dos seus trabalhadores; o pagamento de dívidas com o Estado; e a liquidação de todos os créditos bancários que vencessem nos 30 dias seguintes à assinatura da lei. Com essa medida, os últimos milionários de Cuba foram liquidados e impedidos de fugir com suas fortunas sem pagar suas dívidas. A segregação social recebeu um golpe definitivo. Por fim, a lei determinava que as expropriações seriam executadas nas 24 horas seguintes à sua assinatura. Após esse prazo, os proprietários de mais que 5 *caballerías* que não tivessem recebido a visita do INRA, estariam obrigados a comunicar o fato para a Delegação Provincial durante as 72 horas seguintes. O não cumprimento dessa comunicação, bem como qualquer tentativa de impedir ou evitar a aplicação da lei, seria punida com perda de todos os direitos indenizatórios (artigo 9). A segunda reforma agrária passou a fazer parte da Lei Fundamental da República de Cuba.

Ao término da primeira reforma agrária, em fins de 1962, o setor estatal detinha 44% das terras do país, incluindo as florestas e montes, o que correspondia a 290.834 *caballerías*, além de 27% da massa bovina total. Os proprietários com mais de 5 *caballerías* controlavam 20% da superfície total da ilha, sendo que os outros 36% estavam distribuídos entre pequenos agricultores (Gutelman, 1975, p. 88; CEPAL, 1964, p. 271). A rigor, o setor privado ainda era maior que o setor estatal e, mesmo que muitos pequenos agricultores estivessem organicamente vinculados à ANAP e aos planos nacionais, uma enorme massa de recursos produtivos agrícolas ainda não participava da estratégia de desenvolvimento socialista. Depois da segunda reforma agrária, 60,1% das terras do país submeteram-se ao controle estatal, isto é, 410.856 *caballerías*. Pela primeira vez, a maior porção dos recursos produtivos agrícolas estava nas mãos do Estado e o controle da utilização do excedente seria majoritariamente centralizado. Segundo os dados de Gutelman, os pequenos agricultores passaram a deter 39,3% das terras, o que correspondia a 265.499 *caballerías* (Gutelman, 1975, p. 88). A transformação estrutural da posse da terra decorrente da segunda reforma agrária pode ser observada na tabela 15.

TABELA 15 - Regime de propriedades da terra por setores após as duas reformas agrárias				
	Primeira Lei (dez/1962)		Segunda Lei (dez/1963)	
Setor	Área	%	Área	%
Setor Estatal	290.834	44	410.856	60,1
Setor Privado	385.529	56	265.506	39,3
Menores de 5 caballerías	248.211	36	265.499	39,3
Maiores de 5 caballerías	138.822	20	0,0	0,0
Fonte: Gutelman, 1975, p. 88				

Do ponto de vista monetário, o Estado detinha, no início de 1963, 46,3% do setor agropecuário, e passou a controlar 57% deste em 1964 (Aranda, 1968, p. 36). As formas de propriedade agrária atravessaram, a partir de então, uma tendência crescente de estabilização. Após a segunda reforma, apenas duas formas de propriedade se tornaram a base da nova agricultura: a granja estatal e a pequena propriedade privada. Entre uma e outra, as Sociedades Agropecuárias e as Cooperativas de Créditos e Serviços refletiam as tentativas de coletivização voluntária da pequena propriedade privada. Essa nova estrutura refletia os novos sujeitos econômicos e políticos que dirigiam as finalidades do desenvolvimento nacional: o Estado de ideologia socialista e um campesinato politicamente organizado na ANAP e/ou economicamente organizado em processo de coletivização.

O ciclone Flora

Às vésperas da assinatura da segunda reforma agrária, a burguesia rural amplificou suas atividades de contrainformação e tentou disseminar medo entre os camponeses a respeito de uma suposta expropriação completa do setor privado (Barrios, 1987, p. 65). Fidel Castro já havia, em maio de 1963, orientado a ANAP para que fossem paralisadas as campanhas de coletivização voluntária, temendo que isto fornecesse munição aos inimigos internos. Em meio à guerra ideológica entre governo e burguesia rural pela conquista da confiança dos camponeses a respeito da segunda reforma agrária, uma catástrofe natural desviou todas as atenções do país. Um dia após a assinatura da lei, em 4 de outubro de 1963, o ciclone Flora entrou na ilha pelo sul da província do Oriente com potência sem precedentes.[3]

---

3   O ciclone foi bloqueado pela Sierra Maestra, onde permaneceu por muitas horas, ampliando ininterruptamente o volume das nascentes dos rios e gerando trom-

Os resultados do desastre foram 1.500 mortos e desaparecidos, 175.000 pessoas evacuadas de suas casas e um prejuízo econômico de mais de 100 milhões de pesos (Bell *et alli*, 2011, p. 313, 320). A maior perda se relacionava com infraestrutura e os danos em termos de colheitas equivaliam a 11 milhões de pesos (Barrios, 1987, p. 65-6). Os cálculos feitos à época diagnosticavam que 80% dos cultivos menores tinham sido destruídos pelas águas, sendo 30% a 50% da safra de café e 100% das plantações de bananas (Bell *et alli*, 2011, p. 321). O ciclone foi tão devastador que o volume pluviométrico que despencou sobre a província de Oriente em apenas seis dias era superior à chuva que cobriu o território nacional inteiro durante todo o ano de 1961, equivalente a 1.244 mm (idem, 2011, p. 339). Quando discursou nas rádios nacionais alguns dias depois do desastre, Fidel Castro dimensionou que com esta água seria possível regar 10.000 *caballerías* de cultivos durante um ano (idem, 2011, p. 341). Era necessário, portanto, aprender a dominar as forças da natureza, para aproveitá-las em favor da sociedade. O território afetado pelo ciclone Flora correspondia a mais da metade do território nacional: 62.948 km² habitados por 2.974.000 pessoas. Mais de 11 mil casas foram completamente destruídas, mais de 21 mil casas foram seriamente avariadas e mais de 100.000 famílias perderam absolutamente tudo (idem, 2011, p. 319-22). As inundações alcançaram localidades que nunca antes tinham sido atingidas por este tipo de tempestade, pois ficavam longe dos rios e, então, não tinham nenhum preparo para lidar com as enxurradas. Famílias inteiras escalaram os telhados de suas casas e foram resgatadas por helicópteros das Forças Armadas Revolucionárias. Muitos anônimos se empenharam em ajudar seus vizinhos e um novo espírito de "solidariedade nacional" foi despertado pela tragédia. O próprio Fidel Castro se colocou à frente dos trabalhos de resgate, penetrando nas zonas de perigo dentro de um carro anfíbio (idem, 2011, p. 311).

Enquanto a burguesia rural apostava na fragilidade do novo governo para lidar com a catástrofe e os exilados de Miami estavam seguros que a incompetência dos revolucionários iria abalar a confiança popular, o governo adotou medidas emergenciais tão contundentes em defesa dos atingidos, que a consequência foi

---

bas d'água que se arrastaram por centenas de quilômetros. Depois desviou para o Golfo de Guacanayabo ao sul e girou erraticamente para o norte, penetrando na província de Camaguey. Após 6 dias de tempestades e inundações catastróficas, o ciclone saiu da ilha pelo norte de Camaguey, cruzando uma região próxima de Gibara no dia 9 de outubro. A trajetória errática do ciclone também era desconhecida dos cubanos (Bell *et alli*, 2011, p. 311).

exatamente inversa. Neste sentido, o ciclone Flora teve importância decisiva na consolidação da confiança do campesinato cubano em relação ao governo e à segunda reforma agrária. O campesinato do Oriente já havia sofrido com muitos furacões, mas o ciclone Flora foi sem dúvida um dos mais devastadores da história da ilha. Para eles, especialmente, foi palpável que as ações imediatas tomadas pelo governo revolucionário se diferenciavam de todos os governos anteriores.

Diante da tragédia, a revolução realizou uma impressionante demonstração de responsabilidade com os direitos humanos dos atingidos. Quando os cubanos viram Fidel Castro se arriscando dentro das zonas de perigo e os helicópteros das Forças Armadas Revolucionárias sobrevoando através da tempestade, a confiança se aprofundou. Após os trabalhos de salvamento emergencial, com o fim da tempestade, o governo se pôs a serviço da reconstrução e da proteção social aos desabrigados. Elaborou um censo da população afetada e garantiu alimentação gratuita a todos. Em cadeia de rádio, Fidel Castro alegou que, antes da revolução, aos mortos nas tragédias climáticas se somavam os mortos de fome, porque a população atingida não recebia assistência adequada e tinha que contar com a própria sorte, o que não iria acontecer daquela vez. Afirmou também que em situações de catástrofe como esta, a Guarda Rural e os latifundiários aproveitavam para desalojar muitos camponeses de suas terras (idem, 2011, p. 355).

O governo forneceu dinheiro a todos os cubanos que perderam suas casas, para que as reconstruíssem. Ofereceu gratuitamente roupas, calçados e móveis. Não só todas as dívidas dos camponeses que perderam suas colheitas foram perdoadas, como estes receberam mais créditos estatais para recomeçar a plantação. O Estado entregou vacas grávidas, porcas e galinhas aos camponeses e às granjas destruídas e comprou o gado dos pequenos criadores, que os venderiam aos burgueses recém-expropriados. O Ministério da Saúde criou mutirões de assistência médica, com postos de vacinação itinerantes para os desabrigados. Do ponto de vista da infraestrutura, o Ministério de Obras Públicas comprometeu quase todo seu orçamento com a reconstrução de pontes, estradas e linhas de comunicação do Oriente, algumas completamente destroçadas. O Ministério dos Transportes se encarregou da reconstrução das ferrovias. O INRA inventariou todos os equipamentos agrícolas perdidos e elaborou um plano de recuperação das plantações. Também traçou um plano de reflorestamento, para evitar os deslizamentos de montanhas inteiras presenciados na passagem do ciclone.[4]

Além disso, o governo adotou duas medidas econômicas imediatas. A primeira foi a elevação dos preços de quatro artigos (cigarro, cerveja, carne de boi, carne de frango) para financiar a reconstrução. Essa medida foi sancionada pela lei 1.127 em 31 de outubro de 1963.[5] A segunda medida estabeleceu a redução voluntária do consumo de açúcar para 26,9 quilos anuais por pessoa, o que significaria uma redução de mais de 50% do consumo habitual.[6] O objetivo era ampliar a obtenção de divisas com a venda de açúcar no mercado mundial. Mas entre 1963 e 1964, o consumo anual médio de açúcar em Cuba caiu apenas de 63,3 quilos por pessoa para 54,7 quilos. A queda de apenas 13,5% do consumo interno do açúcar nos faz supor que o apelo governamental não atingiu os níveis esperados, ainda que tenha surtido algum efeito. Em 1965, a média voltou a crescer para 65,8 quilos anuais de consumo de açúcar por pessoa (Aranda, 1968, p. 58). As duas medidas econômicas eram ainda insuficientes para recuperação total.

A ajuda externa foi fundamental. O bloco soviético enviou alimentos, remédios, roupas, entre outros suprimentos gratuitamente. Mas quando a Cruz Ver-

---

4   Os planos de reflorestamento já estavam em vigor desde 1959, sob responsabilidade do Ministério da Agricultura dirigido por Pedro Miret. Com a revolução, o Ministério da Agricultura se converteu em uma espécie de "Ministério do Reflorestamento", tendo sido esta a única tarefa relevante por ele executada antes de sua completa dissolução em fins de 1960. Todas as suas tradicionais atribuições passaram ao comando do INRA. Segundo Chonchol, o papel do Ministério da Agricultura foi limitado por conta da "desconfiança dos dirigentes do Governo Revolucionário em relação aos organismos tradicionais da Administração Pública Cubana e, ainda quando se designou Ministro da Agricultura um homem de plena confiança do Governo Revolucionário, o Comandante Pedro Miret (em julho de 1959), sua nomeação se fez mais bem com vistas a que procedesse pela desintegração do órgão". O Ministério de Miret havia, em 1960, plantado 36 milhões de árvores em 1.192 *caballerías* (Chonchol, 1961, p. 61).

5   Pela Lei 1.127, o preço do cigarro e da cerveja foram elevados em 5 centavos; o preço da carne de boi em 55 centavos e o preço da carne de frango em 65 centavos (Bell *et alli*, 2011, p. 343, 367).

6   Para registrar o caráter voluntário da medida, Fidel afirmou: "nós não queremos estabelecer isso por Decreto; eu creio que nosso povo é consciente (...). Isto deve nascer do sentimento de solidariedade do próprio povo" (apud Bell *et alli*, 2011, p. 344).

melha dos Estados Unidos ofereceu ajuda, o governo cubano recusou, desencadeando mais uma troca de acusações. Castro justificou a recusa, alegando que Cuba havia permitido que os aviões caça-furacão dos Estados Unidos sobrevoassem a ilha para fornecer informações meteorológicas sobre o ciclone Flora, mas que o governo estadunidense teria ignorado a permissão e, depois, caluniado Cuba por ter supostamente bloqueado o espaço aéreo para missões técnicas. Além disso, Fidel alegou que a Cruz Vermelha dos Estados Unidos ainda devia 10 milhões de pesos ao governo da ilha como indenização aos cubanos presos durante a invasão de Playa Girón. Para o governo cubano, qualquer ajuda dos Estados Unidos deveria estar condicionada ao fim do bloqueio econômico e ao pagamento dos 10 milhões de pesos de indenização (Bell *et alli*, 2011, p. 350).[7] Como notou Barrios: "o ciclone Flora serviu para deixar claro, ante todo nosso povo e especialmente ante aos camponeses, o caráter profundamente humanista e solidário de nossa Revolução" (1987, p. 65). Nesse sentido, a resposta rápida do governo em combate ao ciclone e a garantia de proteção à população atingida foram determinantes para a aplicação pacífica da segunda lei de reforma agrária.

As bases sociais da nova agricultura

A segunda rodada de expropriações completou o desmonte do regime de propriedades da *plantation* modernizada e praticamente eliminou a especulação fundiária que dava dinamismo ao sistema capitalista cubano, além de ter suplantado a segregação social de uma vez por todas. Correspondente a esta nova estrutura agrária, emergiu uma nova estrutura social, que tomou o lugar da tradicional segregação. Do ponto de vista histórico, a eliminação da burguesia rural foi a consequência mais importante da segunda reforma agrária. Junto com ela, desapareceriam as pulsões consumistas das elites e o desperdício de divisas nacionais com produtos de luxo, que bloqueavam os caminhos do desenvolvimento econômico da ilha. Por isso Carlos Rafael Rodríguez sustentou que: "com a segunda e definitiva reforma agrária se completava na prática, até fins de 1963, o trânsito de Cuba desde as estruturas semicoloniais às socialistas" (Rodríguez, 1978, p. 154). O setor privado remanescente confiava na revolução e importantes segmentos camponeses já eram aliados ideológicos. A partir de outubro de 1963, as classes

---

7   "Vinte vezes pior que o furacão Flora para Cuba", bradou Fidel, "é o imperialismo ianque!" (*apud* Bell *et alli*, 2011, p. 351).

e frações de classes ativas na produção agropecuária se dispunham como mostra a tabela 16.

TABELA 16 - CLASSES RURAIS DEPOIS DA SEGUNDA REFORMA AGRÁRIA		
Classes	**Frações de Classes**	**Grupo Sócio-Jurídico**
Camponeses	Pequeno ou Médio	Produtor individual (ANAP)
		Produtor Cooperativo
Proletário Agrícola	Eventual (colheitas)	Jornaleiro
	Operário agroindustrial	Empregado
Outros grupos sem terra	Trabalhadores diretos	Administrativo e Serviços
	Trabalhadores indiretos	Dirigentes e Técnicos
	Artesãos	Trabalho por conta própria
Fonte: Valdés Paz, 1997, p. 132.		

O campesinato consolidou-se como parte fundamental para a produção de alimentos e outros bens agropecuários para o mercado interno. Em 1965, por exemplo, o campesinato foi responsável pela produção de 69% dos legumes, 68% das frutas, 32% do arroz, 58% dos tubérculos e 40% do leite do país (Furtado, 1969, p. 351). A divisão do trabalho herdada da estrutura agrária anterior responsabilizava a grande propriedade estatal pelos cultivos de exportação e as pequenas propriedades camponesas pelos alimentos. Agora, porém, esta divisão do trabalho se orientava por novas finalidades. O Estado assumiu novas prioridades na utilização do excedente e o pequeno campesinato, historicamente voltado para a árdua subsistência individual, incorporou a tarefa econômica da subsistência coletiva. Em dezembro de 1963, o Estado comandava 69,9% da produção da cana-de-açúcar, enquanto o setor privado comandava 54,2% dos outros cultivos nacionais. Após a segunda reforma agrária, a divisão dos cultivos entre os setores estatal e privado se organizou como mostra a tabela 17.

TABELA 17 - PROPRIEDADE AGRÁRIA E CULTIVOS APÓS A SEGUNDA REFORMA AGRÁRIA (DEZ/1963) (EM CABALLERÍAS)						
Setores	Cana	%	Outros cultivos	%	Superfície cultivada (a)	%
Estatal	76.800	69,9	249.600	54,2	326.400	58,0
Privado	26.300	30,4	210.500	45,8	236.800	42,0
Total	103.100	100	460.100	100	563.200	100

Fonte: Nuñez Jimenez, 1966, p. 21.
(a) Apenas a superfície efetivamente cultivada.

As responsabilidades do setor privado, porém, não poderiam se expandir para além do limite técnico permitido por sua pequena escala. As unidades de produção do setor privado, após a segunda reforma agrária, se constituíam, predominantemente, por propriedades menores que o mínimo vital de 2 *caballerías*. Apesar da produtividade do setor ANAP ter sido duas vezes maior que do setor estatal em 1962 e 1963,[8] os pequenos camponeses encontravam mais obstáculos potenciais para absorver tecnologia e intensificar a produção devido à dimensão reduzida de suas propriedades e recursos (Dumont, 1970, p. 73). Ademais, estes camponeses dependiam do setor estatal para dinamizar suas atividades: 30% das receitas camponesas vinham das vendas às *Tiendas del Pueblo* e sem o trabalho voluntário organizado pelo Estado dificilmente poderiam sustentar suas colheitas individuais (Rodríguez, 1978, p. 150). A coletivização voluntária era, então, impulsionada pelas possibilidades de intensificação da agricultura privada em busca de relativa soberania alimentar. Na tabela 18, mostramos a composição do setor privado após a segunda reforma agrária pelo tamanho de suas propriedades.

TABELA 18 - SUPERFÍCIE E PROPRIEDADES DO SETOR PRIVADO AGROPECUÁRIO APÓS A SEGUNDA REFORMA AGRÁRIA (1963)		
Tamanho	Unidades	% do total do campesinato
Menor que 2 caballerías	120 mil	78
Menor que 1 caballería	60 mil	39
Menor que 0,45 caballería	25 mil	16

Fonte: Valdés Paz, 2009, p. 36.

---

8   Por exemplo, em 1962 a produção de inhame do setor privado foi de 7 toneladas por hectare, enquanto nas granjas foi de 2,4 toneladas por hectare (Dumont, 1970, p. 73).

A partir de 1964 o setor estatal encontrou condições mais favoráveis para uma política de desenvolvimento econômico, ao incorporar a enorme massa de recursos agropecuários. Estavam criadas as condições para a superação de alguns problemas estruturais diagnosticados desde 1961, como a fragmentação territorial das granjas e a impossibilidade de envolvimento de todas as forças produtivas nacionais nos planos econômicos. Os equívocos cometidos pelo setor estatal seriam de muita utilidade para o futuro, entre eles, o aspecto desorganizado da diversificação, a centralização excessiva da gestão agrícola e a perpetuação do caráter extensivo da produção. A consciência destes equívocos e a mudança no cenário internacional, que sinalizou para uma inserção mais permanente no bloco soviético, fez com que a direção revolucionária reformulasse a estratégia de desenvolvimento nacional.

Uma estratégia combinada: açúcar, diversificação e tecnologia

Estabilizada a nova estrutura agrária, vislumbrou-se que a distância entre os planos econômicos e a realidade da produção agropecuária poderia diminuir. Foi formulada uma nova proposta de organização econômica da agricultura, que advinha de uma nova estratégia de desenvolvimento. Diante do impacto negativo da reduzida safra açucareira de 1963 na formação do excedente nacional, os dirigentes revolucionários alteraram sua visão a respeito do cultivo da cana-de-açúcar. Não fosse uma súbita alta de preços açucareiros no mercado mundial daquele ano, o estrangulamento do balanço de pagamentos poderia ter sido ainda mais sufocante. Foi assim que, em 1963, os dirigentes cubanos tomaram consciência mais profunda do poder das estruturas históricas. O açúcar era uma herança do subdesenvolvimento de difícil superação. Tratava-se, portanto, de tirar proveito dela e transformá-la em uma vantagem.[9] Não teriam deduzido isto, por suposto, se não houvesse a mudança do cenário internacional. A nova inserção econômica estava em vias de se consolidar: o bloco soviético se converteu em uma rota de fuga ideologicamente adequada para superar a crise gerada pelo bloqueio estadunidense. Em fins de 1963, o governo cubano assinou um novo convênio com a União Soviética e deslocou seus investimentos de volta ao açúcar.

---

9   Sobre a escolha açucareira, Rodríguez comentou em 1972: "era insensato que com o equipamento disponível da nossa indústria açucareira, com as facilidades tropicais para produção de cana, com a experiência tanto agrícola como industrial, que era a única de que realmente dispúnhamos, não aproveitássemos todas essas condições" (1983, p. 469).

Mas a volta ao açúcar não significava, ao menos a princípio, o fim da diversificação.[10] A estratégia de desenvolvimento cubana passou a combinar diversificação especializada com priorização do açúcar. Essa *estratégia combinada* dependia, fundamentalmente, da capacidade de absorção e inovação tecnológica na agricultura canavieira.[11] Retomava-se assim uma ideia pontuada no Regulamento das Cooperativas de Cana em 1960: correlacionar diversificação e intensificação. Intensificar a produção canavieira era um imperativo da diversificação e vice-versa. O conflito entre os diferentes cultivos pela ocupação extensiva da superfície deveria ser substituído pela estratégia combinada. A tecnologia era o enlace que poderia dirimir as contradições entre a cana-de-açúcar e os outros cultivos e todos deveriam estar conscientes de seu caráter imprescindível.

Como parte da nova estratégia agrícola, três tarefas foram traçadas. Primeiro, foram criadas novas instâncias administrativas do setor estatal em favor de uma maior descentralização do plano agropecuário: as agrupações, os departamentos territoriais e os lotes. Segundo, foi elaborada uma nova organização territorial dos cultivos, que substituísse a diversificação fragmentada pela diversificação especializada, como havia sugerido Dumont.[12] Terceiro, foi deslocada a prioridade de investimentos estatais para a compra de bens de capital e absorção tecnológica.[13]

---

10   Guevara defendeu, em 1964, que a nova estratégia buscava readequar as proporções dos recursos e não abandonar a diversificação: "a cana tem prioridade, enquanto destinação dos recursos e de fatores que ajudaram o uso mais eficiente dos mesmos. O resto das produções agrícolas e o desenvolvimento delas, que implicam a diversificação, não se abandonou, mas se procurou as proporções adequadas para impedir uma dispersão dos recursos que dificulte otimizar os rendimentos" (Guevara, 1982, p. 21).

11   Sobre o "abandono tecnológico" da cana, Rodríguez declarou, em 1964: "A cana ameaçava se converter em uma espécie de pasto natural, porque havia tão pouca atenção a ela, quanto aos pastos naturais" (1964, p. 15).

12   Valdés Paz sustentou: "A diversificação não se desenvolverá em detrimento das produções históricas, mas sim como desenvolvimento de novas áreas e novas produções" (2009, p. 39).

13   Estas tarefas coincidem com a primeira e a terceira ordem de problemas elencadas por Celso Furtado, na introdução deste estudo (Furtado, 1994, p. 40). Estas duas ordens de problema são o pano de fundo teórico da narrativa que aqui prossegue. A estratégia combinada e as três tarefas organizam os próximos tópicos deste capítulo.

A estratégia combinada e as três tarefas estavam baseadas em certo otimismo a respeito das capacidades estruturais da agropecuária cubana. Foi sintetizada por Carlos Rafael Rodríguez, com as seguintes palavras:

> O que a experiência nos ensinou é que a diversificação agrícola de Cuba não tem que desenvolver-se forçadamente, a expensas da produção de cana, para a qual nossa terra está especialmente dotada por razões de clima de solo e de posição geográfica. O erro cometido na agricultura cubana durante os anos de 1960 e 1961 consistiu, por um lado, em relegar a cana como se isso fosse indispensável para diversificar a agricultura; e, por outro lado, levar a diversificação ao plano local, isto é, converter cada Granja em um mosaico de cultivos. (...) O rumo que empreendemos desde 1962 é outro. A diversificação deve existir em um sentido nacional, ou seja, que das 250 mil ou 300 mil *caballerías* disponíveis para cultivos, a cana pode ter 125 mil *caballerías* e o resto dedicar-se aos cultivos mais aplicáveis a nossas condições de solo e clima (1963b, p. 85).

Para compreendermos melhor a estratégia combinada que acompanhou a segunda reforma agrária vamos discutir a seguir seu contexto internacional (a nova inserção cubana), e as três tarefas de reorganização apontadas acima: (1) a mudança administrativa-territorial; (2) a diversificação especializada; (3) a absorção tecnológica.

A UNIÃO SOVIÉTICA E O PARADOXO DO AÇÚCAR

Em abril de 1963, Fidel Castro foi à União Soviética pela primeira vez (Rodríguez García, 1987, p. 40). Guevara já havia representado o governo revolucionário cubano em diversas partes do mundo e, entre outubro e dezembro de 1960, visitara países como União Soviética, Tchecoslováquia, Alemanha Oriental, Hungria, Coréia do Norte e China (Pericás, 2004, p. 65; Massari, 2007, p.162-3).[14] Na viagem, conquistara a confiança dos países do bloco, que

---

14   Antes de visitar o Segundo Mundo, Guevara liderou, em junho de 1960, uma missão diplomática para o Terceiro Mundo: Índia, Egito, Indonésia, Ceilão, Birmânia, Sudão, Marrocos, Paquistão, Sri Lanka, passando também por Japão e Iugoslávia (Pericás, 2004, p. 65). A chamada "vocação terceiro-mundista" da revolução cubana já determinava, desde então, as prioridades diplomáticas estabelecidas nos primeiros meses de governo (Cervantes, 2015).

lhe concederam em créditos um total de 142 milhões de pesos e 100 milhões de dólares.[15]

Desde 1962, após a crise dos mísseis, a aliança entre Cuba e União Soviética havia se tornado irreversivelmente estreita, se convertendo em um ponto de equilíbrio instável da Guerra Fria. Em 31 de outubro daquele ano, Estados Unidos e União Soviética contornaram a iminência de um conflito nuclear com o acordo de retirada dos mísseis soviéticos instalados em Cuba e dos mísseis estadunidenses da Turquia. Os dirigentes cubanos, excluídos das negociações entre Kennedy e Kruschev, pretendiam ainda barganhar pelo fechamento da base de Guantánamo, pelo fim do bloqueio econômico e pela interdição completa das recorrentes invasões estadunidenses do espaço aéreo da ilha (Mao Junior, 2007, p. 370). A despeito do considerável mal-estar causado pela exclusão de Cuba nos acordos que levaram à solução da crise, a ilha se transformara, oficialmente, em uma peça estratégica do xadrez geopolítico, bem posicionada para dar xeque a qualquer momento. Assim, a crise dos mísseis configurou as determinações geopolíticas da relação entre Cuba e União Soviética, cujos desdobramentos serão analisados no capítulo 5 deste trabalho. Enquanto isso, o bloqueio econômico estadunidense contra Cuba alastrava seus efeitos para outros países. E quanto maior a austeridade dos Estados Unidos, mais fortes se tornavam os vínculos entre a ilha e a União Soviética.

O Convênio de 1964

Conforme avançavam as sanções econômicas dos Estados Unidos contra Cuba, consolidava-se a nova inserção internacional da ilha ao bloco soviético, que refletia outro padrão de relações comerciais. Ou, como comentou Hobsbawm: "tudo empurrava o movimento fidelista na direção do comunismo" (2005, p. 427).

No mesmo mês em que o bloqueio alcançou sua forma completa, em dezembro de 1963, foi assinado o segundo Convênio entre Cuba e União Soviética. Anunciado por Fidel Castro em janeiro de 1964, o Convênio consolidava a nova estratégia agrária de priorização do açúcar, dando-lhe vazão crescente (Rodríguez García, 1987, p. 240). Por meio dele, a União Soviética se comprometera a com-

---

15   Foram 100 milhões de pesos da União Soviética a juros de 2,5%; 10 milhões de pesos da Alemanha Oriental; 15 milhões de pesos da Romênia; 5 milhões da Bulgária; 12 milhões da Polônia; 60 milhões de dólares da China sem juros; 40 milhões de dólares da Tchecoslováquia a juros de 2,5% (Pericás, 2004, p. 41, 65, 86; Noyola, 1978, p. 125).

prar, entre 1965 e 1970, 24,1 milhões de toneladas de açúcar a 6,11 centavos de dólar a libra, escalonadas progressivamente a cada ano, como mostra a tabela 19.

TABELA 19 - CONVÊNIO DE 1964: PLANO DE COMPRA SOVIÉTICA DE AÇÚCAR CUBANO (TONELADAS MÉTRICAS)	
1964	2,1
1965	3,0
1966	4,0
1967	5,0
1968	5,0
1969	5,0
1970	5,0
Total	24,1
Fonte: Gutelman, 1975, p. 233	

Além disso, a China havia se comprometido a comprar 1 milhão de toneladas de açúcar cubano em 1970 a 6 centavos de dólar a libra, ampliando sua participação de modo gradual a cada ano até atingir o acordo (Dumont, 1970, p. 218).[16] O Convênio deu continuidade ao acordo estabelecido em 1960, segundo o qual 20% das trocas seriam feitas em divisas conversíveis e os outros 80%, diretamente em mercadorias soviéticas, sobretudo petróleo (Pericás, 2004, p. 40).

Junto do Convênio, em janeiro de 1964, foi lançada a meta de produção de 10 milhões de toneladas métricas de açúcar para 1970 (a despeito do fato de que o Instituto de Planificação Física do Ministério de Obras Públicas havia produzido estudos que indicavam uma capacidade máxima de produção de 8,4 milhões de toneladas, como se discutirá adiante). A estratégia açucareira estava baseada em dois dados econômicos externos. Primeiro, a possibilidade de crescimento do consumo de açúcar nos países do bloco soviético. Segundo, a perspectiva de desabastecimento do mercado mundial de açúcar, formulada nos anos 1960 por organismos econômicos internacionais, que desencadeou um processo especulativo do qual Cuba não estava isenta.[17]

---

16   Em 1964, o preço do açúcar no mercado livre mundial variou entre 5,77 e 5,82 centavos de dólar a libra. Em seguida houve uma queda, atingindo 1,80 em 1966 e 1,90 em 1968, enquanto o preço soviético se manteve (Ramos, 2007, p. 577).

17   Como analisou Ramos: "No início da década de 1960 (...) havia um pessimismo quanto ao abastecimento futuro, o que ficava claro nas análises inclusive de organismos internacionais (exemplo da FAO), prevendo-se escassez generalizada e, portanto, um longo período de preços elevados no mercado livre mundial" (Ra-

Em 1963, a União Soviética possuía mais de 200 milhões de habitantes e um consumo médio de açúcar de 30,5 quilos anuais *per capita*, o que correspondia à metade do consumo interno cubano (Aranda, 1968, p. 58). Assim, apesar de ser o maior produtor de açúcar de beterraba do mundo, com 6 milhões de toneladas anuais, a elasticidade da demanda soviética era enorme (Pericás, 2004, p. 39). Não à toa, o consumo soviético de açúcar cresceu 37% entre 1963 e 1965. A elasticidade da demanda chinesa era ainda maior: com 700 milhões de habitantes, seu consumo médio de açúcar era de apenas 2,6 quilos *per capita* ao ano em 1963, tendo crescido 23% até 1965. A elasticidade das demandas chinesa e soviética pode ser constatada na tabela 20, em comparação com o padrão de consumo de açúcar de Cuba, de países capitalistas desenvolvidos e subdesenvolvidos.[18]

TABELA 20 - CONSUMO DE AÇÚCAR PER CAPITA EM ONZE PAÍSES (KG/ANO)				
	1963	1964	1965	População em 1966 (milhões de habitantes)
Cuba	63,3	54,7	65,8	7,8
Estados Unidos	47,9	46,1	47,3	196,8
URSS	30,5	39,6	41,8	233,2
México	34,2	35,9	36,1	44,1
França	34,1	34,3	34,7	48,9
Brasil	35,8	33,6	36,3	84,7
Alemanha Ocidental	33,0	32,8	33,8	57,5
Índia	5,8	5,3	5,7	483,8
China	2,6	2,8	3,2	700,0
Paquistão	2,9	3,0	3,2	105,0
Indonésia	5,4	5,4	5,5	104,5
Fonte: Aranda, 1968, p. 58.				

Apesar desta aparente racionalidade econômica, a nova estratégia cubana desviava do clássico caminho da substituição de importações proposto pelos estruturalistas latino-americanos. Em 1962, a tentativa de uma industriali-

---

mos, 2007, p. 575). A relação entre as especulações do mercado mundial de açúcar e a safra de 1970 será analisada no próximo capítulo.

18   À época, além dos Estados Unidos, apenas Inglaterra e Canadá, dentre os países capitalista desenvolvidos, possuíam consumo *per capita* acima de 40 quilos anuais (Pericás, 2004, p. 40).

zação rápida por substituição de importações não correspondeu às expectativas e ao invés de resolver os problemas do desequilíbrio externo, os agravou (Pericás, 2004, p. 83). Mas porque, afinal, priorizar o açúcar, se a monocultura cubana era um resquício histórico da dominação colonial, principal sustentáculo da *plantation* modernizada?

Antes de tudo, há que se pontuar que a estratégia agrária adotada em 1964, atrelada à nova inserção internacional, apresentava diferenças estruturais importantes em relação à monocultura neocolonial. Elencamos quatro diferenças essenciais. Em primeiro lugar, a plantação canavieira cubana não estava mais umbilicalmente submetida às especulações financeiras de Wall Street, cuja consequência inevitável era a subutilização das capacidades produtivas da ilha (terras ociosas, plantações não colhidas, desemprego estrutural). A deriva especulativa que deformava a estrutura produtiva da ilha foi rompida em duas etapas: primeiro, com a reforma agrária e expropriação das terras controladas por estrangeiros em 1960; segundo, com a estabilidade de preços oferecida pela União Soviética em 1964. Isso não quer dizer que Cuba não estivesse sujeita aos humores do mercado açucareiro mundial, mas sim que sua estrutura produtiva estaria voltada para o máximo aproveitamento dos recursos disponíveis, invertendo-se o sentido da monocultura neocolonial. Em segundo lugar, a produção de açúcar deveria se submeter a um plano econômico nacional que, por suposto, deveria se acoplar às economias planificadas dos países compradores, o que dependia de ajustes e prognósticos bem coordenados entre todas as partes. O planejamento determinava um novo sujeito histórico no comando da produção e criava possibilidades conscientes de transformação estrutural de longo prazo, o que definitivamente não havia na *plantation* modernizada. Seria possível, desde então, executar um planejamento das melhorias tecnológicas, sem o qual não se alcançariam as metas estratégicas da agricultura. O excedente cubano passaria a ser utilizado, através do planejamento, para a melhoria dos meios técnicos e econômicos adequados às finalidades da revolução. Em terceiro lugar, vislumbrou-se a possibilidade de compatibilizar a prioridade açucareira com projetos de diversificação, através da intensificação agrícola. A "nova monocultura" tinha em vista sua própria superação e buscaria combinar suas atividades com os planos especiais diversificados de tecnologia intensiva, o que estava longe de existir no período neocolonial. Em quarto lugar, a alocação dos excedentes produzidos pelo açúcar era definida por novos sujeitos históricos. Isso significava que, apesar do processo de *geração* do excedente permanecer hiperespecializado, a *distribuição* e *utilização* estavam orientadas pelas novas finalidades do desenvolvimento: o igualitarismo, a soberania nacional e a construção de uma sociedade socialista.

Apesar destas diferenças essenciais, a volta ao açúcar teve caráter paradoxal, porque adiava uma etapa imprescindível do processo de desenvolvimento nacional: a internalização dos meios técnicos e econômicos adequados às novas finalidades da sociedade cubana. Desta feita, ainda que regida por outras determinações, perpetuava-se a dependência estrutural cubana às economias externas. Esta "dependência de novo tipo" se combinava com uma alta dose de soberania nacional e com a internalização relativa dos centros de decisão. Era, por assim dizer, uma "dependência planificada" que, por sua estabilidade, ampliava as margens de escolha do governo cubano em relação a toda sua história precedente. Cuba não estava mais refém das flutuações especulativas do mercado mundial, mas era dependente da própria existência do bloco soviético. Por isso, mesmo sem deter os meios técnicos e econômicos adequados, o governo revolucionário se lançou à execução imediata das novas finalidades do desenvolvimento, a partir das condições concretas existentes. A inadequação entre meios e fins, definidora do subdesenvolvimento, adquiriu novos conteúdos sociais, técnicos e históricos.

De volta ao açúcar

A resposta do setor açucareiro à nova inserção internacional foi rápida: em 1964, a safra cresceu 15,2% em relação ao ano anterior, apesar da destruição causada pelo ciclone Flora. Em 1965, o crescimento anual foi de 37,6%. A trajetória da produção açucareira cubana entre 1951 e 1970 está representada no gráfico 4.[19]

---

19   Fonte: JUCEPLAN, 1970, p. 136.

GRÁFICO 4 - PRODUÇÃO DE AÇÚCAR
(1951-1970) (MILHÕES DE TONELADAS)

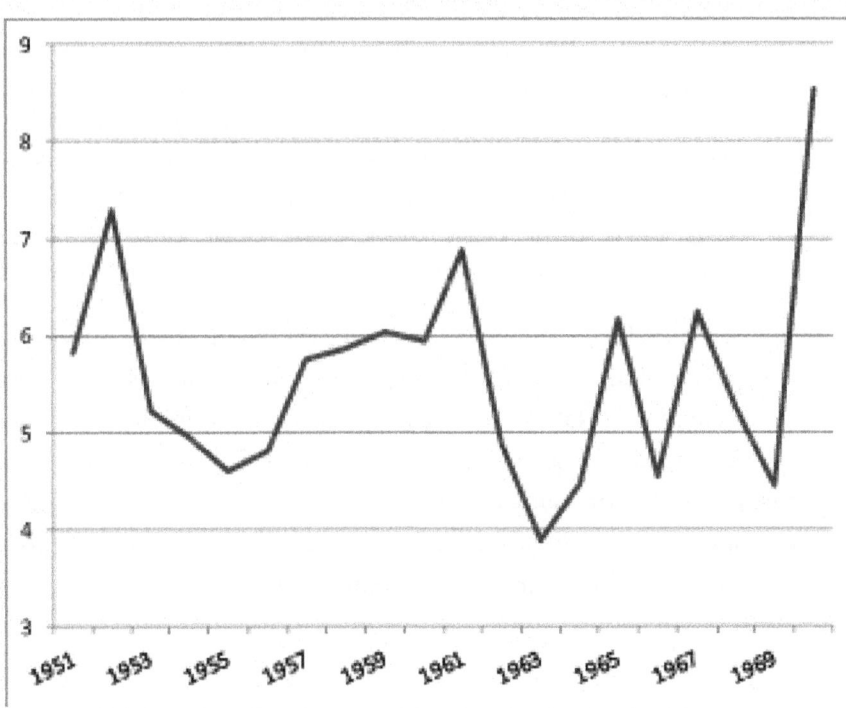

A etapa da diversificação emergencial estava encerrada pela estabilidade da nova inserção internacional da ilha. Além de ter sido insuficiente para suprir o crescimento da demanda interna de alimentos, essa diversificação resultou em um caminho antieconômico, tendo gerado desequilíbrios estruturais que não poderiam ser ignorados pela direção revolucionária. A redução da safra açucareira, o crescimento da demanda interna de alimentos e a insuficiente substituição de importações alimentares pressionavam a capacidade de importação, trazendo à tona o fantasma da escassez de divisas. O crescimento da demanda era consequência inevitável do fim da segregação social e o governo compreendeu que era preciso contê-lo. Daí que, como visto, em 1962 adotou-se a *libreta*, o cartão de abastecimento mensal que ao mesmo tempo controlava os níveis de consumo, e dava direito a uma quantidade gratuita de alimentos às famílias.[20]

---

20   Na opinião de Barkin, o racionamento era uma medida necessária da própria estratégia de desenvolvimento, sem a qual não se poderia ampliar o investimento: "Era preciso restringir o consumo individual para que a nação continuasse utilizando

A rápida recuperação do açúcar foi consequência da expansão de 17.417 *caballerías* da superfície da cana, entre 1962 e 1964. Carlos Rafael Rodríguez, em 1963, descreveu a expansão com bastante otimismo:

> Os erros de enfoque cometidos a partir de 1961 foram retificados já no começo de 1962. Na safra de 1964 se sentiram os efeitos dessa retificação de fundo na política canavieira (...). Em conjunto, esses três anos de trabalho devolveram ao cultivo da cana uma extensão de 17.417 *caballerías*, que resultará suficiente, junto ao emprego adequado de insumos, da irrigação e das variedades acertadas, para uma safra de 1965 de 7 milhões de toneladas, se as condições atmosféricas estiverem normais (1963a, p. 21).

Mesmo ao calor do grande debate econômico travado dentro da direção revolucionária cubana entre 1963 e 1964, a volta do açúcar como prioridade estratégica foi ponto consensual. Talvez porque não houvesse outro caminho à vista para resolver o problema da escassez de divisas, já que os novos cultivos alimentares não conseguiram adquirir a eficiência adequada para substituir as importações. Em 1963, Carlos Rafael Rodríguez foi muito claro ao justificar a nova estratégia a partir da constatação das vantagens econômicas da produção açucareira em relação a outros cultivos:

> O INRA realizou alguns estudos não completos que permitem já compreender a conveniência de estendermos o cultivo da cana até 125 mil *caballerías*, ao invés de entregar estas 25 mil *caballerías* novas aos cultivos menos rentáveis nacional e internacionalmente. Quando se sabe que uma cana irrigada com a água que empregamos para irrigar o arroz produz mais, em termos de valor comparativo, que uma *caballería* de arroz e que a venda de açúcar produzido por esta *caballería* de cana representa muito mais em divisas do que a poupança que se obteria com a produção arrozeira neste mesmo espaço, se compreende por que, enquanto possamos produzir cana para o mercado internacional, essa operação nos resulta rentável. Mais ainda quando se trata de feijão e milho (1963b, p. 86).

---

a maior parte do crédito e das divisas para as necessárias importações de bens de capital e de matérias primas para a produção industrial (...). Sem um mecanismo adequado para restringir a demanda interna de produtos agrícolas nacionais e a importação de outros bens de consumo, seria impossível empreender o programa de desenvolvimento de longo prazo iniciado na metade da sétima década" (Barkin, 1978, p. 219-220).

Ancorado neste raciocínio, reduziu-se a partir de então a produção de uma série de cultivos "forçados", como definiu Carlos Romeo[21] (1965, p. 8), cuja racionalidade econômica levava à defesa das vantagens da importação. Edquist defendeu que uma vantagem da economia socialista em relação à capitalista era o fato de que o Estado, como "sujeito da escolha tecnológica" (*social carrier of technique*), poderia suportar mais tempo de investimentos não rentáveis e esse tempo era mais adequado ao processo estrutural de desenvolvimento de capacidades tecnológicas endógenas, necessariamente de longo prazo (Edquist, 1985, p. 142). Contudo, essa vantagem só poderia ser vislumbrada se houvesse uma estratégia de desenvolvimento de longo prazo em curso, o que, entre 1959 e 1963, não havia, de modo que a não rentabilidade da diversificação agrícola dos primeiros anos da revolução não se justificava por nenhum ganho futuro em termos de estrutura tecnológica. A política de emergência para agricultura mais cedo ou mais tarde deveria ser substituída por uma de longo prazo. A escassez de divisas, porém, era um problema estrutural imediato. A direção revolucionária caminhou exatamente no meio do caminho entre a estratégia de longo prazo e os desequilíbrios imediatos.

Guevara havia afirmado num programa de televisão em 6 de janeiro de 1961, que "Cuba tem que contar com o açúcar para desenvolver-se e para realizar seu comércio externo. Ou vende seu açúcar, ou sofre prejuízos muito altos no comércio externo" (1982, p. 103). Reforçando a mesma ideia, em entrevista ao jornalista Jean Daniel, Guevara afirmou alguns anos mais tarde que "nossas dificuldades advêm de nossos próprios erros. O maior deles, o que mais nos causou problemas, como o senhor sabe, é a subexploração da cana-de-açúcar" (apud Pericás, 2004, p. 82-3). É digno de nota que os expoentes polarizadores do grande debate econômico, Carlos Rafael Rodríguez e Che Guevara, estavam de acordo sobre a política de priorização do açúcar. Mas quais seriam as consequências estruturais desta política, no quadro de uma nova inserção internacional? Guevara acreditava que as relações comerciais entre os países socialistas eram qualitativamente distintas das relações internacionais capitalistas e considerava que a nova inserção cubana poderia criar as bases da industrialização, o que sustentou em 1964:

---

21   Carlos Romeo é um economista chileno que foi assessor do Ministério das Indústrias em Cuba desde março de 1959, inicialmente enviado em missão técnica da CEPAL.

> É necessário encontrar fórmulas de comércio que permitam o financia-
> mento dos investimentos industriais nos países em desenvolvimento,
> mesmo que isso infrinja os sistemas de preços existentes no mercado
> mundial capitalista, o que permitirá o avanço uniforme de todo campo
> socialista (...). O recente acordo entre Cuba e URSS é uma mostra dos
> passos que podem ser dados neste sentido (1982, p. 195).

Neste raciocínio esperançoso de Guevara, encontramos o cerne do paradoxo do açúcar.[22] Pensou-se, então, que a hiperespecialização típica da estrutura
agrária neocolonial poderia ser um meio para formação das bases de uma nova
economia, diversificada e voltada para as necessidades da população. Infelizmente, esta aposta se frustrou a partir de 1970, fazendo com que o açúcar permanecesse sendo o fator chave da geração de excedente por muito mais tempo do
que o desejável. Entretanto, o tempo da sincronia é afeito a toda sorte de otimis-
mos. E a inserção econômica no bloco soviético se havia tornado um imperativo
de sobrevivência.

Revolução insertada e o paradoxo da nova dependência

Em fins da década de 1960, Celso Furtado analisou a importância do setor
externo em uma economia subdesenvolvida como a cubana, e chegou a conclu-
sões não muito diferentes dos dirigentes revolucionários. Alegou:

> Em uma economia de estrutura pouco diferenciada como a cubana,
> toda tentativa de elevação do ritmo de crescimento acarretaria, de ime-
> diato, séria pressão sobre a balança de pagamentos. Desta forma, era
> de se esperar que o setor externo em pouco tempo se transformasse
> no ponto nevrálgico, onde se decidiria o futuro da Revolução cubana
> (1969, p. 342).

Seria impossível compreender as determinações dos acordos comerciais entre Cuba e União Soviética, sem considerar a correlação entre segurança econômica (créditos, liquidez e divisas) e segurança militar (armamentos e proteção).
A especificidade geopolítica cubana do período de 1960 a 1990 foi definida pelo

---

22   Esperança poeticamente sintetizada por Eduardo Galeano no início dos anos 1970:
     "a Revolução descobriu, então, que havia confundido o punhal com o assassino. O
     açúcar, que havia sido o fator de subdesenvolvimento, converteu-se num instru-
     mento do desenvolvimento" (2004, p. 87).

salvadorenho-palestino Shafick Handal com o conceito de "revolução insertada".[23] Segundo essa interpretação, os golpes militares ocorridos na América Latina após 1959 configuraram um entorno regional tremendamente hostil à ilha, que ameaçava a sobrevivência da revolução. A escalada repressiva foi aprofundada a partir de 1964 no Brasil e se espalhou pelo Cone Sul, produzindo, segundo Regalado, uma terceira geração de ditaduras latino-americanas, as "ditaduras militares de segurança nacional", cujo objetivo primordial era a eliminação ideológica de forças revolucionárias, fossem nacional-libertadoras, fossem comunistas.[24] Essa "contrarrevolução continental" alterou profundamente os rumos e possibilidades de desenvolvimento da revolução cubana, tanto mais quando o bloqueio econômico estadunidense se propagou na região. Insertada no entorno hostil, Cuba não teria alternativa a não ser recorrer à ajuda externa (econômica e militar). A interpretação da revolução insertada, portanto, defende a tese de que não havia possibilidade concreta de sobrevivência do projeto revolucionário cubano, sem que se recorresse à proteção soviética. Por isso, qualquer crítica contra a inserção especializada de Cuba no bloco soviético deveria colocar, do outro lado da balança, a própria existência da revolução. Uma interpretação sobre a impossibilidade cubana de dispensar a ajuda externa foi exposta por Carlos Rafael Rodríguez, em uma entrevista para a revista colombiana *Desarrollo Indo-Americano* em novembro de 1963:

> Ainda que o imperialismo tenha a capacidade militar de nos agredir, não tem a possibilidade histórica concreta de levar esta agressão à prática. O custo político seria demasiado grande. A União Soviética desempenhou o papel central no desenvolvimento econômico de Cuba.

---

23   Ainda que este conceito não tenha sido formalizado em nenhuma obra acadêmica, o consideramos de alta validade interpretativa. Muitas vezes, dirigentes políticos de caráter essencialmente prático não chegam a formalizar suas teorias com procedimentos acadêmicos convencionais, mas isso não diminui sua capacidade aguçada de interpretação da realidade. Quem nos apresentou este conceito foi Roberto Regalado, historiador, sociólogo, dirigente e teórico da Cuba contemporânea, especialista em geopolítica, editor da revista *Contexto Latinoamericano* e da *Ocean Sur*, com quem conversamos em julho de 2012 em Havanna. Em nossa visão, a perspectiva diacrônica do conceito de revolução insertada enriquece a compreensão dos problemas aqui analisados.

24   Para Regalado, a primeira geração de ditaduras teria ocorrido logo após as guerras de independência hispano-americanas e a segunda geração surgiu nos anos 1920 na bacia do Caribe (Regalado, 2012).

Nós acreditamos que, no desenvolvimento dos países atrasados, a colaboração internacional tem um papel importante. Destacamos que o povo que não conte com suas próprias forças e dependa exclusivamente da ajuda exterior não poderá desenvolver-se. Mas nas condições contemporâneas, os países que foram largamente explorados pelo imperialismo e que estão qualitativamente distantes do desenvolvimento dos países mais avançados não poderão, por si mesmos no curto prazo, vencer esse subdesenvolvimento (1983, p. 501).

Assim, a ideia de revolução insertada "justificou" o paradoxo do açúcar e a nova dependência. No curto prazo, a ajuda soviética resolveria dois problemas vitais: das divisas e da defesa. Entretanto, a água que matava a sede da revolução cubana e sem a qual ela não poderia sobreviver gerava o risco constante de afogamento. Ao mesmo tempo em que era imprescindível, apresentava consequências estruturais negativas no longo prazo. Com o passar do tempo, a proteção soviética aprofundou a dependência externa da ilha, ao invés de criar as condições para sua atenuação. Em termos quantitativos, a dependência comercial em relação ao bloco soviético era proporcional à anterior dependência com os Estados Unidos, como vimos nos gráficos 1 e 2 (capítulo 2).

Em termos qualitativos, contudo, a nova dependência era de natureza distinta, uma vez que deu origem a um fluxo de transferência de recursos de fora para dentro da ilha, no sentido oposto da inserção capitalista. Eram três os mecanismos de transferência: os preços, os créditos e os investimentos produtivos. Tal fluxo só era possível porque a revolução insertada apresentava uma face paradoxalmente positiva, gerada pelo mesmo contexto da Guerra Fria que armou o entorno hostil: uma "vantagem geopolítica" de Cuba nas suas relações com o bloco soviético.[25] Como veremos no capítulo 5, todos os mecanismos de transferência de recursos soviéticos à ilha estavam alicerçados nesta vantagem geopolítica, cuja existência dependia de tensões internacionais muito específicas.

Na conjuntura de alta pressão militar, poucos foram os dirigentes cubanos que vislumbraram o caráter historicamente provisório da Guerra Fria. Por conta disso, a ajuda soviética desencadeada pela revolução insertada foi interpreta-

---

25 Os preços fixados pelos acordos eram políticos: sempre estáveis e superiores em relação ao mercado capitalista mundial. Os créditos soviéticos eram renovados e os pagamentos das dívidas prorrogados com anulação dos juros, sem condicionamento à rentabilidade dos investimentos. A transferência de tecnologia soviética ocorria a baixo custo e incluía envio de equipes técnicas especializadas.

da como um "novo paradigma" de relações internacionais entre países com níveis desiguais de desenvolvimento das forças produtivas. Até Juan Noyola, um dos maiores defensores da diversificação das relações comerciais, elogiou, em setembro de 1960, o caráter distinto dos "créditos socialistas" em relação aos créditos imperialistas:

> A ideia do crédito estatal de longo prazo, a baixa taxa de juros, sem impor condições políticas, para fins que o próprio país defina e em campos em que seja necessário contar com equipamentos estrangeiros, com recursos complementares de capital, em que se trata de desenvolver indústrias novas que demandem grande experiência técnica e grandes unidades de produção, esse tipo de empréstimos sim, são aceitáveis, são inclusive recomendáveis como forma complementar de desenvolvimento. No caso de Cuba, há dois magníficos exemplos disso: os créditos concedidos pela União Soviética e pela Tchecoslováquia (1978, p. 109).

Rodríguez foi mais além sobre a caracterização positiva da inserção cubana no Segundo Mundo. Afirmou que as relações internacionais com o bloco soviético constituíam uma superação do paradigma explorador das relações imperialistas, porque pela primeira vez a divisão internacional do trabalho estaria organizada em condições justas de "interdependência" (Rodríguez, 1963b, p. 86). Por óbvio, diante de um conflito militar iminente, em geral as interpretações sobre a nova inserção cubana eram mais sensíveis às necessidades imediatas do que à análise fria da provisoriedade histórico-estrutural sobre a qual tal inserção se assentava. Sendo assim, nos anos 1960, predominou o elogio da nova dependência.[26]

Além da transferência de recursos, havia outro aspecto fundamental que contribuía para a visão positiva da inserção no bloco soviético: a inédita coexistência entre dependência externa e soberania nacional. Valdés Paz comentou:

> Objetivamente, a revolução cubana somente é viável se um trem se engate em outro. Porque *não é possível para um país como Cuba ter vida própria*. Agora, este engate pode ser feito de uma maneira mais adequada a nossos interesses (não apenas econômicos, mas gerais, de segurança, políticos, culturais), ou podemos nos comportar como um peão, como um satélite. Mas o resultado foi oposto: nós impusemos

---

26 As consequências negativas da dependência de Cuba em relação ao bloco soviético se tornaram irreversíveis no longo prazo. Suas determinações diacrônicas serão debatidas no capítulo 5 deste trabalho.

à URSS compromissos e situações que esta não desejava de nenhuma maneira se não os tivéssemos forçado. Refiro-me aos seus compromissos na África, na América Central etc (Valdés Paz, 2012, grifo nosso).

De fato, a principal arena de ação da soberania nacional cubana foi sua política externa, de cunho anti-imperialista e "terceiro-mundista".[27] Neste aspecto, a luta pela superação do subdesenvolvimento, que impulsionou desde a origem o projeto da revolução cubana, se institucionalizou como diretriz máxima da política externa. Em outras palavras, a batalha anti-imperialista se converteu em uma finalidade internacional da política externa cubana, o que vinculava a ilha organicamente ao Terceiro Mundo.

Terceiro Mundo: arena da soberania nacional

O protagonismo cubano na Conferência Tricontinental, na fundação da Organização de Solidariedade aos Povos da Ásia, África e América Latina (OS-PAAAL) e no Movimento dos Países Não Alinhados indicava que, durante os anos 1960, a dependência econômica cubana não gerava mecanicamente uma dependência política.[28] A soberania da política externa cubana, reforçada por estas experiências, é um dado histórico bastante relevante para compreensão da natureza das relações entre Cuba e União Soviética especificamente dos anos 1960.[29] A margem de soberania nacional conquistada pela ilha lhe permitia lutar

---

27   O "terceiro-mundismo" foi assim definido por Hobsbawm: "'O terceiro-mundismo', a crença em que o mundo seria emancipado pela libertação se sua 'periferia' empobrecida e agrária, explorada e forçada à dependência pelos 'países-centro' do que uma crescente literatura chamava de 'sistema mundial', tomou conta de grande parte dos teóricos de esquerda do Primeiro Mundo. Se, como sugeriram os teóricos do 'sistema mundial', as raízes dos problemas do mundo estavam não na ascensão do capitalismo industrial moderno, mas na conquista do Terceiro Mundo por colonialistas europeus no século XVI, então a inversão desse processo histórico no século XX oferecia aos impotentes revolucionários do Primeiro Mundo uma saída de sua impotência" (2005, p. 431). Isso explica a atração que a revolução cubana exercia sobre as esquerdas europeias e estadunidenses.

28   Cuba foi o único representante da América Latina no Movimento dos Não Alinhados, em uma demonstração isolada de soberania nacional no continente (Hobsbawm, 2003, p. 337).

29   Já nos anos 1970, esta "nova dependência" adquiriu determinações diferentes. Após o fracasso da safra de 10 milhões de toneladas de açúcar, Cuba ingressou no CAME com menor poder de negociação internacional e adotou os manuais e

pela emancipação dos povos em âmbito internacional, através da criação de ferramentas políticas de combate ao subdesenvolvimento e à dominação colonial em outros continentes.

O Terceiro Mundo atravessou, depois da II Guerra, uma intensa onda de lutas revolucionárias pela emancipação nacional, envolvendo metrópoles, colônias e neocolônias em uma zona de conflitos permanentes. Como diagnosticou Hobsbawm, o Terceiro Mundo foi palco das guerras quentes que se desenvolveram como prolongamento da Guerra Fria, articulando dois componentes: a resistência de base local à dominação estrangeira e a polarização ideológica entre liberdade de mercado e igualdade social. Para Hobsbawm:

> Essa permanente instabilidade social e política do Terceiro Mundo dava-lhe seu denominador comum. Essa instabilidade era igualmente evidente para os EUA, protetores do *status quo* global, que a identificavam com o comunismo soviético, ou pelo menos a encaravam como uma vantagem permanente e potencial para o outro lado da grande luta global pela supremacia. Quase desde o início da Guerra Fria, os EUA partiram para combater esse perigo por todos os meios, desde a ajuda econômica e a propaganda ideológica até a guerra maior, passando pela subversão militar oficial ou não oficial (...). Foi isso que manteve o Terceiro Mundo como uma zona de guerra (2003, p. 421-2).

Diante do potencial revolucionário das periferias, Cuba foi uma peça chave na conexão entre Segundo e Terceiro Mundos, influenciando ideologicamente os movimentos de libertação nacional, organizando a ajuda militar e a defesa política das lutas de independência, sobretudo na África. A "revolução contra o subdesenvolvimento" amplificava seu sentido sistêmico quando Cuba se apresentava como vanguarda da emancipação dos povos do Sul. Esse papel se consolidou quando, em janeiro de 1966, no auge da Guerra do Vietnã, um grupo de 82 países subdesenvolvidos, representados por 327 organizações políticas, se reuniu em Havana para a Conferência Tricontinental, idealizada pelo marroquino Mehdi Ben Ba-

---

modelos de planificação econômica soviéticos. A partir de então, a dependência se aprofundou. Na avaliação de Valdés Paz: "O esforço de maior autonomia foi nos anos 1960. Nos anos 1970, quase caímos nos modelo soviético e só na metade dos anos 1980 que começamos a sair com a política de retificação dos erros. (...) Acredito que a direção cubana pensou: a política exterior cubana é nosso espaço de independência" (Valdés Paz, 2012).

rka.[30] Em definitivo, a Tricontinental incomodava os líderes das metrópoles do capitalismo contemporâneo, talvez porque desmascarasse os discursos em defesa dos direitos humanos que às vezes eram proferidos do Norte.[31] Che Guevara, que à época estava na Tanzânia, logo depois de ter deixado o Congo, enviou a célebre Mensagem à Tricontinental, na qual propunha "criar dois, três, muitos Vietnã", focos de resistência guerrilheira contra as forças armadas dos Estados Unidos em todas as partes do mundo, num momento em que a defesa da autodeterminação dos povos havia conquistado destaque internacional (Guevara, 2011, p. 421).

Nesse contexto, através da Tricontinental, foi concebido um contraponto que articulasse todas estas demandas por independência e soberania. Assim nasceu a OSPAAAL (Organização de Solidariedade aos Povos da Ásia, África e América Latina, que existe até hoje). Seria uma ferramenta de solidariedade entre os povos dos países subdesenvolvidos e colonizados, explorados de distintas maneiras pelas potências imperialistas durante os últimos séculos, com a finalidade de financiar e organizar a luta pela soberania nacional em dimensão hemisférica. A prioridade absoluta da OSPAAAL em 1966, de acordo com Lourdes Cervantes,[32] era completar o processo de descolonização das periferias, sobretudo da África e Ásia, que ainda estavam controladas por potências estrangeiras. A este desafio político e militar, se somavam a luta pela soberania nacional dos países que, apesar

---

30   Líder político nacionalista, Ben Barka havia fundado a União Nacional das Forças Populares do Marrocos em 1959 e era um destacado dirigente na luta pela descolonização da África. Três meses antes da Conferência, ocupado com a Presidência do Comitê Organizador da Tricontinental, Ben Barka fora assassinado em Paris por ordem da polícia secreta da França, onde estava exilado desde 1963, após ter sido vítima de um sequestro obscuro com indícios de participação da CIA (Cervantes, 2015).

31   O temor dos Estados Unidos em relação à auto-organização do Terceiro Mundo se relacionava também com o fato de que o projeto econômico de desenvolvimento soviético lhes poderia parecer muito mais eficaz e adequado. Como justificou Hobsbawm: "O comunismo de base soviética, portanto, passou a ser um programa voltado para a transformação de países atrasados em avançados. (...) A receita soviética de desenvolvimento econômico – planejamento econômico estatal centralizado, voltado para a construção ultrarrápida das indústrias básicas e infraestrutura essencial a uma sociedade industrial moderna – parecia feita para eles [países atrasados] (...) Parecia um modelo mais adequado, sobretudo para países sem capital privado nem um grande corpo de indústria privada com fins lucrativos" (2003, p. 367).

32   Lourdes Cervantes é a atual chefe política da OSPAAAL, com quem conversamos em julho de 2012.

da independência formal, não detinham Estados nacionais com poder real de governo; a preservação das identidades nacionais e culturais dos povos originários; a solidariedade Sul-Sul; a luta pela superação do subdesenvolvimento e atraso econômico; a justiça social; entre outros. A representatividade do Terceiro Mundo naquele encontro fundacional se tornou ainda mais ameaçadora ao bloco capitalista porque tanto China quanto União Soviética foram acolhidas em Havana na qualidade de observadoras. A ação anti-imperialista de Cuba teria deslocado posições soviéticas e chinesas através de sua política externa pela autodeterminação dos povos. Cervantes comentou:

> A reunião é um marco histórico porque apesar do predominante cisma sino-soviético da época, tanto o Partido Comunista da China, como o Partido Comunista da então União Soviética assistiram como observadores à Conferência Tricontinental e se comprometeram a apoiar política e concretamente o movimento de libertação nacional do Sul. É, provavelmente, naquela época de tão duras divergências, o único momento em que ambas as forças coincidem com a necessidade de dar um impulso a este processo de organização (2015).

Está para muito além de nossos objetivos analisar as determinações gerais da política externa cubana. O que importa, por hora, são três bases de interpretação histórica. Primeiro, a ideia de que a revolução cubana não poderia sobreviver sem ajuda externa, devido tanto aos desajustes estruturais (técnico-econômicos) de uma sociedade subdesenvolvida, quanto ao contexto militar da revolução inserida. Segundo, que o paradoxo do açúcar se converteu em paradoxo da inserção internacional, isto é, em termos econômicos, a relação cubano-soviética era tão imprescindível e benéfica no curto prazo, quanto problemática no longo prazo. E terceiro, que Cuba se integrou a uma relação de "dependência de novo tipo", cujas quatro diferenças estruturais essenciais em relação à dependência neocolonial foram pontuadas anteriormente, às quais acrescentamos sua particular coexistência com a soberania nacional.[33]

---

33   Com isso concordava Florestan Fernandes: "Se ainda continua dependente do mercado mundial do açúcar, é óbvio que essa dependência não impede nem a autonomia de sua política econômica revolucionária, nem uma crescente racionalização do controle de aplicações alternativas dos recursos materiais e humanos escassos" (2007, p. 191). A mesma interpretação foi apresentada oficialmente pela CEPAL: "Sem a conservação de um amplo déficit comercial e de diversas formas de ajuda, Cuba não poderia abastecer seu consumo interno, ainda a níveis mui-

Expostas estas determinações gerais do cenário internacional por trás da estratégia combinada, restam-nos compreender as três tarefas que a acompanharam: a relativa descentralização administrativa da produção agrícola; as formas da diversificação especializada; e a busca da absorção tecnológica que viabilizasse a intensificação da produção.

GESTÃO AGRÁRIA: ENTRE A AUTONOMIA RELATIVA E A CENTRALIZAÇÃO

O problema estrutural mais elementar resolvido pela segunda reforma agrária foi o caos territorial. A partir de outubro de 1963, as granjas que estavam transpassadas por outras propriedades foram reorganizadas geograficamente. Isso alavancou a capacidade produtiva estatal e permitiu a ampliação em 29,4% dos rendimentos agropecuários do setor, como mostra a tabela 21.

TABELA 21 - RENDIMENTOS AGROPECUÁRIOS (1963-1964) (EM MILHÕES DE PESOS)				
	1963		1964	
Estatal	360,8	46,3%	467,0	57,7%
Privado	410,0	53,7%	349,7	42,3%
Total	770,8	100%	816,7	100%
Fonte: Aranda, 1968, p. 36				

Como parte da reorganização territorial, foram criadas novas instâncias administrativas da produção agropecuária, que refletiam alguns aspectos das críticas dos especialistas internacionais a respeito da gestão e da escala. Por um lado, foi criada uma nova subdivisão territorial da granja (os departamentos e lotes), reduzindo a esfera de ação dos técnicos agrícolas e respondendo às críticas sobre o gigantismo da escala. Por outro, uma nova instância de decisão entre as granjas e as províncias (as agrupações) serviria de intermediária na planificação, descen-

---

to austeros, nem financiar seus investimentos, incluindo de defesa. Estes vínculos dos anos 1960 não impediram, porém, a inovação na política interna e externa de Cuba. Os dirigentes persistiram em sua determinação de explorar caminhos originais até o socialismo e admitiram que, em sua busca de atalhos, não prestaram atenção suficiente às experiências de países que estavam há mais tempo comprometidos com este empreendimento" (CEPAL, 1980, p. 28-9).

tralizando algumas atribuições administrativas e financeiras para fora de Havana e absorvendo alguns aspectos das críticas sobre a gestão.[34] Além disso, em 1964 foi criado o Instituto de Planificação Física, que teria a tarefa estratégica de desenhar unidades geoeconômicas de todo o país, em médio e longo prazo (CEPAL, 1980, p. 165).

Podemos considerar, portanto, que apesar de não acatados, os comentários de Chonchol, Dumont e Gutelman durante o "pequeno debate agrário" não caíram no vazio. O território agrícola cubano adquiriu uma nova organização, desta vez menos contingente e menos sujeita às tensões e improvisos da luta revolucionária. A constatação da necessidade de reorganização territorial, da escala e da gestão das unidades agropecuárias estatais foi comunicada por Rodríguez em 1963:

> As plantações, salvo em casos excepcionais como o arroz e a cana, e no período mais recente o algodão, não estavam distribuídos de acordo com as características do solo e do clima, o que provocou perda de colheitas ou baixos rendimentos. Tudo isso nos levou à conclusão de que era necessário empreender de imediato uma reorganização territorial, física, das Granjas, que levasse em conta dois princípios: 1º) uma determinação do tamanho ótimo das unidades e redução das existentes de acordo com esta dimensão; 2º) a redistribuição das áreas entre granjas, deslocando as unidades fragmentadas para as granjas às quais devem pertencer definitivamente, do ponto de vista geográfico e econômico (1963b, p. 81).

A superação do caos territorial ocorreu no auge do grande debate econômico. Por isso, as mudanças administrativas geradas pela criação das novas instâncias agropecuárias após a segunda reforma agrária eram reflexo direto de uma opção dentro do debate. À época, como vimos, adotou-se a dualidade de sistemas de financiamento (Valdés Paz, 2009, p. 33). O cálculo econômico foi o modelo eleito para a agropecuária. E a descentralização promovida pelas agrupações, departamentos e lotes refletia essa escolha.

---

34   Chochol, por exemplo, criticava o centralismo excessivo: "eu criticava as Granjas do Povo (…) por uma coisa que é muito típica dos regimes socialistas, que tudo dependia muito de Havana. Então, cada administrador tinha que entender-se com Havana e não possuía verdadeira autonomia para tomar uma série de decisões. Tinham que consultar" (2012). Gutelman e Dumont apresentaram a mesma crítica, como mostramos no capítulo anterior.

Agrupações, Departamentos, Lotes

As 600 granjas estatais foram divididas em departamentos territoriais de 100 *caballerías*, isto é, uma escala semelhante às cooperativas canavieiras abolidas em setembro de 1962. Os departamentos correspondiam às unidades de exploração agrícola dentro da unidade de produção mais ampla constituída pela granja. Depois, cada departamento foi fragmentado em lotes de não mais que 35 *caballerías* (Nuñez Jimenez, 1966, p. 22). Os lotes constituíam subunidades operacionais e especializadas em um único cultivo. Eram, portanto, unidades de perfil agrotécnico. A divisão em departamentos e lotes permitiu amenizar o gigantismo das granjas e criou a escala de testes da diversificação especializada. Cada lote de 35 *caballerías* seria operado por um especialista agrônomo. Ao mesmo tempo, todas as granjas foram agrupadas em 66 agrupações, instância entre a unidade produtiva e a administração provincial, que unia cerca de 10 granjas sob a mesma responsabilidade.[35]

Essa nova organização territorial visava criar as bases para a diversificação especializada, para o melhor aproveitamento das vantagens da escala, além de gerar coerência geográfica. As agrupações eram "empresas regionais" que organizavam a circulação de mão de obra entre as diferentes granjas de sua responsabilidade, de acordo com os ciclos de cada cultivo. Sendo cada granja especializada em no máximo quatro cultivos, os ciclos se intercalavam e a mão de obra era plenamente aproveitada, na medida em que circulava pelas granjas sazonalmente. As atribuições de cada instância na nova organização territorial estão na tabela 22.[36]

---

35   Em 1965, as agrupações estavam dispostas no território cubano da seguinte forma: 6 agrupações em Pinar del Río, 4 em Havana, 6 em Matanzas, 10 em Las Villas, 14 em Camaguey, 18 no Oriente e 8 agrupações diretamente subordinadas ao governo nacional (Valdés Paz, 2009, p. 39).

36   Além da reorganização agrícola, em 1963 foi elaborada uma reforma da divisão político-administrativa cubana, reduzindo o número de municípios com a seguinte justificativa: "Ainda que numerosos municípios de nosso país tenham resultados da cristalização histórica dos processos econômicos, políticos e sociais, em uma boa parte dos casos, os municípios surgiram como consequência das atividades politiqueiras de pequenos caciques locais, que fomentaram a divisão administrativa com objetivo de alargar sentimentos localistas e obter assim respaldo político para suas ambições pessoais" (Rodríguez, 1963b, p. 80).

TABELA 22 - REORGANIZAÇÃO TERRITORIAL APÓS A SEGUNDA REFORMA AGRÁRIA		
Nível	Unidade	Estrutura
Município	Técnica	Lote
	Exploração	Departamento
	Produção	Granja Estatal
Região	Econômica	Agrupação Agropecuária Estatal
Província	Delegação provincial	Delegação do INRA
Nação	Delegação Nacional	Organismo central do INRA
Fonte: Valdés Paz, 2009, p. 38.		

A reorganização territorial se potencializou por reformas administrativas que resolveram dois problemas metodológicos do planejamento econômico agropecuário. Gutelman havia criticado dois elementos da planificação agrícola cubana que, por excessivo centralismo, aumentariam a ineficiência. Primeiro, a *metodologia descida e subida* de elaboração do plano econômico nacional: a partir de dados estatísticos trabalhados pelo centro, Havana elaborava todos os mínimos detalhes de produção de cada unidade, agregados como um quebra-cabeça. Cada unidade recebia o plano vindo de cima, e propunha modificações debatidas nas assembleias de trabalhadores. A partir das modificações da base, cada unidade devolvia seu plano específico modificado para o centro e o quebra-cabeça não poderia se equilibrar novamente quando os novos planos eram agregados, gerando uma incongruência de difícil solução. No contexto de uma economia sem estoques, as múltiplas alterações dos planos inviabilizavam a reunião coerente das metas de cada setor. Assim, havia uma tendência de alta abstração das condições concretas de produção, forçando estatisticamente coordenações produtivas inviáveis na prática. O segundo problema metodológico apontado por Gutelman era a *divisão transversal* da economia estatal: o Ministério do Comércio Interior, Ministério Comércio Exterior, Ministério das Indústrias, o INRA, o Acopio (empresa de coleta e transporte dos produtos agropecuários), cada um estava responsável por uma etapa da mesma cadeia produtiva. Na produção de açúcar, as refinarias e centrais ficaram a cargo do Ministério das Indústrias, mas as plantações pertenciam ao INRA, enquanto o Acopio realizava a coleta e o transporte, e o Ministério do Comércio Exterior realizava os procedimentos de exportação e a importação de insumos. Essa divisão transversal de tarefas da mesma cadeia produtiva criava, na opinião de Gutelman, mais um fator de ineficiência.

Esses dois problemas metodológicos da administração geral das Granjas foram corrigidos a partir de 1963. Primeiro porque o plano passou a ser iniciado na unidade e posteriormente enviado aos organismos de planificação central. Segundo, pela eliminação da transversalidade administrativa e a criação de *trusts* verticais que reuniam as plantações, a indústria de transformação, a colheita e transporte interno e as exportações e compra de insumos sob uma mesma coordenação administrativa, no "modelo combinado".[37] Segundo Valdés Paz, a lógica da planificação agropecuária passou a se orientar pelo "principio da dupla subordinação, mediante o qual se tratou de conciliar o caráter vertical de certas estruturas organizativas com o caráter regional de outras" (2009, p. 35).

Ao viabilizar a descentralização administrativa da agricultura, as agrupações, os departamentos e os lotes não deixavam de constituir uma resposta dentro do grande debate econômico, pois as novas instâncias seriam a base material das novas autonomias de gestão. Em 1964, quando se decidiu pela dualidade de modelos, as novas instâncias administrativas criadas na segunda reforma agrária se tornaram veículos do paradigma do cálculo econômico.

Aspectos do grande debate na agricultura

A relação entre as novas instâncias administrativas e a aplicação do cálculo econômico na agricultura foram anunciadas por Carlos Rafael Rodríguez, em 1963:

> A descentralização e regionalização da agricultura nos permitem também passar à utilização do cálculo econômico e do autofinanciamento como método de direção econômica e financeira na condução das unidades produtivas. Como se sabe, este método exige que as empresas socialistas cubanas cubram seus gastos com os próprios recursos e assegurem a rentabilidade na produção. O Estado fornece o financiamento das inversões centralizadas que, ao produzir utilidades, partes destas serão destinadas à realização de investimentos descentralizados propostos pelas empresas e aprovadas pelos organismos planificadores (1963b, p. 88).

Rodríguez afirmou também que a autogestão seria aplicada nas agrupações, porque as deficiências contábeis das granjas impediam o autofinanciamento na unidade. Já o lote seria a unidade do novo sistema de incentivos, de acordo com

---

37   As empresas de tipo "combinado" serão explicadas adiante.

as normas de trabalho da emulação socialista aprovadas em setembro de 1962 (que vigoraram até 1968), segundo as quais haveria correspondência direta entre salários e horas trabalhadas (Rodríguez, 1963b, p. 89; García Rodríguez, 1987, p. 244). Outra deliberação que buscava eliminar o burocratismo decorrente da centralização excessiva era que os gastos administrativos de cada agrupação não deveriam exceder em 0,8% o valor total de sua produção e não poderiam ultrapassar o valor de 80.000 pesos (Rodríguez, 1963b, p. 92).

Carlos Rafael Rodríguez foi o mais importante defensor do cálculo econômico contra a proposta de Guevara. Escreveu dois artigos na revista Cuba Socialista (1963a, 1963b), nos quais criticava o sistema orçamentário de financiamento e justificava porque, em sua opinião, a centralização excessiva gerada pelo sistema orçamentário levaria a agricultura ao fracasso. Curiosamente, as críticas expressadas por Rodríguez ao centralismo da administração agrícola estatal eram muito semelhantes às opiniões dos especialistas internacionais postas a público entre 1961 e 1962, no "pequeno debate agrário". Mas Rodríguez, tendo absorvido aspectos daquelas opiniões, defendia um caminho intermediário, que conciliava economia estatal com autofinanciamento. Reproduzimos o trecho mais significativo da sua opinião, no qual traça um conjunto significativo de críticas ao centralismo que vigorou entre 1959 e 1963:

> A centralização engendra sérios vícios e perigos. O *centralismo burocrático* é o pior deles. O método de traçar diretrizes gerais sem levar em conta as peculiaridades específicas de cada localidade conduz aagricultura a graves erros. Se a isso se soma a *rigidez* centralista, que exige que cada decisão local dos administradores seja consultada com o centro nacional, sem que todos os administradores tenham uma esfera de competência dentro da qual possam atuar por sua própria responsabilidade, tende-se à formação sistemática de '*gargalos*', ao *estancamento dos problemas* e ao *desespero dos trabalhadores da base* (...), se criam *títeres administrativos* carentes de capacidades resolutiva, incapazes de abordar seriamente os problemas que tem diante de si e desprovidos de todo movimento que não seja gerado pelos fios administrativos que os conectam ao aparato central. Se em todos os rincões da produção estes vícios do centralismo são nefastos, na agricultura se fazem mortais. A indústria carrega consigo certo grau de mecanização produtiva; a *agricultura exige soluções cambiantes*, de mês em mês, de dia em dia, e às vezes de hora em hora. Nenhum regulamento pode substituir a *iniciati-*

va consciente e técnica derivada da análise e das experiências locais. Por isso, também, este ano de estudo das condições de desenvolvimento de nossa agricultura levou os dirigentes do INRA à conclusão de que era imperativo eliminar as Administrações Gerais que dirigiam as granjas desde Havana, fossem Granjas do Povo ou Granjas Canavieiras, para substitui-las por uma descentralização, na qual as granjas se agrupem por uma base regional (1963b, p. 81-82, grifos nossos).

As cinco críticas de Rodríguez mais relevantes que justificavam o cálculo econômico na agricultura e, portanto, as agrupações, departamentos e lotes como instância de descentralização das decisões eram: (1) o excessivo burocratismo decorrente da centralismo; (2) a rigidez do sistema econômico e consequente estancamento de problemas em gargalos operacionais; (3) a ausência de formação política e de experiência de dirigentes agropecuários de nível médio, que perdem a iniciativa local e a capacidade de resolução de problemas pelo costume de repassá-los ao centro; (4) a especificidade da agricultura, que exige soluções sempre mutantes, adaptáveis às intempéries do clima e do solo fazendo com que as soluções centralistas (que eventualmente funcionem para a indústria) não sejam igualmente funcionais no campo; (5) e por fim, diante da necessidade de descentralização das decisões agropecuárias, as escalas das unidades políticas, laborais, econômicas e administrativas da produção deveriam ser redefinidas.[38]

A autonomia das agrupações seria, ainda, menor do que a defendida por Dumont, porque além de operar dentro do setor estatal, ainda se organizava por um

---

38   Destas cinco críticas, ao menos as quatro primeiras coincidem exatamente com a análise apresentada por Chonchol a respeito das granjas. Quanto à quinta crítica, as granjas perpetuavam a escala considerada por Chonchol como "gigante" (Chonchol, 1961, 2011). Como visto, alguns argumentos dos interlocutores internacionais atuantes no "pequeno debate agrário" foram retomados por Rodríguez para definir o funcionamento interno do setor estatal. Na ocasião do "pequeno debate", Rodríguez compactuava com os dirigentes cubanos a respeito da necessidade da centralização, a partir dos seguintes argumentos: (1) a falta de quadros administrativos e de experiência planificadora local; (2) as tendências "anárquicas" das zonas de desenvolvimento agrário (ZDA); (3) a necessidade de estabelecer ritmo e disciplina econômica na própria direção; (4) a necessidade político-estratégica da visão da totalidade dos recursos produtivos disponíveis; (5) a importância do abastecimento centralizado dos recursos técnico-materiais para a produção em um período de conflito social; (6) a importância da centralização da coleta agrícola para criar uma relação entre todos os agricultores e o Estado (Rodríguez, 1963b, p. 81).

regime de salários garantidos.[39] Dumont comentou que as mudanças administrativas geradas pela segunda reforma agrária seriam passos ainda insuficientes de descentralização, devido ao fato de que o autofinanciamento estaria restrito à instância das agrupações (aproximadamente 10 granjas que juntas somavam quase 6.000 *caballerías*), unidades ainda gigantes perto do ideal de autofinanciamento de unidades cooperativas de 100 *caballerías* (Chonchol, 1961, p. 41-2, 53).[40] Esta descentralização agrícola controlada pelo Estado, mediada com as diretrizes centrais da política econômica, foi a marca do período 1963 a 1967. De acordo com Valdés Paz, ela foi responsável por ampliar a eficiência global da economia.[41]

Caminhando no fio da navalha entre a centralização e a descentralização, Rodríguez parecia não ignorar os riscos da descentralização excessiva, que poderia abrir as portas ao capitalismo, tanto em termos econômicos, como culturais. Mais tarde, em 1980, num contexto em que a revolução já apontava para uma segunda etapa de autocrítica, Rodríguez elencou estes riscos da descentralização:

---

39   Dumont defendia autogestão nas cooperativas *privadas*, porque a garantia salarial inerente do setor estatal seria um fator inevitável da ineficiência: "As cooperativas de cana-de-açúcar fracassaram, assim como as granjas, por causa do salário diário garantido que elas pagavam" (Dumont, 1970, p. 181). Como Chonchol, Dumont defendia uma combinação de cooperativas autônomas com diretrizes políticas gerais centralizadas: "É bastante possível combinar a autogestão cotidiana com uma orientação geral da economia, de acordo com o plano, pela concessão de crédito público específica e condicionalmente alocado" (Dumont, 1970, p. 125). Ainda que estivessem politicamente mais próximos do sistema de cálculo econômico do que do sistema orçamentário de financiamento, é relevante diferenciar as propostas de Dumont e de Rodríguez.

40   Sobre as mudanças administrativas de 1963, sustentou Dumont: "Foi apenas no fim de 1963 que líderes cubanos reconheceram a 'impossibilidade prática de gerir unidades desde o centro'. Após o reagrupamento das parcelas de terra nas granjas, possibilitada pela segunda reforma agrária, se decidiu reorganizar as fazendas estatais em aproximadamente seis grupos locais, as *agrupações*, que eram a única instância de direção das unidades com autonomia financeira" (1970, p. 228, grifo nosso).

41   Valdés Paz elogiou os efeitos da descentralização mediada pelo Estado decorrente da reorganização territorial de 1963: "a agrupação alcançou uma maior autonomia destas instâncias, ainda que tenha mantido a centralização sobre a Granja Estatal subordinada. A criação de uma empresa agropecuária regional propiciou uma planificação integral das atividades agropecuárias e uma instância de coordenação com o conjunto das organizações políticas e estatais do território" (2009, p. 39).

Buscando escapar dos efeitos indesejáveis da excessiva centralização, algumas economias passaram a um grau de descentralização autogestionária na qual o mercado voltou a encarnar o papel decisivo. O novo sistema 'descentralizado' reproduz – muito rapidamente – as desvantagens do capitalismo sem obter sua eficiência (...). Postulamos, por isso, uma descentralização que não quebre os pressupostos da centralização inevitável, mas sim que seja compatível com esta (...). Não se trata de introduzir pela janela o mercado que nós mesmos expulsamos pela porta. O que queremos é conservar a garantia de coerência e harmonia interna que se logra com a centralização e colocar a empresa, por sua vez, em condições de tomar as necessárias decisões operativas, influir no processo de investimentos e escolher entre várias opções produtivas (1983, p. 432-3).

Rodríguez, nesta declaração de 1980, buscou diferenciar a descentralização agrícola cubana de 1964 daquela praticada em países socialistas que já haviam cedido às pressões de restauração do capitalismo.[42] As soluções apontadas pela direção do INRA após a percepção dos próprios erros cometidos eram dialéticas: tratava-se de criar um sistema que costurasse a iniciativa local à planificação centralizada, a autoconsciência dos trabalhadores com o projeto nacional estratégico.[43] O projeto nacional estratégico, como sintetizamos, demandava ainda duas outras tarefas fundamentais: a diversificação especializada e a absorção tecnológica.

DIVERSIFICAÇÃO ESPECIALIZADA E MODELO TECNOLÓGICO INTENSIVO

A segunda tarefa da estratégia combinada era a diversificação agrícola. O projeto de Dumont para a diversificação especializada havia sido acatado pelo governo, para superar o mosaico de culturas, ampliar a substituição de importações

---

42   A primeira autocrítica que desviou o rumo econômico cubano ocorreu em 1970 como apresentaremos adiante (Castro, 1980). A segunda autocrítica que alterou os pressupostos da organização econômica da ilha ocorreu em 1986, às vésperas do colapso do bloco soviético. Provavelmente, quando expôs sua posição em 1980, Rodríguez já estivesse apontando para a essência da segunda autocrítica.

43   Tudo indica, contudo, que este equilíbrio dialético só é possível no território fácil da teoria. Porque a descentralização cubana foi novamente "corrigida" a partir de 1967 pela "ofensiva revolucionária" (Barrios, 1987, p. 83-4; Valdés Paz, 2009, p. 47).

alimentares e a produção de cultivos de exportação (café, tabaco e cítricos). Mas seria difícil que a ofensiva açucareira se conciliasse com a diversificação especializada de imediato, uma vez que a absorção tecnológica necessária para viabilizá-lo só poderia ocorrer no longo prazo.

O desempenho dos cultivos entre 1964 e 1970

Em 31 de agosto de 1964, reuniu-se o Conselho de Direção ampliado para analisar a produção agropecuária desde as modificações da segunda reforma agrária. Nesta reunião, Carlos Rafael Rodríguez fez um duro balanço sobre o não cumprimento das metas dos cultivos diversificados. Reduzir as metas dos cultivos em favor da superfície da cana, asseverou o dirigente, não poderia ser sinônimo de não cumpri-las. Insatisfeito, discursou à direção: "a vida demonstrou reiteradamente que cada vez que reduzimos para melhorar, não melhoramos" (1964, p. 14). No balanço parcial de 10 meses posteriores à segunda reforma agrária, constatou-se a queda de 9,1% da produção de tubérculos e raízes,[44] as plantações de banana e mandioca foram completamente arruinadas pelo ciclone Flora e as *viandas* em geral mostraram um retrocesso alarmante. Com relação aos cereais, especialmente arroz e milho, teria havido uma queda preocupante de 22,6%. O feijão, alocado na zona especializada do Oriente, e as batatas também sofreram retrocessos significativos. Entretanto, os cultivos de exportação apresentaram tendência inversa: o tabaco e a pecuária se desempenharam muito bem. Segundo o informe, Pinar del Río havia alcançado a melhor colheita de tabaco da década. Já a pecuária apresentara os avanços mais significativos da economia nacional entre 1963 e 1964, com crescimento de 18%.[45] O que havia impedido um desempenho ainda melhor do setor pecuário foi o bloqueio econômico da importação de arames para cercar pastos. Restaram, por isso, quase 300 *caballerías* de pastos extensivos que, pela meta, já deveriam ter sido cercados. Por fim, houve também melhorias na produção de frutas (Rodríguez, 1964, p. 13-14, 18, 20, 21, 29).

---

44 Apesar do crescimento de 15% do setor estatal, a perda do setor privado o superou (Rodríguez, 1964, p. 13).

45 Além disso, foi constatado o aumento de 16% da massa bovina total, de 55% na distribuição de carne de porco, de 9% na produção de leite, de 22% da massa avícola e 13% de ovos. As diretrizes gerais da política pecuária para os próximos anos consistiam em: pastos intensivos de capim pangola, inseminação artificial, melhoramento genético e domesticação leiteira (Rodríguez, 1964, p. 31-33, 38).

De modo geral, porém, Rodríguez adotou uma postura crítica na ocasião, expressando a tensão inevitável entre a cana e a diversificação: "nós estamos avançando na produção canavieira, mas como veremos depois, estamos retrocedendo em muitas outras coisas" (1964, p. 17). O presidente do INRA também repreendeu os dirigentes que culparam o ciclone Flora como subterfúgio para ocultar erros organizativos humanos, que, segundo ele, ainda respondiam por 60% dos problemas. A orientação aos dirigentes provinciais, em 1964, foi ampliar a produção alimentar: "nós temos que fazer do ano 1965 um ano de incremento na produção alimentar (...). O aumento da produtividade e dos rendimentos por área deve compensar, em alguma medida, a redução das plantações" (Rodríguez, 1964, p. 25, 30).

A diminuição do produto alimentar, que motivou a crítica de Rodríguez, não foi homogênea. Embora alguns dos cultivos alimentares tenham se contraído significativamente a partir de 1965, outros se expandiram. Segundo os dados da JUCEPLAN, a superfície dedicada ao arroz cresceu 4,7 vezes entre 1965 e 1970.[46] Já a superfície do tomate se contraiu em 29% entre 1965 e 1968, e depois voltou a crescer. Contudo, o feijão teve 60,9% de sua superfície reduzida entre 1965 e 1970; a superfície dedicada a *viandas* diminuiu 51%, e das frutas em 15% no mesmo período.[47] A superfície de capim pangola, por sua vez, decresceu 75,9% apenas entre 1966 e 1968, mas recuperou seu nível anterior em 1970. Este grupo de cultivos é suficientemente representativo da dieta cubana (arroz, feijão, *viandas*, tomate, frutas, carne), e suas superfícies estão representadas na tabela 23. Em relação aos cultivos de exportação, a superfície de cítricos se expandiu, entre 1965 e 1970, em

---

46   Em 1967, o desentendimento entre governo cubano e governo chinês havia provocado a suspensão das volumosas importações de arroz chinês planejadas. Sendo o arroz base fundamental da alimentação cubana, o governo providenciou intensa ampliação de seu cultivo, com vistas à autossuficiência. Sobre o atrito sino-cubano Celso Furtado comentou: "As dificuldades ocorridas em 1967 no intercâmbio com a China, de onde esperava Cuba obter grande parte do arroz que consome, puseram mais uma vez em evidência os riscos de uma excessiva especialização no setor agrícola" (1969, p. 350). Em 1976, a colheita de arroz já estava quase totalmente mecanizada e a autossuficiência desse alimento era uma possibilidade muito próxima (Barkin, 1976, p. 30).

47   Sobre as *viandas* Rodríguez alegou, na reunião de agosto de 1964: "A *vianda* tem uma importância essencial, porque repercute no conjunto do desenvolvimento da alimentação nacional (...). A *vianda* resolve o problema que ainda o conjunto da dieta não tem solucionado" (Rodríguez, 1964, p. 30).

2,2 vezes. Segundo os dados de David Barkin[48], outros cultivos de exportação, notadamente tabaco e café, apresentaram maior estabilidade e a produção de ambos variou apenas 0,03% entre 1965 e 1970 (Barkin, 1973, p. 128-9).

TABELA 23 – SUPERFÍCIE DE SETE CULTIVOS DO SETOR ESTATAL (1965-1970) (CABALLERÍAS)						
Cultivo	1965	1966	1967	1968	1969	1970
Arroz	2.429	2.352	3.306	5.358	9.560	13.927
Feijão	2.462	2.572	3.505	2.804	943	822
Viandas (a)	9.816	9.380	7.979	6.811	3.619	3.755
Tomate	539	507	457	382	423	506
Cítricos	92	373	300	444	1.056	292
Frutas (b)	342	256	435	326	356	288
Capim Pangola	--	6.765	7.068	1.627	2.974	6.800

Fonte: JUCEPLAN, 1972, p. 59-60.
(a) Inclui batata, batata-doce, inhame, taro (*malanga*), mandioca, abóbora e banana-
-*vianda*.
(b) Inclui banana-fruta, abacaxi, mamão, manga.

À época, a CEPAL analisou: "esta nova política reflete um conceito de diversificação como problema de médio prazo, e não curto" (CEPAL, 1964, p. 270). Sendo a soberania alimentar um pilar essencial da soberania nacional, a tensão entre ampliação canavieira e os cultivos alimentares, deflagrada a partir da segunda reforma agrária, era mais um componente paradoxal da estratégia cubana. Afinal, como conciliar, em tão pouco tempo, o incremento canavieiro com o incremento alimentar? Seriam as terras ainda ociosas suficientes para suprir a ampliada demanda interna?

Da tensão entre cana e cultivos alimentares surgiu a hipótese, entre os observadores e analistas internacionais, de que Cuba teria optado por um regresso definitivo à monocultura. Apesar da meta açucareira de 1970, Rodríguez insistiu em afirmar em 1968, em entrevista para o italiano Sabelli, que esta hipótese

---

48   David Barkin é um economista que viveu em Cuba ao longo dos anos 1970 e foi professor visitante do Instituto de Economia da Universidade de Havana, quando investigou a política socialista de desenvolvimento da ilha. Atualmente, vive no México e leciona na Universidade Autônoma Metropolitana-Xochimilco. Foi entrevistado para esta pesquisa. Tivemos a oportunidade de entrevistá-lo em novembro de 2011, na Cidade do México.

estava incorreta. A palavra monocultura, para ele, já não se aplicava à situação agrícola cubana:

> Muitos amigos europeus se perguntam se tudo isso não significa um regresso à monocultura e à monoprodução. A pergunta é pertinente, mas temos que dizer que *não* significa. Na estratégia escolhida para nosso desenvolvimento, o açúcar se converteu em um *elemento decisivo, mas não exclusivo*. Em 1970, no plano de exportação de produtos agrícolas e de toda nossa economia, o açúcar terá ainda papel predominante. Mas é necessário dizer que este papel se fará estático e será quase estático na perspectiva de nosso desenvolvimento, enquanto, simultaneamente, as exportações de outros produtos agrícolas, café, cítricos, frutas, produtos lácteos e, posteriormente, produtos desenvolvidos da nossa indústria do níquel e da mineração em geral, terão um rumo acelerado (Rodríguez, 1983, p. 459, grifo nosso).

Como veremos no próximo capítulo, a safra de 10 milhões de toneladas prevista para 1970 impediu que o plano de diversificação das exportações fosse plenamente perseguido. Para compreendermos a dinâmica da diversificação agrícola após a segunda reforma agrária, além de verificar o desempenho dos cultivos não canavieiros, investigamos suas formas econômicas. Na tentativa de aplicar a diretriz de Dumont, "diversificação nacional e especialização local" (Rodríguez, 1963b, p. 84), duas novas formas de propriedades foram criadas: as empresas de tipo "combinado" em 1965 e os planos especiais em 1967.

Combinados e Planos Especiais: as formas da diversificação

Como vimos, em 1963, um dos problemas da organização agropecuária era a divisão transversal do trabalho. O setor avícola era um exemplo de ineficiência: subordinado a oito departamentos diferentes, ao INRA e a outros dois Ministérios, estava sob a responsabilidade simultânea de vários corpos administrativos distintos. Mas o caso do setor avícola não era o único. Cada cadeia produtiva agropecuária atravessava muitos organismos diferentes, o que amplificava a desorganização econômica geral. Às vezes, um pequeno problema administrativo em um elo da cadeia se transmitia para todos os outros órgãos, de modo que se perdia o controle sobre a contabilidade e se acumulavam erros de origem "desconhecida".

Na dimensão agrícola deste problema administrativo, havia outra possível adversidade. Gutelman identificava uma contradição estratégica entre a diversificação agrícola e a industrialização da agricultura, isto é, a convergência horizontal e a convergência vertical da produção agroindustrial. Por um lado, os cultivos que se associassem horizontalmente à cadeia açucareira se beneficiariam de seus insumos e da força de trabalho potencialmente disponível na entressafra (o superado *tiempo muerto*). Por outro lado, porém a integração vertical agroindustrial da cana era fundamental para o sucesso da safra de 1970. Gutelman apontou que essas duas convergências (horizontal e vertical) não poderiam ocorrer ao mesmo tempo, porque exigiam integração geográfica e administrativa. O impasse visto por Gutelman refletia a essência contraditória da estratégia combinada, que buscava conciliar a priorização do açúcar com a diversificação. Refletia o paradoxo do açúcar e nova dependência econômica: afinal, a agroindústria açucareira iria mirar para fora e se integrar ao bloco soviético, ou para dentro, se integrando ao mercado interno de alimentos? Quando foi fundado o Ministério da Indústria Açucareira em 1964, Gutelman o interpretou como uma "vitória da integração vertical" (setor externo) e uma relativa derrota da diversificação (setor interno) (1975, p. 186-191). Mas seguindo o modelo da diversificação especializada, outros cultivos de exportação buscaram a integração vertical (o que não ocorreu com a produção interna de alimentos, predominantemente controlada pelo campesinato).

Na esteira da segunda reforma agrária e da reorganização territorial, em 1964, a estrutura administrativa agropecuária foi alterada: foi eliminada a divisão transversal do plano econômico, com a criação de novas empresas estatais chamadas de modelo "combinado". O modelo combinado era similar às empresas consolidadas do sistema orçamentário de financiamento, porém funcionavam dentro do paradigma do cálculo econômico.[49] Os combinados eram empresas estatais que coordenavam, sob uma mesma unidade administrativa, a plantação, o processamento industrial, os serviços técnicos e materiais, a comercialização e a disposição de todos os trabalhadores de cada etapa de produção de um único item agroindustrial. Eram *trusts* estatais. Valdés Paz, que à época trabalhava como administrador agrícola, comentou: "a integração de todas estas atividades

---

49   Uma empresa consolidada, tal como concebida por Guevara, seria "um conglomerado de fábricas ou unidades que tem uma base tecnológica semelhante, um destino comum para sua produção ou, em alguns casos, uma localização geográfica delimitada" (Guevara, 1982, p. 188). Sobre o papel das empresas consolidadas no sistema orçamentário de financiamento ver Guevara, 1982, p. 183-201.

em uma só organização ramal de segundo grau (...) permitiu uma potencialização sem precedentes da atividade produtiva e dos investimentos" (2009, p. 42). Ao adotarem o sistema de cálculo econômico, as empresas de tipo combinado eram autofinanciados e relativamente autônomas.[50] Com as empresas de tipo combinado, a reorganização econômica e a diversificação especializada se converteram no mesmo processo. Exemplos destas empresas foram a *FrutiCuba*, a *CubaTabaco*, a *Combinación Avícola Nacional*, e o *Combinado Porcino*. Destas, a *FrutiCuba* não sobreviveu economicamente, mas as outras se consolidaram (Valdés Paz, 2009, p. 41). Talvez porque, como sustentou Valdés Paz: "a forma organizativa do 'combinado' se mostraria mais eficaz nas atividades pecuárias, altamente industrializáveis, com uma relativa autonomia de recursos e menos deficitárias de força de trabalho" (2009, p. 41-42). Na opinião de Valdés Paz, como vimos, os setores industriais tinham maior vocação ao cálculo econômico, enquanto os setores agrícolas se adequariam melhor ao sistema orçamentário de financiamento, precisamente o contrário do que se pôs em prática após o grande debate econômico. Com o modelo combinado, portanto, o cálculo econômico se encontrou com a indústria, sendo esta possivelmente, seguindo o raciocínio de Valdés Paz, uma das razões da maior eficiência.

Em termos de paradigma de funcionamento econômico, os chamados "planos especiais" eram o espelho invertido do modelo combinado. Criados em 1967, os planos especiais faziam parte da "ofensiva revolucionária" e seguiam o paradigma do sistema orçamentário de financiamento. Eram unidades experimentais de aplicação do modelo tecnológico intensivo, que ocorriam em projetos-piloto em localidades específicas da ilha, com vistas à expansão futura.[51] Na realidade, o termo "planos especiais" foi utilizado para todas as experiências de aplicação do modelo tecnológico intensivo comandadas diretamente por Fidel Castro, por fora da estrutura institucional do INRA. Como nos explicou Valdés Paz:

> A expressão "planos especiais" se refere a muitas coisas diferentes (...). Foi uma expressão inventada por Fidel. Enquanto o INRA tinha [responsabilidade sobre] o conjunto da agricultura, Fidel estava apa-

---

50   Relativamente pois, sendo estatais, deveriam coordenar-se aos planos nacionais.

51   O que, segundo Valdés Paz, ocorreu nas décadas posteriores: "Ao final, a ideia era que toda a agricultura adotasse o modelo intensivo, coisa que vai ocorrer nos 20 anos seguintes" (2012).

drinhando determinadas experiências que tinham como finalidade a introdução de um modelo tecnológico intensivo (2012, grifo nosso).

Enquanto o INRA se responsabilizava com as técnicas e insumos agrícolas "habituais", os planos especiais deveriam funcionar como polos de inovação tecnológica não canavieira. Como todo setor de inovação, eram extremamente custosos e, ocasionalmente, deslocavam propriedades camponesas e granjas estatais de seus territórios. A autoridade dos planos especiais para deslocar outras propriedades de lugar era, segundo Valdés Paz, um dos motivos pelos quais deveriam ser comandados diretamente por Fidel.[52] Em outras palavras, os planos especiais eram "extrainstitucionais", daí a dificuldade para encontrar informações sobre suas superfícies e funcionamento, uma vez que a JUCEPLAN não era responsável pelos registros. Seus recursos eram captados "por fora" da planificação econômica nacional, como assinalou Valdés Paz:

> Os planos especiais eram novas unidades de produção, surgidas impetuosamente desde 1967, como resultado de grandes investimentos em áreas de produção tradicional ou de novas produções em áreas selecionadas (...). Na realidade, se tratava de um número crescente de projetos territoriais das mais diversas produções que iam afetando as estruturas normalizadas do setor socializado. Seu propósito era a introdução de formas de produção intensiva 'por baixo' de tais estruturas ou 'por fora' de suas instâncias de direção (...). Os planos especiais pareciam ser a designação direta de recursos por fora do processo de planificação (Valdés Paz, 2009, p. 40).

Em termos agrotécnicos, a experiência dos planos especiais era constituída em cinco momentos: primeiro, o estudo dos solos de todo o território nacional, levado a cabo pelo Instituto de Estudos do Solo e Fertilizantes, para encontrar

---

52   "Fidel estava fazendo as experiências separadamente. Não queria que fossem feitas pelo INRA, que estava comprometido com a economia cotidiana", relatou Valdés Paz (2012). Além disso, explicou o papel de Fidel naquele processo: "Suponha que um plano especial rompesse com os limites de duas granjas que já existiam. E, além disso, afetasse com dois camponeses que estavam ali. Acertava também uma produção de cana ou de gado. Essa projeção do plano especial rompia com a organização agraria pré-existente e afetava o uso do solo. O plano modificava tudo e para isso era necessário ter poder: apenas Fidel Castro podia dizer 'desapareçam estas duas granjas'. Recorde que a partir de 1965, Fidel formalmente volta a ser presidente do INRA e Carlos Rafael sai" (2012).

os locais mais apropriados para experimentação de cada cultivo; segundo, a demarcação da escala, em termos de superfície territorial, intensidade tecnológica e investimentos; terceiro, a construção de sistemas de irrigação nas superfícies selecionadas; quarto, a mecanização de todas as etapas produtivas; quinto, o melhoramento genético, agrícola ou animal. Os planos especiais, comparados à agropecuária vigente, eram extraordinários laboratórios de tecnologia intensiva.

O campesinato e os planos especiais

A partir da implantação dos planos especiais, emergiu uma nova onda de "erros" com o campesinato, sobretudo no que diz respeito a expropriações forçadas. A implantação de um plano especial envolvia, muitas vezes, deslocamentos compulsórios de outras propriedades, o que em por vezes gerou tensões sociais:

> Essa especialização e esse modelo tecnológico intensivo tiveram como efeito, primeiro, uma diminuição das terras camponesas. Porque quando o desenho territorial afetava a grupos de produtores camponeses, se integravam estas unidades sob uma empresa estatal em alguma modalidade: ou nacionalizando as terras, ou remunerando a produção dos camponeses com a empresa estatal. O fato é que os planos especiais e a especialização do solo trouxeram consigo uma diminuição do setor camponês (2012).

Ao concluir-se a segunda reforma agrária, segundo os dados de Gutelman, o setor estatal detinha 60,1% da terra (Gutelman, 1975, p. 88). De acordo com Valdés Paz, ao final da década de 1960, o setor estatal já se havia ampliado para aproximadamente 85% da superfície da ilha (Valdés Paz, 2012). Notamos anteriormente como o processo de coletivização voluntária parcial ou temporária (com Cooperativas de Créditos e Serviços e Brigadas de Ajuda Mútua) progrediu entre 1963 e 1967. Contudo, a forma mais coletivizada da produção camponesa, as Sociedades Agropecuárias, não prosperou. Ainda que possa ter havido no período muitas vendas voluntárias de terras camponesas ao Estado, sobretudo nos casos de aposentadoria rural, a transferência desse volume de terras não se deu exclusivamente pelo princípio da voluntariedade. A segunda onda de coerção ao campesinato desencadeada pela chamada ofensiva revolucionária e os planos especiais em 1967 foi constatada em 1970, como parte do balanço negativo da safra de 10 milhões (Barrios, 1987, p. 83).

Em relação à diversificação, constatou-se que o campesinato incorreu no mesmo erro que o setor estatal: a fragmentação. Em 1967, no 3º Congresso da ANAP, foi diagnosticado que a correção do erro através da diversificação especializada do setor estatal não estava sendo acompanhada pelos camponeses, que seguiam com pequenas propriedades excessivamente diversificadas. Para resolver essa defasagem, a palavra de ordem era "tecnologia". A direção revolucionária interpretava que as principais insuficiências da produção camponesa eram causadas pela excessiva diversificação e pela baixa aplicação da técnica. O Congresso deliberou que a ANAP iria incentivar a irrigação do solo, a maior especialização das propriedades e a ampliação das Brigadas de Ajuda Mútua para o corte da cana. Fidel discursou:

> É necessário que os camponeses em todas as partes não sejam produtores de tudo. Vamos explicar. Uma das coisas mais terríveis quando se atravessam os campões é uma espécie de falta de especialização dos camponeses. E *os camponeses devem especializar-se em um ou dois ou três produtos*, mas principalmente em um só produto (...). O que nós esperamos deste Congresso (...) é que daqui saiamos com o propósito de que os camponeses apliquem a técnica, que mecanizem a agricultura (apud Barrios, 1987, p. 79-80, grifo nosso).

"Tecnologia" era a palavra de ordem. No curto prazo, a proposta de combinar a priorização do açúcar com a diversificação especializada não poderia ocorrer sem fortes tensões, mas almejava-se encontrar harmonia no médio prazo, por meio do modelo tecnológico intensivo. A defasagem tecnológica daquele instante ainda não o permitia. E então chegamos à terceira tarefa da estratégia combinada e, talvez, a mais crucial dentre todas: a absorção tecnológica.

DEPENDÊNCIA TECNOLÓGICA E MECANIZAÇÃO CANAVIEIRA

A dependência tecnológica cubana constituía um dos maiores obstáculos à superação do subdesenvolvimento e, mais precisamente, à constituição dos meios técnico-econômicos adequados para a realização dos fins da revolução.[53]

---

53   Para uma abordagem teórica das origens da dependência tecnológica na América Latina, ver Furtado, 1981, 1994. Uma das suas formulações diz respeito ao conteúdo social e cultural da absorção tecnológica: "Se se tem em conta que essa tecnologia não é independente das relações sociais prevalecentes nos países de acumulação avançada, compreende-se que ela se transforme em fator de concentração de

A dificuldade de internalização das forças produtivas convenientes à busca da finalidade socialista era a essência dos dilemas estratégicos que agora afetavam a agricultura cubana: como combinar a priorização do açúcar com a diversificação especializada em uma agricultura manual com déficit de mão de obra e baixos rendimentos? Só havia uma resposta: tecnologia, mecanização, intensificação. Em um primeiro momento, com o bloqueio econômico, a indústria cubana de matriz estadunidense sofreu um dramático desabastecimento de peças de reposição (Noyola, 1978, p. 128-9). Em um segundo momento, a estratégia de priorização açucareira exigiu um aumento da produtividade que só poderia ser obtido mediante avanços na mecanização do corte da cana e no uso de fertilizantes. Diante destas dificuldades, surgiram diversas tentativas de autonomia tecnológica, seja na indústria química, seja no desenho de máquinas por técnicos cubanos.

As primeiras iniciativas em busca da autonomia tecnológica foram realizadas no setor de peças de reposição. Em 1960, o governo cubano criou um sistema de emulação formado por inúmeros Comitês de Peças. Os Comitês de Peças eram organismos presentes em cada unidade industrial, cujo objetivo era a solução criativa de todo tipo de adversidades técnicas geradas pela escassez das peças de reposição. Em nível nacional, fundou-se um Comitê Superior de Peças de Reposição, que era contatado apenas para auxiliar na solução dos problemas mais difíceis. No mesmo ano, o governo lançou uma campanha chamada "Construa sua própria máquina", para que equipes de trabalhadores se empenhassem no desenho e reprodução adaptada de vários tipos de máquinas importadas em funcionamento na ilha. A Confederação de Trabalhadores Cubanos (CTC) foi bastante ativa na construção da campanha e nos incentivos aos operários, para que cada um se convertesse em uma espécie de mecânico experimental (Pericás, 2004, p. 82-3). Apesar de cumprir um papel emergencial no conserto de algumas máquinas e um papel político no engajamento criativo dos trabalhadores, evidentemente, a medida era tão precária e artesanal que nunca poderia dar conta dos enormes desafios tecnológicos do desenvolvimento cubano.

---

renda em países de baixo nível de acumulação e, com frequência, crie incompatibilidade entre a racionalidade ao nível da empresa privada e os objetivos sociais da política de desenvolvimento (...). Falar de difusão ou transmissão de tecnologia é, portanto, um eufemismo, pois o que se está difundindo nesse caso é uma forma de viver, o que implica na desarticulação do sistema de valores preexistentes na sociedade receptora das novas técnicas" (1981, p. 40, 46).

Principalmente porque as necessidades de tecnologia estrangeira foram se ampliando para muito além da reposição das peças, conforme se expandia a demanda interna e se adotavam novas metas produtivas no setor agropecuário. O exemplo mais emblemático foi a meta de produção de 10 milhões de toneladas de açúcar em 1970, cujo peso estratégico era superior sobre todos os outros ramos da economia da ilha. A safra de 1970 passou a exigir avanços tecnológicos muito mais substanciais na produtividade canavieira, do que a simples reposição de peças. Mesmo porque, com exceção do uso de alguns tratores, as plantações canavieiras se baseavam, até então, no predomínio absoluto do trabalho manual. Como vimos, antes da revolução não havia interesse na mecanização do corte da cana da parte de nenhum dos atores sociais envolvidos: enquanto os latifundiários se beneficiavam do baixo custo de reprodução da população, os trabalhadores temiam o crescimento do desemprego (Edquist, 1985, p. 33).

Somada a estas condições estruturais da economia cubana, havia ainda outra explicação fundamental para a não mecanização da plantação canavieira. Não existia, em qualquer parte do mundo, nenhuma máquina adequada às condições climáticas e topográficas dos canaviais cubanos (Edquist, 1985, p. 82-3).[54] Isso porque o desenvolvimento da tecnologia canavieira apropriada a cada plantação depende de componentes mecânicos especificamente desenhados, que levem em conta uma série de fatores agrícolas locais. A criação desta tecnologia específica, sem a qual não há rendimento suficiente para justificar o uso, advém necessariamente da experiência de tentativa e erro. Nenhum produtor de colheitadeiras de cana do mundo havia concebido e desenhado uma máquina baseada nas condições concretas da agricultura cubana. Para criar esta tecnologia específica não havia outro modo a não ser a experiência de uso, constatação de problemas, desenvolvimento de melhorias, etc., no próprio terreno da ilha. Em outras palavras, as cortadoras de cana mais bem sucedidas do mundo sempre foram criadas com "design personalizado",[55] concebido diretamente pelo país que delas fariam uso. Esse fato dava ainda maior gravidade à dependência tecnológica cubana, pois a ausência da tecnologia apropriada não poderia ser suprida meramente pela ab-

---

54 Ou, ao menos, não havia nenhuma máquina plenamente desenvolvida e conhecida. Caso do modelo de colheitadeira australiana da Massey-Ferguson. Ele já existia nos anos 1960, mas só foi descoberto e testado em Cuba a partir de 1971 e, em seguida, foi amplamente adotado (Edquist, 1985, p. 49).

55 Tradução para "custom design" (Edquist, 1985, p. 122).

sorção de bens de capital estrangeiros. A única maneira de adquirir determinadas tecnologias era através do desenvolvimento da capacidade de produzi-las internamente, o que, num país subdesenvolvido, implicava priorizar alguns ramos de investimento em detrimento de outros. Afirmou Edquist:

> Não são todas as tecnologias que podem ser adquiridas no mercado internacional. Muitas tecnologias com design personalizado [*custom design*] são produzidas. Isto é, muitas indústrias requerem contato direto com os produtores de bens de capital, para especificarem e desenvolverem, junto com eles, uma máquina ou um sistema de produção apropriado (...). Este *design personalizado é particularmente importante na agricultura*, na qual condições específicas em termos de topografia, clima, solo, variedades cultivadas etc., demandam um design local ou uma adaptação das máquinas (1985, p. 122, grifo nosso).

Por tudo isso, quando a tarefa da mecanização da colheita de cana em Cuba se tornou um imperativo da estratégia combinada, isso significava um desafio ainda maior do que se poderia supor inicialmente. Afinal, comprar uma máquina é uma operação imensamente mais singela do que produzir uma. Cuba precisava, para cumprir esta tarefa, dar os seguintes passos: primeiro, deslocar investimentos para compra de bens de capital que viabilizassem a criação inicial de uma experiência produtiva local; segundo, encontrar matrizes tecnológicas em outros países que lhe servissem de base para criação de sua própria máquina; terceiro, iniciar um processo de tentativa e erro com a experimentação das tecnologias disponíveis em cada safra; quarto, obter crédito externo a juros baixos, imprescindível para executar todas estas operações altamente custosas; quinto, criar capacidade tecnológica e/ou condições de desenho e produção da sua própria máquina internamente. Tudo isso significava deslocar investimentos sociais e capacidade de importação para compra de bens de capital.

O investimento e o consumo

Segundo David Barkin, a proporção de investimento em bens de capital sobre o PIB cubano cresceu de 18% em 1961 para 24% em 1966 e o aumento planejado para 1968 era alcançar 31%. Entre 1959 e 1964, o valor das importações de capital fixo cresceram em 37,6%. Ao mesmo tempo, a porcentagem de investimento em bem estar social caiu 45% de 1961 a 1964, enquanto os investimentos industriais e agrícolas duplicaram em proporção ao fundo de investimentos global da economia. De 1964 em diante, a agricultura e a indústria absorveram 60% dos investimentos do país. No mesmo período, o esforço econômico da safra de 1970 fez com que mais da metade do investimento industrial e um terço do investimento agrícola fossem direcionados ao setor açucareiro (Barkin, 1978, p. 124-5; Barkin, 1976, p. 136; Aranda, 1968, p. 76). Barkin descreveu a mudança do perfil de investimento cubano, a partir da inflexão do predomínio de políticas sociais emergenciais para o predomínio de uma estratégia planificada de desenvolvimento econômico:

> Quando os programas de desenvolvimento amadureceram, se deslocou a eles uma proporção crescente de todo o investimento, ao invés de dedicá-lo aos serviços sociais, que durante os anos iniciais da revolução receberam quase a metade do orçamento para novas inversões (Barkin, 1973, p. 125).

A mudança do perfil de investimento fez com que Celso Furtado diferenciasse duas fases da revolução cubana: a distributivista e a de reconstrução do setor externo. Na primeira fase, a capacidade de importar liberada pela redução do consumo suntuário das elites foi absorvida pelo crescimento exponencial da demanda de consumo popular, isto é, pela importação de bens de consumo corrente e, às vezes, de matérias primas necessárias a sua produção interna. Quando o processo de substituição de importações se revelou insuficiente para atender essa demanda, o déficit nacional se agravou. Quase no mesmo momento, a crise da inserção cubana foi solucionada e o setor externo voltou a ser priorizado dentro da estratégia combinada, que se baseava justamente na sua reconstrução: a produção de açúcar estaria voltada à ampliação da margem de capacidade de importação que, por sua vez, criava a capacidade de absorção tecnológica para o aumento de produtividade requerido. A estratégia combinada buscava traçar um caminho para que a revolução também alterasse radicalmente o mecanismo hiperespecializado da geração do excedente, ampliando a produtividade física do trabalho e criando as bases para a diversificação da economia.[56] Essa mudança se

---

56 Sobre a fase de reconstrução do setor externo, Furtado afirmou: "A experiência cubana deste período pôs claramente em evidência que, para a transformação da estrutura econômica de um país subdesenvolvido não é suficiente dispor de uma estrutura de poder capacitada para extrair à coletividade recursos para aumentar a capitalização; não menos necessário é dispor de uma certa margem de capacidade para importar, sem o que a assimilação do processo tecnológico será insuficiente" (1969, p. 345).

reflete no crescimento de 49,7% do investimento estatal entre 1962 e 1966 (JUCE-PLAN, 1971, p. 30).

A tensão entre importação de bens de capital ou de bens de consumo corrente em um cenário de demanda interna em crescimento exponencial foi analisada por Edquist, que afirmou ser preciso escolher entre desenvolvimento tecnológico ou ampliação do mercado interno:

> Em termos econômicos, uma pré-condição para o investimento na mecanização era a redução do consumo. O interesse pela mecanização, compartilhado por todos os grupos sociais, significava que o povo implicitamente aceitava isso em nome da eliminação do corte manual dos canaviais. Embora muitos cubanos estivessem cansados de seus baixos níveis de consumo prevalecente perto de 1970, *mecanização e aumento do consumo não poderiam ser ambos atingidos ao mesmo tempo* (1985, p. 105, grifo nosso).

A mesma equação entre investimento e consumo foi diagnosticada por Barkin, em termos de luta política e social: "aqueles interessados em maximizar as taxas de crescimento mediante a manutenção de altas taxas de investimento teriam que desafiar àqueles que desejassem incrementar os níveis existentes de consumo" (1978, p. 108).

No momento em que o governo revolucionário optou pela estratégia combinada, havia que investir em tecnologia capaz de intensificar a produção de cana e liberar superfície para os outros cultivos, eventualmente à custa do consumo popular. Mas este não era o único motivo que levou Cuba a alterar seu perfil de investimento e priorizar os bens de capital. Havia ainda uma situação preocupante que se instalara desde 1961 nos canaviais, relacionada com a escassez de mão de obra para corte das safras. O desperdício de terras e força de trabalho, típico da *plantation* modernizada, tinha sido plenamente superado no curso dos primeiros anos da revolução para se converter em seu inverso. Como constatou David Barkin: "as reservas de força de trabalho e de terras se esgotaram rapidamente, o crescimento futuro teve que basear-se na reorganização e mecanização de toda economia" (1978, p. 218).

A superação dos níveis de desemprego existentes antes da revolução se combinou com a criação de novas oportunidades de vida para os cortadores de cana em postos de trabalho nas cidades, nas instituições educativas, na construção de infraestrutura, nos serviços públicos e na defesa nacional. Por isso, ao vislumbrar caminhos melhores de vida, os cortadores de cana que sofriam o *tiempo muerto* se deslocaram do setor canavieiro para outros setores. Dessa forma, duas mudanças radicais caracterizaram o mercado de trabalho em Cuba nos anos 1960 e pressionaram diretamente no sentido da mecanização do corte da cana. Primeiro, as taxas de desemprego caíram de modo a permitir a superação de seu caráter estrutural. Segundo, a estrutura do emprego mudou, os cortadores de cana migraram para outros setores e o antigo *tiempo muerto* se converteu em escassez de mão de obra (Barkin, 1976, p. 29).

Tiempo Muerto às avessas: desemprego disfarçado

O *tiempo muerto* era a manifestação tipicamente cubana do desemprego estrutural e da segregação social. As transformações do regime de propriedades e do regime de cultivos golpearam diretamente o regime de trabalho da *plantation* modernizada. Entre 1959 e 1963, se alteraram as possibilidades de vida daqueles que sofriam com falta de ocupação e trabalho na entressafra, a partir do mínimo vital e da política estatal de incentivos ao campesinato para o aumento da produtividade, por meio de créditos, insumos e preços favoráveis. O desemprego estrutural cubano foi superado, como mostra a tabela 24.

TABELA 24 - TAXA DE DESEMPREGO (1943-1981)			
1943ᵃ	21,1	1967	5,3
1953ᵇ	8,4	1968	4,3
1956ᵃ	20,7	1969	2,9
1957ᵇ	9,1	1970	1,3
1956-7ᶜ	16,4	1971	2,1
1957	12,4	1972	2,8
1958	11,8	1973	3,4
1959	13,6	1974	3,9
1960	11,8	1975	4,5
1961	10,3	1976	4,8
1962	9,0	1977	5,1
1963	8,1	1978	5,3
1964	7,5	1979	5,4
1965	6,5	1980	4,1
1966	6,2	1981	3,4

Fonte: Edquist, 1985, p. 24.
(a). Durante o *tiempo muerto*
(b). Durante a colheita.
(c.) Os dados de 1956-7 e todos os anos seguintes se referem a médias anuais.

A média do desemprego cubano de 1956-7, calculada pelos censos e amostragens do governo Batista, marcava 16,4%. A média representava a variação entre o *tiempo muerto* e a safra, que retratavam os extremos respectivamente calculados entre 21,1% e 8,4% de desocupação.[57] Mesmo se tomássemos como ponto de partida estes cálculos conservadores, a queda da taxa de desemprego entre 1959 e 1970 teria sido de 90%, alcançando neste ano um mínimo de 1,3% de desocupação. Cabe lembrar que junto da significativa queda do desemprego, houve

---

57   Como visto no capítulo 1, a medida do desemprego é bastante controversa, uma vez que os dados oficiais do período pré-revolucionário não consideravam "desemprego" uma série de situações precárias e provisórias, como trabalho familiar sem remuneração, o subemprego e o emprego parcial ou temporário. De acordo com a interpretação de Acosta dos dados do Conselho Nacional de Economia de 1958, o desemprego cubano somado ao subemprego e ao trabalho agrícola não remunerado deveria alcançar um terço da população economicamente ativa, isto é, 748 mil pessoas (Acosta, 1973, p. 69).

aumento de 64,7% do salário médio no setor agropecuário estatal entre 1962 e 1966 (JUCEPLAN, 1971, p.36).

Em termos setoriais, esta queda do desemprego foi acompanhada de um deslocamento da força de trabalho das plantações de cana para outras atividades produtivas. Diante das novas oportunidades de emprego e, sobretudo, de estudo criadas pela revolução, muitos cortadores de cana migraram de setor, optando por trabalhos menos pesados e mais bem remunerados, tendo muitos destes ingressado na escola pela primeira vez. O número de trabalhadores na educação pública cresceu de 23.648 em 1958 para 127.526 em 1969. No setor da saúde pública, o quadro de 8.209 funcionários de 1958 se ampliou para 87.646 em 1969, ou seja, cresceu em mais de 10 vezes. As mulheres também foram incorporadas à força de trabalho nacional: de 194.000 mulheres ativas em 1956, passou-se a 600.000 em 1970, com um potencial de crescimento ainda enorme, já que este contingente representava menos de 25% das mulheres entre 20 e 54 anos. As aposentadorias fornecidas aos homens com mais de 60 anos e às mulheres com mais de 55 anos cresceu de 200.000 em 1958 para 550.000, retirando um contingente dessa faixa etária das atividades diretamente produtivas. Além disso, quando a tensão internacional atingiu seu ápice em 1962, 300.000 homens haviam sido absorvidos pelas Forças Armadas Revolucionárias, especialmente os jovens. Cresceu também o número de trabalhadores que abandonaram quaisquer atividades diretamente produtivas, aproveitando as condições sociais estáveis oferecidas pela nova economia (CEPAL, 1980, p. 31-32).[58] Foi assim que muitos cortadores de cana se deslocaram para outras atividades ou encontraram a oportunidade da aposentadoria, e não foram substituídos por jovens dispostos a um trabalho tão enfastiante, diante de tantas oportunidades educacionais e da enorme demanda de trabalhadores mais qualificados. Essa situação deu origem às políticas de trabalho voluntário, como se verá no próximo capítulo.

Por conta deste deslocamento da força de trabalho, a década de 1960 em Cuba foi marcada pela combinação contraditória de desemprego disfarçado, expresso pela queda da produtividade do trabalho, e escassez de mão de obra na safra canavieira. Edquist define que enquanto o desemprego aberto caiu, o desemprego disfarçado cresceu com a simultânea queda da produtividade. O de-

---

58   Em 1971, foram 100.000 homens incorporados à força de trabalho como consequência da lei contra a "vadiagem", o que correspondia a quase dois terços do desemprego voluntário (CEPAL, 1980, p. 32, 179).

semprego disfarçado cubano, na opinião de Edquist, era prejudicial em termos econômicos, mas preferível em termos sociais, já que resultava da melhoria geral das condições de vida dos trabalhadores.[59] Como afirmou Bertram Silverman: "os pobres do campo ou bem estavam se deslocando aos centros de rendas superiores ou dedicando parte de seus maiores ingressos e de sua segurança econômica à recreação" (Silverman, 1978, p. 172).[60]

Desde 1961 havia escassez de mão de obra nas plantações de cana, paralelamente ao desemprego urbano. Essa escassez perdurou em toda década de 1960 e foi um dos maiores obstáculos criado pela própria revolução para a safra de 1970 (Edquist, 1985, p. 34-5). A mudança estrutural do perfil do emprego deu origem a um *tiempo muerto* às avessas: os trabalhadores disponíveis não eram suficientes para a safra e a queda da produtividade revelava desemprego disfarçado. Este fenômeno está retratado na tabela 25.

Tabela 25 - Mudança no perfil de emprego (1958-1971)			
Número de cortadores de cana profissionais entre 1958 e 1971		**Crescimento do emprego entre 1959 e 1970, por setor (%)**	
1958	370.000	Indústria	50
1963	210.000	Construção Civil	90
1964	160.000	Transporte/Comunicação	100
1967	143.368	Serviços	23
1968	105.598	Fonte: Edquist, 1985, p. 35, 53, 99 Observação: não estão incluídos os trabalhadores voluntários.	
1969	88.300		
1970	79.752		
1971	72.986		

59   Edquist sustentou esta ideia com as seguintes palavras: "*O desemprego aberto foi substituído pelo desemprego disfarçado* – o que foi negativo em temos de produtividade, mas preferível em termos de status social e seguridade para os anteriormente desempregados. Neste sentido, os efeitos sociais e psicológicos negativos do desemprego foram mitigados, mas o impacto negativo do desemprego disfarçado (baixa produtividade) para o crescimento econômico e eficiência se mantiveram" (1985, p. 34, grifo nosso). Bertram Silverman associa o crescimento do desemprego disfarçado da ilha ao incremento do setor de serviços, que representava um quarto do total de trabalhadores antes da revolução e passou a representar um terço (Silverman, 1978, p. 172).

60   Bertram Silverman é economista do trabalho e professor da Hofstra University em Nova York. É estudioso do sistema de incentivos morais cubanos. Esteve em Cuba no fim da década de 1960.

Considerando os mesmos valores em índices, a mudança da proporção de trabalhadores por setor pode ser visualizada no gráfico 5.[61]

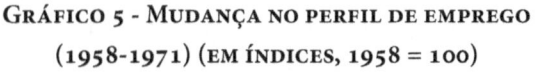

GRÁFICO 5 - MUDANÇA NO PERFIL DE EMPREGO
(1958-1971) (EM ÍNDICES, 1958 = 100)

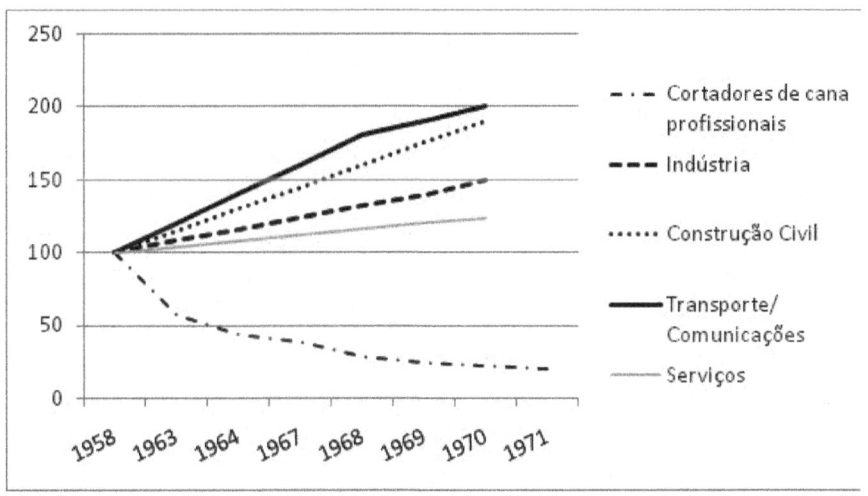

A mudança do perfil do emprego na ilha fez com que o problema da "tecnologia apropriada", isto é, a escolha tecnológica intensiva em trabalho nos países subdesenvolvidos com finalidade de combater o desemprego estrutural, não chegasse a ser um dilema para o governo cubano. Para solucionar a escassez de mão de obra nos canaviais, o Ministério das Indústrias criou, em 1961, a Comissão para Mecanização da Colheita da Cana (Edquist, 1985, p. 34). A mecanização passou a ser defendida com dois argumentos: primeiro, era um meio de resolver o problema da escassez de força de trabalho nas plantações; segundo, seria também uma maneira de eliminar um tipo de trabalho manual excessivamente pesado e brutal, isto é, organizar a força de trabalho cubana de acordo com a finalidade igualitária e humanista da revolução (idem, 1985, p. 84). Sendo a mecanização uma tarefa de longo prazo, no curto prazo a tentativa de solução para a escassez de força de trabalho se concretizava em duas medidas: por um lado, o trabalho voluntário não profissional e, por outro, a militarização do corte da cana, temas que serão discutidos no próximo capítulo (idem, 1985, p. 35, 42).[62]

---

61   Fonte: Edquist, 1985, p. 35, 99.

62   Na opinião de Edquist, uma terceira medida poderia ter sido positiva: um maior aumento salarial dos cortadores de cana profissionais, como atrativo para reverter

De acordo com Edquist, a situação do emprego influencia as escolhas tecnológicas de modo decisivo.[63] Logo, a mudança do perfil de emprego em Cuba teria sido um fator determinante nas decisões sobre a mecanização canavieira, no quadro de um país tecnologicamente dependente. Os diferentes momentos desta escolha serão discutidos a seguir.

Caminhos e descaminhos da escolha tecnológica

"Escolha tecnológica" é um conceito chave da pesquisa de Edquist sobre a mecanização do corte da cana em Cuba, num estudo comparativo com o mesmo processo na Jamaica. Edquist combina uma abordagem estruturalista da mudança tecnológica com uma abordagem que enfoca os sujeitos responsáveis pela tomada de decisões. Por isso, a escolha tecnológica depende da existência de um "sujeito da escolha tecnológica", cujas margens de ação são limitadas pelas determinações estruturais. São especialmente seis fatores estruturais analisados pelo autor para compreender o processo cubano de escolha tecnológica: (1) os interesses objetivos e subjetivos do sujeito na mudança tecnológica; (2) o seu nível de organização; (3) seu poder real de decisão; (4) a disponibilidade de informações sobre as opções tecnológicas existentes; (5) a possibilidade efetiva de acesso das tecnologias escolhidas; e (6) o conhecimento técnico para uso e reprodução da tecnologia escolhida, isto é, a "capacidade tecnológica" para operar, manter, reparar, desenhar e produzir bens de capital internamente (Edquist, 1985, p. 77, 121). A tarefa de absorção tecnológica exigida pela estratégia combinada passava, pelo menos, por duas partes. Primeiro, era preciso mecanizar o corte da cana, o que não só solucionaria a escassez de força de trabalho nos canaviais, como aumentaria a produtividade física do trabalho e, portanto, os rendimentos do açúcar.[64] Segundo, era preciso intensificar a produção de modo a liberar a superfície da ilha para a diversificação, por exemplo, com fertilizantes.

---

temporariamente o deslocamento da força de trabalho para outros setores (Edquist, 1985, p. 147).

63 "A situação do emprego é um determinante muito importante da escolha tecnológica, já que determina parcialmente o interesse de ao menos alguns dos atores [desta escolha]", sustentou Edquist (1985, p. 14).

64 Rendimentos que, como dito, estavam entre os mais baixos do mundo (Chonchol, 1961, p. 11).

O processo de produção de cana-de-açúcar envolvia seis etapas igualmente cruciais para o resultado final do produto: (1) a preparação da terra; (2) a plantação; (3) o cultivo da cana e o controle das ervas daninhas; (4) a aplicação dos fertilizantes; (5) o corte, limpeza e colheita da cana; e (6) o transporte até as usinas. A escolha tecnológica para a mecanização da colheita canavieira cubana se enfoca apenas na quinta etapa, cujas três tarefas (corte, limpeza, colheita) podem ser executadas separadamente por máquinas simples ou simultaneamente por uma única máquina chamada colheitadeira combinada. O processo de mecanização desta quinta etapa pode variar em diversas composições de trabalho manual com trabalho mecanizado. Na década de 1960, uma colheitadeira simples, que cortava a cana e a deixava no chão sem limpar, podia substituir cerca de 10 trabalhadores manuais. Já uma colheitadeira combinada da mesma época, que cortava, limpava e colhia a cana, poderia substituir 30 a 50 trabalhadores (Edquist, 1985, p. 16, 17).

Diante da inexistência de uma colheitadeira adequada para as condições climáticas e topográficas de Cuba no mercado mundial, o país se lançou em busca de uma relativa autonomia tecnológica. Se por um lado os cubanos não possuíam a indústria de bens de capital que produzisse as máquinas de que necessitavam, por outro, não poderiam escapar da necessidade de criação de uma máquina original e nova. Nesse sentido, entre 1962 e 1964, três máquinas colheitadeiras de cana foram montadas e testadas em Cuba a partir de matrizes e peças importadas. Apesar de estarem baseadas em bens de capital importados, estas máquinas são consideradas cubanas, pois foram desenhadas, montadas e adaptadas por engenheiros da ilha. A primeira delas, a Ecea MC-1, era uma combinação de dois modelos (a Inca sul-africana e a Thornton Model F) e foi montada e testada em Cuba em 1963. Era uma máquina simples: apenas cortava a cana e a deixava no chão sem limpeza. Isso exigia que, por onde passasse a máquina, os trabalhadores limpassem e colhessem a cana do solo. Por conta disso, os rendimentos não aumentaram o suficiente para justificar os custos de importação e montagem e o modelo foi abandonado no mesmo ano. Edquist atribuiu o insucesso da Ecea MC-1 à compreensível inexperiência dos engenheiros cubanos com o tema (Edquist, 1985, p. 36, 124). Em seguida, Cuba investiu na produção de "elevadores" de colheita, que se acoplavam à cortadora italiana Utos. Os elevadores serviam para soerguer (colher) a cana cortada do solo. Foram chamados "criollas" e seu uso experimental representou 1,5% da safra de 1963 (idem, 1985, p. 37). Em 1964, as "criollas" foram substituídas pela PG 0.5 soviética, que apresentava maiores vantagens econômicas e foi amplamente adotada ao longo dos anos 1960 (idem, 1985, p. 124).

Por fim, a terceira máquina desenhada em Cuba era uma adaptação da KTC soviética, que foi batizada por Fidel Castro de Libertadora, pois seria a máquina que libertaria os seres humanos daquele trabalho brutal. A Libertadora era uma colheitadeira combinada, que cortava, limpava e colhia a cana. Contudo, sua complexidade impedia que fosse produzida na ilha (idem, 1985, p. 41). Por isso, em 1965, o governo cubano fez um convênio com a empresa Claas Maschinenfabrik, da Alemanha Ocidental, para que produzissem a Libertadora. A máquina foi testada em 1967, obteve sucesso e foi amplamente adotada nos anos seguintes. A Libertadora produzida na Alemanha Ocidental (que passou a se chamar Claas-Libertadora) foi um exemplo da importância do design personalizado. Ao mesmo tempo, revelava uma defasagem enorme entre a capacidade de desenho tecnológico cubano e suas forças produtivas. Cuba definitivamente não tinha condições de produzir a Libertadora que havia desenhado, porque isto exigiria uma indústria mecânica extremamente desenvolvida, ainda distante do potencial da ilha. Não à toa, a máquina se tornou uma das mais vendidas no mundo por sua qualidade e eficiência.

Em 1969, a Claas-Libertadora alcançou o dobro do rendimento da soviética que a havia inspirado (a KT-1). Foi a máquina de maior produtividade já usada em Cuba e atingiu a marca de 130 toneladas por hectare. Contudo, em 1970, Cuba tomou a decisão de vender a patente da Claas-Libertadora para a empresa alemã que a produziu. Na avaliação de Edquist, Cuba não obteve as vantagens econômicas adequadas à sua capacidade de desenho tecnológico, pois em troca da patente recebeu descontos na importação da máquina ao longo dos anos 1970 e nada mais (Edquist, 1985, pp.129-131).[65]

Outras experiências, com máquinas desenhadas fora de Cuba, foram testadas nos anos 1960. Em julho de 1963, os soviéticos visitaram a ilha para estudar suas condições morfológicas com vistas a produzir uma máquina mais adequada.

---

65   Edquist considera que a venda da patente foi um mau negócio para Cuba, que acabou entregando sua capacidade de desenho tecnológico por menos do que seu real valor. Para ele, havia melhores alternativas de produção da Libertadora. Por exemplo: um acordo de concessão provisória; produzi-la no bloco soviético; ou solicitar assistência técnica da própria Claas para produzi-la internamente na ilha. Em 1978, a Claas Maschinenfabrik já exportava a Libertadora para mais de 30 países e Cuba havia perdido sua patente (Edquist, 1985, p. 131).

Em janeiro de 1964, como resultado destes estudos, foram feitas adaptações nas máquinas KTC-1 e KT-1, colheitadeiras combinadas desenhadas e produzidas na União Soviética. Depois de seus bons resultados experimentais, passaram a ser importadas a partir da safra de 1965. Os dois principais problemas relacionados às KTC e KT foram, primeiro, a falta de capacidade tecnológica cubana para operar a máquina e, segundo, a inadequação das máquinas para o tipo de cana e a topografia da ilha. Na safra de 1965 estes problemas se fizeram sentir e apenas 10% das máquinas compradas entraram em atividade. Essa proporção foi diminuindo até 1970. Isso porque as canas cubanas eram bastante inclinadas e o solo era irregular, enquanto a máquina soviética era adequada para canas com inclinação máxima de 30° e para solo plano. Essa inadequação técnica fazia com que sua produtividade caísse muito rápido, suas peças quebrassem sem que houvesse reposição adequada, além de não haver conhecimento técnico cubano suficiente para operá-la. Por tudo isso, as KTC-1 e KT-1 não foram operacionais aos canaviais da ilha. Em 1968 pararam de ser importadas e em 1972 já não havia nenhuma em atividade (Edquist, 1985, p. 39-41).[66] Um motivo mais que suficiente para compreender as enormes falhas e ineficiências destas colheitadeiras era a inexistência de canaviais na União Soviética, o que inviabilizava a produção do design personalizado pela experiência de tentativa e erro e as adaptações permanentes das máquinas às condições agrícolas concretas. As máquinas soviéticas custavam cerca de 30 mil dólares cada, o que era aproximadamente o preço do mercado mundial (idem, 1985, p. 126, 159).

Na opinião de Edquist, um dos principais motivos para o fracasso geral da mecanização do corte da cana na década de 1960, foi a escolha das cortadoras soviética como foco prioritário de investimento.[67] Ao contrário das colheitadeiras, a importação dos elevadores soviéticos PG 0.5, que substituíram as "criollas" no soerguimento da cana cortada a partir de 1964, teriam sido responsáveis pelo enorme avanço da mecanização desta tarefa específica da colheita cubana, que alcançou até 85% da safra de 1970. Afinal, os elevadores não dependiam das ca-

---

66   Neste período, foram testados outros modelos soviéticos: CKT-1, KCC-1, KCC--1A, KTC-1A, KTS-1A (Edquist, 1985, p. 42).

67   Em suas palavras: "O fracasso quase completo da mecanização do corte da cana em Cuba nos anos 1960 pode ser explicado parcialmente pela escolha da colheitadeira soviética" (Edquist, 1985, p. 127).

racterísticas do solo para determinar seu desempenho. A PG 0.5 soerguia 11 toneladas de cana por hora (idem, 1985, p. 37-8, 53).

Por fim, a partir de 1967, além de Claas-Libertadora, outras três famílias de
máquinas foram testadas em Cuba: a Henderson, abandonada em 1972; a KTP-
1, cujo uso se expandiu nos anos 1970; e a Massey-Ferguson, que também foi
amplamente utilizada.[68] A colheitadeira Henderson foi o primeiro modelo 100%
nacional: foi desenhada em Cuba e, por sua simplicidade, também podia ser produzida internamente. Seu principal defeito era não limpar a cana, de modo que
30% da massa soerguida e transportada era constituída de resíduos. Isso porque
a Henderson foi concebida para trabalhar em coordenação com as estações de
limpeza da cana também inventadas nacionalmente.[69] A Henderson era adaptada
a um trator italiano da Fiat, mas acabou sendo abandonada em 1972, pois outras
experiências se mostraram mais eficientes (idem, 1985, p. 48).

A segunda máquina testada depois de 1967 foi uma invenção cubano-soviética, a KTP-1, criada no início dos anos 1970 e amplamente utilizada a partir de
1973.[70] Sobre ela, Edquist afirmou: "a colheitadeira KTP-1 deve ser considerada

---

68   Nos caminhos e descaminhos da escolha tecnologia cubana, a Libertadora, a KTP-
      1 e a Massey-Ferguson se consolidaram como paradigmas tecnológicos de sucesso
      na ilha, por diferentes razões.

69   Em 1964, foi criado o primeiro Centro de Recepção e Benefício a Seco de Cana:
      estações de limpeza da cana pelo método seco (com ar), desenvolvidas pelo enge-
      nheiro cubano Roberto Henderson, que batizou a colheitadeira correspondente.
      Tratava-se de uma solução original, com design personalizado, adequada para li-
      dar com a escassez de água que predominava na agricultura do país. Seu objetivo
      era eliminar a limpeza manual e centralizar as canas da região para facilitar a coleta
      da empresa de Acopio. Com as estações, pretendia-se incrementar de 80% a 150%
      a produtividade do trabalho. Em 1965, foram construídas 4 estações e em 1967 já
      eram 67, que limpavam até 70 toneladas de cana por hora. Em 1980, a "brecha tec-
      nológica" do processo de limpeza em Cuba em relação a outras partes do mundo
      era quase zero e a dependência tecnológica era desprezível neste elo específico da
      cadeia produtiva (Edquist, 1985, p. 42-3, 53, 127, 144, 158).

70   Em 1977, criou-se uma grande fábrica da KTP-1 em Holguín, que se tornou a
      maior produtora e exportadora de máquinas cortadoras de cana do mundo, com
      capacidade produtiva para 600 unidades ao ano. Sua baixa produtividade e simpli-
      ficação foram a condição necessária para que pudesse ser produzida em Cuba. Em
      1979, a União Soviética já não produzia mais a KTP-1: Cuba havia completado esta
      absorção tecnológica, atenuando os problemas de balanço de pagamentos vividos
      pelo país (Edquist, 1985, p. 52, 133, 136).

um franco sucesso de *joint venture* entre Cuba e URSS, embora esta máquina certamente não figure entre as mais produtivas do mundo" (1985, p. 134). Por fim, a terceira família de máquinas estrangeiras foi a australiana Massey-Ferguson, que liderou a alavancagem da mecanização do corte, coleta e limpeza nos anos 1970 (Edquist, 1985, p. 51). Segundo Edquist, se a Massey-Ferguson tivesse sido testada nos anos 1960, possivelmente teria acelerado a mecanização do corte da cana na ilha, antecipando-a em 5 a 8 anos. A Massey-Ferguson era a máquina mais adequada à topografia e clima da ilha, pois as condições agrícolas da Austrália eram muito similares (idem, 1985, p. 126-7). Além disso, Cuba rapidamente se tornou o principal mercado consumidor da Massey-Ferguson (maior até que a própria Austrália), de modo que poderiam ter adquirido relativo poder de barganha em relação a seus preços (idem, 1985, p. 132).

TABELA 26 - MECANIZAÇÃO DO CORTE E COLHEITA DA CANA (1963-1981)		
Ano	% da cana cortada e colhida por colheitadeira combinada	% da cana cortada manualmente e soerguida mecanicamente
1963	--	1
1964	--	20
1965	1-2	26-32
1966	2-3	44-46
1967	2-3	53-57
1968	3	61-68
1969	2	65-74
1970	**1**	**82-85**
1971	3	87
1972	7	89-96
1973	11	93-94
1974	18	96
1975	25	96
1976	32	97
1977	36	97
1978	38	98
1979	42	98
1980	45	98
1981	50	98
Fonte: Edquist, 1985, p. 38.		

A trajetória da mecanização da cana em Cuba pode ser visualizada na tabela 26. Podemos observar que, em 1970, as colheitadeiras combinadas haviam fracassado: apenas 1% da cana cubana foi cortada mecanicamente na fatídica safra. Porém, a tarefa de mecanização do soerguimento da cana cortada manualmente havia sido atingida em 82% a 85% da safra. Para dimensionarmos a importância deste avanço, cabe lembrar que o soerguimento da cana, sozinho, correspondia a 40% dos trabalhadores manuais de uma safra (Edquist, 1985, p. 36). Ainda assim, perpetuava-se a dependência tecnológica da ilha, já que o elevador PG 0.5 era 100% soviético. Como sustentou Edquist: "independentemente de quão bem sucedida tenha sido esta transferência de tecnologia, ela também levou a um prolongamento da dependência cubana em relação à importação de elevadores de cana da União Soviética" (1985, p. 124).

Apesar dos avanços obtidos na mecanização da colheita, o problema da escassez de mão de obra nos canaviais ainda não havia sido resolvido, já que a meta de 10 milhões de toneladas para 1970 impunha um esforço nacional sem precedentes. Na falta de mecanização, o governo cubano lançou mão das jornadas de trabalho voluntário. Deste processo de erros e acertos, conclui-se que, mesmo apresentando pleno interesse e poder para executar a mecanização da cana, os sujeitos da escolha tecnológica da ilha se depararam com obstáculos estruturais de quatro ordens: primeiro, a falta de informação sobre as opções tecnológicas disponíveis no mercado, caso do desconhecimento da Massey-Ferguson australiana nos anos 1960; segundo, a falta de acesso à tecnologia por conta de constrangimentos econômicos (escassez de divisas e bloqueio estadunidense), que impediam que Cuba internalizasse bens de capital adequados; terceiro, a desorganização econômica para implantar a tecnologia escolhida e importada, gerando desperdício de divisas; e quarto, a incapacidade de operar, reparar, manter e reproduzir a tecnologia internamente (Edquist, 1985, p. 99).

A outra dimensão da tarefa de absorção tecnológica era o desenvolvimento e aplicação de fertilizantes. Pelos dados apresentados por Carlos Rafael Rodríguez, houve significativo avanço na produção e consumo de fertilizantes durante os anos 1960. Segundo seu informe proferido na CEPAL em 1969, a produção cubana de fertilizantes havia crescido em 2,4 vezes entre 1958 e 1968, saltando de 252.900 toneladas métricas para 860.000 toneladas (Rodríguez, 1969, p. 33). Nos anos 1960, Cuba havia obtido 50 milhões de dólares em crédito para instalar uma fábrica de fertilizantes com auxílio da inglesa *Simon and Carvers* (idem, 1969, p. 102). Isso permitiu que o uso de fertilizantes se expandisse na proporção exposta na tabela 27.

TABELA 27 - USO E PRODUÇÃO DE FERTILIZANTES AGRÍCOLAS (1963-1968)			
	Uso [a] (toneladas métricas)	Uso nos Canaviais [b] (%)	Produção [c] (toneladas métricas)
1963	444.100	40,2	439.000
1964	650.200	48,9	430.000
1965	500.600	63,7	473.000
1966	581.500	57,8	514.000
1967	908.600	55,9	788.000
1968	1.487.800	41,1	860.000
Fonte: (a) Rodríguez, 1969, p. 25; (b) Aranda, 1968, p. 72; (c) CEPAL, 1980, p. 72			

Entre 1963 e 1967, houve um expressivo crescimento da proporção de uso de fertilizantes nos canaviais, em relação aos outros cultivos. Ademais, entre 1966 e 1970 a produção de praguicidas da ilha cresceu em 7,6 vezes, sendo que apenas entre 1966 e 1968, o gasto com a compra do produto cresceu em 80% (Rodríguez, 1969, p. 25).[71] Em decorrência deste investimento, em 1967, Cuba teria atingido os rendimentos da cana de Porto Rico: cresceram em 28,2% em relação a 1961 e em 70,4% em relação à pior safra canavieira (1963) (Gutelman, 1975, p. 258). Esse esforço fazia parte da opção pelo modelo tecnológico intensivo, que *a posteriori* foi criticado por Valdés Paz.[72]

---

71 A produção cresceu de 255 toneladas em 1966 para 2.203 toneladas em 1970 (CEPAL, 1980, p. 72). Mesmo assim, o gasto com compra de praguicidas cresceu de 4,32 milhões de pesos em 1966 para 7,80 milhões em 1968 (Rodríguez, 1969, p. 25).

72 Em nossa conversa, Valdés Paz criticou a opção cubana pelo modelo tecnológico intensivo por seu impacto nocivo ao meio ambiente e por seu aspecto vulnerável: "Os elementos principais desse modelo tecnológico intensivo eram importados. De onde? Da União Soviética, do campo socialista europeu, algo da China, etc. O que fazia com que fosse um modelo muito vulnerável (...). As consequências desse modelo tecnológico intensivo são de caráter ecológico. Ele produziu um empobrecimento dos solos, sérios problemas de desequilíbrio de controle biológico de pragas e de doenças (...). Exigia-se uma especialização de 90%. Com o tempo, se fez claro que essa exigência de especialização era totalmente contraproducente em termos ecológicos e econômicos " (2012).

TABELA 28 - METAS E PRODUÇÃO REAL DE AÇÚCAR (1952-1970) (EM MILHÕES DE TONELADAS MÉTRICAS)		
Ano	Produção real	Metas
1952/1956	5,00	--
1959	5,96	--
1960	5,86	--
1961	6,76	--
1962	4,88	6,14
1963	3,88	--
1964	4,47	6,50
1965	6,15	7,00
1966	4,43	6,50
1967	6,23	7,50
1968	5,16	8,00
1970	8,53	10,00
Fonte: Barkin, 1978, p. 128-9.		

Nada disso foi suficiente, contudo, para que o país atingisse suas metas de produção de açúcar na década de 1960, como mostra a tabela 28. A incapacidade cubana para atingir as próprias metas de produção estabelecidas no contexto da estratégia combinada é um fato revelador das limitações estruturais do desenvolvimento econômico da ilha. Os problemas de desorganização agropecuária continuavam a prejudicar e comprometer a produção cubana. Carlos Rafael Rodríguez criticou a elaboração de metas inalcançáveis criadas pelos organismos do próprio governo em agosto de 1964, diante da direção econômica nacional:

> Se não podemos compatibilizar a produção canavieira com as metas que temos que cumprir na agricultura, dando origem a todos estes desastres de agrotecnia que estamos combatendo sistematicamente, é preciso discutir na Direção Nacional do país a redução de uma ou outra meta (...). Porque nós não ganhamos nada ao plantar produtos que depois perdemos sem poder cultivar e devemos ser realistas: em definitivo, o que conseguimos depois sem o cultivo é menos quantidade de produto do que a que teríamos obtido se plantássemos menos e cultivássemos mais. E isso aparece como um mau trabalho atribuído à agricultura, quando na realidade se trata de um mau trabalho de orga-

nização da atividade econômica em seu conjunto e somente uma parte desta deficiência é atribuível à agricultura (1964, p. 16-17).

Essa crítica de Rodríguez revela o estado de desorganização econômica ainda existente em Cuba após a segunda reforma agrária. Qual seria, então, a capacidade de equacionar na mesma estratégia as metas açucareiras e a diversificação especializada, contornando a desorganização e a dependência tecnológica?

Toda essa situação cubana colocava em evidência um desafio histórico complexo que, por sua natureza estrutural, despertava como uma pergunta estratégica para toda a América Latina: quais as possibilidades concretas de desenvolvimento de meios técnicos e econômicos adequados para realização de finalidades igualitárias e soberanas na periferia do capitalismo? Em outras palavras, por qual estreito caminho superar a inadequação entre meios e fins que perpetuava o subdesenvolvimento? Quando adotada a meta de produção de 10 milhões de toneladas de açúcar, Cuba forçou os limites da estratégia combinada, porque a priorização canavieira ganhou tanta potência que dificultou qualquer compatibilidade com a proposta de diversificação agropecuária. Assim, as três tarefas fundamentais imprescindíveis para o sucesso da estratégia combinada (descentralização relativa; diversificação especializada; absorção tecnológica) foram definitivamente ofuscadas pela meta da safra de 1970.

CAPÍTULO 4 - SAFRA DE 1970 E ESTRATÉGIA DE DESENVOLVIMENTO (1967-1970)

> Em um tempo relativamente curto, o desenvolvimento da consciência faz mais pelo desenvolvimento da produção que o estímulo material.
> **Ernesto Guevara, fevereiro de 1964**
> (1982, p. 190)

> Podemos ser terríveis concorrentes e em matéria de açúcar não tememos absolutamente ninguém. Veremos como se arranjarão aqueles que desenvolveram sua indústria à custa de Cuba. (...) Pois bem, terão uma indigestão de açúcar!
> **Fidel Castro, 7 de junho de 1965**[1]

> Entre 1971 e 1975, um especialista soviético que visitou a ilha disse que, em termos teóricos, Cuba havia vivido uma etapa muito similar ao comunismo de guerra da URSS.
> **Julio Diaz Vázquez, 29 de julho de 2010**
> (*apud* Valdés Paz, Juan *et alli*, 2012, p. 72)

ESTRUTURA AGRÁRIA E ESTRATÉGIA DE DESENVOLVIMENTO

Quando Cuba se lançou na tarefa histórica de superar o subdesenvolvimento, as teorias do desenvolvimento da CEPAL eram consagradas por economistas de diferentes matizes e não poderiam deixar de influenciar o governo revolucionário. A tese fundacional da nova economia política latino-americana, enunciada no célebre Manifesto de Prebisch de 1949, se alicerçava no combate à teoria das vantagens comparativas de David Ricardo e suas afiliadas, expondo a estru-

---

1   Castro, 7 jul. 1965. Alguns trechos são citados em Gutelman, 1975, p. 237-8.

tura e dinâmica dos desequilíbrios gerados pela divisão internacional do trabalho. No Manifesto - que se tornou a carta de princípios originários da CEPAL - Prebisch enunciava:

> É certo que o raciocínio sobre as vantagens econômicas da divisão internacional do trabalho é de uma validade teórica inobjetável. Mas costuma-se esquecer de que se baseia sobre uma premissa contradita pelos fatos (...). A falha desta premissa é atribuir caráter geral ao que de seu é muito circunscrito (...). As prodigiosas vantagens do desenvolvimento da produtividade não chegaram à periferia, em medida comparável à que logra disfrutar a população destes grandes países (...). Existe, pois, um manifesto desequilíbrio, e qualquer que seja sua explicação ou modo de justificá-lo, se trata de um fato certo, que destrói a premissa básica do esquema da divisão internacional do trabalho (1986, p. 479).

Como alternativa teórica às vantagens comparativas, Prebisch formulou a tese da deterioração dos termos de troca. Diante de um adversário comum, seu diagnóstico apresentava afinidades relativas com a teoria marxista da troca desigual, ainda que partissem de premissas econômicas e filosóficas distintas.[2] Ambas contestavam as premissas da tese de Ricardo, questionando a suposta tendência ao equilíbrio da ordem econômica internacional. Em contraposição, elaboraram-se abordagens histórico-estruturais das formações sociais periféricas, a fim de

---

2   Sobre a deterioração dos termos de troca: "Desde os anos 1870 até a Segunda Guerra Mundial, a relação de preços se moveu constantemente contra a produção primária (...). A relação de preços se moveu, pois, de forma adversa à periferia (...). Os países da América Latina, com forte coeficiente de comércio exterior, são extremamente sensíveis a estas repercussões econômicas" (Prebisch, 1986, p. 481, 485). Uma síntese da teoria da troca desigual feita por Samir Amin: "O equilíbrio do balanço de pagamentos – que no máximo é tendencial – tem por condição um ajustamento permanente das estruturas internacionais. Mas, estas estruturas são, no que diz respeito às relações entre o mundo desenvolvido e o mundo subdesenvolvido, as da dominação assimétrica do centro do sistema mundial sobre a periferia. O equilíbrio externo – a ordem internacional – só é possível porque as estruturas da periferia são formadas de acordo com as exigências da acumulação no centro, isto é, porque o desenvolvimento do centro engendra e sustenta o subdesenvolvimento da periferia (...). Enquanto na esfera das trocas internas a lei do valor implica a igualdade dos valores de troca de duas mercadorias contendo a mesma quantidade de trabalho, na esfera das trocas com o exterior, as mercadorias trocadas contêm quantidades desiguais de trabalho, traduzindo a desigualdade dos níveis de produtividade" (1976, p. 86, 111). Ainda sobre a teoria da troca desigual, ver Emmanuel, 1973.

identificar os obstáculos ao desenvolvimento das forças produtivas dos países com passado colonial.[3]

Partindo da nova teoria de Prebisch, a CEPAL fundou um programa de desenvolvimento capitalista da América Latina, cuja execução passava por três medidas estruturais que deveriam ser adaptadas às condições particulares de cada país. Primeiro, uma modificação no perfil das importações que economizasse divisas para acumulação de capital em detrimento do consumo suntuário. Segundo, uma política de emprego que criasse um mercado interno robusto, isto é, uma demanda efetiva sustentada pelas necessidades da maioria da população. E terceiro, a industrialização por substituição de importações, considerada imprescindível para atingir um nível mínimo de bem estar social, correspondente a um novo padrão de preços já não mais subordinado à deterioração. Este processo estaria condicionado, em cada país, pela disponibilidade de recursos naturais e matérias primas, pelas margens possíveis de alteração do perfil de importações, bem como pela capacidade de obtenção de financiamento externo. O mercado interno, por sua vez, só poderia ser formado através de uma relativa redistribuição de renda, o que, em sociedades assentadas sobre a segregação social, resultava em uma política conflituosa.[4]

Alterar o perfil das importações era uma forma graduada de romper com a inserção econômica dependente. Simultaneamente, criar um mercado interno supunha a eliminação das bases do modelo segregacionista típico do subdesenvolvimento. Nesse sentido, o potencial transformador da economia política da CEPAL coincidiu parcialmente com a luta cubana pela eliminação da dupla articulação

---

3   Contudo, a teoria da deterioração dos termos de troca era, essencialmente, uma teoria da relação entre produtividade, difusão de progresso técnico e preços do mercado mundial, enquanto a troca desigual se fundamentava na teoria do valor trabalho e, portanto, privilegiava o problema das relações sociais de produção. Por isso, apesar da conclusão semelhante em relação ao desequilíbrio estrutural da divisão internacional do trabalho, os programas estratégicos para o desenvolvimento das periferias que frutificam das duas teorias são significativamente diferentes no que se refere às relações capitalistas de produção.

4   Prebisch definiu: "Há, pois, que modificar a composição das importações e, correlativamente, a estrutura e o volume da produção interna, para atender as necessidades correntes da população, sustentando um máximo de emprego. Enquanto as importações essenciais para as necessidades correntes da população seguirão o ritmo relativamente lento do crescimento orgânico do país, as de artigos postergáveis ficarão sujeitas à flutuação da exportação" (1986, p. 499).

258   JOANA SALÉM VASCONCELOS

(dependência e segregação social). Sendo assim, o programa de industrialização por substituição de importações pareceu adequado às forças do "nacionalismo democrático revolucionário" que dirigiu o país a partir de 1959.

Industrialização por substituição de importações

A concepção industrialista de desenvolvimento era fruto do mesmo sentimento que estimulava a diversificação máxima da agricultura: a conquista de autossuficiência econômica como expressão radical da soberania nacional. Os dirigentes cubanos, em um primeiro momento, optaram por aplicar o programa de industrialização por substituição de importações na ilha, identificando nele a alavanca necessária para a criação dos novos meios técnicos adequados às finalidades revolucionárias. A noção de que "desenvolvimento" era um sinônimo imediato de "industrialização" estava difundida entre os economistas mais influentes do governo, entre eles Regino Boti, Carlos Rafael Rodríguez e Juan Noyola. Em 1956, Carlos Rafael Rodríguez declarara:

> Nenhuma argúcia técnica ou dialética poderá anular o que Colin Clark chamou "lei de Petty", com seus trezentos anos de vigência, segundo a qual a maior renda e o maior progresso se relacionam com o emprego da maior proporção da população em atividades industriais frente às atividades agrícolas. A história confirma esta tendência. Países desenvolvidos são aqueles que têm maior renda real per capita porque possuem uma estrutura econômica determinada, baseada em certo grau, maior ou menor, de industrialização (1983, p. 57).

Juan Noyola, economista da CEPAL em missão de auxílio a Cuba e, posteriormente, líder da Junta Central de Planificação (JUCEPLAN), apresentou cursos e palestras aos trabalhadores e funcionários administrativos da ilha, disseminando a visão substitutiva de importações. Entre setembro e dezembro de 1959, Noyola ministrou um curso de capacitação em problemas de desenvolvimento econômico, no qual se preocupou em diferenciar duas estratégias de poupança de divisas: a substituição de importações e a expansão das exportações. Ainda que não fossem excludentes ou incompatíveis, Noyola manifestou sua preferência pela estratégia substitutiva, com o argumento de que a expansão do setor externo não seria capaz de absorver o contingente subutilizado de força de trabalho, sem que se ampliassem outros setores produtivos voltados para dentro.[5] Completou seu raciocínio, dizendo: "na realidade, não só a substituição de importações, mas também, em geral, o desenvolvimento econômico, significa industrialização" (1978, p. 82). A substituição de importações cubana, na concepção de Noyola, abarcaria quatro objetivos estratégicos.

Primeiro, transformar o setor açucareiro em uma indústria múltipla, através do aproveitamento de seus subprodutos: o bagaço seria matéria-prima da indústria de papel; a usina açucareira, um polo de produção de energia; e outros derivados da cana serviriam à indústria química, desdobramento este nomeado por Guevara como "indústria sucroquímica" (Noyola, 1978, p. 132). O segundo objetivo deveria ser, para Noyola, o setor energético, que provavelmente seria o principal gargalo estrutural do desenvolvimento cubano, uma vez alcançado o pleno aproveitamento das capacidades subutilizadas. O terceiro objetivo deveria ser a indústria siderúrgica e mecânica, baseada nas reservas de laterita do Oriente, ainda condicionada pela superação de obstáculos graves, como as dificuldades técnicas de extração mineral, a necessidade de larga escala para garantir a rentabilidade mínima, a estreiteza do mercado e o alto consumo de combustíveis – considerando uma economia na qual o petróleo já ocupava 10,7% da pauta de importações (CEPAL, 1964, p. 284). Por fim, o quarto objetivo seria absorver o crescimento populacional e eliminar o desemprego (Noyola, 1978, p. 93-94). O

---

5   Em defesa da substituição de importações, Noyola sustentou: "É, por conseguinte, a elevada elasticidade-renda da demanda de produtos importados o que torna indispensável a adoção de uma política de substituição de importações como uma das necessidades do desenvolvimento econômico. Podemos sempre pensar que são alternativas equivalentes a substituição de importações, que significa usar menos divisas para obter a mesma quantidade de recursos, ou a expansão das exportações, que significa obter as divisas para adquirir estes recursos no exterior. Teoricamente as duas coisas são equivalentes. Agora, na prática, e mesmo sendo fundamental o desenvolvimento de novas linhas de exportação, é mais importante ainda a substituição de importações. Caso se alcançasse um crescimento da capacidade para importar derivada das atividades tradicionais de exportação que fosse suficiente para absorver o desemprego existente e o crescimento vegetativo da força de trabalho, então a expansão das exportações seria a solução. Porém, se não se pode esperar um crescimento adequado destes setores, a alternativa preferível é a substituição de importações" (1978, p. 82).

prognóstico de Noyola feito em 1959 apostava que, adotada a estratégia substitutiva, seria possível a duplicação da produção agrícola, a triplicação da produção industrial e a quadruplicação da produção de energia até 1970 (1978, p. 95). A economia de divisas para substituição viria da eliminação do consumo suntuário.[6] Consciente de que todos estes objetivos deveriam ser hierarquizados de acordo com as condições existentes da ilha, Noyola propunha que o setor sucroquímico fosse a ponta de lança da industrialização, através da constituição de um complexo químico de padrão internacional, seguido pela indústria de alimentos e, posteriormente, pela mineração, de acordo com as vantagens e limitações particulares à ilha (Noyola, 1978, p. 275).

Ademais, Noyola defendeu, durante seu curto período de colaboração com Cuba até sua trágica morte na queda de um avião em 26 de novembro de 1962, um modelo de integração comercial do Caribe que poderia conciliar os dois caminhos de obtenção de divisas para o desenvolvimento (a substituição de importações e a expansão de exportações). Nesse caso, as mercadorias destinadas a Estados Unidos e Europa deveriam ser deslocadas ao mercado caribenho.[7] Noyola também apostava na integração cubana com o bloco soviético (a única que de fato se consolidou) e com os países subdesenvolvidos da Ásia e da África (que se integraram apenas politicamente, como nos contou Lourdes Cervantes da OSPAAAL). Nas trilhas de Martí, Noyola foi um dos mais insistentes proponentes da

---

6   Argumentou Noyola, em 1959: "Era uma economia que se dava ao luxo de importar, por exemplo, 30 milhões de dólares de gordura animal, que se dava ao luxo de importar muitas dezenas de milhões de dólares de artigos suntuários; um país que, sendo o principal produtor de açúcar do mundo, importava doces industrializados (torrones da Espanha), que sendo um grande produtor de frutas tropicais, importava, por exemplo, um milhão de dólares de suco de pera (...). Poderíamos ficar 10 anos sem importar automóveis e não ocorreria absolutamente nada. Isso porque se importava cerca de 100 milhões de dólares de todo tipo de veículos de motor" (1978, p. 122-23).

7   Em defesa da integração de Cuba ao Caribe como pilar da estratégia substitutiva, Noyola proferiu: "neste caso, substituir importações e expandir exportações se convertem em sinônimos, porque se substituem importações procedentes dos Estados Unidos e da Europa ocidental não apenas para o consumo interno cubano, mas também para exportar à área do Caribe (...). Uma indústria de fertilizantes, uma fábrica de inseticidas, uma fábrica de pneus, podem ser indústria de integração para os cinco mercados centro-americanos" (1978, p. 88, 91).

"diversificação geográfica do comércio exterior" como estratégia de independência econômica (Noyola, 1961, p. 411).

No Fórum da Reforma Agrária, celebrado em Havana em julho de 1959, Raúl Castro enunciou que por meio da estratégia substitutiva seria possível economizar 150 milhões de dólares ao ano (Castro, 29 jun.1959). Regino Boti também apostava na estratégia substitutiva. Segundo Boti, 120 milhões de pesos eram gastos anualmente com importação de alimentos e Cuba reunia as condições adequadas para substituí-los. Mais que isso, a substituição das importações de alimentos seria estratégica para sustentar as outras substituições e a própria reprodução da sociedade, como expôs no Fórum da Reforma Agrária.[8] O governo cubano, em relatório oficial entregue à CEPAL em 1966, sintetizou a política substitutiva dos primeiros anos da revolução:

> A "industrialização" se converteu assim em uma consigna nacional, ao mesmo tempo patriótica e técnica (...). Os empenhos industrializantes se orientaram de imediato pelo crescimento interno mediante substituição de importações e a projeção de um desenvolvimento industrial acelerado sobre a base do esquema clássico. Bem rápido, porém, a política seguida pelo governo dos Estados Unidos para a Revolução Cubana obrigava a reconsiderar a posição açucareira de Cuba (Cuba, 1966, p. 19-20).

Como visto, os desequilíbrios econômicos decorrentes do bloqueio estadunidense e da súbita incerteza em relação aos mercados açucareiros, rapidamente inviabilizaram uma política substitutiva convencional.[9] Consolidado o bloqueio e em meio à forte tensão militar, a política substitutiva se converteu em um im-

---

8   Discursou Boti em 4 de julho de 1959: "o progresso do crescimento da indústria se detém e evapora em uma inflação e, no melhor dos casos, continua enquanto o país pode importar alimentos. Mas no dia em que suas divisas fiquem exauridas, o processo de crescimento da indústria se paralisa instantaneamente" (Boti, 04/07/1959).

9   Como constatou Rodríguez, em 1968: "As primeiras tentativas de desenvolvimento de grandes complexos industriais (precisamente, me refiro à siderurgia e a outros processos da metalurgia) nos demonstraram que os anos de maturação destes investimentos eram longos e que os recursos de importação indispensáveis para as inversões eram vastíssimos e comprometiam seriamente a economia nacional. Ademais, não traziam rendimentos no futuro imediato. Isto significava, na situação econômica do país, enfrentar os riscos de uma séria tensão para a elevação futura dos níveis de consumo" (1983, p. 448).

pulso emergencial e desorganizado, cujos efeitos sobre a estrutura agrária já foram analisados.

O bloqueio impedia a obtenção de bens intermediários, bens de capital e peças de reposição que alavancassem a acumulação inicial do processo substitutivo. Além disso, outros fatores estruturais inviabilizaram a política substitutiva convencional e levaram Cuba a alterar a estratégia de desenvolvimento. O primeiro e decisivo fator era insuperável: a ausência de uma base de recursos naturais que fornecesse as matérias primas adequadas ao desenvolvimento das indústrias substitutivas. A escassez de recursos energéticos dificultava ou até obstruía o processo substitutivo, e as especificidades orgânicas dos solos da ilha impediam que algumas plantações fossem bem sucedidas por razões naturais.[10] O segundo fator era a escassez de divisas e débil capacidade de importação, consequência histórica-estrutural da deterioração dos termos de troca. Substituir importações significava adquirir bens de capital modernos, custosos e em escalas muito superiores às possibilidades financeiras da ilha, sobretudo em uma conjuntura de queda das exportações açucareiras. Em terceiro, havia o problema da escassez de recursos humanos qualificados (técnicos, engenheiros, cientistas) e de um aparato moderno de inovação e manutenção industrial, exigido pelo processo substitutivo. Como explicou Pericás: "até o final de 1964 somente 50% da capacidade total da maquinaria importada estava funcionando, devido à falta de manutenção, reparos e organização" (2004, p. 85). O Ministério das Indústrias não chegou a ter mais de 473 engenheiros sob a gestão Guevara, entre fevereiro de 1961 e fins de 1964 (Pericás, 2004, p. 87). Por tudo isso, apesar dos 850 milhões de dólares investidos entre 1960 e 1963 para a industrialização representarem um montante superior ao investimento dos Estados Unidos na ilha nos 50 anos anteriores, a estratégia substitutiva fracassou. As limitações estruturais da estratégia substitutiva foram sintetizadas pela CEPAL em 1964:

10　　"Cuba não é o Brasil, nem sequer é território continental como Tchecoslováquia", havia afirmado Rodríguez em 1956 (1983, p. 66). A CEPAL especificou o problema em sua análise: "Cuba não é um país particularmente dotado de recursos naturais. Suas terras são excelentes para certa exploração agrícola – especialmente cana e tabaco - e menos adequadas para outra – café, alguns grãos básicos – e, enfim, conta com a importante possibilidade de amplíssimos recursos do mar. Entretanto, dispõe de poucos recursos energéticos e, com exceção do níquel, não se detectaram outras riquezas minerais de importância" (CEPAL, 1980, p. 64).

Nos primeiros planos de desenvolvimento manufatureiro, se previu um investimento de magnitude e estrutura desusadas, que cobria uma gama de atividades muito ampla. Assim, o processo de desenvolvimento industrial foi afetado por um fenômeno de alargamento do período de maturação das inversões e – o que é mais importante do ponto de vista dos ritmos da produção de curto prazo – por uma deterioração relativa da manutenção e modernização das indústrias existentes. Apesar de que estas deficiências tenham tendido a remediar-se, ainda em 1963 a execução do plano industrial se viu adversamente influenciada pelas limitações ou alterações dos abastecimentos e das reservas de matérias primas, especialmente as indústrias alimentícias, química, têxtil, do petróleo e do açúcar. Deve notar-se também que os quadros de mão de obra qualificada de níveis médio e superior constituíram outro ponto de estrangulamento (1964, p. 289).

Além destes, outro obstáculo estrutural que se prostrou frente à política substitutiva foi elencado por Boti para explicar o fracasso, e está relacionado com o processo radical de redistribuição de renda analisado anteriormente. Apesar do considerável aumento da produção substitutiva em diversos segmentos econômicos cubanos durante os primeiros anos da revolução, o incremento muito superior da demanda teria absorvido as divisas poupadas, impedindo que as importações fossem efetivamente substituídas.[11] No caso dos alimentos, em termos físicos, a importação de arroz cresceu 14% entre 1957 e 1960; a importação de milho cresceu mais de 200 vezes entre 1957 e 1963; de batatas 59% entre 1957 e 1962; de carne de boi 118% entre 1957 e 1963 (CEPAL, 1964, p. 279). Além disso, o crescimento industrial verificado entre 1958 e 1963 refletia, em parte, a subutilização da capacidade produtiva que, segundo a CEPAL, alcançava 40% antes da revolução, mas rapidamente se esgotou (CEPAL, 1964, p. 291). Sustentou Boti, em 1963:

---

11   O crescimento agregado do setor agrícola foi 5,8% ao ano entre 1959 e 1963. A indústria expandiu-se 7,1% ao ano entre 1961 e 1963, sendo: 9,9% o setor de petróleo, 6,7% da mineração, 16,3% o químico, 11% o têxtil, 5,7% a eletricidade, 4,5% a metalurgia e mecânica. O crescimento acumulado do setor de calçados entre 1961 e 1963 foi de 247%, de tecidos foi de 48%, de cimento foi de 33,8% entre 1957 e 1961. A proporção da indústria pesada (mineração, metalurgia, química e materiais de construção) passou de 22,2% para 28,8% do total do setor industrial (CEPAL, 1964, p. 269, 288, 290-292).

Apesar do crescimento da participação da produção nacional, não se produzem substituições das importações. Isto se deve ao fato de que o nível de consumo produtivo de produtos agropecuários que se quer lograr em 1963 cresce tanto quanto, e em alguns casos mais, que a produção (2011, p. 265).

Por fim, a falta de rentabilidade da agropecuária e a queda geral da produtividade do trabalho contribuíram para o fracasso definitivo da política substitutiva.[12]

A mudança no perfil geral de importação da ilha nos primeiros anos da revolução refletiu o esforço substitutivo. A queda da importação dos bens de consumo e crescimento da importação de bens de capital constituem tendências visíveis na tabela 29.

TABELA 29 - ESTRUTURA DAS IMPORTAÇÕES (%)								
Produto	1956	1957	1958	1959	1960	1961	1962	1963[b]
Bens de Consumo	40,5	38,6	36,4	33,3	31,4	26,0	24,2	25,1
Não Duráveis	29,9	28,5	26,8	24,9	28,9	21,9	21,5	23,9
Duráveis	10,6	10,1	9,6	8,4	2,5	4,1	2,7	1,2
Combustíveis	8,6	10,1	10,5	9,2	13,5	7,5	10,8	12,3
Matérias Primas e Produtos Intermediários	29,5	26,7	25,2	29,8	30,6	32,6	30,8	34,9
Bens de Capital Fixo	21,0	24,0	22,6	26,6	23,6	33,6	34,2	27,7
Para agricultura	1,6	1,9	1,8	2,4	3,7	4,6	2,4	--
Para indústria	12,1	15,0	14,2	13,9	9,1	8,4	15,2	--
Para transportes	2,3	2,9	2,7	4,4	4,2	10,1	9,9	--
Materiais de Construção	5,0	4,2	3,9	5,9	6,6	10,5	6,7	--
Total [a]	713,9	850,1	854,8	742,2	637,8	702,5	759,3	453,8

Fonte: CEPAL, 1964, p. 284.
(a) Em milhões de pesos de 1955 cif
(b) Janeiro-Setembro

Em sua teoria, Furtado diferenciou dois eixos condutores dos processos econômicos: (a) o desenvolvimento das forças produtivas (dimensão técnica); (b) a acumulação por fora do sistema produtivo (dimensão cultural). Sua teoria do

---

12   Afirmou Romeo: "Em fins de 1962, era claramente apreciável a substancial redução da produtividade do trabalho e a falta de rentabilidade geral da produção agropecuária, como sequela da mudança da estrutura produtiva tradicional do setor agrícola" (Romeo, 1965, p. 5).

desenvolvimento prevê que "para acelerar (b) no futuro, pode ser necessário diminuir seu ritmo no presente em benefício de (a)" (1981, p. 55). Sendo assim, a queda de 36,4% para 24,2% da participação dos bens de consumo na pauta de importações cubana entre 1958 e 1962, com destaque acentuado aos bens de consumo duráveis, era fruto da nova estrutura social que se pretendia construir através da substituição do consumo suntuário pelos bens de capital, que ampliaram sua proporção de 22,6% para 34,2% no período. A industrialização por substituição do consumo suntuário, entretanto, se realizou por meio de um esforço colossal debruçado sobre muitos setores simultâneos, de bens de capital a bens de consumo corrente (de indústrias químicas, fundição de aço, vassouras, cadeados, sabão, antibióticos, pás e picaretas, roupas, calçados, iogurtes, entre outras 107 fábricas novas dos mais diversos produtos). A amplitude da tentativa de industrialização a levou ao fracasso porque, explicou Gutelman, "na ausência de uma base industrial sólida, a taxa de substituição das importações pela instalação prematura de indústrias de transformação era muito baixa" (1975, p. 209). Isso significava que o esforço de investimento de 25% do PIB somente teria uma expectativa de retorno do crescimento industrial de 5% (idem, 1975, p. 208). A mesma constatação foi feita por Carlos Romeo em 1965,[13] e pelo próprio governo cubano, no documento entregue à CEPAL em 1966.[14] A isso, Romeo agregava que as fábricas importadas do bloco soviético, como se notou em seguida, eram tecnicamente obsoletas em relação aos países capitalistas avançados e, em alguns casos, até mesmo em relação às existentes em Cuba (Romeo, 1965, p. 6).

Ao explicar o fracasso da substituição de importações, Sergio Aranda acrescentou mais um argumento. A industrialização não resolvia os déficits crescentes do comércio exterior, não gerava divisas e, ao contrário, exigia aumento inicial

---

13   Carlos Romeo analisou: "O primeiro indício das dificuldades se expressava através da incapacidade dos aparatos técnicos de projeção, construção e montagem para igualar o ritmo das contratações de fábricas completas nos países socialistas. Em segundo lugar, o processo de construção e montagem das novas fábricas se chocava com um limite muito abaixo do contemplado e dos recursos técnicos e financeiros disponíveis tanto em moeda nacional, quanto em divisas" (Romeo, 1965, p. 5-6).

14   O governo cubano argumentava: "Nas condições atuais, o próprio caráter da indústria existente, com suas débeis concatenações tecnológicas e com pontos de estrangulamento estruturais nas capacidades de produção de bens intermediários, não está em situação de produzir um volume efetivo de substituição de importações que lhes permitam aumentar consideravelmente sua atividade sem afetar a balança de pagamentos em moeda livremente convertível" (Cuba, 1966, p. 18).

das importações - sem compensar com o mesmo volume de exportações (Aranda, 1968, p. 25). Por isso, os mesmos desequilíbrios estruturais que determinaram a volta ao açúcar, incluindo, sobretudo, as limitações da capacidade de importação, derrotaram as primeiras políticas substitutivas. Carlos Romeo sintetizou:

> Os níveis de produção se mantinham abaixo das capacidades instaladas, uma vez que a capacidade para importar, limitada principalmente pela queda das exportações de açúcar e muito mal aproveitada por limitações organizativas (explicáveis em um ambiente de transformações sociais voltado à criação de uma "economia socialista"), não era suficiente para sustentar o ritmo de importações necessárias para o investimento nacional e, simultaneamente, para incrementar a produção corrente, em que pese os generosos créditos anuais que os países socialistas concediam para saldar seu balanço de pagamentos (1965, p. 6).

Em 1963, a adoção da estratégia combinada para agricultura (priorização do açúcar, diversificação especializada e incorporação de tecnologia) significava um movimento de abandono da estratégia substitutiva convencional, para apostar exatamente no caminho inverso. A expansão das exportações especializadas seria a linha forte da nova estratégia, relegando a substituição de importações para segundo plano, ao contrário do que recomendara Noyola em 1959. Sem negar a necessidade futura da substituição, a priorização do açúcar contextualizada em uma nova inserção econômica internacional adiava indefinidamente a industrialização cubana. A nova estratégia de desenvolvimento focava-se na meta de 10 milhões de toneladas de açúcar da safra de 1970 e foi associada por David Barkin à chamada "estratégia *turnpike*".

Estratégia turnpike: a volta das "vantagens comparativas"?

Como consequência do estreito raio de manobra da revolução no controle dos ritmos da incorporação do progresso técnico, a estratégia substitutiva foi abandonada. Em 1968, Rodríguez analisou o fracasso da política substitutiva com as seguintes palavras:

> Se o desenvolvimento industrial estava obstruído para Cuba em um período curto, porque nosso país não tinha nem os meios técnicos, nem a possibilidade de investimento rápido, nem a base de matérias-primas que seria preciso estabelecer e, por outro lado, o desenvolvimento agrícola oferecia tais possibilidades de expansão, não era raro

que a atenção dos circuitos dirigentes do nosso país e, em particular do Primeiro Secretário de nosso partido e Primeiro Ministro, companheiro Fidel, se concentrasse em estudar toda essa situação, esta possibilidade natural dada por nossa economia, essa possibilidade histórica dada pela capacidade instalada da indústria açucareira, o desenvolvimento do cultivo da cana e a produção de açúcar (...). O processo de industrialização não foi eliminado de nossa concepção econômica, mas sim adiado para um prazo relativamente curto em termos históricos, durante o qual tomamos a produção agropecuária como base do desenvolvimento (1983, p. 449, 472).

A estratégia *turnpike* tomava a agropecuária como base do desenvolvimento, invertendo as tendências tradicionais das teorias desenvolvimentistas que circulavam pela América Latina nos anos 1950.[15] A opção cubana correspondia, na literatura evocada por Barkin, a um "modelo desequilibrado de crescimento", isto é, que concentrava recursos em um setor especializado para, através dele, alavancar toda a economia.[16] Literalmente, *turnpike* são as longas vias rodoviárias construídas ao redor das grandes cidades modernas, que permitem circulação de alta velocidade. Explicou Barkin:

A estratégia conhecida como *turnpike* (por sua semelhança com as vias de circunvalação em alta velocidade construídas ao redor de muitas cidades) segue a lógica de que o caminho mais direto entre dois pontos não é sempre o mais rápido. Quanto maior seja a distância que os separe, seria mais rápido fazer um contorno dentro da via de alta velocidade

15   *Turnpike* foi traduzido como estratégia "giratória" em Barkin, 1976.

16   Sobre a estratégia *turnpike* como modelo desequilibrado de crescimento: "A teoria 'giratória' do crescimento (*turnpike theory growth*) constitui uma forma extrema do método de desequilíbrio que confere uma importância especial aos critérios de eficiência. Esta teoria sugere que um dado objetivo do desenvolvimento é suscetível de se atingir mais rapidamente através da concentração inicial dos meios de produção com maior capacidade de intervenção e não através da transformação imediata da economia que permitisse a estrutura de produção desejada (...). Quanto maior for a distância entre o ponto de partida e a meta, maior interesse há em utilizar a teoria 'giratória" (Barkin, 1976, p. 11-12). O método do desequilíbrio seria oposto às teorias socialistas de desenvolvimento que, aderindo ao modelo de reprodução de Marx, pregam a necessidade de uma evolução proporcional dos departamentos I e II. Sobre este modelo, Romeo recordou: "tradicionalmente, este esquema dinâmico se apresenta em termos de uma economia 'fechada', atribuindo ao comércio exterior um papel totalmente secundário" (Romeo, 1965, p. 11).

(...). Os cubanos modificaram o modelo teórico denominado *turnpike* para que incluísse o incremento da população e a incapacidade de produzir uma ampla gama de maquinário e artigos de consumo. Optaram por concentrar-se na produção de bens agrícolas e desenvolver as relações comerciais com outras nações, de forma que os bens de capital referidos pudessem ser comprados com os lucros da venda de produtos agrícolas (1978, p. 102, 104).

Do ponto de vista teórico, apostar no setor agroindustrial açucareiro como fonte crescente de divisas, isto é, da expansão da capacidade de importação necessária à posterior industrialização, significava abandonar as teorias que atestavam o desequilíbrio entre centro e periferia. Tratava-se de adotar um raciocínio similar ao das vantagens comparativas, ou seja, da possibilidade de ganhos líquidos através da exportação de produtos de origem primária. Como afirmou Barkin: "as políticas que resultam da teoria *turnpike* são semelhantes às que resultariam da combinação de uma teoria dinâmica de vantagens comparativas e das teorias que ressaltam a importância de obter mais altos coeficientes de investimento" (1978, p. 102). Seria leviano dizer que a opção cubana representava uma simples regressão às teorias do equilíbrio do sistema econômico internacional, contrária aos avanços das teorias críticas. Tal raciocínio representaria um olhar mecanicista sobre as relações entre teorias econômicas e processo histórico.[17]

Ao romper com a dupla articulação, a revolução cubana embaralhava os padrões teóricos e projetava um fato definitivamente novo na realidade econômica do continente. Após a assinatura do Convênio de 1964 com a União Soviética, o governo cubano efetivamente passou a acreditar na natureza equânime das relações internacionais do bloco soviético – tema que será abordado adiante. Dadas as circunstâncias, os dirigentes da revolução subverteram a própria tradição teórica, que associava desenvolvimento à industrialização substitutiva de modo indistinguível, e passaram a flexibilizar suas concepções, enxergando uma larga via açucareira no horizonte. O governo da ilha não ignorou a estranheza de buscar, naquilo que pareciam ser os motores do subdesenvolvimento, as armas para alavancar sua superação. Em 1966, reconheceu-se o "ineditismo" de tal estratégia:

---

17   Furtado descreveu a estratégia cubana a partir de 1964: "o ponto fundamental da nova política econômica é, conforme vimos, a recuperação e a ampliação da produção açucareira, com vistas a dotar o país de uma base de capacidade para importar que lhe proporcione margem de manobra para transformar suas estruturas econômicas" (Furtado, 1969, p. 348).

A concepção de desenvolvimento, tanto na teoria econômica capitalista, como na socialista, esteve vinculada, por razões distintas, à teoria do crescimento industrial acelerado como único caminho para assegurar o processo de crescimento autossustentado da renda. O caso cubano apresenta, pela primeira vez, uma experiência passível de alterar estes princípios considerados, até agora, como *sine qua non* no processo de desenvolvimento (...). Dadas as vantagens alternativas que oferecem as possibilidades de desenvolvimento do setor agropecuário em relação à substituição de importações, se decidiu basear o desenvolvimento do próximo período em uma expansão acelerada de dito setor (Cuba, 1966, p. 14, 17).

A importância da originalidade cubana foi ressaltada por Carlos Romeo, que mencionou a autonomia das estratégias em relação às teorias e a proeminência da realidade concreta como critério de busca de saídas ao subdesenvolvimento. Em 1965, Romeo elogiou a criatividade cubana, que teria forjado um caminho autêntico, evitando a cópia de modelos estrangeiros e driblando erros políticos decorrentes da adesão a certos dogmatismos e etapismos.[18]

No contexto revolucionário, a estratégia *turnpike* encarnava um modelo propriamente cubano de desenvolvimento. Vislumbravam-se três etapas de médio ou longo prazo. A primeira era de *expansão do setor externo* ou, em outras palavras, industrialização agropecuária com prioridade imediata para o açúcar e depois para outras exportações (leite, carne bovina, tabaco, cítricos, café) (Barkin, 1976, p. 23). A fonte de geração de excedente desta etapa ainda seria o açúcar. A industrialização agropecuária de viés exportador possuía quatro dimensões de investimentos. A primeira consistia na mecanização da colheita canavieira, com vistas ao aumento da produtividade e eliminação do trabalho humano nas tarefas mais árduas, além de suprir a escassez de mão de obra (ver capítulo 3). A segunda era a industrialização dos subprodutos canavieiros, ou setor sucroquímico, aproveitando o potencial energético do processamento da cana e desenvolvendo

---

18 Sustentou Romeo: "Não há dúvida de que a política de desenvolvimento econômico empreendida por Cuba se aparta, substancialmente, tanto da prática da União Soviética, China e dos demais países socialistas, quanto da teoria tradicional do desenvolvimento socialista (...). No terreno da economia, as consequências da cópia irreflexiva, assim como da falta de atitude criadora cientificamente fundamentada, conduziu e conduz os povos a sacrifícios desnecessários que não constituem nenhuma etapa 'inevitável' da construção do socialismo" (1965, p. 10, 23).

indústrias químicas de fertilizantes, adubos sintéticos, papel e álcool. A terceira correspondia ao setor exportador de alimentos (especialmente cítricos e lácteos) que acabaram enquadrados nos planos especiais (ver capítulo 3). E a quarta era focada na produção interna de bens intermediários para o setor externo, especialmente a indústria mecânica (tratores, máquinas de ordenho, máquinas de colheita e cimento) e a tecnologia genética (inseminação artificial). De modo secundário, também se incluía nesta etapa a tarefa de mecanizar o setor agrícola de abastecimento interno, tanto alimentar, em busca da autossuficiência de *viandas*, legumes, tubérculos, arroz e pesca; quanto não alimentar (algodão, sisal), com vistas à expansão de uma base de matérias primas para futuras indústrias de bens de consumo não durável (por exemplo, a têxtil).

Por conta da multiplicidade de tarefas da industrialização agropecuária cubana, essa primeira etapa foi chamada de "batalha simultânea".[19] Todas estas tarefas concomitantes deveriam ser financiadas por duas formas: primeiro, através da expansão açucareira e, segundo por meio da imprescindível ajuda externa. Foi assim que a meta de produção de 10 milhões de toneladas de açúcar em 1970 se tornou a alavanca primordial da industrialização agropecuária e do "grande salto" que impulsionaria a economia cubana para as etapas seguintes.

A segunda fase da estratégia *turnpike* seria a *diversificação das exportações agroindustriais*. O salto necessário para alcançar esta etapa era a inédita ruptura com a especialização açucareira. Por um lado, vislumbrava-se que as melhorias técnicas no setor canavieiro, quando estabilizadas no patamar das 10 milhões de toneladas de açúcar a partir de 1970, viabilizariam a redução do consumo de recursos produtivos, liberando os investimentos para outros setores. Por outro, confiava-se que a industrialização dos cítricos, do café, do segmento lácteo e bovino, alavancada na primeira etapa junto do setor sucroquímico, estaria madura para ocupar espaço estratégico na pauta de exportações. Assim, apesar de continuar sendo prioritário, o açúcar não representaria mais o único pilar sustentador da geração de excedentes. Por meio das divisas obtidas pela agroindústria diversificada, a prioridade de investimento desta etapa seria a mineração da laterita, que implicava gastos em tecnologia e capacitação de recursos humanos sem rentabilidade imediata. O de-

---

19   Fidel Castro definiu: "Batalha simultânea significava chegar a realizar esse imprescindível esforço, que, como já noutra ocasião explicamos, não era propriamente por motivos desportivos, mas por imperiosas necessidades da nossa economia, para o nosso desenvolvimento, para vencer a nossa pobreza" (1980, p. 21).

senvolvimento da mineração disponibilizaria as matérias primas necessárias para uma industrialização pesada. A extração de níquel, ferro, cromo, cobalto e alumina seria financiada pela agroindústria, que sustentaria um segundo "grande salto", nos anos 1980.

E então, chegar-se-ia à terceira fase da estratégia *turnpike*: a importação gradativa de bens de capital para a industrialização pesada (metalomecânica, siderúrgica, além de bens de consumo duráveis e não duráveis), sustentada pelas divisas da exportação agroindustrial e pela disponibilidade de matérias primas (laterita e bens agrícolas não alimentares). A importação de bens de capital era o último grande desafio a ser superado e finalizariam a criação dos meios técnicos necessários à realização das finalidades revolucionárias. As expectativas em torno das etapas da estratégia *turnpike* estão sintetizadas na tabela 30.[20]

---

20   O processo de *apropriação* do excedente estava determinado pela correlação entre setor estatal e setor privado na estrutura agrária e orientado pela progressiva ampliação primeiro em relação ao segundo. A tabela 31 trata da criação dos meios técnico-econômicos e por isso não considera a *utilização* prioritária do excedente para atender às finalidades revolucionárias (investimento social, por exemplo). Uma síntese de expectativas foi feita no documento do governo cubano entregue à CEPAL em 1966: "o tipo de desenvolvimento a que Cuba se propôs está precisamente associado com o desenvolvimento acelerado das exportações de produtos que, mesmo tendo sua origem no setor primário, devem ser processados pelo setor industrial, isto é, que o próprio desenvolvimento agropecuário condiciona o desenvolvimento de determinados ramos industriais. Também se deve ter em conta que o próprio crescimento agropecuário gerará uma série de economias externas que facilitarão o desenvolvimento de ramos tradicionais ou a aparição de novas indústrias, como ocorre no caso do açúcar e dos derivados da cana (álcool e demais indústrias de fermentação, polpa de papel etc.). Dentro deste contexto que se devem examinar as relações da agricultura e da indústria no próximo período" (1966, p. 17).

Tabela 30 - Estratégia *TURNPIKE* e criação de meios técnico- econômicos de desenvolvimento			
	Primeira etapa	**Segunda etapa**	**Terceira etapa**
Previsão	Até 1970	Até 1980	Até 1990
Geração interna do excedente [a]	Açúcar: safra de 10 milhões	Exportação agroindustrial diversificada	Indústria do níquel e agroindústria de exportação
Utilização prioritária	Industrialização da agricultura de exportação e "sucroquímica"	Mineração da laterita	Indústria de bens intermediários, bens de consumo duráveis e bens de capital
Utilização secundária	Industrialização da agricultura de consumo interno e bens de consumo não duráveis	Industrialização de bens de consumo não duráveis	--
Elaboração própria com base em Barkin, 1978, p. 104; Rodríguez, 1983, p. 450-55. (a) Contava-se que o financiamento externo soviético permaneceria até quando fosse necessário.			

A estratégia *turnpike* representava, na história das políticas e teorias do desenvolvimento, uma proposta *sui generis*. Rodríguez, em 1968, afirmou que a opção cubana significava uma "via nova e não ensaiada anteriormente na história do desenvolvimento econômico, não só socialista, mas, poderíamos dizer também, capitalista" (1983, p. 445). Por estes motivos, Valdés Paz sustentou que o período entre 1959 e 1971 teria sido uma espécie de ensaio de "socialismo com traços nacionais". Argumentou:

> O fato de que já existia a nível internacional uma massa crítica ao modelo soviético no Leste Europeu, de que este conhecimento, o acesso e o contato com estas sociedades de socialismo real também revelou a nós, cubanos, limitações e deficiências destes modelos, cria no seio da direção cubana uma intenção que se mantém com força até o ano 1971, de construir um socialismo com fortes traços nacionais, com características próprias. E nesse afã por construir um socialismo nacional também estávamos dispostos a descobrir a água tíbia, ou seja, quisemos inventar tudo! E não havia que inventar tudo, porque havia muitas experiências racionais para qualquer fórmula socialista. É nesta intenção de um socialismo nacional, autônomo, original, apresentada

como pano de fundo e da qual participa fundamentalmente Fidel, que se inserta a proposta de Che (2012).[21]

Havia ao menos dois problemas estruturais da estratégia *turnpike* que foram identificados por Barkin. Primeiro, seu caráter paradoxal: havia que se correr o risco de tornar a economia mais dependente do açúcar para lograr uma posterior diversificação.[22] Segundo, que entre cada uma das etapas da estratégia *turnpike* haveria um "grande salto" e uma reorientação da prioridade de investimento, sempre supondo que os setores desenvolvidos na etapa anterior atingissem uma rentabilidade endógena e uma estabilidade rara no mercado exportador. Estes saltos poderiam ser bloqueados por grupos de interesse da própria economia cubana, que se beneficiassem com as prioridades de investimento das etapas anteriores - sem falar das flutuações políticas e econômicas de ordem internacional. Sobre este problema, Barkin afirmou:

> A estratégia "giratória" levanta numerosas dificuldades; entre outras convém assinalar o perigo de alguns grupos de interesse criados durante o processo de desenvolvimento resistirem às mudanças que são necessárias para alcançar o objetivo final (...). Se no momento em que o abandono parcial da acumulação dos bens de produção estiver próximo, a pressão para manter a tônica na acumulação da capacidade produtiva aumenta, os (novos) planificadores poderão ceder e continuar a insistir na produção de bens de equipamento e bens intermediários. Deste modo, o desejo de se obter elevadas taxas de crescimento poderá provocar um novo recuo das indústrias transformadoras, que, segundo a previsão do plano, serviriam para fomentar o crescimento da produção de bens de consumo (...). Os interessados na maximização da taxa de crescimento e na manutenção simultânea de altos níveis de investimento deverão opor-se àqueles que desejam a melhoria dos níveis de consumo existentes (1976, p. 15-17).

Quando perguntado em entrevista sobre quais grupos de interesse poderiam ter cumprido este papel em Cuba, Barkin respondeu: "os próprios trabalhadores

---

21 A "proposta de Che" se refere à noção de economia moral, que será abordada a seguir.

22 Barkin sustentou que: "A estratégia atual, que torna a economia largamente dependente do açúcar e de outros produtos agrícolas, parece ser a única capaz de conduzir a uma estrutura econômica mais diversificada, na qual os produtos agrícolas e os minérios terão um papel menos importante" (1976, p. 35).

da indústria açucareira, que têm medo de que com a diversificação da economia, eles mesmos perdessem o controle, não tivessem a mesma importância econômica, nem acesso a tantos recursos" (2011). Questionado sobre a existência de documentos empíricos que corroborassem com essa hipótese, Barkin afirmou ser apenas uma interpretação.

Sendo assim, o sucesso da estratégia *turnpike* dependia fundamentalmente de três variáveis: da inserção cubana na ordem econômica internacional, da alavancagem das forças produtivas e do comportamento dos sujeitos do desenvolvimento. A safra de 1970 era apenas o primeiro "grande salto" de uma longa escalada.

Por que 10 milhões?

No dia 29 de julho de 2010, intelectuais cubanos que participaram da safra de 1970 se reuniram na atividade *Jueves de Temas* (organizada pela *Revista Temas*, com sede no ICAIC) para revisitar um memorável período de sua história. Uma das palestrantes era Selma Díaz, dirigente do Instituto de Planificação Física do Ministério de Obras Públicas da década de 1960, que participou dos primeiros cálculos para avaliar qual seria a meta açucareira para 1970. Relatou:

> O primeiro trabalho investigativo que fizemos apontou que, resolvendo pequenos gargalos de capacidades industriais, o país podia chegar a produzir cerca de 8,4 milhões de toneladas de cana nas terras circundantes dos centrais açucareiros. Chegar a 10 milhões implicava um processo de investimentos nos engenhos: trocar tandens completos, aumentar caldeiras etc., que não poderiam amadurecer no tempo que restava. (Valdés Paz *et alli*, 2012, p. 71).

Segundo Selma Díaz, portanto, a meta dos 10 milhões não nasceu dentro do Instituto de Planificação Física, que havia calculado os limites da produtividade nacional. Ela foi a dirigente responsável pela garantia da safra no Oriente, a região mais importante do país em termos açucareiros. O plano estipulava que, sozinha, a província oriental, produzisse 3,2 milhões de toneladas, das quais 2,35 milhões foram alcançados (Roca, 1976, p. 16). No debate de 2010, Selma destacou um trecho de uma carta sua de 1964, endereçada a Bettelheim, na qual o alertava sobre a impossibilidade da safra de 10 milhões. Na carta, lamentava:

Como sempre, se pensou que, se éramos capazes de produzir nove milhões de toneladas em 1970, por que não dez em 1968? E agora a comissão ensaia retificar o plano, ajustá-lo às novas metas com a convicção de
que não poderão fazê-lo. O INRA também ensaia cumprir seus planos
com a convicção de que não os podia cumprir e assim até o infinito. E
logo, nós ensaiamos demonstrar que não podemos seguir trabalhando
desta maneira (Valdés Paz *et alli*, 2012, p. 70).

Qualificada tecnicamente para ocupar posição de quadro estratégico no governo e munida de relativo poder de decisão a respeito das metas, Selma desde
1964 já possuía convicção de que os 10 milhões não seriam atingidos. A crítica
indicava que o procedimento de traçar metas inalcançáveis não se restringia ao
setor açucareiro e estaria se disseminando ao largo das batalhas simultâneas. Neste sentido, todo o esquema de expectativas da estratégia *turnpike* se desmoronava
ao primeiro passo. Julio Travieso, economista cubano presente no debate de 2010
perguntou à mesa:

Minha pergunta é: por que 10 milhões? Se houvéssemos dito: "vamos
fazer a maior safra da nossa história", não haveria fracasso político,
porque assim se deu. Então, por que 10? Por que não 11 ou 9,5? Qual é
a explicação e de onde saiu este número que ao final levou ao fracasso
político? (Valdés Paz *et alli*, 2012, p. 74).

Ao que Selma respondeu:

A cifra 10 milhões foi uma decisão pessoal do companheiro Fidel Castro. Nós discutimos com ele o trabalho que havíamos concluído na
agricultura, a avaliação de cada um dos 154 centrais existentes, e que,
segundo os resultados, poderíamos chegar, aproximadamente, aos 8,2
ou 8,3 milhões de toneladas. Propusemos-lhe 8,5 milhões. Na primeira
reunião ele nos disse: 9 milhões. E em 1964, de 9 se passou a 10 milhões
e já esta meta era impossível (Valdés Paz *et alli*, 2012, p. 75).

Valdés Paz foi mediador do debate de 2010. Sua visão sobre as origens do número 10 milhões confirmou o relato de Selma. Em entrevista, comentou em 2012:

Há aí uma história não contada. A cifra 10 milhões não estava sustentada em nada. Os estudos de campo nada mais que asseguravam
cana para 8,75 milhões, quiçá 9 milhões. Quiçá. Muito difícil. E desde
o ponto de vista econômico, todos os economistas que comentaram o
tema, inclusive Bettelheim que estava em Cuba, disseram que a capa-

cidade existente tornava racional uma projeção entre 8 e 8,5, mas que buscar 8,5 levava inversões suplementares que não se justificavam. Já não seriam marginalmente justificáveis. Não havia vantagens marginais. Afetaria os investimentos industriais, afetaria excessivamente a pecuária etc. Criaria efeitos colaterais, diziam os especialistas. No princípio, nos corredores, se falou em 9 milhões. E depois, de um dia para outro, apareceu um discurso com 10. E sobre 10 se comprometeu a força do país, a moral do país, a moral revolucionária. Tudo foi uma aposta que seguramente tinha por trás alguma lógica política, mas que havia perdido toda lógica econômica e o sentido de factibilidade, como se demonstrou (2012).

Não é novidade que Fidel Castro foi uma figura centralizadora, que tomou decisões estratégicas à revelia daquilo que lhe diziam os especialistas que o apoiavam. Ao que parece, esta foi uma das mais relevantes decisões tomadas sem respaldo técnico-econômico, o que lhe valeu uma tremenda autocrítica. O número 10 correspondia, antes de tudo, a critérios políticos e subjetivos, que expressavam a vontade hercúlea do governo cubano para a realização do primeiro "grande salto" da estratégia *turnpike*. Por outro lado, não podemos desconsiderar que o mercado açucareiro mundial estava sofrendo um processo especulativo respaldado por instituições como a FAO, cujo diagnóstico oficial alarmava para a escassez do produto na década seguinte (Ramos, 2007). De fato, nos anos 1960, a produção mundial de açúcar cresceu 36% (de 52,299 a 71,142 milhões de toneladas métricas) enquanto o consumo mundial cresceu 43% (de 49,218 a 70,48 milhões de toneladas métricas). Entretanto, forças especulativas interfeririam na avaliação de instituições internacionais supostamente isentas, que acabaram assim por orientar as expectativas do mercado açucareiro para uma superprodução – atingindo inclusive o Brasil, que também adotou uma meta recordista para 1970 (Ramos, 2007, p. 576). Cuba evidentemente não estava imune ao jogo especulativo do mercado açucareiro, ainda que agora atuasse com maior soberania.

Ao mesmo tempo, Fidel Castro revelou seu desejo de abarrotar o mercado livre capitalista com açúcar barato, para assim quebrar os concorrentes latino--americanos que apostaram na falência da ilha como consequência inevitável da eliminação da cota de açúcar cubano no mercado estadunidense e se prepararam para ocupar seu espaço. Em 7 de junho de 1965, em um discurso aos trabalhadores da central Antonio Guiteras em Las Tunas, Fidel bradou sua tática de guerra comercial:

Muitos burgueses, produtores de açúcar em distintas partes do mundo, estão arruinando-se; muitos que tinham um programa de desenvolvimento da produção açucareira pensando que Cuba ia cair se deram conta e paralisaram todos os planos. Resultado: sim, podemos ter um ano, dois, três com preços baixos – o aguentamos! – para uma parte do açúcar que exportamos. Significa que nós vamos sofrer restrições? Pois olhem, ainda que tudo isso tenha que ser discutido e analisado em cada oportunidade, de todas as formas nós nos inclinamos pelo critério de que não entraremos em mais nenhum convênio restritivo (...) que serviu no passado para que surgissem novas áreas, em detrimento da economia do nosso país. Que o preço esteja baixo? Pois aqueles que não têm condições naturais para produzir açúcar, que não o produzam. Que o comprem e produzam outra coisa (Castro, 7 jun.1965).

Em suma, ao menos quatro motivações levaram Fidel Castro a transformar, por sua própria responsabilidade, a meta de 8,4 milhões definida pelo Instituto de Planificação Física em 10 milhões. Primeiro, uma motivação de caráter moral, isto é, uma política de demonstração pública do potencial econômico cubano, tanto para o bloco soviético como para o mercado capitalista. Talvez esperando maior respeitabilidade e maior poder de barganha em sua nova inserção mundial. A segunda motivação possuía conteúdo mais político que econômico e foi manifestada em 1965 através do desejo de Fidel de travar uma guerra comercial contra a burguesia açucareira latino-americana e inviabilizar sua expansão por meio do abarrotamento dos mercados livres com açúcar barato. A terceira motivação advinha da real expectativa de desabastecimento do mercado açucareiro mundial nos anos 1960 e, portanto, possuía caráter econômico, ou seja, havia uma aposta racional no crescimento da fatia cubana do mercado livre. Posteriormente, contudo, esse diagnóstico revelou sua origem especulativa. E a quarta motivação, supostamente, partiu de uma interpretação intuitiva de um dado econômico objetivo: se 8,5 milhões implicava investimentos que não se justificavam, a solução seria produzir mais para jusrificá-los. (Valdés Paz, 2012).

Posto este quadro, surge uma questão não menos relevante: sendo a safra de 1970 a imediata concretização da estratégia *turnpike*, o principal problema em sua execução consistiria na quantidade 10 milhões ou na aposta sobre o setor açucareiro como alavanca de desenvolvimento? Quando dirigimos esta pergunta a Valdés Paz, escutamos a seguinte opinião:

> Há que separar a estratégia da cifra 10 milhões (...). Era totalmente racional uma estratégia açucareira, uma expansão açucareira, e que o açúcar fosse a locomotiva que arrastaria o resto da economia e financiaria os outros setores de desenvolvimento (...). Nisso, me pareceu que o governo teve razão (...). Porém, havia barreiras objetivas à maior vontade possível. Reconsiderando o passado, quem tinha efetivamente razão eram os que advertiram que aquilo [a cifra] não era racional (2012)."

Não apenas especialistas cubanos, mas também estrangeiros, alertaram o governo sobre a impossibilidade dos 10 milhões.[23] Entre eles, Celso Furtado criticou em 1969 os possíveis impactos da safra cubana no mercado açucareiro mundial. Para ele, o mercado livre não comportaria as 2,5 milhões de toneladas previstas por Cuba para 1970 e essa enxurrada pressionaria os preços para baixo, emagrecendo o fluxo de divisas para o "grande salto". Furtado demarcou que apenas com uma produção máxima de 8,5 milhões em 1970, Cuba não afetaria os preços do açúcar no bloco soviético (1969, p. 348-9).

Enfim, não faltaram advertências antecipadas sobre a cifra. Ao mesmo tempo, os especialistas que alertaram o governo sobre os riscos de uma meta infactível, explicitaram sua visão positiva sobre a estratégia agroexportadora. Para Gutelman:

> A monoprodução açucareira não era, do ponto de vista puramente econômico, detestável em si, somente no quadro das relações econômicas bloqueadas e impostas por uma potência imperialista. Na perspectiva de relações econômicas entre países socialistas, a especialização açuca-

---

23   Barkin sustentou: "a falta de cumprimento das metas de produção se fizeram evidentes em todos os setores da economia muito antes dos fracassos mais difundidos e analisados pelo Primeiro Ministro em seu famoso discurso de 26 de julho de 1970" (1978, p. 132). Os alertas foram diretamente transmitidos ao governo. René Dumont sugeriu a Fidel, em 1967, que a meta de 10 milhões fosse adiada para 1975 (Dumont, 1970, p. 143). Gutelman aconselhou, em 1968, que fosse transferida para 1972, afirmando que: "as necessidades do crescimento rápido da acumulação no setor açucareiro correm o risco de criar distorções no conjunto dos ramos da economia. Essas distorções são o produto da amplitude das necessidades e das exigências técnicas do setor açucareiro prioritário. A experiência de outros países socialistas, principalmente da União Soviética, mostra que estas distorções uma vez estabelecidas são difíceis de corrigir devido a falta de maleabilidade dos investimentos efetuados" (1975, p. 274).

reira tornava-se a alavanca que iria permitir o arranque, em boas condições, da economia cubana (1975, p. 235).

Veremos na conclusão do trabalho porque esse ponto de vista estava equivocado. Afinal, o prolongamento da especialização açucareira por tempo indeterminado gerou consequências desastrosas para a ilha, fato consumado com o colapso soviético.

Caberia inferir, enfim, se a cifra 10 milhões não foi alçada por Fidel Castro tendo como base sua nova postura no grande debate econômico. A partir de setembro de 1966, Fidel se convenceu que os motores ideológicos e morais da economia eram a verdadeira chave da construção do socialismo, aproximando-se enfaticamente da proposta econômica de Guevara. Veremos a seguir como a safra de 1970 esteve intensamente imbricada ao período da "ofensiva revolucionária", quando o governo cubano apostou na minimização das recompensas monetárias individuais para o trabalho.

OFENSIVA REVOLUCIONÁRIA E ECONOMIA MORAL

Quando Fidel Castro se posicionou pela primeira vez de modo cristalino em favor do sistema orçamentário de financiamento e dos incentivos morais, em setembro de 1966, teve início o processo da "ofensiva revolucionária". O sistema de incentivos era uma das mais importantes dimensões do debate econômico cubano. O uso de incentivos morais e/ou incentivos materiais em países que buscavam *simultaneamente* aumentar a produtividade e aprofundar a igualdade social representou um dos grandes dilemas do chamado segundo mundo, que o dividiu em opiniões e práticas díspares. Esta polêmica correspondia à segunda ordem de problemas da construção do socialismo em uma sociedade subdesenvolvida elencados por Furtado e reivindicados na introdução deste trabalho: "o do sistema de incitações que concilie o melhor desempenho das atividades produtivas com a desejada distribuição da renda" (Furtado, 1994, p. 40). Essencialmente, tratava-se de descobrir qual era a relação entre consciência e produtividade, entre ideologia e economia, na transição ao socialismo. Por um lado, indagava-se em que medida a força de trabalho mobilizada pela consciência revolucionária seria capaz de aumentar a produtividade ou, ao contrário, seria nociva à economia. Por outro lado, questionava-se se o uso do benefício material individual para aumentar a produtividade não seria um retrocesso, por fomentar um traço cultural tipicamente capitalista no seio da sociedade que se pretendia socialista.[24]

Fidel Castro, até então, adotara uma postura intermediária e distante da polêmica, tendo proposto a experiência da dualidade de modelos em 1964, respeitando o espaço de poder de Rodríguez e Guevara em seus Ministérios.[25] Em 24 de julho de 1965, diante de 5.000 trabalhadores que ganhariam diplomas como recompensa moral por seus altos rendimentos individuais no corte de cana, Fidel transpareceu sua posição intermediária:

> Temos que ir estudando e analisando muito, a fim de escolher sempre os melhores métodos para impulsionar o homem para frente. Nem métodos idealistas, que concebam homens total e disciplinadamente

24   Mesa-Lago sintetizou a divergência em quatro exemplos históricos. Primeiro, a Iugoslávia pós-1948, que aplicou o modelo de Liberman de flexibilização da iniciativa privada e generalização dos incentivos materiais individuais. Segundo, a União Soviética, que apesar de ter oscilado em relação ao papel da iniciativa privada, adotou predominantemente os incentivos materiais: na era Stálin através de um modelo centralizador e depois de sua morte em 1953 através de um modelo flexível que fortalecia o setor privado, também por influência de Liberman. Terceiro, a China que, após oscilações, adotou um modelo predominantemente moral, cuja expressão máxima teria sido o "grande salto adiante" de 1958-1961 e a revolução cultural de 1966, mas abandonou o sistema em 1968. Em quarto lugar, está o caso cubano: entre debates e vacilações, os dois incentivos foram adotados simultânea e desorganizadamente. Mas a partir de 1967, o governo cubano deu ênfase aos incentivos morais através do trabalho voluntário para a safra de 1970. A essa tendência política em defesa dos incentivos morais, Mesa-Lago concedeu o título de "sinoguevarista" (Mesa-Lago, 1971, p. 71-91). Para uma análise panorâmica do tema ver Pericás, 2004.

25   Segundo Mesa-Lago, isso permitiu maior margem de negociação com a União Soviética: "Até meados de 1966, a posição de Castro na polêmica não foi clara, inclinando-se por vezes ao incentivo material e por outras a favor do estímulo moral (...). Com este estudado equilíbrio, Castro logrou controlar as duas tendências extremas dentro de Cuba e ao mesmo tempo pode negociar com a URSS, jogando com habilidade a carta da tendência sinoguevarista" (Mesa-Lago, 1971, p. 83). Carmelo Mesa-Lago é um intelectual cubano bastante crítico ao governo revolucionário, mas que não deixou de ser um interlocutor respeitado pela direção política da ilha até hoje. Ele se formou em Direito antes da revolução e nos 1960 foi viver nos Estados Unidos. Especializou-se em relações trabalhistas e seguridade social e foi assessor especial da CEPAL sobre o tema. Escreveu diversos livros e artigos sobre economia cubana. Atualmente, é catedrático na Universidade de Pittsburgh e publica artigos críticos ao governo cubano na seção Catalejo da Revista *Temas*.

> guiados pelos conceitos do dever, porque na realidade da vida atual
> não podemos pensar assim (...), nem tampouco aqueles caminhos que
> busquem, acima de tudo, despertar no homem o egoísmo, o que, sem
> buscar precisamente isso, conduz a isso, de maneira que o homem quer
> atuar bem pensando que isso equivale a uma recompensa para ele e não
> a um profundo dever moral (Castro, 24 jun.1965).

No mesmo discurso de 1965, contudo, Fidel deu mostras de que o grupo de Rodríguez tinha sua dose de razão quando pretendia aplicar também os estímulos materiais na produção canavieira:

> Absurdo seria tentarmos que a grande massa dos homens que ganham
> seu pão cortando cana fosse, cada um deles, fazer seu máximo esforço
> ao dizermos que precisam fazê-lo por um dever, independentemente
> se ganham mais ou ganham menos. Seria idealista fazer isso (1965).[26]

Dentro da proposta da dualidade de modelos, entre 1964 e 1965, um sistema de emulação socialista com estímulos materiais, elaborado por Carlos Rafael Rodríguez, foi aplicado experimentalmente às safras canavieiras. Tais estímulos consistiam em viagens nacionais e internacionais, casas, automóveis, motocicletas, geladeiras, entre outros benefícios aos trabalhadores (ou grupos de trabalhadores) que obtivessem maior produtividade e/ou cumprissem suas metas. É certo que apenas 20% dos trabalhadores da ilha participaram do programa e, destes, apenas 1% a 1,7% foram beneficiados. Ou seja, o efeito dos incentivos materiais sobre a produtividade do trabalho ainda era residual (Mesa-Lago, 1971, p. 77).

Em agosto de 1966, no XII Congresso da Confederação de Trabalhadores Cubanos (CTC), houve uma troca de direção política: Miguel Martín, o novo presidente sindical, era muito próximo de Fidel, e substituiu Lazaro Peña, do antigo PSP. Na ocasião, em seu discurso de posse, Martín enfatizou a importância da consciência revolucionária, da construção do "homem novo" através dos incentivos morais para a produtividade, criticando o programa de estímulos materiais que estava sendo experimentado por Rodríguez.[27] Ao encerrar o mesmo evento, Fidel Castro expôs:

---

26   Fidel Castro, discurso de 24 de julho de 1965.

27   Como se sabe, a formulação sobre o "homem novo" era original de Guevara, com influência relativa de algumas tendências do comunismo chinês. Guevara afirmou, na carta ao uruguaio Carlos Quijano, posteriormente publicada como "O socialismo e o homem em Cuba": "Perseguindo a quimera de realizar o socialismo com

> Bem pode ocorrer que um país crê que está construindo o comunismo
> e esteja construindo realmente o capitalismo. Nós queremos construir o
> socialismo e queremos construir o comunismo. Como não há nenhum
> manual, nenhuma pista, nenhum guia, como ninguém ainda percorreu
> este caminho, temos direito a tentá-lo com nossos meios, com nossos
> procedimentos, com nossos métodos (Castro, 29 ago.1966).

Fidel, assim, demarcava a soberania nacional de Cuba e, sutilmente, esboça-
va uma crítica ao modelo libermanista, então adotado na Iugoslávia, na Tchecoslováquia e na União Soviética.[28] Na ocasião, ademais, foi lançada pela primeira
vez a proposta original de construção simultânea do socialismo com o comunismo, o que pressupunha a combinação dos dois princípios definidos por Marx da
Crítica ao Programa de Gotha.[29] Com isso, buscava-se conciliar incentivos materiais proporcionais ao trabalho e incentivos morais que vinculassem a consciência
revolucionária aos motores da economia. Em 29 de agosto de 1966, Fidel dera
mais concretude à sua posição intermediária, propondo um critério definidor de
qual incentivo seria mais adequado a cada tipo de trabalho. O incentivo deveria
corresponder ao nível de sacrifício físico do trabalhador e, consequentemente, ao
grau de modernização tecnológica da atividade. Quanto mais sacrificante fosse
o trabalho, mais importantes seriam os estímulos materiais como compensação.

---

a ajuda das armas sujas que nos legou o capitalismo (a mercadoria como célula
econômica, a rentabilidade, o benefício material individual como alavanca etc.), se
pode chegar num beco sem saída (...). Para construir o comunismo simultaneamente com sua base material, há que surgir o homem novo" (Guevara, 2011, p. 229).

28   O economista Yevsei Liberman, em 1962, havia publicado um prestigiado artigo
no *Pravda* chamado "O plano, o lucro e os prêmios". Nele, defendia uma reforma no sistema econômico socialista guiada pela retomada da concorrência. Seria,
segundo o autor, uma forma de desonerar o aparato administrativo do Estado e
interessar diretamente cada trabalhador por suas próprias metas, através de um
sistema de estímulos materiais individuais (prêmios) e do incentivo ao aumento
da lucratividade por unidade produtiva. A flexibilização era tão intensa que foi
interpretada por seus opositores como um retorno ao capitalismo. A influência de
Liberman foi decisiva na orientação das reformas econômicas da União Soviética e
do Leste Europeu na década de 1960 e o termo "libermanismo" passou a ser usado
para representar esse modelo (Pericás, 2004, p. 92-95).

29   Conviveriam, na transição cubana, as relações de produção que correspondessem
ao socialismo, "a cada um segundo seu trabalho", ainda permeadas pela necessidade do incentivo material; e ao comunismo "a cada um segundo suas necessidades",
já movidas pelo incentivo moral. Ver Marx, 2005.

Ao contrário, a um trabalho qualificado de alta produtividade e mínimo esforço físico, deveria corresponder uma política de incentivos morais. Assim Fidel o definiu:

> Acredito que o eixo dos problemas não está nem nos estímulos materiais nem nos morais, o eixo está na técnica (...). No trabalho, enquanto mais rigoroso seja fisicamente, enquanto mais artesanal e mais bruto, maior importância tem a correlação entre salário e esforço. Porém, quando o homem está diante de um equipamento elétrico apertando um botão, e se não aperta o botão se entedia, então deste homem você pode exigir que aperte esse botão, para o qual não faz nenhum esforço, e não tem que estar criando outro tipo de estímulo, porque a sociedade não vai formar técnicos, aliviando o trabalho dos homens, elevando a produtividade, para que se guiem pelos mesmos critérios que o homem capitalista (...). Alguns companheiros têm outras ideias, eu respeito suas ideias, as discutiremos. (...). As ideias devem prevalecer de acordo com a força que têm (1966).[30]

Apenas um mês depois, contudo, a ponderação de Fidel sobre a questão dos incentivos se modificou substancialmente. Diante da Assembleia dos Comitês de Defesa da Revolução (CDR), em 28 de setembro de 1966, Fidel enalteceu os estímulos morais e, pela primeira vez, anunciou uma guerra aos incentivos materiais. Afirmou que, mesmo com boas intenções, os defensores de tais medidas individualistas eram reacionários, estariam trabalhando conspirativamente contra a revolução e seriam devidamente combatidos. No discurso aos CDR, Fidel assumiu inconfundivelmente uma posição no debate econômico, com uma postura mais

---

30   Do mesmo discurso de 29 de agosto de 1966. Valdés Paz elogiou a proposta intermediária de Fidel, de incentivos vinculados ao nível de esforço físico do trabalho, e lamentou que tivesse sido abandonada logo em seguida: "Fidel introduziu um elemento mais realista, porque relacionou o problema com o desenvolvimento das forças produtivas e as condições técnicas de trabalho. Um trabalhador qualificado que está operando um equipamento sofisticado tem uma consciência mais aberta aos estímulos morais que um trabalhador que faz um trabalho embrutecedor e está em condições muito duras, que é mais mal remunerado. Para que lhes dariam incentivos morais? Vai renunciar a um incentivo ou prêmio? Fidel introduziu um elemento de realismo, ainda que depois isso também se perdeu em fins dos anos 1960. Tudo voltou a ser 'a moral, a moral, a moral'" (2012).

radical no combate aos incentivos materiais do que o próprio Guevara havia demonstrado em seus artigos.[31] Bradou:

> Temos falado em nome do socialismo, temos falado em nome do comunismo, e não faremos jamais uma consciência socialista e muito menos uma consciência comunista com mentalidade de bodegueiros! Não faremos uma consciência socialista e uma consciência comunista com um sinal de *pesos* na mente e no coração dos homens e mulheres do povo (...). Nós temos que estimular no povo estes fatores de consciência, temos que estimular no povo os fatores morais, além do esforço por satisfazer suas necessidades materiais (...). É preciso dizer que quem quer resolver o problema apelando ao egoísmo individual, apelando ao esforço individual de solução dos seus problemas, esquecidos da sociedade; quem fizer isso estará atuando de modo reacionário, estará conspirando - ainda que o faça com as melhores intenções do mundo - contra a possibilidade de criar no povo uma consciência verdadeiramente socialista, verdadeiramente comunista (...). Aqueles que pretendem se considerar revolucionários não deixaremos jamais de combater estas tendências individualistas e convocar incessantemente à generosidade e à solidariedade dos homens e mulheres deste povo (Castro, 28 set.1966).

Poderíamos pensar que Fidel esperara o resultado da experiência para enfim escolher o caminho mais adequado à transição socialista cubana, não fosse o fato de que ambos os modelos tivessem, simetricamente, alcançado um desempenho

---

31   Na carta a Quijano sobre o "homem novo", Guevara ponderou: "Daí ser tão importante eleger corretamente o instrumento de mobilização das massas. Esse instrumento deve ser de índole moral, fundamentalmente, sem esquecer uma correta utilização do estímulo material, sobretudo de natureza social" (2011, p. 229). Em 1972, Rodríguez sinalizou um equívoco de leitura feito pela esquerda internacional sobre a posição de Guevara em relação ao tema dos estímulos, como se Che fosse contrário a qualquer forma de incentivo material: "Interpretavam o chamado 'guevarismo' como uma eliminação de todo estímulo material, para substitui-lo somente por razões morais. Não há uma só afirmação de Che que respalde isso. Ao contrário, tudo o que Che disse sobre esses problemas levava como constante a frase: 'uma combinação adequada de estímulos morais e estímulos materiais'. Ele punha mais ênfase nos estímulos morais, mas falava sempre de uma combinação adequada" (1983, p. 539).

precário em relação às expectativas.[32] Compreender porque Fidel foi convencido de que o modelo orçamentário era mais adequado, precisamente quando Guevara já estava ausente, permanece uma pergunta em aberto. Quais as consequências desta mudança na estrutura agrária da ilha? A nova posição de Fidel determinou que o primeiro "grande salto" da estratégia *turnpike*, a safra de 1970, fosse movido por uma alavanca moral. Confirmou Valdés Paz: "nos últimos anos do período, o cálculo econômico foi suplantado por um novo sistema de financiamento orçamentário e os diversos mecanismos de controle econômico, suprimidos ou suplantados por controles políticos" (2009, p. 34). Era o começo de uma "ofensiva revolucionária", que iria mobilizar multidões de trabalhadores voluntários para realizar seu dever social: produzir 10 milhões de toneladas de açúcar.

Economia moral e centralização ideológica

Uma reconfiguração das forças internas ao governo teve início ao final do grande debate. Em julho de 1964, Alberto Mora foi demitido do Ministério do Comércio Exterior. No mês seguinte, Regino Boti também foi afastado do Ministério da Economia e, cinco meses depois, Martínez Sanchez saiu do Ministro do Trabalho. No mesmo ano, Rodríguez foi substituído pelo próprio Fidel na presidência do INRA.[33] E desde março de 1965, Guevara já não era mais influente no governo.

Um ano antes da manifestação pública de Fidel contra os incentivos materiais, em outubro de 1965, os jornais cubanos publicaram a lista dos novos integrantes do Comitê Central do Partido Comunista. Segundo Mesa-Lago, Fidel

---

32   Na avaliação de Valdés Paz, nenhum modelo atingiu as expectativas de seus defensores porque a rentabilidade industrial era mais adequada ao cálculo econômico, enquanto a falta de rentabilidade do setor agrícola dificultava tremendamente o autofinanciamento e aceitaria melhor o modelo orçamentário. Neste sentido, a experiência teria sido inversa às recomendações da racionalidade econômica (2009, p. 34). Valdés Paz nos argumentou: "ao contrario da teoria, nem o Che pode aplicar um sistema isento de estímulos materiais na indústria, nem a agricultura pode deixar de aplicar estímulos morais, porque não possuía recursos suficientes para basear o trabalho em um sistema puramente de estímulos materiais. Sempre estiveram presentes elementos de um e de outro" (2012).

33   Quando perguntado sobre porque Carlos Rafael Rodríguez havia saído da presidência do INRA, Valdés Paz respondeu: "uma vez que Fidel voltava a ocupar-se da agricultura porque ia assegurar o plano dos 10 milhões e os planos especiais, imagino que isso dificultava a autoridade de Carlos Rafael" (2012).

teria operado para reduzir o poder do antigo PSP (favorável aos incentivos materiais), cujos membros teriam sido afastados do núcleo mais influente do governo
e espalhados em postos secundários. Ainda segundo Mesa-Lago, somente Blas
Roca e Carlos Rafael Rodríguez teriam permanecido no centro do poder, contudo
em minoria em relação ao grupo de Fidel. Simultaneamente, o jornal do antigo
PSP (*Hoy*) foi fundido ao jornal do MR 26-7 (*Revolución*) na nova publicação: o
Granma, jornal oficial do Partido Comunista de Cuba. Por outro lado, Guevara
também fora excluído da lista do birô político. Semanas depois da mudança do
Comitê Central, em outubro de 1965, veio a público a carta na qual Guevara renunciava a todos os seus cargos dentro de Cuba e comunicava sua partida para a
guerrilha no Congo.[34]

Em fevereiro de 1967 a revista *Cuba Socialista*, do antigo PSP, foi fechada
pelo governo. Pouco depois, todas as revistas que participaram do grande debate
também tiveram suas publicações encerradas, entre elas a *Nuestra Industria* e a
Comercio Exterior (Mesa-Lago, 1971, p. 87). No dia 4 de fevereiro de 1968, a revista semanal do *Granma* denunciou um grupo de dirigentes organizados num
círculo que foi chamado de "microfacção", considerado de tendência reacionária,
que estaria propagandeando o fracasso do sistema de incentivos morais adotado
pelo governo. A microfacção coincidia com alguns membros do antigo PSP, que
defendiam publicamente os estímulos materiais. Acusados de pertencer à microfacção, 40 funcionários de Estado foram condenados a penas de prisão entre 2
e 15 anos (Mesa-Lago, 1971, p. 88). Ou seja, o processo de criação daquilo que
Sergio Roca[35] chamou de "economia moral" (Roca, 1976, p. 6) coincidiu com uma
expressiva centralização do poder e uma postura mais agressiva da revolução em
relação às divergências políticas dentro do próprio Partido.[36]

---

34   Mesa-Lago dá a entender que a carta era falsa: "O nome e Guevara não estava in-
cluído [na nova lista do Comitê Central]. Como justificativa se publicou uma carta
atribuída ao Che, em que este renunciava a todos os seus cargos dentro de Cuba"
(Mesa-Lago, 1971, p. 85, grifo nosso). Massari destacou o fato de que a fatídica carta apareceu ao público em outubro, porém datava de 1º de abril de 1965 (Massari,
2007, p. 164).

35   Sergio Roca é economista, professor da Adelphi University em Nova York, estudioso dos sistemas econômicos socialistas.

36   Roca criticou a interferência ideológica das decisões econômicas: "O impacto se
fez sentir com os expurgos conduzidos em 1965 e 1966 nas agências de planejamento, nos centros de produção, e em escolas secundárias e universidades. Em várias instâncias, especialistas tecnicamente qualificados foram removidos de cargos

A partir de setembro de 1966, Fidel liderou uma progressiva retirada dos incentivos materiais, que foi concluída quando, em 1967, a safra açucareira foi produzida sem tais incentivos. Até 1967, o governo havia eliminado todo tipo de unidade autofinanciada da economia da ilha e todos os investimentos e rendimentos do país se tornaram de natureza orçamentária (Mesa-Lago, 1971, p. 87). Em dezembro de 1967, Fidel teria afirmado ao jornalista Herbert Matthews: "Nós não acreditamos nos conceitos materialistas do capitalismo e em certos tipos de consumismo, nos quais o dinheiro é o incentivo" (apud Mesa-Lago, 1971, p. 87).

Entre as medidas imediatas da ofensiva revolucionária sobre a organização do trabalho, estavam a eliminação do sistema dos prêmios materiais aos trabalhadores ou às fábricas com alta produtividade, o fim do pagamento das horas extras, a redução da jornada de trabalho de 44 para 40 horas e a normalização do trabalho gratuito voluntário. Ao suprimir o sistema de incentivos elaborado por Rodríguez, extinguia-se também a escala de salários diferenciais correspondente a estes incentivos e promovia-se uma brusca aproximação das faixas salariais entre todos os trabalhadores. O objetivo final da redução das diferenças remunerativas era assegurar uma economia de salários idênticos, na qual as classes sociais estariam abolidas e o comunismo finalmente alcançado. Por isso, do ponto de vista estratégico, as medidas econômicas da ofensiva revolucionária estavam orientadas pelo princípio da gratuidade dos bens e serviços estatais e da máxima desmonetarização da economia. Além da educação, da saúde, do esporte e da cultura fornecidos gratuitamente pelo Estado (em níveis de qualidade consideravelmente superiores aos outros países subdesenvolvidos), com a ofensiva revolucionária os serviços de telefonia, eletricidade e água também se tornaram gratuitos. Mas não só: a alimentação, as roupas, os calçados e outros bens de primeira necessidade tendiam à gratuidade plena através da *libreta*. Aqueles que ainda pagavam quantias de aluguel foram completamente isentos. As tarifas de transporte foram reduzidas e só não se tornavam gratuitas porque os combustíveis ainda representavam um obstáculo notável ao desenvolvimento da ilha.

Junto com a proposta de abolição do mercado, desde 1967, surgiu o novo sistema de incentivos morais que premiava os trabalhadores mais produtivos com

---

de responsabilidade e estudantes promissores foram impedidos de perseguir suas carreiras simplesmente porque não possuíam suficiente ardor revolucionário. O critério de competência técnica foi suplantado, ou às vezes completamente substituído, pelo exame de compatibilidade ideológica" (Roca, 1976, p. 60).

diplomas, flâmulas, a Bandeira do Moncada, medalhas, ou títulos de honra tais como de "Trabalhador de Vanguarda", "Millonario" (referente às 10 milhões de toneladas) e "Herói Nacional do Trabalho". Outro estímulo moral era dado aos trabalhadores mais pobres, cujos nomes foram atribuídos a lugares proeminentes, dando-lhes um prestígio nunca antes imaginado (Mesa-Lago, 1971, p. 82; Barkin, 1978, p. 215; Silverman, 1978, p. 165). Através destes incentivos morais, propunha-se que o trabalho fosse encarado como um dever social e não mais como um veículo de incremento do bem estar individual. Silverman sustentou que: "a 'moralização do trabalho' substituiu os incentivos materiais como meio de modernização" (1978, p. 164). Ou seja, a consciência revolucionária deveria ser o principal motor da safra de 1970 e, portanto, da modernização econômica sobre a qual se desdobraria a estratégia de desenvolvimento.

Mas a opção pela economia moral não respondia apenas à convicção política de Fidel Castro despertada em setembro de 1966. Haveria também uma conveniência material do sistema de incentivos morais. Com o fim da segregação social, a tendência de desequilíbrio estrutural entre a oferta e a demanda dos bens de consumo seguiu um agravamento irremediável. Entre 1959 e 1970, as contas de poupança e a circulação monetária da ilha alcançaram a soma recordista de 3 bilhões de pesos, atingindo o mesmo valor do fundo de salários (CEPAL, 1980, p. 175). Salários estes, portanto, que perderam a capacidade de representar um estímulo material individual à produtividade, tanto pela escassez de bens de consumo, quanto pela acumulação da poupança.

A escassez de bens de consumo na sociedade cubana resultava de dois fatos: primeiro, o bloqueio estadunidense; segundo, a estratégia *turnpike* que priorizava importações de bens de capital. Essa escassez dificultava enormemente a organização de um sistema de incentivos materiais, cujo alcance e efetividade provavelmente seriam limitados pela falta de recursos. Um Estado comercialmente deficitário que priorizava o desenvolvimento econômico não poderia oferecer abundância em bens de consumo para injetar massivamente no sistema de incentivos. E um sistema de incentivos que não alcançasse amplos setores dos trabalhadores, tampouco geraria os efeitos propostos sobre a produtividade e não superaria seu caráter experimental. Ou pelo menos assim pode ter pensado um setor do governo cubano.

Em suma, a ofensiva foi um movimento geral de abolição do mercado e de redução da massa salarial, com vistas ao progressivo encolhimento da função do dinheiro na sociedade (Mesa-Lago, 1971, p 90). Não havendo, pois, bens de consumo disponíveis, por que manter salários altos? Em 24 de março de 1968, Fidel afirmou em rádio nacional: "Vamos estimular as pessoas lhes dando notas de dinheiro com as quais nada se pode comprar?" (apud Mesa-Lago, 1971, p. 97). Cuba havia ingressado na trilha da abolição da sociedade de consumo. Na percepção da CEPAL, durante a ofensiva revolucionária abriu-se uma real possibilidade de eliminação do dinheiro como mecanismo de distribuição (CEPAL, 1980, p. 22). Daí a interessante afirmação do soviético que viajou à ilha nos primeiros anos da década de 1970 e notou que Cuba parecia ter acabado de atravessar o comunismo de guerra.[37]

A ideia de que havia um desequilíbrio estrutural que justificava economicamente a adoção do sistema de incentivos morais foi considerada por Carme Mesa-Lago,[38] por David Barkin,[39] por Bertram Silverman[40] e pela CEPAL.[41]

---

37   Relato de Julio Díaz Vásquez, na epígrafe deste capítulo. Sobre o período do comunismo de guerra na União Soviética, ver Bettelheim, 1976 e Dobb, 1972.

38   Mesa-Lago analisou opiniões de "economistas sinoguevaristas" que, em 1964, teriam dito: "é impossível utilizar os interesses materiais para melhorar o resultado do trabalho, a não ser quando mais dinheiro significa automaticamente mais bens de consumo. O sistema de racionamento nega a maioria das vantagens dos incentivos materiais" (apud Mesa-Lago, 1971, p. 97).

39   Barkin sustentou que: "A escassez de bens materiais e a incapacidade de outorgar diferenciais de salários substanciais foi um fator que contribuiu para realizar a mudança para os incentivos morais" (1978, p. 113). E completou: "o programa de racionamento fez com que a adoção dos incentivos não materiais fosse quase uma necessidade, pois os bens disponíveis para premiar aos trabalhadores não eram suficientemente atrativos para alentar os esforços pessoais que o novo governo esperava motivar" (1978, p. 220). No contexto de "uma política que tem por objetivo o bloqueio, ou até a redução, do consumo individual, a fim de poder canalizar um maior volume de recursos para os investimentos", a generalização de estímulos materiais individuais se via então bloqueada (Barkin, 1976, p. 41).

40   Silverman argumentou que os incentivos morais eram uma necessidade da estratégia de desenvolvimento adotada, uma vez que esta exigia austeridade no consumo para importação de bens de capital: "o PNB caiu, em 1966, em mais de 4%. A radicalização da organização econômica cubana esteve estreitamente vinculada à decisão de intensificar a taxa de desenvolvimento econômico" (1978, p. 171).

41   A CEPAL analisou: "Os produtos básicos foram distribuídos através de um racionamento igualitário e não por meio do poder de compra. Os bens de consumo não essenciais praticamente desapareceram e se tornaram muito restritas as possibilidades de usufruir de rendas mais altas. O crescente apoio aos incentivos morais

Por um lado, a falta de possibilidade de gastos com bens de consumo desestimulava o trabalho. Por outro, um sistema de incentivos materiais seria dispendioso para uma economia que empenhava todo seu esforço para a safra de 1970. Silverman avaliou, ainda, que haveria outro condicionante material para justificar a opção da economia moral: o combate ao contrabando, no qual ainda pulsava a sociedade de consumo, atraindo os fundos de poupança e agravando as ineficiências do setor estatal.[42] O contrabando era a materialização da postura identificada como "egoísta" pela ofensiva revolucionária, que driblava as forças da coletivização em busca do benefício individual. Silverman sustentou:

> Em circunstâncias graves de escassez, o setor privado proporcionava uma fonte ilegal de bens de consumo e competia com o êxito na obtenção de trabalhadores e recursos escassos. Assim, pois, o protótipo da "sociedade de bens de consumo" operava no coração do sistema cubano e tirava proveito das contradições e ineficiências inerentes ao setor socializado (1978, p. 167).

A contrapartida da desmonetarização da economia era a criação de um robusto sistema igualitário de repartição do excedente através de bens e serviços estatais gratuitos. A rigor, então, havia um tipo específico de incentivos materiais em vigência, uma vez que o sistema de seguridade social era inegavelmente um "benefício material coletivo", ou de "natureza social", como definiu Guevara (2011, p. 229). Com o propósito de eliminar a sociedade de consumo, a ofensiva revolucionária reduzia os benefícios materiais individuais e as relações monetárias, mas oferecia algo troca. Dessa política, surgiu o que podemos chamar de

---

para o trabalho socialmente necessário e o rechaço a valorizar o consumo pessoal supérfluo como estímulo aos maiores esforços do trabalho acompanharam a igualdade deliberada na distribuição de produtos básicos e a inevitável austeridade no consumo" (1980, p. 22). Sobre o irremediável desequilíbrio entre oferta e demanda de bens de consumo, a CEPAL afirmou: "Isso bloqueou a eficácia das medidas e instrumentos para fomentar a produtividade, ao que se somou a certa desorganização da produção ante ao debilitamento dos controles econômicos" (1980, p. 175).

42   Sobre a atração exercida pelo contrabando na conjuntura de desequilíbrio, Barkin afirmou: "Ninguém que tenha a oportunidade deixará de comprar um só artigo que tenha a oportunidade de comprar, independentemente se possui ou não necessidade dele. O governo está realizando um grande esforço para absorver o poder de compra excedente e reduzir os efeitos de distorção que este cria sobre a distribuição dos bens de consumo" (1978, p. 212).

"principio da remuneração coletiva do trabalho", cuja contrapartida foi um descontrole contábil da economia estatal.

Remuneração coletiva e descontrole contábil

A ideia de que a redução dos níveis de consumo em nome do aumento dos níveis de investimento era uma opção estratégica necessária para Cuba era aceita também pelos defensores dos incentivos materiais.[43] Mas no contexto da economia moral, a redução dos níveis de consumo foi reforçada por fatores ideológicos. O princípio da remuneração coletiva já estava em vigor antes da ofensiva revolucionária, pois constituía um impulso à construção de uma sociedade de direitos sociais e populares, em contrapartida à sociedade de consumo. Barkin assinalou:

> Mesmo antes que se tomasse a decisão explícita de adotar os incentivos morais, a crescente quantidade de serviços públicos a disposição da população e o limitado montante de bens de consumo que podiam ser adquiridos através do programa de racionamento, tinham alterado o papel da renda monetária na determinação dos níveis de vida (1976, p. 216).

Pelo princípio da remuneração coletiva, a forma de equilibrar a oferta de bens de consumo e o dinheiro em mãos da população deixou de ser mercantil e passou a ser quase exclusivamente política.[44] Mas a ofensiva revolucionária foi uma verdadeira avalanche igualitarista. A política de gratuidade dos bens e serviços estatais entrou em confronto direto com os mercados remanescentes. O problema foi que, ao moralizar a economia radicalmente e desvincular a produtividade do trabalhador dos rendimentos do trabalho (tanto do salário individual, quanto dos excedentes estatais coletivos), desprezou-se o cálculo dos custos reais do desenvolvimento, comprometendo os controles econômicos e a contabilidade social. Em 1965, o Ministério da Fazenda foi fechado e não foi substituído. Isso fez com que em 1967, a contabilidade já não existisse, de modo que também não poderia haver uma política coerente de redução de custos produtivos e de rentabili-

---

43   Afirmou Carlos Rafael Rodríguez: "A opção entre acumulação e consumo é uma opção política (...). O desenvolvimento significa o sacrifício do consumo relativo em função das necessidades da acumulação" (Rodríguez, 1983, p. 422, 456).

44   Fidel Castro afirmou, em 26 de julho de 1970: "a desvalorização ou a alteração do valor da moeda, como se fez nos primeiros anos, é correta quando se aplica aos burgueses; mas seria repugnante se referida aos trabalhadores" (Castro, 1980, p. 15).

dade mínima por unidade econômica (CEPAL, 1980, p. 187). Bertram Silverman explicou de que maneira o novo sistema econômico desprezava a contabilidade:

> A introdução do novo sistema de administração econômica em 1967 ampliou radicalmente o sistema de orçamento central do Che. O novo sistema de administração econômica eliminava as transações entre unidades dentro do setor socializado, conforme as normas gerais estabelecidas pelo plano anual. As empresas mantinham relações contratuais diretas, mas não existiam relações nem monetárias nem de crédito. Circulavam registros de recepção e saída de artigos, mas não se exigiam pagamentos (1978, p. 158).

Vale ressalvar que o descontrole da contabilidade socialdefinitivamente não fazia parte dos planos originais do sistema orçamentário concebido por Guevara.[45]

O descontrole econômico decorrente da ofensiva revolucionária ocorreu em pelo menos cinco dimensões. Primeiro, houve o descontrole dos registros contábeis do setor estatal em dimensão nacional devido à desmonetarização das relações entre as empresas estatais, que trocavam peças de reposição, combustível, insumos e até trabalhadores, sem que houvesse capacidade de quantificar os deslocamentos na disposição dos fatores de produção por meio de um equivalente geral. A inexistência de contabilidade que registrasse estes deslocamentos fragilizou o planejamento econômico, dado o incerto conhecimento dos administradores em relação à disposição territorial dos fatores produtivos. A consciência do controle e registro quantitativo dos bens de produção também foi paulatinamente perdida. A segunda dimensão foi o descontrole das decisões nas unidades produtivas. As granjas captavam recursos e insumos do Estado sem que houvesse o conhecimento de seus reais custos. Ao ignorar os custos das peças de reposição, dos insumos, das matérias primas, e a dimensão contábil de cada um dos fatores, os administradores cometiam erros e frequentemente desperdiçavam esses recursos, ampliando a queda da produtividade do trabalho em termos nacionais. O desperdício foi incorporado à administração, pois como explicou Silverman: "A

---

45   Sobre isso, Luis Alvarez Rom, parceiro de Guevara em defesa do sistema orçamentário, esclareceu: "O princípio do rendimento comercial dentro da esfera estatal é estritamente formado e dominado pelo plano, somente para efeitos de cálculo econômico, de contabilidade, de controle financeiro, etc, mas nunca chegará a predominar de forma fetichista sobre o conteúdo social da produção" (*apud* Guevara, 1982, p. 222).

frágil planificação se viu debilitada também pelo excesso de recursos que frequentemente é produto do entusiasmo revolucionário e da incerteza dos abastecimentos estrangeiros" (1978, p. 177). A terceira dimensão foi o descontrole dos custos de produção da parte dos próprios trabalhadores, que já não se preocupavam com o uso ótimo dos recursos de que dispunham, uma vez que seu salário e seu bem estar social não dependiam de qualquer racionalidade econômica diretamente vinculada à sua produtividade. A desmonetarização, neste caso, se aliou a um desprezo pelo controle econômico, ao contrário do que defendeu Silverman, para quem a busca da redução dos custos deveria ser a base da consciência social. Afinal, o dever social do trabalho deveria incluir o esforço pelo aumento da produtividade. Desconhecer os custos tornava impossível reduzi-los e a tarefa do trabalhador se transformava em uma cadeia de determinações subjetivas que geraram prejuízos objetivos. Silverman, sobre isso, sustentou: "existe uma relação entre a consciência social e o controle e responsabilidade econômicos, fator que não foi plenamente apreciado no desenvolvimento da organização econômica cubana" (1978, p. 162-3). Uma quarta dimensão foi a perda da relação real entre valores e preços, o que no caso de bens importados (de consumo ou de capital) significava a impossibilidade de enxergar a quantidade de divisas investidas para adquiri-los. A quinta dimensão, por fim, foi a perda do vínculo entre salário e produção e consequente perda dos instrumentos monetários de disciplina laboral, que foram substituídos, por um lado, pelos estímulos morais e, por outro, pela ação ideológica da ofensiva revolucionária sobre o trabalho. Tudo isso fez com que, apesar do uso das capacidades produtivas historicamente subutilizadas, se sacrificassem muitas colheitas, mal preparadas ou atrasadas em relação à sua safra ótima, gerando a perda de recursos sequer contabilizados.[46] O resultado imediato da perda de controles econômicos foi a queda da produtividade, justo no primeiro passo decisivo da estratégia cubana de desenvolvimento: a safra de 1970.

Quanto mais desvinculado do trabalho, mais o salário se tornava irrelevante na determinação da postura do trabalhador diante de suas obrigações, gerando indisciplina e absentismo. Na economia moral, esta desvinculação deveria ter

---

46 Silverman definiu "A ideologia serviu frequentemente para racionalizar a prática e as metas da política econômica. Ainda que a ideologia tenha desempenhado um importante papel na mobilização das massas para a aceitação das metas sociais e econômicas, também teve como efeito turvar a visão das forças subjacentes reais" (1978, p. 145). Para uma análise completa da perda dos controles e registros econômicos decorrente da ofensiva revolucionária, ver Silverman, 1978.

sido compensada senão pela consciência revolucionária, ao menos pela mecanização do corte da cana, que tampouco obteve sucesso. Como sintetizou a CEPAL:

> Durante os últimos anos da década de sessenta, as esperanças de alcançar rapidamente o objetivo de uma sociedade comunista – 'de cada um conforme sua habilidade, a cada um conforme sua necessidade' – passando sobre a etapa socialista governada pela regra 'de cada um conforme sua habilidade, a cada um conforme seu trabalho', levaram estas tendências ao ponto em que tiveram efeitos adversos sobre a produtividade e sobre a utilização frugal dos recursos escassos, tais como a água e a energia elétrica. Ao que parece, os dirigentes da revolução cubana sobre-estimaram a capacidade da participação popular e o entusiasmo para suprir os recursos econômicos e isso conduziu à supressão das regras da distribuição socialista e do estímulo material (1980, p. 22-23).

O descontrole contábil predominante entre 1967 e 1969 diminuiu significativamente as fontes quantitativas disponíveis que descrevessem a estrutura agrária do período, ausência que, por si mesma, não deixa de ser um dado relevante para a compreensão das tensões que permeavam a estratégia cubana de desenvolvimento.[47] Apesar das rarefeitas informações quantitativas, sabe-se que, como era de se esperar, a relação entre a ofensiva revolucionária e o campesinato não foi propriamente harmoniosa.

Encolhimento do campesinato

Em 1964, o setor estatal detinha 60,1% da terra (Gutelman, 1975, p. 88) e em 1970 se ampliara para aproximadamente 85% da superfície da ilha (Valdés Paz, 2009, p. 51). Com a pressão da safra de 1970, uma política de incorporação dos camponeses nos planos de produção nacionais se intensificou. O princípio da voluntariedade, teoricamente, não havia sido abandonado, mas a ofensiva revolucionária contribuiu para a criação de um clima acusatório contra o campesinato, gerando expropriações forçadas.[48]

47	A CEPAL constatou: "Assinalam as fontes oficiais que a estatística macroeconômica começou a reorganizar-se sistematicamente em 1962, que de 1967 a 1969 se dificultaram as estimativas pela deterioração dos registros, e que de 1970 a 1976 se adotaram mudanças metodológicas" (1980, p. 61).

48	Mencionou Antero Regalado: "De igual modo improcedente se realizou a intervenção e nacionalização de dezenas de lotes de pequenos camponeses, sendo que tal medida não foi orientada nacionalmente, objetivo que, se preciso, também se

Em janeiro de 1967, os trabalhadores das granjas estatais que possuíssem pequenas propriedades familiares foram expropriados em nome da safra de 1970, para garantir que trabalhassem apenas para o setor socializado, além de acrescentar pequenas porções de terras às batalhas simultâneas (Mesa-Lago, 1971, p. 87). Em 1967, a Assembleia da ANAP, confiante na política do governo, concordou com a abolição completa do mercado livre e a venda integral da produção camponesa ao Estado. No mesmo ano, o governo proibiu os camponeses de contratarem trabalhadores, abolindo qualquer relação assalariada na agricultura privada e fazendo com que a venda das terras camponesas ao Estado figurasse como a única opção (Silverman, 1978, p. 169). Logo, no dia 14 de janeiro de 1968, Fidel Castro anunciara que 90% dos camponeses do Cinturão de Havana (o anel de alimentos perecíveis, proposto por Dumont) se retiraram da produção mercantil voluntariamente. Entre 1967 e 1969, 12 mil propriedades camponesas foram vendidas ao Estado (Mesa-Lago, 1971, p. 88). Na mesma época, uma tensão latente entre um segmento minoritário do campesinato, um setor minoritário da juventude e o governo começou a rebentar. A tensão se originava de dois problemas: por um lado, a escassez de bens de consumo e de insumos produtivos para os pequenos agricultores; por outro, a violência com que alguns chefes locais haviam expropriado camponeses, sem buscar convencê-los da necessidade econômica daquela mudança. Como relatou Antero Regalado, sobre a ofensiva revolucionária:

> Esses dirigentes locais foram aos camponeses com ordens que demonstram inteiro desconhecimento da vida no campo. Não fizeram esforços para, de forma fraternal, explicar a necessidade da incorporação camponesa às novas formas de trabalho e de economia. Imaginaram que, de modo simples, de hoje para amanhã, se podia conseguir uma mudança histórica tão complexa na vida social. Foi preciso a enérgica chamada de atenção pela Direção da Revolução e a adoção de medidas orientadas a erradicar os métodos administrativos e restabelecer a política de persuasão e a voluntariedade em todo o trabalho com os camponeses (1979, p. 206).

De abril a setembro de 1968, uma onda de sabotagens e saques à economia estatal se espalhou pela ilha: fábricas de fertilizantes, armazéns de açúcar, café, ta-

---

podia lograr através da argumentação sobre tal necessidade com todos os criadores, companheiros que certamente compreenderiam a questão como demostrado em milhares de casos, visto que as massas são capazes de entender as coisas que tem lógica, sem necessidade da ação administrativa" (1979, p. 192).

baco, madeira, roupas, calçados, *tiendas del pueblo*, escolas, barcos e hotéis foram saqueados somando, segundo o próprio Fidel, mais de 80 casos. Como resposta, em fins de 1968, foi anunciada a pena de morte para todos aqueles que atentassem contra a safra de 1970, o que significava prejudicar qualquer ramo da economia cubana (Mesa-Lago, 1971, p. 110).

Em 26 de julho de 1969, o governo anunciou uma orientação futura de erradicação completa da propriedade privada, como parte da ofensiva revolucionária, o que teria sido relativizado após a autocrítica do governo diante do fracasso da safra (idem, 1971, p. 89). Os camponeses que não venderam, voluntária ou compulsoriamente suas terras, foram plenamente incorporados aos planos estatais de produção agropecuária em 1968, e convertidos a funcionários estatais indiretos, perdendo sua autonomia em relação aos cultivos e quantidades plantados em suas propriedades. Na prática, portanto, já estava abolida a propriedade privada camponesa.

Esse avanço das terras estatais sobre as terras camponesas foi definido por Dumont como a "terceira reforma agrária". O agrônomo francês argumentou:

> Até 1967, um dirigente da Associação Nacional Agricultores Pequenos perguntava aos camponeses, com fins estatísticos, seus prognósticos sobre os cereais. Nesse ano, o dirigente sugeriu modificações desejáveis segundo seu plano de semeadura. Em 1968, lhes dá ordens, estabelecidas segundo o plano de cultivo regional, que se tornava obrigatório. Nesse ano começa uma campanha para que se entregue, exclusivamente ao comércio de Estado (Acopio), toda a produção disponível. Ainda que se tenha inicialmente apresentado como um gesto voluntário, pouco depois se indica que é obrigatório, e a publicação das sanções exemplares aplicadas aos infratores incita os outros a fazê-lo (apud Silverman, 1978, p. 169).

Infelizmente, não existem informações detalhadas sobre a estrutura agrária e a propriedade camponesa entre 1967 e 1970, devido ao descontrole econômico e perda dos registros contábeis. Um dado importante foi trazido por Barrios, historiador da ANAP. Ele relatou que no Congresso de 1970 da Associação foi reconhecido oficialmente que o Estado havia agido com métodos autoritários contra o campesinato e foi feito um balanço crítico da ofensiva revolucionária (Barrios, 1987, p. 83). Foi sob a pressão da ofensiva revolucionária e o advento da economia moral que a safra de 1970 foi buscada.

O PLANO E A REALIDADE DA SAFRA DE 1970

A safra de 1970 era muito mais que uma meta estratégica de desenvolvimento: passou a encarnar a honra nacional. Foi um teste de resistência da envergadura ideológica e moral do povo cubano, em condições econômicas adversas (Roca, 1976, p. 7). O fracasso de 1970 não significava apenas metas descumpridas, mas principalmente uma derrota moral da filosofia que sustentava a perseguição da meta. "Afinal", afirmou Roca, "o financiamento externo pode ser renegociado, mas o orgulho e a confiança nacionais, uma vez depreciados, são dificilmente renovados" (1976, p. 15). A opinião de Barkin foi mais pragmática. Apesar da derrota moral, alegou:

> Não se trata de se estas metas são alcançáveis ou não, mas sim das consequências negativas para o resto da economia quando se tenta alcançá-las. Assim, pois, a prioridade indiscutível acordada para a produção de açúcar em anos recentes, significou o abandono de muitos outros setores da economia. Se houvesse logrado a meta de 10 milhões de toneladas, o sacrifício nos outros setores haveria sido exatamente o mesmo (1978, p. 138).

Não era apenas as 10 milhões de toneladas de açúcar que estavam em jogo entre 1965 e 1970: outros setores também estavam comprometidos com objetivos igualmente desafiadores. A safra açucareira era o carro-chefe de uma miríade de metas dos mais diferentes segmentos: eram as "batalhas simultâneas".

Batalhas simultâneas

As batalhas simultâneas eram mais amplas do que a "estratégia combinada" (ver capítulo 3) porque não abarcavam apenas três tarefas. A estratégia combinada era composta pela tríade "cana-diversificação-tecnologia". As batalhas simultâneas envolviam vários outros setores da economia, como a indústria de cimento, a infraestrutura de transporte (portos, estradas e ferrovias), a produção de pneus, de baterias, de barras de metal, de vestuário, de charutos, de sabonetes, de calçados, além, de um conjunto de bens de consumo escassos. Em 1969, Fidel chegou a afirmar que não apenas a meta açucareira deveria ser atingida, mas também todos os objetivos das batalhas simultâneas agrícolas e industriais - do contrário, poderiam considerar-se derrotados. Fidel propagou essa exigência econômica ao povo cubano durante a ofensiva revolucionária:

A grandiosidade da safra de 10 milhões de toneladas são todos os outros planos econômicos que estão sendo empreendidos simultaneamente... Eu repito que a coisa mais importante é que nós não sacrifiquemos nenhum outro plano para atingirmos a meta açucareira. Essa seria nossa real vitória. Se for preciso parar todo o resto, não haverá vitória (apud Roca, 1976, p. 12).[49]

Essa postura contribuiu para que o impacto da frustração fosse ainda mais intenso quando, em maio de 1970, Fidel anunciou que sequer as 10 milhões de toneladas seriam atingidas. Selma Díaz relatou, em 2010, que os setores prioritários das batalhas simultâneas eram o arroz, a carne bovina, a produção láctea, o café e os cítricos (Valdés Paz *et alli*, 2012, p. 73). Algumas metas estão expostas na tabela 31.

TABELA 31 - BATALHAS SIMULTÂNEAS (1968-1975)		
Setor	Quantidade	Ano
Investimento/PIB [e]	31%	1968
Açúcar	10 milhões de toneladas	1970
Café [a]	83 mil toneladas	1970
Peixe [c]	151,5 mil toneladas	1970
Gado	9 milhões de cabeças [a]	1970
	12,5 milhões de cabeças [e]	1975
Fertilizantes [c]	1 milhão de toneladas	1973
Cítricos [b]	750 mil toneladas	1975
Arroz [e]	Autossuficiência	1975
Carne bovina [e]	Autossuficiência	1975
Leite [e]	Autossuficiência	1975

Fonte: (a)Gutelman (1975, p. 243, 262), (b)Dumont (1970, p.225), (c)FAO, (1966, p. 32), (d)Aranda (1968, p. 28), (e)Barkin (1973, p. 124, 127, 130).
Observação: À autossuficiência planejada para carne bovina e leite em 1975, somar-se-iam 10 a 15 milhões de dólares de exportação na expectativa de geração de excedente.

Sergio Aranda escreveu em 1967, que para que a meta de 10 milhões fosse atingida, seria necessário ampliar a superfície canavieira em 25.000 *caballerías*, aumentar os rendimentos açucareiros em 40%, mecanizar o corte da cana, melhorar as redes de irrigação de 5.000 *caballerías*, construir equipamentos novos de irrigação de 800 *caballerías*, construir ou melhorar canais de drenagem em 16.000 *caballerías*, aumentar o uso de fertilizantes em 700.000 toneladas métricas ao ano, introduzir novas variedades de cana em nada menos que 53.000 *caballerías*, e cultivá-las com métodos mecanizados por no mínimo três anos (Aranda, 1968, p. 60,

---

49   Publicado na Revista Bohemia em 21 de fevereiro de 1969.

69). "Este conjunto de tarefas", alegou Julio Díaz Vásquez, "introduziu uma tensão no país" (Valdés Paz *et allí*, 2012, p. 70).

O sacrifício empreendido pelos trabalhadores cubanos na busca por todas estas metas pode ser exemplificado pela história relatada por Selma Díaz, que dirigiu a safra de 1970 na província do Oriente. Contou Selma:

> No Oriente, se fecharam os centros noturnos, não se podia comprar uma garrafa de rum em parte alguma. Quando estávamos em plena safra, tivemos que pedir permissão ao comandante Guillermo García, que estava dirigindo a província, para darmos algumas garrafas de rum aos que estavam cortando cana debaixo da chuva (Valdés Paz *et allí*, 2012, p. 73).

Os trabalhos de corte de cana não paravam. A este relato de Selma Díaz, Gladys Marel García, da plateia, agregou: "Em Yaguajay, os camponeses tinham que semear a terra de noite, com faróis, para satisfazer sua alimentação" (Valdés Paz *et allí*, 2012, p. 74). As batalhas simultâneas se somavam num trabalho hercúleo. Movidos pela confiança em Fidel Castro, pela consciência revolucionária, ou pelo medo de perseguição, as massas de trabalhadores (profissionais e voluntárias) cortaram cana de 14 de julho de 1969 até 26 de julho de 1970, parando apenas para a manutenção das máquinas.

A safra em números

A safra de 1970 durou 217 dias, mais que o dobro da média de 102 dias das safras de 1951 a 1969. Os dias de safra incluem apenas os dias de corte de cana, excluindo o tempo de manutenção das máquinas, escassez de matéria-prima, e outros fatores que paralisem momentaneamente a produção. A razão dos dias de safra em relação aos dias do calendário corresponde ao coeficiente de eficiência, que atingiu uma média de 80% entre 1953-1958 e ficou entre 46 e 56% na década 1960 (Roca, 1976, p. 12, 33). Os anos de 1969 e 1970 apresentaram os piores rendimentos da relação de toneladas de cana moída por dias de safra e bateram o recorde do mais baixo rendimento industrial (toneladas de açúcar por toneladas de cana), de uma série de 20 anos. Este desempenho decepcionante dos rendimentos das safras de 1969 e 1970 pode ser identificado na tabela 32.

Safras	Cana Moída (milhares de toneladas)	Açúcar cru Base 96° (milhares de toneladas)	Rendimento Industrial Base 96° (%)	Dias de safra	Cana moída por dias de safra (t)
TABELA 32 - INDICADORES FUNDAMENTAIS DA PRODUÇÃO AÇUCAREIRA (1951-1970)					
1951	44.939,7	5.821,3	12,95	108	415.567
1952	59.537,9	7.298,0	12,26	136	441.894
1953	40.811,5	5.223,9	12,80	94	438.881
1954	39.295,4	4.959,1	12,62	88	446.722
1955	34.818,6	4.597,7	13,20	76	460.802
1956	37.039,1	4.807,3	12,98	80	460.331
1957	44.714,3	5.741,5	12,84	98	454.757
1958	45.715,9	5.862,6	12,82	98	466.183
1959	48.050,6	6.038,6	12,57	103	467.629
1960	47.492,2	5.942,9	12,51	103	466.289
1961	54.325,2	6.875,5	12,66	133	408.731
1962	36.686,0	4.882,1	13,31	104	354.144
1963	31.143,4	3.882,5	12,36	94	333.110
1964	37.196,4	4.474,5	12,03	118	316.065
1965	50.686,5	6.156,2	12,15	130	388.449
1966	36.839,8	4.537,4	12,32	102	359.453
1967	50.879,8	6.236,1	12,26	133	382.985
1968	42.368,1	5.264,5	12,19	113	375.582
1969	40.476,2	4.459,4	**11,02**	135	**299.077**
1970	79.677,6	8.537,6	**10,71**	217	**367.442**

Fonte: JUCEPLAN, 1971, p. 136.

O plano da safra previa que, para que fossem produzidas as 10 milhões de toneladas, seria preciso contar com 115.000 *caballerías* plantadas, 81,4 milhões de toneladas de cana cortadas, a um rendimento agrícola de 53 toneladas de cana por hectare e a um rendimento industrial de 0,123 toneladas de açúcar por toneladas de cana.[50] O setor agrícola chegou mais próximo das metas estabelecidas. Num primeiro olhar, o verdadeiro "culpado" do fracasso da safra teria sido o setor industrial, cujos rendimentos ficaram 12,9% abaixo das expectativas, com um uso da capacidade industrial 25,5% menor do que o imaginado. A distância exata entre o plano e a realidade da safra de 1970 está exposta na tabela 33.

---

50   O rendimento industrial é multiplicado por 100 para facilitar a visualização comparativa.

TABELA 33 - PLANO E REALIDADE DA SAFRA DE 1970		
	Plano	Realidade
Superfície de cana (caballerías)	115.000	114.351
Toneladas de açúcar (milhões)	10	8,35
Toneladas de cana colhida (milhões)	81,4	80,9
Rendimento agrícola (tonelada cana/hectare)	53	52,5
Rendimento industrial (tonelada açúcar/tonelada cana *100)	12,3	10,71
Uso da capacidade industrial (%)	90	67
Fonte: Roca, 1976, p. 15, 31.		

Além disso, comparação entre os anos de 1965 a 1970, a única vez em que as metas de produção açucareira foram atingidas ocorreu em 1965. O histórico de metas descumpridas se transformou em uma desilusão de cinco anos concentrada em 1970. Cabe notar, por exemplo, que o desempenho de 1969 foi o pior desde a adoção da estratégia *turnpike*, ano em que apenas metade da meta foi atingida. O déficit acumulado das metas não cumpridas desde 1966 equivaliam a 11,9 milhões de toneladas de açúcar não produzidos, sendo 11,5 milhões de toneladas não exportadas para a União Soviética a um rendimento agrícola médio de 46 toneladas por hectare e um rendimento industrial de 11,6. Considerando o preço de compra de açúcar pela União Soviética do Convênio de 1964, essa defasagem significou uma perda de mais de 1,4 bilhão de dólares em produtos soviéticos. O contraste entre planos açucareiros e realidades das safras entre 1965 e 1970 está representado na tabela 34.

TABELA 34 – PLANO E REALIDADE DA PRODUÇÃO E EXPORTAÇÃO DE AÇÚCAR (1965-1970)(EM MILHÕES DE TONELADAS MÉTRICAS)							
	Produção			Convênio com URSS			Rendimentos	
	Metas	Realidade	Balanço	Compromissos de exportação	Exportação realizada	Balanço	Agrícola (tonelada de cana/hectare)	Industrial (tonelada de açúcar/tonelada de cana)
1965	6,0	6,2	+ 0,2	2,1	2,3	+ 0,2	48	11,94
1966	6,5	4,5	- 2,0	3,0	1,8	- 1,2	38	12,09
1967	7,5	6,2	- 1,3	4,0	2,5	- 1,5	49	12,05
1968	8,0	5,2	- 2,8	5,0	1,7	- 3,3	42	11,97
1969	9,0	4,5	- 4,5	5,0	1,3	- 3,7	44	10,84
1970	10,0	8,5	- 1,5	5,0	3,0	- 2,0	52	10,71
Total	47,0	35,1	- 11,9	24,1	12,6	- 11,5	46 [a]	11,60 [a]
Fonte: Roca, 1976, p. 9, 15 (a) Produção média do período.								

A safra de 1970 estava planejada em etapas, de modo que no dia 23 de dezembro de 1969 deveria ser completado o primeiro milhão, e assim sucessivamente até 15 de julho de 1970.[51] A despeito de todo esforço sacrificante, a média da produção da década de 1960 atingiu apenas 300.000 toneladas a mais que a média açucareira da década de 1950.[52] Os principais fatores do fracasso da safra de 1970 serão debatidos a seguir.

Causas do fracasso

As distintas análises da safra de 1970 apresentam um consenso de que a principal causa de seu fracasso foi industrial. Sergio Roca atribuiu 80% dos problemas operacionais ao setor industrial e às falhas de transporte (o que corresponderia a 1,2 milhões de toneladas da defasagem em relação à meta), e os outros 20% ao setor agrícola (ou seja, 300.000 toneladas) (Roca, 1976, p. 20).[53] Barkin pensava o mesmo: "um dos fatores fundamentais de estrangulamento foi a inadaptação da indústria, incapaz de tratar efetivamente toda a cana-de-açúcar aproveitável" (1978, p. 44). Julio Díaz Vasquéz também:

> O que não houve foram as centrais. A meta implicava elevar até sessenta milhões de arrobas diárias a capacidade de moenda, para o que eram necessárias a reconstrução e ampliação de muitos destes. A indústria não pôde assimilar o programa de desenvolvimento (Valdés Paz et allí, 2012, p. 71).

Fidel Castro, em seu discurso de 19 de maio de 1970, confirmou:

---

51   Julio Díaz Vásquez recordou, no debate da *Jueves de Temas* em 2010, que os planos a cada mês da safra correspondiam aos seguintes valores: 23 de dezembro de 1969: 1 milhão; 18 de janeiro de 1970: 2 milhões; 9 de fevereiro: 3 milhões; 17 de março: 4 milhões; 3 de abril: 5 milhões; 20 de abril: 7 milhões; 7 de maio: 8 milhões; 7 de julho: 9 milhões; 15 de julho: 10 milhões (Valdés Paz et alli, 2012, p. 72).

52   A média da produção açucareira cubana na década de 1950 foi 5,3 milhões de toneladas, enquanto na década seguinte foi 5,6 milhões (Barkin, 1976, p. 44).

53   Nas palavras da Roca: "O clima foi próximo do ótimo; uma quantidade adequada de cana-de-açúcar foi plantada e colhida; o rendimento agrícola foi satisfatório; mão de obra abundante foi provida durante a colheita; e o sistema de transporte não gerou um gargalo antes da crise de fevereiro, precipitada por complicações em duas áreas críticas. Essas duas áreas críticas envolviam investimentos industriais e rendimentos industriais; e é a estas áreas que o fracasso da safra deve ser atribuído" (1976, p. 14).

Encontramos o problema dos rendimentos. Foi a dificuldade mais grave que encontramos, derivada dos investimentos industriais em primeiro lugar, e também dos problemas operacionais nas centrais. (...) Estamos cortando, e cortaremos, mais cana que a que se programou para as 10 milhões. Mas em uma só província - onde tivemos problemas industriais mais sérios - que é a província de Oriente, teremos um déficit de 700.000 toneladas de açúcar. Essa província tinha que produzir não menos que 3,2 milhões de toneladas de açúcar (Castro, 19 mai.1970).

Roca elencou as causas do fracasso para visualizar a totalidade dos erros cometidos, tanto de prognóstico, como operacionais. Entre os fatores críticos figurou, predominantemente, a crise da indústria que se iniciou em dezembro de 1969 e se tornou incontornável em fevereiro de 1970. Em dezembro de 1969, muitas centrais açucareiras foram obrigadas a parar por problemas técnicos, relacionados à falta de peças de reposição e/ou necessidade de manutenção de maquinaria, obrigando a cana a viajar para centrais ainda mais distantes (Roca, 1976, p. 21). Esse problema de expandiu e se transformou na "crise de fevereiro", quando 23 centrais (de um total de 154) simplesmente pararam de funcionar, dentre os quais estavam 45% das unidades industriais mais produtivas da ilha.[54] Durante algumas semanas, 30% da capacidade industrial total da ilha esteve completamente paralisada (idem, 1976, p. 28). Isso desencadeou um desequilíbrio estrutural na cadeia açucareira, devido ao excesso de cana em relação à capacidade de transformação, de modo que pelo menos 4 milhões de toneladas de cana cortada tiveram seus trajetos alterados em direção a indústrias muito mais distantes (idem, 1976, p. 22).

Um dos principais motivos da paralisação das indústrias foi a falta de investimento. A despeito do ambicioso plano de produção, a indústria açucareira cubana estava sucateada, o que foi reconhecido por Fidel Castro em 1970. Historicamente, as precariedades técnicas da cadeia açucareira estavam concentradas nos canaviais, e assim a indústria acabou sendo negligenciada (Roca, 1976, p. 23). Em primeiro lugar, entre 1965 e 1970, o investimento industrial açucareiro havia cumprido apenas 33% do planejado (idem, 1976, p. 30). A isso se agregava um segundo fator: a manutenção foi ineficiente, e se demorou demais a resolver problemas solucionáveis. Muitas pausas para reparos ampliavam o atraso

---

54   As seis centrais mais produtivas que paralisaram suas atividades foram: Urbano Noris, Guiteras, Brasil, Argelia Libre, Uruguay e Jesús Menendez (Roca, 1976, p. 28).

do processamento do caule da cana cortada, reduzindo seu potencial açucareiro. Ademais, máquinas mal reparadas extraíam ainda menos caldo da cana do que sua capacidade prevista (idem, 1976, p. 27). Um terceiro fator que desencadeou a crise de fevereiro foram os equívocos de planejamento do uso das capacidades industriais. O plano da safra de 1970 previa o uso de 90% da capacidade instalada durante todo o período da safra, admitindo que houvesse uma margem de apenas 10% para as pausas de manutenção. Mas o uso das capacidades instaladas nos anos anteriores tinha apresentado uma média de 76% em 1966 e 80% em 1967, desproporcional à expectativa criada pelo plano de 1970. A quarta causa da crise de fevereiro foram os atrasos nas peças de reposição importadas. Orlando Borrego (chefe do Ministério da Indústria Açucareira - MINAZ) afirmou que em dezembro de 1970 o país ainda estava esperando peças importadas que seriam testadas pela primeira vez no país e cujos incrementos constavam nos planos da safra (idem, 1976, p. 31). Como alertou Valdés Paz, as peças industriais das centrais de açúcar carecem de um período de no mínimo três anos de experimentos e ajustes para iniciarem sua capacidade produtiva ótima.[55] O período de ajustes era ainda maior no contexto de escassez de mão de obra qualificada para executá-los. Este foi o quinto problema que engendrou a crise de fevereiro. A formação de novos técnicos não cresceu proporcionalmente ao investimento industrial em novas máquinas. O MINAZ estimou um déficit de 6 a 7 mil técnicos médios e operários qualificados para indústria açucareira na safra de 1970. Além disso, 2 mil técnicos ativos tinham acabado de se formar, e ainda eram inexperientes, alguns deles se dedicando a sua primeira safra. Este conjunto de problemas se concentrou nas províncias do Oriente, de Camaguey e de Las Villas. Contava-se que o Oriente produzisse mais que sua capacidade produtiva real que, ao final, operou à metade da expectativa. No Oriente, o investimento industrial se reduziu a 40% do planejado. Las Villas, por sua vez, desde janeiro de 1970, operou a 68% de sua capacidade. E Camaguey, desde janeiro, operou a 63% de sua capacidade, e realizou 32% do investimento necessário (Roca, 1976, p. 24, 29). Em 19 de maio de 1970, Fidel Castro confirmou que Matanzas e Havana superariam a meta em

---

55   Valdés Paz nos explicou, em entrevista: "em temos de capitalismo, quando uma central fazia um investimento de certa magnitude, que significasse uma modificação importante em alguma de suas seções produtivas (digamos, a fase de moenda, de clarificação, elaboração de açúcar, centrifugação), se calculava que esse investimento não estaria em plena exploração em um período menor que três anos. Porque todo investimento importante leva ajuste" (2012).

150.000 toneladas de açúcar, mas o déficit do Oriente seria de 700.000 toneladas e de Camaguey de 400.000. Por tudo isso, a indústria foi o fator chave do fracasso.

O transtorno da crise industrial desencadeada em fevereiro se propagou rapidamente para o setor de transportes, que já operava em máxima capacidade. A partir de dezembro de 1969, os dois problemas estruturais se retroalimentaram, porque quanto mais tempo a cana cortada demorou em ser processada, menor seu potencial açucareiro. O ideal era que a cana fosse moída em menos de 24 horas. Atingindo três dias de atraso, a cana plantada em Cuba perdia 10,5% de seu rendimento. Com sete dias de atraso, essa perda chegava a 25,4%. Desde dezembro de 1969 até o fim da safra, a média nacional de tempo entre a coleta da cana cortada e a indústria foi de três dias. Com a crise de fevereiro, essa média chegou a aumentar. Aparentemente, para atingir a rentabilidade industrial de 12,3, os planejadores contavam com um atraso zero, ou seja, que a cana fosse cortada e processada no mesmo dia, o que de partida já era impossível (Roca, 1976, p. 22).

Como confirmou Fidel Castro em sua autocrítica de 26 de julho de 1970, mais da metade da infraestrutura de transportes da ilha se responsabilizou pela safra, de modo que todos os ramos industriais foram atingidos pela crise: as matérias primas não chegaram, os estoques não se esvaziaram, e o reflexo da paralisação da indústria açucareira se disseminou em um dramático efeito dominó. No décimo sétimo aniversário do ataque ao quartel Moncada, Fidel admitiu: "realizou-se, com toda boa vontade do mundo, uma concentração nos transportes que se mostrou excessiva" (1980, p. 36).

Mas a agricultura não deixou de ter responsabilidade pelas frustrações da safra. Como vimos no capítulo 3, a mecanização do corte da cana era uma tarefa crucial que não foi cumprida a tempo. Apesar da meta dos rendimentos agrícolas ter sido quase atingida, alguns erros cometidos no procedimento de corte da cana podem ter sido nocivos ao rendimento industrial. Entre os fatores que podem ter diminuído a qualidade da cana enviada às indústrias estavam, em primeiro lugar, a má preparação do solo, descuidando das ervas daninhas que prejudicavam o crescimento do canavial (Roca, 1976, p. 15). Em segundo lugar, houve um grave problema no planejamento das plantações de cana. Considerando que a cana com menos que 18 meses de vida rende muito pouco, e que 35.170 *caballerías* foram semeadas entre julho de 1968 e junho de 1969, conclui-se que 20% da safra foi composta por cana prematuramente cortada, o que sem dúvida comprometeu o rendimento industrial (idem, 1976, p. 17). Em terceiro lugar, os erros cometidos pelos próprios cortadores de cana, muitos deles voluntários e inexperientes, diminuíram o rendimento da cana.

O fato é que a maioria dos problemas constatados na safra de 1970 já havia se manifestado ao longo de toda década de 1960 e os planejadores e dirigentes já estavam a par (idem, 1976, p. 30). Como analisou Fidel, em discurso publicado no *Granma* em 21 de maio de 1970:

> A batalha das 10 milhões de toneladas não foi perdida em um ou dois anos; nós a perdemos nos últimos 4 anos, e nós a perdemos onde menos esperávamos... Foi a ignorância sobre os problemas industriais... Foi tentando realizar em 18 meses, aquilo que não pudemos fazer em 5 ou 6 anos (apud Roca, 1976, p. 30).

Tão desastrosa quanto a derrota moral sofrida por Cuba em 1970, foram as consequências estruturais do esforço empreendido. O modelo de crescimento desequilibrado adotado pela estratégia *turnpike*, simultaneamente à perda dos controles contábeis devido à radicalização da economia moral, acarretou um quadro de distorções estruturais fabricadas pela própria revolução, em sua tentativa de superar o subdesenvolvimento.

As distorções estruturais

As distorções reproduziam desequilíbrios de produtividade da economia cubana e, desencadeada a crise de fevereiro, afetaram tanto as atividades agrícolas, quanto as industriais. No setor agrícola, foram poucos os cultivos que resistiram à avalanche canavieira. Segundo os dados compilados pela CEPAL e obtidos dos documentos oficiais da JUCEPLAN, entre 1966 e 1970, a produção de raízes e tubérculos caiu em 68,7%, sem incluir o autoconsumo estatal ou privado. No mesmo período, as hortaliças se reduziram em 42%; as frutas em 16%; a produção de café caiu em 3,9% e o tabaco em 38,5%. No setor pecuário, entre 1966 e 1970, a carne avícola se reduziu em 20% e a produção de leite fresco caiu em 35,2%. Por isso, a importação de leite em pó teve de aumentar em 12 milhões de dólares. A carne de porco encontrou seu pior índice em 1969, 69,2% menor que em 1966, mas se recuperou em 1970 (CEPAL, 1980, p. 68; Castro, 1980. p. 25). Os problemas da carne de boi não foram exatamente produtivos. Entre 1966 e 1970, a produção de carne bovina cresceu em 3%. Segundo relatou Fidel Castro, porém, o abastecimento das províncias de Oriente, Matanzas e Havana foram precários, devido à escassa disponibilidade de gado engordado para o abate, bem como aos atrasos de transporte (Castro, 1980, p. 24). Segundo a CEPAL, a queda material na produção de carne em conserva entre 1963 e 1970 foi de 21,7% (CEPAL, 1980, p. 70). O setor de gorduras vegetais e feijão apresentaram problemas com entregas e transporte (Castro, 1980, p. 32). Entre 1963 e 1970, a indústria de frutas e vegetais em conserva diminuiu sua produção em 20,5% (CEPAL, 1980, p. 70).

No setor alimentar, as únicas boas notícias, entre 1965 e 1970, foram o cultivo de arroz, que se expandiu em 4,8 vezes, e a produção de ovos, que cresceu 52,5% (CEPAL, 1980, p. 68). O setor da pesca não chegou a colapsar: a captura de peixes do ano de 1970 foi concluída com 105.996 toneladas, ou seja, 70% da meta (CEPAL, 1980, p. 74). Não obstante, o setor industrial que usava peixe como matéria-prima se reduziu em 94,6% entre 1964 e 1970 (CEPAL, 1980, p. 70). Com relação à coleta de alimentos pela empresa de Acopio, houve declínio de 16% da batata, 52% da batata doce, 41% da mandioca, 65% do taro (*malanga*), 56% da banana da terra e 14% do leite (Roca, 1970, p. 41). Um quadro completo da produção agropecuária cubana entre 1962 e 1978 pode ser visto na tabela 35.

TABELA 35 - PRODUÇÃO AGROPECUÁRIA (1962-1978) (MIL TONELADAS)

	1962	1963	1964	1965	1966	1967	1968	1969	1970	1971	1972	1973	1974	1975	1976	1977	1978[a]
Agrícolas																	
Raízes e Tubérculos	240	312	289	281	434	290	309	218	136	156	235	238	273	332	363	349	436
Grãos[b]	340	320	175	82	111	133	138	203	312	319	268	261	337	362	353	349	-.-
Arroz	207	204	123	50	68	94	95	77	291	285	239	236	309	338	335	-.-	458
Hortaliças[c]	-.-	-.-	267	274	271	328	244	141	157	210	181	288	393	449	423	3111	312
Frutas	-.-	437	371	393	393	377	460	391	330	342	490	545	563	577	645	585	592
Café	52	35	32	24	33	34	29	32	20	26	25	21	29	17	19	16	-.-
Tabaco	51	48	44	35	52	45	46	36	32	25	39	43	45	41	51	-.-	-.-
Pecuários																	
Ovos[d]	175	191	297	920	1020	1178	1205	1289	1403	1472	1509	1586	1684	1749	1698	1679	1735
Leite Fresca	219	217	226	231	330	324	302	251	214	228	344	379	421	454	528	562	596
Aves	25	35	40	34	25	24	26	20	20	24	30	36	45	56	62	63	-.-
Gado bovino	196	222	269	307	328	316	361	343	341	325	315	270	228	219	262	269	-.-
Gado porcino	-.-	12	16	18	13	11	10	4	12	16	17	21	30	38	46	52	42[e]

Fonte: CEPAL, 1980, p. 68. Exclui autoconsumo estatal e privado.
(a) Preliminar.
(b) Inclui arroz, milho e feijão.
(c) Inclui tomate, pepino, abóbora, cebola, alho, pimenta, melão, berinjela.
(d) Milhões de unidades.
(e) Até outubro.

Diversos ramos do setor industrial foram prejudicados, e os segmentos de bens de consumo não duráveis foi um dos mais afetados. A produção de tecidos de nylon caiu em 90,9% entre 1963 e 1970 (CEPAL, 1980, p. 71). Segundo Fidel, o setor de nylon foi afetado pela falta de mão de obra, mobilizada para o corte de cana (Castro, 1980, p. 27). Os tecidos de algodão se reduziram em 15,5% entre 1963 e 1970 (CEPAL, 1980, p. 71), com um déficit de 16,3 milhões de metros quadrados (Castro, 1980, p. 30). Isso significou uma queda de 13% na produção de vestuário entre 1969 e 1970 (Roca, 1976, p. 44).

O segmento de calçados de couro sofreu também com a falta de mão de obra, tanto pelo absenteísmo, quanto pela mobilização canavieira. Apenas 6% do plano de 1970 estava realizado em julho (Castro, 1980, p. 29). O principal problema da produção de calçados, segundo Fidel, foi a queda da qualidade: os sapatos usados pelos cortadores de cana começaram a perder a sola em uma semana ou menos de uso, e nada adiantava cumprir a meta em termos quantitativos, se os calçados se inutilizavam com tanta rapidez (Castro, 1980, p. 39). A produção de garrafas e frascos também ficou comprometida por problemas de mão de obra e transporte, desabastecendo o setor de refrigerantes e cervejas, e ampliando as importações de frascos de remédios em 2 milhões de dólares em 1970, com perspectivas piores para 1971 (Castro, 1980, p. 28, 32).

Entre 1963 e 1970, a produção de lâmpadas domésticas declinou 45,2% e de lâmpadas industriais 88,4% (CEPAL, 1980, p. 73). Em 1970, o setor de pastas de dentes apresentou um desempenho 11% menor do que o plano, e o segmento de sabonetes e detergentes obteve uma defasagem de 32%, por falta de matérias primas (Castro, 1980, p. 31). Outra indústria bastante comprometida foi a de papel, sobretudo por atrasos enormes na entrega de matéria-prima (bagaço da cana), em decorrência da desorganização geral dos transportes. Em julho de 1970, 30 mil toneladas de bagaço estavam estocadas, esperando transporte para a fábrica, gerando um déficit de 50% em relação ao plano (Castro, 1970, p. 28). Problema análogo sofreu a produção de pães, como relatou Fidel em julho de 1970: "A fábrica de farinha (...) tinha deixado de produzir 6.000 toneladas (...) porque a farinha produzida não era retirada e a fábrica tinha que parar, enquanto, por outro lado, podia acontecer que a população ficasse sem pão por falta de farinha" (Castro, 1980, p. 36). O segmento de charutos e cigarros encolheu em 15% entre 1969 e 1970 (Roca, 1976, p. 44).

Ademais, entre 1963 e 1970, o setor de móveis de madeira diminuiu em 20%, correspondente à queda na disponibilidade de matérias primas: a produção de carvão vegetal reduziu 75% e as plantações florestais 40%, entre 1960 e 1970 (CEPAL, 1980, p. 69). O setor de cimento também pagou pela meta dos 10 milhões. Entre 1967 e 1969, a produção caiu em 22,8% (CEPAL, 1980, p. 72). Em 1970 apresentou leve recuperação, mas ainda ficou a desejar. As fábricas sofreram com a crise dos transportes desencadeada pela safra e deixaram de produzir 50 mil toneladas de cimento porque os depósitos estavam lotados e não havia meios de deslocamento (Castro, 1980, p. 36). Essa queda impactou a indústria da construção civil, que entre 1964 e 1970 ergueu 43.935 casas, apenas metade das construções realizadas entre 1959 e 1963, e também metade do desempenho alcançado entre 1971 e 1975 (CEPAL, 1980, p. 157).

O mesmo atraso nos transportes de matérias primas impactou fortemente a produção de fertilizantes, que ficou 42,2% abaixo do plano, atingindo 578 mil toneladas (CEPAL, 1980, p. 72). Em julho de 1970, somente 8% do plano de montagem de maquinarias agrícolas estava completo. Na mesma ocasião, a produção de barras de aço revelava uma queda de 38% em relação a 1968, sobretudo devido aos problemas de transporte, considerando que 60% da produção se encontrava estocada, causando a paralisação das fábricas (Castro, 1980, p. 26). Neste quadro geral desastroso, segundo Fidel Castro, os planos do níquel e do petróleo até caminhavam bem. O níquel representava aproveitamento de 96% do plano. Já a produção de energia elétrica de 1970 foi 11% maior que em 1969, contudo o crescimento da demanda havia sido de 17%, gerando desabastecimento e interrupções.[56]

Muitas falhas de cumprimento dos planos industriais estavam relacionadas ao comércio externo, devido a demoras nas contratações, escassez de barcos de carga, a insuficiência de infraestrutura portuária, gerando atrasos nas importações de matérias primas, gêneros alimentícios e equipamentos vindos do mundo capitalista (Castro, 1980, p. 32). O crescimento das importações devido ao mau desempenho de vários segmentos industriais cubanos fez com que, entre janeiro e

---

56   Fidel Castro avaliou, em 26 de julho de 1970: "O déficit existente em relação à demanda máxima traduz-se em interrupções no fornecimento de energia que tenderão a agravar-se, devido às limitações da mão de obra necessária à sua manutenção, e aos seus atrasos na instalação de novas unidades geradoras" (1980, p. 27).

abril de 1970, as cargas de importação fossem 20% maiores que o mesmo período em 1969 (Castro, 1980, p. 39).

O grande vilão das distorções estruturais foram os transportes, que disseminaram a crise de fevereiro para toda economia. A partir da paralisação da indústria açucareira, com a necessidade de transportar a cana cortada para locais muito distantes, os setores ferroviário e rodoviário deram preferência absoluta ao transporte da cana e das peças de reposição do setor, criando uma cadeia de desequilíbrios dos outros setores. Durante a safra, 27% dos trens existentes no país (60 locomotivas) se dedicaram exclusivamente ao transporte da cana (Castro, 1980, p. 33). Fidel constatou que houve falhas nos transportes de matérias primas para as fábricas de sabão, cimento, garrafas, barras de aço, papel de bagaço, pregos, fertilizantes, entre outros, todos os quais também sofreram com a acumulação de produtos estocados em armazéns. O transporte de passageiros caiu 36%, tanto pela mobilização da cana, quanto pela falta de peças de reposição no sistema ferroviário (Castro, 1980, p. 34). No sistema rodoviário, houve problemas com a manutenção de ônibus, devido ao fraco desempenho da indústria de pneus (50% abaixo do plano) e de baterias (33% abaixo do plano), exigindo grandes importações (Roca, 1976, p. 37; Castro, 1980 p. 29). Em Santiago, por exemplo, dos 103 ônibus pertencentes ao município, apenas 35 estavam em circulação, numa cidade de 200 mil habitantes (Castro, 1980, p. 38). O investimento previsto em estradas e represas também foi prejudicado.

A educação pública foi um dos setores menos impactados pela safra de 1970, mas tampouco ficou isenta. Apesar dos extraordinários níveis de crescimento dos investimentos e das matrículas, a taxa de evasão de estudantes cresceu, entre 1960 e 1970, de 16,4% para 21,2%, provavelmente em decorrência das mobilizações de trabalho voluntário realizadas entre a juventude (CEPAL, 1980, p. 91).[57]

Para descrever esse período crítico, a CEPAL apresentou a seguinte síntese:

> Ao concluir o decênio anterior, a meta principal era, definitivamente, as 10 milhões de toneladas de açúcar, mas pela determinação de alcançá-

---

[57] A CEPAL elogiou a postura do governo cubano em relação à educação: "Deve sublinhar-se que durante os últimos anos do decênio passado, quando se observava uma deterioração nos setores produtivos e na economia em geral, ocorreram os maiores incrementos em matéria de bolsas de estudos, comprovando-se assim a alta prioridade que se concede em Cuba à educação e confirmando a hipótese de que não se sacrificava o orçamento deste setor frente às contingências na disponibilidade de recursos" (CEPAL, 1980, p. 90).

-la descuidou-se de outras atividades importantes, o que conduziu a uma desorganização generalizada que chegou a influir negativamente em alguns investimentos. Os recursos humanos, financeiros e de administração se tinham destinado essencialmente à meta "gigante" da safra. Não se chegou a alcançar a quantidade fixada, ainda que se tenha estabelecido uma marca de produção (8.500.000 toneladas) que nunca mais se voltou a alcançar (1980, p. 67).

Diante da larga dimensão das distorções geradas pela safra na economia cubana, lembramo-nos de Selma Díaz, a planificadora do Oriente, que afirmava desde 1964 saber que era impossível. Quando indagamos a Valdés Paz sobre a real consciência dos dirigentes revolucionários a respeito das limitações objetivas da meta, ele nos respondeu:

> Não sabíamos. Minto: um ou outro. Mas todos estávamos no compromisso, queríamos fazê-la. Havia um discurso oficial, uma mística, o compromisso, a honra da nação. Che morre em 1967. E tudo é possível de fazer, a vontade do homem... Esse era o problema: não ver as limitações objetivas e acreditar que a subjetividade pode tudo. Havia uma questão de concepção de fundo. Se o que pode definir uma guerra são os valores subjetivos, também pode definir a economia (2012).

Diante dos traumas gerados pela safra de 10 milhões, ao menos se descobriu que a economia cubana definitivamente não poderia operar em tal nível, e para os anos seguintes seria preciso equacionar as metas de acordo com uma estratégia açucareira menos ambiciosa (Barkin, 1976, p. 44). Um dos maiores efeitos colaterais da meta dos 10 milhões associada à estratégia *turnpike* se manifestou no agravamento da dependência cubana em relação ao açúcar.[58] Por conta da safra, ocorreu o aumento da participação do açúcar na geração de excedente, simultaneamente à manutenção da importação de alimentos a 20% do total das importações da ilha desde 1958 (Barkin, 1976, p. 136). O fato é que o paradoxo do açúcar foi posto à prova, e ao invés de levar à diversificação, gerou o aprofundamento da dependência açucareira, análise apresentada também pela CEPAL. Na primeira

---

58   Nas palavras de Barkin: "A pressão interna nos recursos e nas decisões de planificação limitou quaisquer outras produções disponíveis para exportação, enquanto aumenta a necessidade de importação de certos produtos (...). O exemplo cubano mostra bem como a dependência histórica devida às importações de produtos alimentares destinados ao consumo interno não é facilmente superada" (1976, p. 48-9).

metade da década de 1970, o aumento pronunciado da taxa de crescimento cubano ocorreu devido à alta nos preços do açúcar no mercado mundial, acompanhada pela União Soviética. Em 1974, a participação do açúcar na geração de excedente cubano havia crescido de 80% a 90%, enquanto o crescimento da produção total foi de 8% e da produtividade da mão de obra 6%. (CEPAL, 1980, p. 40). A estratégia cubana de superação do subdesenvolvimento aprofundou justamente uma das características que o estruturava.

Resta-nos analisar uma distorção estrutural especificamente importante da safra de 1970: a força de trabalho. Como afinal, a ilha poderia alcançar a meta de 10 milhões, em uma situação de escassez de força de trabalho profissional e com somente 1% de mecanização canavieira? (Edquist, 1985, p. 38). A resposta do governo cubano a este desafio foi a combinação entre trabalho voluntário e militarização da produção agrária.

TRABALHO VOLUNTÁRIO: ENTRE A CONSCIÊNCIA E A COERÇÃO

Não obstante o setor industrial ter sido considerado mais problemático que o setor agrícola no balanço da safra de 1970, os baixos rendimentos industriais certamente foram agravados pela falta de habilidade da maioria dos cortadores de cana. O reflexo da baixa produtividade do trabalho voluntário na produção não seria perceptível em termos de toneladas de cana por hectare, mas sim em termos de toneladas de açúcar por tonelada de cana. Julio Travieso,[59] professor da Universidade de Havana, nos contou sobre sua experiência no trabalho voluntário nos canaviais:

> Nós íamos cortar cana e, evidentemente, não tínhamos a destreza para isso, que é muito difícil. A cana deve ser cortada bem abaixo porque a sacarose está embaixo. Se você corta a planta pela metade, faz muito pouco açúcar. Primeiro, tem que cortar as folhas. (...) Parece fácil, mas fazer isso por oito horas ou dez horas ou mais - por imperativos morais - e sem destreza alguma... Éramos jovens, mas também iam os professores mais velhos (2012).

---

59 Julio Travieso estudou Direito na Universidade de Havana e fez doutorado em Economia em Moscou, tendo vivido uma década na União Soviética. É professor e escritor, com romances publicados em diversos países, entre eles *Llueve sobre La Habana* e *Cuando la noche muera*.

O trabalho voluntário foi uma estratégia de mobilização política desde o início da revolução, que se institucionalizou durante a ofensiva revolucionária devido ao fortalecimento do uso das alavancas morais da economia. Na safra de 1970, as frustrações da mecanização do corte da cana e a escassez de cortadores profissionais transformaram o trabalho voluntário em uma necessidade material, o que se somou à sua dimensão ideológica e moral. Segundo Sergio Roca, entre 60 e 65% da força de trabalho da safra de 1970 foi composta por trabalhadores voluntários (o que correspondia a cerca de 200.000 voluntários trabalhando simultaneamente). Apenas 20 a 25% dos cortadores eram profissionais (precisamente 79.752 pessoas) e outros 20% eram membros das Forças Armadas Revolucionárias. No ponto mais intenso da safra, 350.000 trabalhadores estiveram simultaneamente de facões em punho. Na média de todo o período, 250.000 trabalhadores/ano se lançaram ao esforço canavieiro. No total, 1,2 milhões de pessoas cortaram cana voluntariamente entre julho de 1969 e julho de 1970, provenientes das mais diversas províncias, profissões e setores econômicos. O perfil da força de trabalho que participou da safra de 1970 pode ser visto na tabela 36.

TABELA 36 - TRABALHADORES DA SAFRA DE 1970		
Tipo	Pessoas (ordem de grandeza)	%
Profissional	79.000	20-25
Voluntário	200.000	60-65
Militar	71.000	15-20
Total no pico da safra	350.000	100
Média trabalhador/ano	250.000	
Total de voluntários	1.200.000	
Total de profissionais do setor canavieiro	500.000	
Média trabalhador/ano suficiente para a meta se todos fossem profissionais	70.000	

Fonte: Roca, 1976, p. 18-19, 46.

Considerando que a força de trabalho cubana na década de 1960 era composta por aproximadamente 2,2 milhões de civis, o total de voluntários da safra de 1970 correspondia a 54,5% da força de trabalho total da ilha (Roca, 1976, p. 18). Ademais, calculou-se que se apenas cortadores profissionais trabalhassem na safra de 1970, seria preciso não mais que 70.000 trabalhadores/ano para atingir a meta de produção de 81,4 milhões de toneladas de cana, ou seja, apenas 28% da média de trabalhadores/ano que estiveram ativos na realidade. Não é possível quantificar a responsabilidade do trabalho voluntário sobre a queda dos rendimentos industriais. Contudo, considerando as dimensões do esforço nacional, a hipótese de que o trabalho voluntário, paradoxalmente viabilizou a meta de rendimentos agrícolas e inviabilizou a meta de rendimentos industriais parece bastante convincente.[60] Se a economia cubana já atravessava um processo de queda geral da produtividade, o uso do trabalho voluntário como força majoritária de mobilização para a tarefa primordial da estratégia *turnpike* aprofundou este problema.

A queda da produtividade e a eliminação do capataz

Não por acaso, 1971 foi chamado "ano da produtividade" em Cuba (Silverman, 1978, p. 143). Embora o aproveitamento das capacidades produtivas anteriormente subutilizadas na ilha tenha viabilizado um considerável impulso econômico inicial ao projeto revolucionário, ao menos sete mudanças estruturais da sociedade cubana desencadearam o processo de queda da produtividade do trabalho. Primeiramente, haveria um perfil específico de crescimento demográfico em Cuba que reduzia a proporção de pessoas economicamente ativas em relação à população total, relação que em 1970 chegou a apenas 32%, o que significava que dois terços da população (e o desenvolvimento econômico) dependiam do trabalho de apenas um terço (Castro, 1980, p. 10). Em segundo lugar, desde 1959 ocorreu o êxodo de trabalhadores qualificados que se identificavam culturalmente com as elites e repudiaram o processo revolucionário, representando um vazio de capacidade técnica que levou à paralisação algumas fábricas.[61] Apesar do enorme esforço do governo revolucionário na formação de novos profissionais, não havia como compensar a escassez de maneira instantânea, e mesmo que na safra de 1970 já houvesse três vezes mais graduados em nível superior que em 1959, ainda era insuficiente para o desafio das batalhas simultâneas (Fernandes, 2007, p. 235). Em terceiro lugar, o bloqueio estadunidense desencadeou a escassez de pe-

---

60 Segundo Roca: "Já que a maioria dos cortadores de cana era em grande parte formada por voluntários inexperientes (alguns possuíam experiência anterior, mas a maioria não), parte da colheita da cana (é impossível determinar quanto) pode ter sido cortada ou limpada de maneira imprópria, ou até ambos" (1976, p. 18).

61 Barkin definiu: "o grande êxodo de trabalhadores qualificados e de profissionais de todos os ramos que se efetuou, na medida em que avançava a revolução, contribuiu para a diminuição da produtividade e agudizou a necessidade de investir grandes proporções de todos os recursos em educar a população" (1978, p. 111).

ças de reposição e um progressivo sucateamento das forças produtivas. Em quarto lugar, o desequilíbrio estrutural entre salários e bens de consumo disponíveis e as reservas somadas de 3 bilhões de pesos entre fundos de poupança e moeda circulante, por si só, desestimulava o trabalhador a ganhar mais, posto que não havia mercado capaz de absorver o novo poder de compra (CEPAL, 1980, p. 175). Neste sentido, mesmo que houvesse um sistema de incentivos salariais diferenciados para alavancar a produtividade, tampouco este poderia obter grandes resultados em uma sociedade carente de bens de consumo. Em quinto lugar, da parte dos analistas defensores dos incentivos materiais, a economia moral seria uma das principais causas da queda da produtividade, pois a desvinculação do salário e do trabalho reduzia a disciplina laboral e gerava um comportamento absenteísta, o que foi constatado pelo próprio Fidel Castro *a posteriori* (Barkin, 1978, p. 117; Castro, 1980, p. 29). Castro discursou em 26 de julho de 1973:

> Será nosso dever nos próximos anos, elevar ao máximo a eficiência na utilização de nossos recursos econômicos e humanos. Contabilizar minuciosamente os gastos e os custos. E os erros de idealismo que tenhamos cometido no manejo da economia, saber retificá-los valentemente (Castro, 26 jul.1973).

Mesa-Lago mencionou uma pesquisa feita em 1963 nas granjas estatais, que revelara que os trabalhadores se dedicavam apenas 4 ou 5 horas por dia aos cultivos e ganhavam salários por uma jornada de 8 horas (Mesa-Lago, 1971, p. 96). Mas a indisciplina laboral não era apenas uma consequência da falta de estímulos materiais individuais ao trabalho. Era também resultado do sexto fator que engendrava a queda da produtividade em Cuba: a eliminação do capataz. Um dos maiores desafios da transição ao socialismo em um país subdesenvolvido, como demonstrou Cuba, era disciplinar o trabalho pesado. Os países subdesenvolvidos apresentam um predomínio de setores produtivos intensivos em trabalho. Isso significa, na maioria das vezes, trabalho em condições de extremo esforço físico e poucas recompensas, especialmente no setor agrícola. A contrapartida da transformação da estrutura agrária cubana e da garantia de bem estar social à população rural era a dificuldade de disciplinar o trabalhador, sem recorrer a métodos coercitivos (capitalistas ou pós-capitalistas). Fidel Castro reconheceu, em seu discurso de autocrítica de 26 de julho de 1970, que o heroísmo do povo cubano residia no fato de que as motivações do trabalho já não eram mais o desespero e a pobreza extrema, que antes amedrontavam a vida do assalariado rural, mas sim "a consciência e a honra".[62] A história tinha demonstrado que, apesar de heroicas, as novas motivações subjetivas do esforço desempenhado na safra de 1970 seriam ainda insuficientes para 10 milhões. Isso porque o capataz era um eficiente agente disciplinador do trabalho, cujas armas coercitivas eram diretamente proporcionais ao desemprego estrutural decorrente da *plantation* modernizada.[63] Eliminado o capataz e o desemprego nenhum outro organizador do trabalho poderia ser tão eficiente. Valdés Paz explicou:

> Esse elo passou de explorador a nada, quando tinha que haver passado de explorador a alguém que cobrisse de alguma maneira tal função. Por isso, todos os esquemas, na agricultura nunca funcionaram. Nem materiais, nem morais, nem nenhum dos esquemas de organização do trabalho. Também a indústria se viu muito afetada, mas na indústria a máquina impõe um ritmo de trabalho que pode ser facilmente medido. Já na agricultura, como na construção civil, fixar normas de trabalho é difícil porque as condições são muito variáveis (2012).

As novas relações de produção agrárias engendraram uma nova contradição entre a eficiência e o igualitarismo. O administrador da plantação canavieira deveria, através do convencimento, cumprir o papel de disciplinador do trabalho anteriormente cumprido pelo capataz através da violência. Mas este administrador agrícola cubano não se identificava com a figura do explorador, e não tinha nenhum interesse em entrar em conflito com os trabalhadores. Por isso, não se empenhava em controlar as normas técnicas de trabalho e evitava denunciar tarefas mal feitas. Ao invés de assumir uma postura de cobrança que pressionasse pelo aumento da produtividade, o administrador estabelecia normas médias de trabalho, que todos pudessem cumprir, e não verificava com rigor os resultados. Ademais, com os salários médios garantidos pelo Estado, o administrador tampouco detinha instrumentos efetivos de poder para pressionar os trabalhadores

---

62   Afirmou Fidel: "O povo foi herói não só na execução desse trabalho. Mais ainda quando se entregou até à última cana, apesar de saber que não se alcançariam as 10 milhões (...) As razões pelas quais os trabalhadores fazem esforços extraordinários não são as do passado, que eram a fome e a morte, mas a honra" (1980, p. 19-20).

63   Refletiu Fidel Castro, em 1º de maio de 1971: "Qual era a lei do capitalismo para obrigar a trabalhar? O desemprego, a reserva laboral, a fome; a pistola no peito de cada trabalhador, de cada camponês. O camponês não tinha médico, não tinha educação, não tinha remédios, não tinha renda, não podia pagar arrendamentos". (Castro, 1º mai.1971).

a executarem tarefas pesadas a céu aberto. Valdés Paz foi administrador agrícola durante 20 anos (de 1962 a 1982) e nos explicou como, na ausência de instrumentos adequados para disciplinar o trabalho, o novo agente organizador da produção acabava se tornando um cúmplice da queda da produtividade. Narrou uma situação muito comum nos canaviais:

> O campo de cana tem 3 normas: uma norma é para ervas daninhas escassas (poucas e pequenas ervas), outra é para ervas medianas e outra para pesadas (muita erva). O organizador do trabalho, que não está disposto a brigar com 20 trabalhadores e nem tem nenhum instrumento coercitivo em suas mãos para tal briga, tem dois problemas: antes e depois. O primeiro problema é: você é trabalhador e o campo tem ervas daninhas escassas. Eu te digo: "Olha, sua norma é para pouca erva". E você me diz: "Se é para pouca então vou embora. Porque vou ganhar mais no campo denso. Se a norma aqui é tão baixinha não a faço". Mas você tem falta de força de trabalho, precisa que o trabalhador fique. E diz: "Então vou te registrar mediano para que ganhe um pouco mais". É assim que o próprio organizador viola a norma e esse é o problema de antes. Agora vem o problema de depois: já terminou o campo, está limpo. Mas no capitalismo, não te pagam até que o maioral vá ver se está mesmo limpo. Entra com seu cavalo pelo meio do campo, passeia, olha... Porque se ele dá um peso a mais do patrão, o demitem a ele! Há um controle duro do resultado do trabalho. "Quanto limpou?". "Limpei meio hectare". Relata-se o trabalho falado. Não vai lá ver, porque se estiver mau feito teria que brigar com o trabalhador. E voltamos ao princípio: sua função não é brigar com todos os trabalhadores, nenhum dos quais quer trabalhar. Ou querem trabalhar menos e ganhar mais. Essa é a contradição (2012).

A eliminação do capataz, o igualitarismo e a economia moral, ao solucionar as principais injustiças sociais e coerções econômicas do capitalismo, acabaram por afrouxar os parafusos do sistema produtivo cubano.[64] Sendo assim, mesmo o corta-

---

64   Sintetizou Mesa-Lago: "A principal razão do absenteísmo reside em que a sociedade socialista não desenvolveu completamente seus próprios métodos para substituir os incentivos e freios do sistema de mercado, que anteriormente eram os que motivavam a produção: salário e medo do desemprego. Há mais dinheiro em circulação que artigos em que gastar. Cada trabalhador sabe que pode viver com o que lhe pagam para trabalhar 15 ou 20 dias ao mês" (1971, p. 104).

dor profissional de cana contribuía para a queda geral da produtividade, trabalhando bem abaixo de suas capacidades (Roca, 1976, p. 49).

As novas relações de produção não eram adequadas aos esforços exigidos pelo desenvolvimento dos meios técnicos e econômicos necessários à reprodução interna das novas finalidades do projeto nacional. Criar os meios técnicos e econômicos que permitissem que a geração de excedente em Cuba deixasse de depender predominantemente do contexto externo exigia, no mínimo, o trabalho disciplinado. Na tentativa de resolver este obstáculo, a revolução cubana abriu dois caminhos opostos: a consciência e a coerção. O trabalho voluntário e o trabalho compulsório eram as duas faces do mesmo processo. Porém, adotados na tentativa de amenizar a escassez de mão de obra canavieira na safra de 1970, seus efeitos sobre a produção foram contrários ao que se pretendia. O trabalho voluntário foi o sétimo fator da queda da produtividade.

As críticas ao trabalho voluntário

Desde 1965, em Camaguey a safra era executada com 63% de trabalho voluntário. Segundo Sergio Roca, a produtividade máxima de um trabalhador voluntário era de 200 arrobas ao dia, ou seja, metade da produtividade padrão de um profissional (400 arrobas/dia). A produtividade dos voluntários urbanos, como os estudantes e os operários da CTC, era baixíssima: 117 e 130 arrobas ao dia respectivamente (Roca, 1976, p. 46-47). A produtividade nacional da safra de 1970 foi comprometida por este fator. Como sustentou Roca: "É bem possível que o nível geral da produtividade de toda a safra não tenha excedido 200 arrobas por trabalhador/dia" (1976, p. 47).

Duas ordens de críticas foram elaboradas em relação ao trabalho voluntário em Cuba: a primeira, sobre sua irracionalidade econômica (devido às consequências prejudiciais da inexperiência sobre os rendimentos); e a segunda por sua face coercitiva. Valdés Paz enfocou sua crítica ao problema diretamente econômico. Sustentou:

> O trabalho voluntário tem duas maneiras de ser medido. Pelos trabalhadores que vão da cidade ao campo, é uma resposta política, uma mobilização ideológica, tem um caráter moral, revela um compromisso revolucionário. Tudo isso, do lado da política. Do lado da economia agrária é um desastre. O trabalho que produz não cobre os custos de transportá-los, abriga-los, dá-los de comer e dotá-los de recursos para

trabalhar. Sua produtividade é muito baixa. Não importa que haja um que come um leão cru. Ao lado dele há outro que não faz nada - estou falando em termos estatísticos. Segundo: por sua inexperiência, produzem um dano produtivo que não está quantificado, mas que deve ser ter em conta (2012).

No contexto de uma economia moral, fatores subjetivos também faziam com que o trabalho voluntário agravasse a queda de produtividade. O descontrole contábil da produção gerava a percepção equivocada de que o trabalho voluntário era isento de custos, como se este representasse nada mais que ganhos coletivos advindos da consciência revolucionária. Devido a esta percepção, o trabalho voluntário contribuía para o aumento do desperdício de recursos produtivos. Como sintetizou Silverman:

> Certamente, os incentivos morais fomentam amiúde os usos irracionais da mão de obra e do capital, pois os diretores ou gerentes não se sentem obrigados a completar tarefas que poderiam terminar durante a jornada normal de trabalho. Tampouco se sentem obrigados a averiguar as causas da falta de eficiência. Os administradores consideram frequentemente que as horas extras de trabalho ou o trabalho voluntário não representava custos e se sentiam frequentemente perplexos quando lhes perguntavam se não havia ocorrido desperdício de consciência para o cumprimento de suas metas (1978, p. 178).

Julio Travieso agregou outro enfoque à crítica: a perda de sua capacidade educativa ao longo do tempo e sua dimensão coercitiva. O trabalho voluntário foi uma prática que durou nada menos que 30 anos em Cuba, tendo sido fortemente diminuída em 1989. Portanto, deixou de ser uma mobilização patriótica diante de situações excepcionais, como foi em 1970, para se tornar uma instituição fixa obrigatória, que além de ser economicamente prejudicial, já não seria capaz de cumprir sua missão ideológica, tendo se convertido em uma rotina esvaziada de sentido. Ao se generalizar e se institucionalizar, teria deformado seu princípio original.[65] Quando perguntado sobre quais eram as consequências sofridas pelos cubanos que não compareciam ao trabalho voluntário, Travieso respondeu:

---

65   Na análise de Travieso: "Havia um antecedente: os sábados voluntários de Lênin, que eram meio sábado. Era uma vez ao ano, sei lá eu. Aqui em Cuba, uma vez ao mês, mais 45 dias ao ano. (...) E ao final a produtividade era baixíssima. Nem sem-

íamos voluntariamente, porque estávamos convencidos de que era necessário, tínhamos consciência de que aquilo era necessário. Eu ia porque queria. A revolução era a revolução e havia que ir. Mas que sucederia se não tivéssemos ido? Teríamos deixado de ser professores, deixado de ser alunos. Seríamos expulsos como professores ou como alunos, e nos chamariam de contrarrevolucionários. Óbvio que você podia uma vez dizer que estava doente. Mas negar-se a ir ao trabalho voluntário acarretava graves sanções morais e materiais (2012).

Isso porque o trabalho voluntário, na realidade, ao tornar-se um "dever social", também respondia pela lógica da coerção. Enquanto o trabalho profissional enfrentava obstáculos relacionados com a disciplina, o trabalho voluntário se tornou, simultaneamente, uma mobilização educativa e uma atividade compulsória. Na percepção do próprio Guevara, o trabalho voluntário era um meio de construção de homem novo, mas sendo um dever social, não estava isento da coerção. A dimensão coercitiva era inversamente proporcional ao desenvolvimento da consciência revolucionária. Em sua carta a Quijano, Guevara escreveu:

> Fazemos todo o possível para dar ao trabalho esta nova categoria de dever social e uni-lo ao desenvolvimento da técnica, por um lado, o que dará condições para uma maior liberdade, e ao trabalho voluntário por outro, baseado na apreciação marxista de que o homem realmente alcança sua plena condição humana quando produz sem a compulsão da necessidade física de vender-se como mercadoria. Claro que ainda há aspectos coativos no trabalho, ainda quando seja voluntário; o homem não transformou toda a coerção que o rodeia em reflexo condicionado de natureza social e ainda produz, em muitos casos, sob a pressão do meio (compulsão moral, o chama Fidel) (2011, p. 232).

A economia moral encontrou métodos não monetários de coerção para garantir a disciplina do trabalhador, nos casos em que a consciência não servia como motor da disciplina laboral.[66] Uma das formas rotineiras criadas para constranger

---

pre era cortar cana, eram atividades totalmente absurdas, que não tinham sentido, se foi deformando" (2012).

66 Nas palavras de Silverman: "Como se rechaçou as penas e recompensas econômicas, só subsistem pressões sociais e, em última instância, a coação como método para tratar esses problemas (...). Um sistema de incentivos que se vale de diretivas que emanam de cima se converte simplesmente em outra forma de pressão" (1978, p. 183-4).

moralmente o trabalhador pouco produtivo era escrever seu nome em um painel público na unidade de produção, de modo a responsabilizá-lo oficialmente pelo eventual não cumprimento das metas (Mesa-Lago, 1971, p. 82). As organizações de massas como a União de Jovens Comunistas (UJC), a CTC e a Federação de Mulheres de Cuba (FMC) realizavam uma forte pressão para recrutar trabalhadores voluntários e, como nos explicou Travieso, negar esse recrutamento poderia significar uma deterioração dos vínculos afetivos e profissionais dos indivíduos com a sociedade, num processo de desmoralização e isolamento. Diante desse tipo de ameaça, o trabalho voluntário passou a ser praticado como trabalho gratuito obrigatório. Como analisou Silverman:

> Se os incentivos morais falham, então haverá que fazer frente a execrável necessidade de coerção. Ainda que o compromisso da população cubana com a revolução tenha reduzido a necessidade de recorrer à força, a consciência é também recurso escasso e um dos problemas fundamentais de Cuba pode ser o de usá-la eficientemente (1978, p. 175).

Diante do excessivo otimismo do governo revolucionário com a safra, em um contexto em que a contabilidade social já estava descontrolada, teria havido também, em alguns casos, a quebra de confiança entre os trabalhadores e os organismos de trabalho no que diz respeito ao cumprimento das metas. Na economia moral, quando o trabalhador não acredita na viabilidade de execução das metas lançadas pelas autoridades, o impacto negativo sobre a produção é mais intenso, já que é sobre esta relação de confiança entre trabalhador e direção revolucionária que se assenta a consciência. Afinal, se é o cumprimento das metas que regulava o incentivo ou castigo moral de cada trabalhador, saber de antemão que os planos eram irrealizáveis criava um compreensível desconforto entre os trabalhadores, que seriam punidos por erros que não cometeram. Uma mínima quebra de honestidade nas relações de produção, os pequenos gestos de burla do sistema facilitados pelo descontrole contábil, e a pressão moral sem recompensas materiais, na avaliação de Silverman, teriam gerado uma "cínica desconfiança que debilita a identificação do trabalhador com o sistema, ingrediente essencial do modelo" (1978, p. 176).

A necessidade de criar instrumentos de disciplina no trabalho gerou, posteriormente à safra, em 1971, a lei contra a vadiagem, através da qual todos os homens aptos ao trabalho, entre 17 e 60 anos, que se ausentassem de seus postos, teriam que trabalhar sob a vigilância de outro trabalhador ou das organizações de massas, e em casos extremos, teria que trabalhar em "centros de reabilitação" durante no máximo um ano (Silverman, 1978, p. 180). Eram centros de trabalho forçado. Como definiu Alberto Mora, defensor dos incentivos materiais, a economia moral significou: "substituição da motivação do lucro pela do poder" (apud Silverman, 1978, p. 184). Por isso, a face gêmea do trabalho voluntário foi a militarização da safra e o trabalho compulsório das "reabilitações".

A militarização do trabalho

As Forças Armadas participaram intensamente da safra de 1970, tanto executando o corte de cana, quanto controlando o trabalho dos centros de reabilitação, para onde iam os "indisciplinados" e os "contrarrevolucionários" durante a ofensiva. Uma das principais consequências da safra de 1970 na estrutura agrária foi o fim da relativa descentralização administrativa adotada em 1963 por meio do empoderamento das agrupações, departamentos e lotes. A tentativa de encontrar uma justa medida entre planejamento centralizado e democracia na unidade de produção agrária fora suplantada pelas exigências objetivas da safra e pela-centralização ideológica que caracterizou a experiência da economia moral. Não poderia haver espaço para iniciativas locais autônomas, pois todos os recursos produtivos da ilha precisavam se concentrar nos 10 milhões, como garantia de que o "grande salto" da estratégia *turnpike* fosse cumprido.

A militarização do trabalho centralizou a agropecuária como em uma operação de guerra. Na ausência de ferramentas monetárias, a consciência revolucionária tinha se revelado insuficiente para disciplinar o trabalho, aumentar a produtividade e alavancar o desenvolvimento econômico. Por isso, o processo de descentralização foi interrompido. Desde 1965 foi criado um destacamento especial de dirigentes do Partido para supervisionar a safra de 1970 – o *Setor Safra*. Conforme avançava a ofensiva revolucionária, as decisões agrícolas passaram a ser cada vez mais centralizadas nesta equipe, até que, em 1968, o *Setor Safra* foi substituído pelos *postos de mando*, quartéis generais do exército que fiscalizavam o trabalho agrícola (Silverman, 1978, p. 178-9; Valdés Paz, 2009, p. 41).

Em alguns locais, então, o exército passou a ocupar a função de agente disciplinador do trabalho, elo que se encontrava debilitado após a eliminação do capataz capitalista. Fiscalizava-se não apenas o trabalho manual, mas também o administrativo, considerando a inevitável cumplicidade do administrador com a queda da produtividade. "A consequência desse modelo", definiu Valdés Paz em

2010, "seria uma restrição à democracia, pois as decisões são tomadas e não há discussão" (Valdés Paz *et alli*, 2012, p. 76). A duração dos *postos de mando* foi curta, mas expressiva desta nova contradição das relações sociais de produção com o desenvolvimento, posta à prova de uma estratégia sacrificante. Ao final deste enervante processo de perseguição do impossível, os dirigentes cubanos produziram sua autocrítica.

Autocrítica

Se Fidel Castro foi o grande responsável pelo esforço dos 10 milhões, ao ter traçado uma meta economicamente inviável mesmo depois de ter sido alertado por dirigentes cubanos e especialistas estrangeiros, "céticos" ou "pessimistas", de que a safra não alcançaria, também foi ele quem assumiu publicamente a responsabilidade pelos prejuízos desse esforço. Em 19 de maio de 1970, dois meses antes do fim da safra, Fidel declarou oficialmente que não seria possível atingir a meta. Ao mesmo tempo, acertou suas contas com o povo cubano e destacou a transparência da direção sobre o tema:

> Se vocês querem que eu lhes diga com toda a clareza a situação, é que simplesmente não faremos 10 milhões. Simplesmente. Não vou andar com rodeios para dizê-lo. Creio que para mim, igual para qualquer outro cubano em um grau elevado, significa realmente algo muito duro. Significa algo muito duro, talvez mais duro do que nenhuma outra experiência na luta revolucionária (...). Agora, nunca se enganou ao povo, nem se enganará nesse momento, em que ainda resta muita cana por cortar e muito açúcar por produzir; eu sempre disse: 'o dia e a hora em que, de acordo com a situação, tenhamos todos os cálculos, saibamos que não alcançaremos – pelas razões que sejam – os 10 milhões, o diremos ao povo'. Não manteremos uma ilusão até a última hora. Não a manteremos porque não seria honesto. Não é por esses meios que temos que mobilizar o povo para realizar o esforço e não o faremos jamais! (Castro, 19 mai.1970).

Na sua autocrítica Fidel analisou que apesar das distorções estruturais e dos prejuízos, a safra de 1970 produziu um recorde: a maior produção da história da ilha e um crescimento de 90% em relação a 1969, ou seja, 4 milhões de toneladas a mais. Com isso, atingiu-se a maior média da produção de seis em seis anos da história (1964-1970) (Roca, 1976, p. 13). Por isso, os 8,5 milhões representaram, nas palavras de Fidel, simultaneamente uma derrota subjetiva/moral e uma vitória objetiva/econômica.[67] Alguns erros foram explicitamente abordados no processo de autocrítica.

Diante de uma "derrota subjetiva", o primeiro erro apontado foi o subjetivismo dos prognósticos da direção revolucionária. Fidel Castro o reconheceu, diante do povo, em 26 de julho de 1970:

> O homem joga aqui um papel primordial. Fundamentalmente, os homens que tem posição de chefia. Em primeiro lugar, vamos apontar em todos estes problemas a responsabilidade de todos nós e a minha em particular. De modo algum pretendo distribuir responsabilidades que pense não me pertencerem também a mim e a toda a direção da Revolução. (...) Creio que nós, os dirigentes desta Revolução saímos demasiadamente caros com o nosso processo de aprendizagem. E desgraçadamente, o nosso problema (...) é, antes de tudo, a herança da nossa própria ignorância (1980, p. 35).

A direção reconheceu o erro de subestimar as dificuldades, minimizar os desafios e propagar um otimismo sem base material (Castro, 1980, p. 41). A origem subjetiva da meta de 10 milhões havia sido um dos equívocos mais criticados pelos especialistas internacionais. Por um lado, haveria um excessivo otimismo dos dirigentes com as capacidades produtivas da ilha (Barkin, 1978, p. 133). Por outro, haveria também uma excessiva confiança na infalibilidade humana, como se o "homem novo" já pudesse ser construído a partir da vontade política, desconsiderando a necessidade histórica de uma profunda transformação da cultura (Barkin, 1978, p. 137). Sobre isso, Fidel admitiu, em setembro de 1970, que foi um idealismo nocivo acreditar que a consciência social pudesse ser uma alavanca prioritária para o "grande salto". Em 20 de setembro de 1970, escreveu no *Granma*:

---

67   Discursou Fidel em 19 de maio de 1970: "Moralmente, não alcançar os 10 milhões seria uma derrota. Não há a menor dúvida. Subjetivamente, para nós, significaria que estivemos abaixo das possibilidades, significaria que não fomos capazes de alcançar esta meta. Objetivamente não. Nós não temos a menor dúvida de que o que o país está conseguindo hoje significa um recorde no incremento da produção que não se logrou jamais na história econômica de nenhum país, inclusive um recorde que nem nós mesmos voltaremos a alcançar jamais. E uma boa prova disso é que dois meses antes [do fim da colheita] já deixamos para trás o máximo da produção dos capitalistas, de quando neste país havia meio milhão de desempregados, meio milhão de homens esperando angustiosamente que começasse a safra".

Algumas pessoas sem moral e sem consciência de seu dever social to-
mam a liberdade de desdenhar o trabalho, permanecer ociosas, deixar
o peso do esforço produtivo nos ombros dos outros, trapacear, entre
um milhão de outras coisas... Talvez nosso maior idealismo tenha sido
acreditar que uma sociedade que mal começou a viver, um mundo que
por milhares de anos esteve sob a lei da retaliação, a lei da sobrevivência
do mais forte, do egoísmo e da fraude, a lei da exploração, poderia, de
um dia para o outro, se tornar uma sociedade na qual todos se compor-
tam eticamente e com moral (Fidel Castro apud Roca, 1976, p. 62-3).

Um segundo erro assumido por Fidel foi o uso excessivo do trabalho voluntário, que deslocou dezenas de milhares de estudantes atrasando a formação
de técnicos superiores. Conforme os estudantes de ensino técnico (superior ou
médio) dedicassem três a quatro meses por ano ao corte da cana nos mutirões
voluntários, sua formação se atrasava, perpetuando-se a escassez de mão de obra
qualificada, que afinal constituía uma das dificuldades mais prementes do país
(Castro, 1980, p. 18). "Quando falávamos dos dez milhões, o problema era de
braços. Diria que neste momento temos a frente um problema de cérebros, um
problema de inteligência", declarou Fidel em 26 de julho de 1970 (1980, p. 56).

Um terceiro erro foi admitido por Fidel no relatório da direção ao Primeiro
Congresso do Partido Comunista de Cuba, em 1976. Tratava-se de uma autocrítica sobre a economia moral. A desvinculação do salário e da produtividade
foi apontada como uma das principais causas do absenteísmo e da indisciplina
laboral. Reconheceu-se assim, que apesar dos incentivos morais serem a oxigê-
nio ideológico necessário ao processo revolucionário, abandonar completamente
os incentivos materiais teria sido uma opção equivocada. No relatório de 1976,
Fidel analisou:

A política de gratuidade, indevida em algumas questões, foi crescente a
partir de 1967 e chegou ao seu ponto máximo nos anos 1968-1969. O
salário de 1967 se desvincula da norma em 1968. Estimulam-se horários
de consciência e a renúncia ao pagamento de horas extras... Ao não levar-
-se em conta a redistribuição de acordo com o trabalho, o excesso de
dinheiro circulante se incrementou notavelmente ante a uma escassez de
oferta de bens e serviços, o que criou condições favoráveis e o caldo para
o absenteísmo e a indisciplina laboral (apud CEPAL, 1980, p. 22).

O presidente da República, Osvaldo Dorticós, em 1972, elaborou uma autocrítica a respeito de um quarto problema, também relacionado à radicalização da economia moral: a deterioração dos registros econômicos e os efeitos nocivos do descontrole contábil. Para ele, o quase colapso econômico de 1970 encontrava no descontrole contábil uma de suas principais adversidades. Dorticós elaborou:

> Em 1968, ano em que amadurece um lamentável processo de deterioração dos controles econômicos, da fluidez e da disciplina estatística, desaparece a possibilidade de construir os macroindicadores. Eram as vésperas de 1970, o grande esforço da sagra gigante, que gerou como repercussão negativa algumas deteriorações fundamentais na nossa disciplina econômica, em nossa disciplina financeira, em nossos controles econômicos e estatísticos... A partir de 1968, e em 1970 principalmente, à exceção, repito, do setor industrial açucareiro, constatamos que o resto das atividades econômicas fundamentais da nação sofreu uma lamentável depressão (apud CEPAL, 1980, p. 67).[68]

Como vimos, o descontrole contábil possuía várias dimensões, destacadamente duas: a desvinculação dos custos de produção com os recursos econômicos obtidos por uma unidade produtiva servia como desestímulo à contabilização exata de tais custos; e desmoralização decorrente do não cumprimento de metas centralmente planificadas, estimulava a criação de estatísticas forjadas por administradores, para assim evitar constrangimentos coletivos ou individuais.

Um quinto elemento de autocrítica foi apresentado por Rodríguez, em entrevista à Marta Harnecker em 1972, publicada no jornal *Chile Hoy*. Relacionava-se com a frustrada tentativa de mecanização do corte da cana. As enormes dificuldades do processo de mecanização (ver capítulo 3) exigiam um processo de tentativa e erro de médio prazo, até que a escolha tecnológica se mostrasse adequada. Estas dificuldades, ao serem subestimadas pela direção revolucionária, fizeram com que a safra fosse cortada por 1,2 milhões de trabalhadores voluntários inexperientes e de baixíssima produtividade, estreitando as margens da geração de excedentes e inviabilizando os 10 milhões. Ao discutir este tema, Rodríguez aproveitou para expor seu incômodo com alguns especialistas internacionais que criticaram a safra, e comentou:

---

68   Extraído de Dorticós, O. "Control Económico y Normalización: tareas de primer orden" In: *Economia y desarrollo* n.11, marzo-julio de 1972.

A maior parte das críticas feitas à meta dos 10.000.000 de toneladas não partia de um critério correto. (...) Um dos paradoxos em relação ao enfoque da agricultura cubana é que alguns críticos como Dumont ou Gutelman, que se referiram com hostilidade ao processo da agricultura cubana, acertam somente naquilo que copiam de nossas próprias críticas. De modo que não estávamos alheios às dificuldades que apresentava a safra de 10.000.000, do ponto de vista da agricultura. Porém, evidentemente não foi por aí que o plano fracassou. Uma falha capital consistiu na nossa confiança na possível mecanização da colheita entre 1963 e 1970. Mas a mecanização teve dificuldades, algumas delas ocasionadas por nossas próprias deficiências (1983, p. 470-1).

Como componente da autocrítica, então, constatava-se o atraso da mecanização da colheita canavieira. Rodríguez negou, na mesma entrevista de 1972, que a estratégia de desenvolvimento cubana significasse uma volta à monocultura. Reafirmou que a diversificação agrícola estava plenamente conciliada com a prioridade açucareira e com os esforços de 1970, guiada, contudo, pelo princípio da especialização local.[69] De tais afirmações de Rodríguez infere-se que, apesar das distorções geradas pela safra de 1970 e do paradoxal aumento da dependência do açúcar desencadeado pelo caminho *turnpike*, a intenção inicial da estratégia combinada (ver capítulo 3) ainda estaria em vigor.

Um sexto tema de autocrítica se relacionou com a ANAP. Barrios analisou que tanto os líderes do Setor Safra quanto os administradores locais subestimaram a ANAP como organismo dirigente e desprezaram a produção camponesa. A safra teria não apenas gerado situações de violência contra o campesinato ao

---

69   Rodríguez defendeu que a diversificação não foi abandonada, a despeito das distorções da safra de 1970: "Há certa confusão entre alguns estudiosos da economia cubana, ao considerarem que nós abandonamos o processo de diversificação da agricultura. Se examinamos a economia cubana hoje, diretamente ou através dos planos, se verá que nós continuamos o processo de diversificação, porém mais cientificamente. Em 1960, ao sairmos de longos anos de neocolonialismo e sendo a cana de açúcar o elemento econômico que gerava nossa dependência econômica do imperialismo norte-americano, havia uma atitude emocional e às vezes teórica que nos encaminhava à diversificação. Em outras oportunidades, caracterizei essa tentativa como diversificação de caráter local (...). Em 1963, com um conhecimento mais exato da economia e em especial da agricultura, foram iniciados os planos para obter a especialização em nível local e a diversificação em nível nacional. Isso é o que temos hoje" (1983, p. 468-9).

longo da ofensiva revolucionária, mas também prejudicado a produção deste segmento da estrutura agrária:

> A incidência negativa que sobre outros importantes ramos da economia nacional ocasionou a concentração de recursos materiais e humanos em função da safra, também se refletiu no setor camponês, praticamente em todas as linhas da agricultura não canavieira: *viandas*, hortaliças, grãos e na produção de tabaco (...). Todas estas causas apontadas, unidas à subestimação do papel da ANAP que se havia impregnado em muitos dirigentes e funcionários administrativos, trouxeram como consequência a já mencionada baixa na produção não canavieira do setor camponês (1987, p. 85).

Um sétimo componente da autocrítica, correlato a este, foi também elencado por Rodríguez: o excessivo administrativismo do Partido no período da safra de 1970. Ao empenhar-se para alcançar os 10 milhões, o Partido Comunista de Cuba teria, em sua opinião, abandonado temporariamente suas tarefas políticas de convencimento, esclarecimento e representação da população, para assumir funções burocráticas e técnicas que não lhes correspondiam (Rodríguez, 1983, p. 478). Enfim, um oitavo componente da autocrítica seria o já mencionado reconhecimento de que a safra gerara distorções estruturais desastrosos para o conjunto da economia cubana.[70]

A safra de 1970 ensinou à direção revolucionária cubana que o entusiasmo, a vontade política, o esforço individual e a consciência não poderiam substituir o desenvolvimento das forças produtivas (Silverman, 1978, p. 183). O "grande salto" do desenvolvimento se frustrou, impondo a necessidade de correções. Fragilizou-se o modelo cubano de "socialismo com traços nacionais" (Valdés Paz, 2012), o que deu origem a um processo de incorporação das experiências soviéticas e constituição de referências externas cada vez mais marcantes. Nesse sentido, 1970 representa uma inflexão importantíssima da história econômica cubana.[71]

---

70   Admitiu Fidel: "o esforço heroico para aumentar a produção, para elevar nosso poder de compra, traduziu-se em desequilíbrios na economia, em reduções da produção em outros setores, em suma, num aumento das nossas dificuldades" (1980, p. 23).

71   Sobre isso, refletiu Valdés Paz: " Na perspectiva histórica, o socialismo cubano repete uma vez mais o que fizeram todas as experiências socialistas: a intenção de dar um grande salto. O salto fracassou, com ele se aprendeu e se iniciou um novo curso de desenvolvimento, com novas estratégias. Podemos tomar a experiência

Em suma, a ruptura revolucionária que desatou a dupla articulação característica do subdesenvolvimento incidiu de modo desigual sobre a trajetória do excedente da economia cubana. Há uma reorientação radical das finalidades do desenvolvimento, marcada por novas prioridades na utilização do excedente (a igualdade e o bem estar social, a soberania nacional e a construção dos novos meios técnico-econômicos que sustentassem o projeto histórico da revolução). Há uma radical alteração do regime de propriedades que engendrou novas estruturas de apropriação do excedente. Mas apesar disso, a geração do excedente da ilha permaneceu predominantemente alicerçada no açúcar e dependente de um circuito de trocas externas. A possibilidade de ruptura com esse padrão de geração de excedentes estava posta no "grande salto", o que definitivamente não ocorreu em 1970.

A natureza deste circuito de trocas externas já não correspondia a nenhuma das teorias sobre desequilíbrio ou equilíbrio das relações econômicas. A relação econômica entre Cuba e União Soviética, no contexto da Guerra Fria, possuía dois pilares de sustentação fundamentais: a ideologia e a geopolítica. Estes dois pilares permitiram que as tentativas cubanas de desenvolvimento econômico continuassem financiadas pelos soviéticos e que o gigantesco sistema de proteção social da ilha (fins) permanecesse desproporcional em relação à sua base econômica (meios). As novas inadequações entre meios e fins foram continuamente reproduzidas, o que deu origem a uma formação social periférica *sui generis* na América Latina: com forte orientação socialista, visível na estatização quase completa dos meios de produção e na adoção do igualitarismo radical como pedra angular do sistema; contudo ainda profundamente limitada pelas heranças históricas do subdesenvolvimento, como a baixa produtividade, a dependência tecnológica, a escassez de divisas, a monocultura de exportação e a permanência de um componente coercitivo nas relações de produção.

---

histórica dos 10 milhões como tentativa falida de um grande salto que nos permitiu retificar nossas estratégias de transição" (Valdés Paz *et alli*, 2010, p. 75).

CAPÍTULO 5
(CONCLUSÃO) - ENTRE O
SUBDESENVOLVIMENTO E O
SOCIALISMO

"É mais fácil ganhar vinte guerras que ganhar
a batalha do desenvolvimento"
Fidel Castro, 26 de julho de 1970 (1980, p. 59)

"A safra de 1970 funcionou como um *experimentum crucis* político, demonstrando o quanto uma base econômica estreita – mesmo sob uma
política econômica corajosa e o apoio decidido da maioria da população
– constitui um fator de vulnerabilidade na edificação da passagem ao
socialismo (...). O futuro não está ao alcance das mãos! Um povo não
pode livrar-se, em pouco mais de um decênio, do fardo de uma herança
pesada, deixada por 5 séculos de colonialismo e neocolonialismo!"
Florestan Fernandes (2007, p. 197)

VANTAGEM GEOPOLÍTICA: ORIGEM DO EXCEDENTE

Em Cuba, nem a convencional substituição de importações, nem a estratégia
de expansão do setor externo levada ao limite em 1970, nem qualquer outro caminho para o desenvolvimento das forças produtivas, poderia ser bem sucedido
sem que houvesse financiamento externo. Conforme a revolução edificava suas finalidades, os desequilíbrios internos e externos se agravavam, ainda que relativamente atenuados pela crescente exportação de açúcar, histórico motor da geração
de excedente. As forças produtivas da ilha, como constatou Florestan Fernandes,
não eram suficientemente autônomas e potentes para financiar o ambicioso projeto revolucionário de desenvolvimento. Como explicou Roberto Regalado em
entrevista, os desequilíbrios cubanos foram sendo recorrentemente acobertados
pela União Soviética, os créditos renegociados e, ao final de cada prazo, prorrogados novamente. "Por razões políticas houve uma renegociação constante", afirmou

Regalado. Em 1972, ao vencer o primeiro prazo dos créditos concedidos em 1960, o governo soviético prorrogou o pagamento das dívidas cubanas em 25 anos e eliminou a cobrança de juros (Rodríguez, 1983, p. 499). Mas esta não era a única via de transferência de recursos soviéticos à ilha. Além disso, foram assinados convênios que tratavam do financiamento total do déficit cubano até 1975, da colaboração técnica soviética, da troca direta de mercadorias e da regulamentação dos preços de importação e exportação (CEPAL, 1980, p. 183). Apesar da dificuldade ou impossibilidade de quantificar as relações econômicas entre Cuba e União Soviética, tudo indica que havia um volumoso fluxo de recursos em favor da ilha, no sentido contrário da deterioração dos termos de troca diagnosticada entre países do centro e das periferias do capitalismo. Trataremos de apresentar uma breve interpretação sobre as determinações deste fluxo, definindo-o como uma contrapartida geopolítica que alavancava, de fora para dentro, a geração do excedente cubano.

A transferência de recursos soviéticos

A União Soviética criou no mínimo três formas econômicas de auxílio a Cuba: primeiro, através dos preços do açúcar, estáveis e superiores ao mercado mundial; segundo, com investimentos produtivos; e terceiro, através do crédito barato e permanentemente renegociável. Através destes três mecanismos, a estratégia de desenvolvimento pela expansão do setor externo não apenas ampliava a dependência de Cuba em relação ao açúcar (o que se pretendia, paradoxalmente, superar), mas também em relação à União Soviética. Analisaremos brevemente cada um deles.

A transferência de recursos soviéticos a Cuba através dos preços do açúcar está representada no gráfico 6.[1]

---

1   Observação: os preços do *International Sugar Agreement* orientavam, na década de 1960, tanto o *London Daily Price* (mercado livre), quanto a cotação do mercado livre de Nova York. Fontes: CEPAL, 1980, p. 75; Ramos, 2007, p. 577.

GRÁFICO 6 – PREÇOS DO AÇÚCAR
(1961-1978) (CENTAVOS DE DÓLAR)

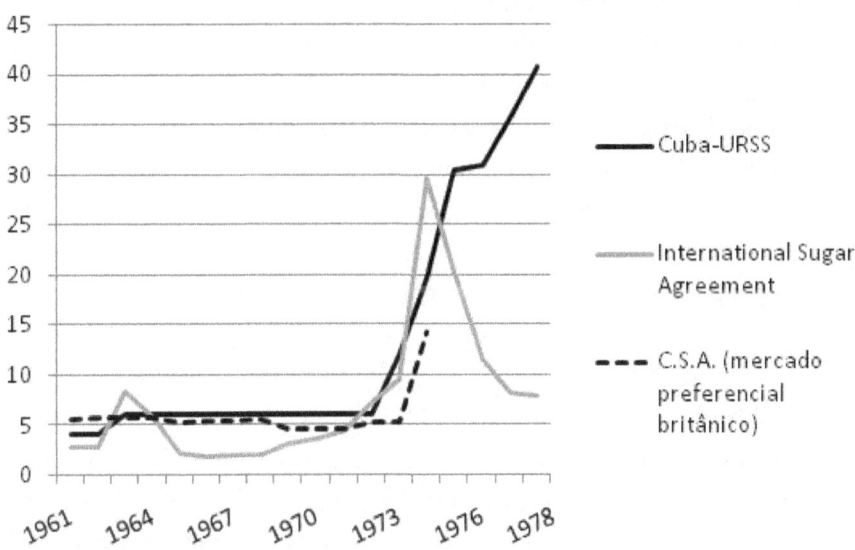

O gráfico 6 abarca o período de 1961 até 1978 e permite uma visualização panorâmica de três momentos distintos do "mercado preferencial cubano-soviético". No primeiro, entre 1961 e 1971, destaca-se a *estabilidade* dos preços soviéticos (fixados a 6,11 centavos de dólar por libra de açúcar desde 1963) em relação aos preços do mercado capitalista. Estes apresentaram sensível queda no mercado livre (*International Sugar Agreement*), com mínima de 1,81 centavos em 1966 e permaneceram abaixo do padrão soviético no mercado preferencial britânico (CSA) desde 1963, com máximo de 5,76 centavos em 1963-64 e mínimo de 4,66 centavos em 1969 (Ramos, 2007, p. 577). No segundo momento, entre 1972 e 1974, destaca-se o acompanhamento dos preços soviéticos em relação à alta especulativa dos preços capitalistas, em uma nítida busca por garantir a *superioridade relativa favorável a Cuba*. Por fim, no terceiro momento, de 1975 a 1978, nota-se a opção soviética por não retornar aos padrões anteriores, aprofundando a tendência de alta enquanto os preços capitalistas estão em franca queda.

Renovado o convênio cubano-soviético em 1972, fixou-se o preço do açúcar a 11 centavos de dólar a libra, quase o dobro do convênio de 1964. Já em 1973 este preço subiu a 12 centavos. No ano de 1974, o mercado capitalista apresentou preços maiores que os soviéticos, iniciando um processo especulativo no contrapé das economias planificadas, pouco aptas a mudanças súbitas. Neste efêmero pico especulativo, os capitalistas alcançaram 29,66 centavos (um crescimento de 200% em relação ao ano anterior), enquanto os preços soviéticos ascenderam a 19,64 centavos. Já em 1975, porém, a tendência especulativa do mercado capitalista foi bruscamente revertida, como de praxe, e os preços caíram a 20,37 centavos, enquanto os preços soviéticos subiram a 30,4. Os soviéticos mantiveram o caminho de aumento dos preços ao açúcar cubano, alcançando mais de 40 centavos de dólar a libra em 1978, enquanto o processo especulativo capitalista despencava em queda livre para atingir, no mesmo ano, 7,8 centavos, representando somente 19,5% dos preços soviéticos (Rodríguez García, 1987, p. 246; CEPAL, 1980, p. 75). Estes dados permitem uma nítida visualização do auxílio econômico soviético através dos preços, que proporcionavam uma dupla vantagem à ilha: a estabilidade e a superioridade dos preços em relação aos mercados capitalistas.

O fracasso do "grande salto" de 1970 fez com que o açúcar se perpetuasse como motor da geração de excedente em Cuba. Logo, o preço do açúcar permanecia sendo o fator chave da geração de excedente.[2] Os preços soviéticos constituíram, portanto, uma garantia indispensável para o financiamento de todos os outros ramos da economia da ilha. É o que explicou Lecuona: "As relações comerciais especiais com a União Soviética, que comportavam preços quatro ou cinco vezes superiores a esse nível de custo - assim como disponibilizavam insumos mais baratos – permitiam contornar as ameaças da falta de rentabilidade" (2009, p. 237).

A segunda forma de auxílio econômico soviético, o investimento produtivo, era uma combinação de concessão de créditos, qualificação de técnicos cubanos e financiamento da inovação tecnológica. Paradoxalmente, no caso da meta de 10 milhões de toneladas, a incomparável facilidade do auxílio soviético em relação a outras opções tecnológicas provocou o atraso de mais de uma década na mecanização da colheita canavieira, prevista para alcançar no mínimo 30% da safra em 1970, ano em que atingiu somente 1%. A alternativa de auxílio técnico soviético para a mecanização da colheita teria sido um equívoco desde o ponto de partida, pois a exigência do design personalizado da tecnologia canavieira (*custom design*) impossibilitava que a União Soviética soubesse produzir a máquina apropriada para Cuba, considerando a necessidade de adequação, por tentativa e erro, às condições climáticas e topográficas da ilha, bem como a inexistência de canaviais em

---

2   Como lembrou Valdés Paz: "A produção açucareira pode financiar as ineficiências do setor agrário que é o que vai suceder ao longo do tempo" (2012).

território soviético. Como visto no capítulo 4, a não mecanização canavieira constituiu um fator crucial do fracasso da safra, ao exigir que 1,2 milhões de trabalhadores voluntários majoritariamente sem experiência se lançassem à colheita, agravando a queda da produtividade e prejudicando os rendimentos industriais daquele ano. Dez anos depois, em 1980, somente metade da colheita estava mecanizada (Edquist, 1985, p. 86, 127; Roca, 1976, p. 18; Rodríguez, 1983, p. 471). O fácil acesso aos investimentos produtivos e à assistência técnica soviética, portanto, apesar de irrecusável, não foi capaz de atenuar a heterogeneidade estrutural herdada da modernização subdesenvolvida.

A terceira forma de auxílio econômico era a injeção direta de crédito na economia cubana com vistas à cobertura de seus desequilíbrios. Ao longo da década de 1960, o déficit comercial da ilha se multiplicou, apesar da estabilidade e superioridade relativa dos preços do açúcar pagos pelos soviéticos. Apenas entre 1958 e 1962, o déficit se elevou em 4,5 vezes (de 43,5 para 237 milhões de pesos). Já entre 1962 e 1966, o déficit se ampliou em 38,2%, e entre 1966 e 1968, cresceu mais 33,8%. A dimensão panorâmica desta ampliação pode ser compreendida se compararmos a média anual do déficit comercial cubano entre 1955 e 1958, que atingiu 62,4 milhões de pesos, e a média anual do período de 1962 e 1970, que alcançou 312 milhões de pesos, configurando um crescimento médio de 5,4 vezes (Barkin, 1978, p. 134-5; CEPAL, 1964, p. 285) O crescimento do déficit comercial cubano e as proporções de exportação e importação por país na década de 1960 estão organizados na tabela 37. Estes déficits foram predominantemente acobertados pela União Soviética, havendo também auxílio residual do Leste Europeu.

TABELA 37 - COMÉRCIO EXTERIOR (1958-1970) (%)

	1958		1960		1962		1964		1966		1968		1970	
	EXP	IMP	EXP	IMP	EXP	IMP	EXP	IMP	EXP	IMP	EXP	IMP	EXP	IMP
Zona Capitalista	81,1	99,7	75,4	81,3	18,2	17,1	40,9	32,0	19,3	20,3	25,0	19,8	26,3	30,6
EUA	67,1	69,6	52,3	48,5	0,8	0,1	0,0	4,1	0,0	0,0	0,0	0,0	0,0	0,0
Espanha	2,4	1,7	1,5	2,1	1,7	0,2	9,5	3,8	5,5	8,1	6,4	1,8	3,9	2,8
Japão	6,4	0,6	2,5	1,6	4,9	1,4	7,0	4,0	2,5	0,5	3,5	0,3	10,2	2,4
França	1,1	0,9	1,4	1,9	0,2	0,2	0,4	1,8	1,7	1,4	2,4	6,2	1,3	4,5
Zona Socialista	2,5 [a]	0,3	24,6	18,7	81,8	82,9	59,1	68,0	80,7	79,7	75,0	80,2	73,7	69,4
URSS	1,9 [a]	--	17,1	13,8	42,5	54,1	38,6	40,4	45,7	56,4	44,5	61,2	50,8	52,8
China	0,5 [a]	--	5,2	1,7	17,1	11,8	11,4	11,1	14,6	9,4	--	--	--	--
Tchecoslováquia	-	0,3	0,2	1,2	7,0	4,9	2,1	6,3	7,7	3,9	6,3	3,6	4,7	2,3
RDA	--	-	0,1	0,7	4,9	3,6	2,2	3,7	5,1	3,9	5,5	3,5	4,7	3,8
Valores Totais (milhões de pesos)	733,5	777,0	608,3	579,3	522,3	759,3	714,3	1.018,8	597,8	925,5	650,6	1.089,2	1.043,4	1.300,5
Balanço Comercial (milhões de pesos)	- 43,5		28,4		- 237,0		- 304,4		- 327,7		- 438,6		- 257,1	

Fonte: Barkin, 1973, p. 134-5, de Cuba, Compendio Estadístico, 1970. Com exceção dos destaques: (a) CEPAL, 1964, p. 280.

Apesar das diferenças entre Cuba e União Soviética em relação ao modelo econômico, agravadas a partir da ofensiva revolucionária, a transferência de recursos soviéticos permaneceu ativa. Ao contrário, em 1967 desatou-se um conflito com a Tchecoslováquia, que caminhava rumo à flexibilização econômica e política, na direção oposta à economia moral, o que fez com que o governo tcheco bloqueasse investimentos produtivos prometidos à ilha.[3] Ainda que os investimentos tchecos prometidos a Cuba fossem residuais comparados ao volume de transferência de recursos soviéticos, o exemplo ajuda a compreender diferentes princípios de relações internacionais em atividade no interior do bloco soviético. A União Soviética financiou a experiência da economia moral cubana embora a orientação oficial do Kremlin já fosse o libermanismo. Essa "tolerância" ajuda a dimensionar a importância estratégica de Cuba no cálculo geopolítico soviético.

Em 1966, o governo cubano se mostrava consciente do problema do déficit comercial, e atribuía a responsabilidade deste problema a duas causas: às deformações do subdesenvolvimento, herdadas do período pré-revolucionário; e às relações comerciais ainda necessárias de Cuba com o mundo capitalista, que deveriam ser eliminadas assim que possível. Sustentava o governo cubano em relatório entregue à CEPAL em 1966:

> É necessário acrescentar que, ainda que as relações com o campo socialista tenham reduzido a proporções mínimas as necessidades de mercadorias da zona capitalista, há um percentual pequeno, mas apreciável, que ainda subsiste de forma imperativa, pois se trata de importações decisivas para o funcionamento da indústria. *Eliminá-las definitivamente é uma das tarefas do próximo período.* Isso dará uma garantia de estabilidade ao funcionamento da indústria cubana e permitirá ademais dedicar os recursos em divisas capitalistas à aquisição de tecnologias que o país julgue proveitosas na análise da eficiência comparativa. Em suma, pode concluir-se que os problemas atuais relacionados com o

---

3   Mesa-Lago sustentou: "Cuba podia tentar todos os experimentos econômicos que desejasse, mas a Tchecoslováquia não devia arcar com seus altos custos. Esta posição é distinta da mantida pelos soviéticos" (1971, p. 91-2). Segundo Hobsbawm, "é verdade que a URSS tolerava muito menos variedade em seus regimes amigos e satélites, mas por outro lado sua capacidade de afirmar-se dentro dele era muito menor" que a dos Estados Unidos (2003, p. 249). A Tchecoslováquia, em 1967, avançava com medidas de descentralização administrativa, autogestão e autofinanciamento. Como a Iugoslávia e a própria União Soviética, a Tchecoslováquia estava impactada com as ideias do economista Liberman (Pericás, 2004, p. 92-95).

desequilíbrio do comércio exterior constituem ainda o mais sério problema estrutural da economia cubana e seu ponto de estrangulamento
mais característico, mas é consequência de toda a estrutura deformada
do processo produtivo que herdou a Cuba revolucionária (1966, p. 13,
grifo nosso).

Entretanto, apesar das intenções declaradas do governo cubano, como constatou a própria CEPAL catorze anos mais tarde, eliminar as relações com o mundo capitalista não era uma tarefa fácil, e nem necessariamente desejável.[4] A necessidade cubana da tecnologia disponível no mercado capitalista era um fenômeno
de natureza histórico-estrutural, a exemplo da escolha da colheitadeira de cana
australiana da Massey-Ferguson em 1971. O mesmo pode ser dito dos acordos do
governo cubano com a Claas Maschinenfabrik, da Alemanha Ocidental em 1967
(Edquist, 1985, p. 48-49, 132). Ou seja, a afirmação do governo cubano de 1966
sobre a eliminação futura das relações econômicas com o mundo capitalista não
superou o terreno do discurso político. De todo modo, havia uma lógica interna
na declaração, assentada sobre o argumento de que as relações internacionais do
campo socialista, ao contrário do capitalismo, adotavam como finalidade prioritária o desenvolvimento dos países periféricos.

Convênio multilateral de pagamentos

A proteção financeira e militar que a União Soviética ofereceu a Cuba produziu uma opinião bastante convicta da parte de alguns economistas cubanos e
estrangeiros sobre o caráter socialmente justo da divisão internacional do trabalho socialista (expectativa que teria sido relativamente desapontada pelo corte de
investimentos da Tchecoslováquia na ilha em 1967). Esta posição se sustentava
em ao menos três argumentos. Em primeiro lugar, diante da ofensiva dos Estados
Unidos, a única forma de salvaguardar a revolução cubana seria com apoio mi-

---

4   Analisou a CEPAL, ao final da década de 1970: "Não obstante a inserção externa
      de Cuba na evolução econômica dos países membros do Conselho de Ajuda Mú-
      tua Econômica (CAME), subsistem relações de compra e venda com os mercados
      capitalistas que, se bem em termos relativos não são de grande relevância, man-
      tem uma influência estrutural ainda de importância, e subordinam parcialmente a
      economia cubana ao funcionamento instável do mercado internacional do açúcar.
      Este nexo com os países de economia de mercado é consequência tanto da inte-
      gração e especialização produtiva dos países em âmbito mundial, que restringe a
      escolha de tecnologias, como da estrutura produtiva cubana" (1980, p. 174).

litar e financeiro internacional. Segundo, as características da economia cubana nunca se adaptariam ao modelo autárquico, pois suas carências de recursos naturais a fariam depender inexoravelmente do comércio externo. E terceiro, o comércio entre países socialistas possuiria uma natureza oposta ao comércio capitalista, ou seja, a reparação dos desequilíbrios e não seu aprofundamento. Neste sentido, a dependência econômica em relação aos auxílios soviéticos adquiriria uma finalidade oposta à dependência capitalista, já que não constituiria um instrumento de ameaça e violação da soberania nacional, mas sim uma ajuda verdadeiramente interessada no desenvolvimento econômico da ilha e em sua autodeterminação.

O primeiro argumento foi analisado segundo o conceito de revolução inserida, explicado por Roberto Regalado (ver capítulo 3).[5] O segundo argumento se baseava na insuficiência estrutural da política de substituição de importações para o desenvolvimento autossustentado da ilha e foi explicitado por Carlos Rafael Rodríguez em 1968, por meio das seguintes palavras:

> Romper com essa estrutura não é coisa de um quinquênio, nem sequer de uma década, mas sim exige muitos longos esforços; e em um país como Cuba, de 114.000 quilômetros quadrados de extensão, será muito difícil eliminar totalmente essa dependência do comércio exterior, ainda que se realize um processo crescente de substituição de importações (1983, p. 455).

Dez anos depois, o mesmo raciocínio se manteve vigente: em 1978, ao argumentar sobre a incapacidade cubana de internalização completa de seu processo de geração do excedente, Rodríguez alegou que este não seria um fato preocupante, uma vez que as relações comerciais internas ao bloco soviético se fundavam sobre uma dependência econômica positiva, ou ainda, necessária para a realização da soberania nacional. Em entrevista coletiva concedida por Rodríguez ao *Washington Post*, a *Times Magazine* e ao *The New York Times* em 20 de junho de 1978, o jornalista John Nordheimer questionou-o sobre, afinal, quando Cuba seria "economicamente independente e não tenha que depender da União Soviética". Ao que Rodríguez respondeu:

---

5   Sem usar os mesmos termos, Rodríguez compactuava com a mesma interpretação em 1973: "Sem o desenvolvimento vitorioso do socialismo na União Soviética, o processo da Revolução Cubana teria sido muito distinto e os problemas seriam em grande parte insolúveis frente à investida do imperialismo" (1983, p. 501).

Creio que no terreno da economia, não há nenhum país, salvo os Estados Unidos e a União Soviética – por condições específicas: dimensão e riquezas – que seja inteiramente independente no sentido que se está falando. Se exportar 28% da produção e importar mais ou menos o mesmo é uma dependência, então essa dependência afeta a maioria dos países. A dependência econômica que nós denunciamos é a dependência que converte um país em satélite, em súdito de outro país, através de ameaças de suspender o comércio, suspender o financiamento; essa é a essência do imperialismo. Nós acreditamos que o socialismo é em tudo ao contrário (...). Nós não somos a favor de nos tornarmos independentes, mas sim ao contrário, de aumentar nossa mútua dependência, aumentar o peso específico que tem as economias socialistas, em primeiro lugar a União Soviética, em relação ao comércio externo de Cuba. Por quê? Porque essa dependência é a única condição em que podemos manter nossa independência (1983, p. 535).

Pensou-se, assim, que o desequilíbrio da relação entre Cuba e União Soviética não eliminaria a possibilidade de uma "interdependência" supostamente positiva ao desenvolvimento da ilha, que aportasse recursos sem anular a soberania nacional. Essa possibilidade também foi expressa pelo próprio Guevara dezessete anos antes, quando o então Presidente do Banco Nacional voltou de sua primeira viagem aos países socialistas, em 6 de janeiro de 1961, e foi entrevistado sobre o tema:

O convênio multilateral de pagamentos que se firmou permite a Cuba jogar um pouco de sua capacidade de vender açúcar, e comprar materiais industriais de importação de todo tipo, nas áreas dos países europeus, e estes compensam entre si as quantidades. Resolve-se tudo com este convênio multilateral (Guevara, 1982, p. 104).

Este "convênio multilateral" foi em seguida exemplificado por Guevara: Cuba poderia ter relações superavitárias com a União Soviética e deficitárias com a Hungria, enquanto a União Soviética fosse superavitária com a Hungria na mesma proporção. Sendo assim, ao estabelecer relações comerciais equilibradas (de trocas equivalentes), o "convênio multilateral de pagamentos" se assentava sobre o planejamento da compensação dos déficits e superávits comerciais de cada país e sobre preços pactuados para cada produto. A ideia de que o planejamento socialista centralizado representava uma racionalidade econômica superior a qualquer outro sistema conduzia os dirigentes cubanos a este forte otimismo em relação à superação de seus próprios desequilíbrios externos através do planejamento multilateral.[6] Em grande medida, a estratégia *turnpike*, que considerava a especialização açucareira uma plataforma para o "grande salto" rumo à diversificação e à industrialização, se sustentava nesta possibilidade de equilíbrio externo, que, com o passar do tempo, foi se mostrando mais complexa e remota.

Em 1965, Carlos Romeo refletiu sobre a natureza da divisão internacional do trabalho do bloco soviético para reforçar a validade da estratégia de desenvolvimento cubana, e escreveu:

> Era possível sustentar que a essência das relações mercantis entre os países socialistas devia ser o contrário da essência das relações mercantis capitalistas: o princípio da exploração do homem pelo homem e das nações pobres pelas nações ricas era substituído pelo princípio da não exploração e do internacionalismo proletário, com o qual a ação da lei do valor no campo socialista ficasse subordinada a esta essência (...). Na medida em que a lei do valor opere em um comércio internacional socialista dentro de um marco diferente, isto é, um marco regido pelo princípio da não exploração e do internacionalismo proletário, já não resultava inevitável o intercâmbio baseado em preços que refletem os preços capitalistas de produção. Com isso, em estrita justiça, a troca desigual se transforma em troca equivalente (1965, p. 14).

Junto com Romeo, economistas marxistas da década de 1960 também apostaram na possibilidade do equilíbrio externo, na "complementariedade" e "interdependência" econômica do bloco soviético, reivindicando uma superação histórica da troca desigual capitalista.[7] De modo geral, esse vocabulário passou a integrar

---

6   Guevara escreveu em outubro de 1964: "que linhas seguiremos nos próximos anos dependerá, em boa medida, da flexibilidade que o comércio exterior apresente para Cuba, permitindo-lhe maximizar as vantagens comparativas que esta flexibilidade oferece" (Guevara, 1982, p. 23).

7   Noyola afirmou em 1961: "Pela primeira vez as vantagens derivadas da complementariedade de uma economia tropical com economias não tropicais poderão ser utilizadas de forma racional e equitativa, de modo que beneficie igualmente aos dois participantes da troca e não somente a um, como ocorria sob o regime de dependência imperialista" (Noyola, 1978, p. 131). Rodríguez definiu em 1963: "A autossuficiência econômica é já coisa do passado e a interdependência é a palavra atual, sobretudo para os países do campo socialista, entre os quais, pela primeira vez na história, se dão as condições adequadas para que funcione a Divisão Internacional do Trabalho" (1963b, p. 86).

as concepções marxistas em Cuba a respeito das relações comerciais do bloco soviético: "princípio de troca equivalente" e "condições recíprocas de vantagem" (Romeo, 1965, p. 8). Isso seria possível uma vez que, segundo Romeo: "os grandes problemas das economias abertas – mercado e preços – estavam resolvidos no caso cubano" (1965, p. 15). Não é difícil perceber com olhar contemporâneo quão precipitada era uma afirmação como esta, sobretudo considerando a data em que foi publicada, quando a revolução cubana ainda dava seus primeiros passos. Ademais, segundo dirigentes cubanos, o novo equilíbrio do comércio internacional socialista ocorreria sem o prejuízo da subordinação política.[8] Até que, em 1966, esta compreensão foi oficial e publicamente adotada pelo governo cubano:

> Não se pode afirmar que a especialização em si seja boa ou ruim, isto depende das condições concretas de cada caso. Se um país subdesenvolvido, aproveitando um período favorável, especializa sua economia, sem que possa usar o excedente resultante para a acumulação, ao alterarem-se os termos de troca se encontrará sem desenvolvimento e com uma economia altamente vulnerável. Mas ao contrário, se tem garantidos os termos de troca e sua estrutura social lhe permite utilizar o excedente corretamente, a especialização poderá servir de motor de desenvolvimento. Estas duas situações tipificam o caso de Cuba, antes e agora (...). Confundiu-se o problema da especialização e a monocultura dentro do contexto do sistema capitalista mundial, que situava os países exportadores de produtos primários em uma situação de desigualdade, com uma desvantagem geral da especialização em si mesma, desconhecendo-se as possibilidades de aproveitar a experiência obtida na produção açucareira e as *vantagens comparativas* que Cuba possui a esse respeito para fazer da indústria açucareira um pivô fundamental de um novo tipo de desenvolvimento econômico dentro de uma divisão internacional do trabalho associada ao sistema socialista mundial (Cuba, 1966, p. 7, 21, grifo nosso).

Além disso, o governo cubano defendia, no mesmo documento, que a partir da existência de um "campo socialista mundial", seria possível estabelecer relações que, se estivessem contextualizadas no mundo capitalista, apenas reproduziriam as desigualdades e a exploração pela troca desigual. Contudo, no campo

---

8   Rodríguez afirmou em 1978: "Não há um aspecto destas relações econômicas que determine situações de dependência política" (1983, p. 536). Sobre a relação entre dependência econômica e soberania nacional da década de 1960, ver capítulo 3.

socialista, a especialização e a divisão internacional do trabalho pela primeira vez "funcionariam", ou seja, seria possível combinar o uso ótimo dos recursos com a *troca equivalente*, devido à liquidação definitiva das pressões de mercado que vitimavam os subdesenvolvidos no sistema capitalista. Esta troca equivalente se assentava sobre uma suposta "ausência de interesses antagônicos" (Cuba, 1966, p. 16, 29).

Do ponto de vista estritamente comercial, é um fato que a especialização açucareira cubana produzia vantagens mútuas *imediatas* e *conjunturais*: os países compradores de açúcar o produziam internamente com custos muito maiores que os preços do açúcar cubano (ou sequer o produziam); enquanto Cuba recebia do bloco soviético petróleo, créditos sem juros, máquinas, equipamentos, peças, assistência e formação técnicas – ou seja, um conjunto de benefícios dificilmente quantificável.[9] No entanto, do ponto de vista estrutural, a especialização cubana excessiva reproduzia a vulnerabilidade externa dos tempos pré-revolucionários, e colocava a ilha à deriva de conjunturas políticas estrangeiras. De fato, o que explicava o fluxo de recursos despejados em Cuba pela União Soviética era, antes de qualquer outro fator, a ordem geopolítica internacional e o substrato ideológico da Guerra Fria. Eram estes os reais orientadores das decisões econômicas soviéti-

---

9   O custo de produção do açúcar de beterraba na União Soviética era de 16 centavos de dólar por libra e na Ucrânia, 13 a 15 centavos, semelhante a outros países do Leste Europeu. O custo de produção do açúcar em Cuba deveria atingir, em 1970, 4 centavos de dólar a libra. Portanto, os preços conveniados com o bloco soviético na década de 1960, entre 5,5 e 6,11 centavos, eram tão vantajosos para Cuba como para os países compradores. O preço de açúcar subsidiado vendido no mercado interno cubano era 2 centavos. Devido à política de guerra comercial adotada pelo governo cubano em 1965, o mesmo subsídio era despendido no açúcar vendido ao mercado capitalista, com intuito de quebrar os engenhos da América Latina, a despeito do gasto de divisas que esta postura ofensiva acarretasse (Dumont, 1970, p. 218; Gutelman, 1975, p. 236, 280). Romeo definiu as vantagens da "divisão internacional socialista do trabalho", em 1965: "Se levava à prática uma velha ideia, a divisão internacional do trabalho sobre a base da comparação de custos entre diferentes países, e Cuba se integrava na divisão internacional do trabalho socialista. Com efeito, nenhum país socialista poderia competir com Cuba na produção de açúcar (e no caso, nenhum país capitalista), mas, por outro lado, Cuba constituía um mercado para os meios de produção e para os bens de consumo que esses países podiam produzir mais eficientemente. As bases do acordo comercial de longo prazo não só tinham implicações políticas, mas também profundas raízes econômicas e comportavam vantagens mútuas" (1965, p. 8).

cas, o que transforma a tentativa de quantificar as vantagens conjunturais de tais trocas em uma tarefa pouco relevante.

Isso porque, diante das evidentes vantagens econômicas cubanas obtidas em sua relação com a União Soviética, cabe questionar qual seriam as vantagens soviéticas em sua dispendiosa relação com Cuba, para além da compra de açúcar a preços menores que seus custos de produção. Em outras palavras, as pequenas margens de vantagem econômica obtida pela União Soviética na compra de açúcar cubano não pareciam constituir justificativa suficiente para a volumosa cobertura dos crescentes déficits comerciais de uma pequena ilha, que acumulava prejuízos econômicos em nome de um "grande salto" que não aconteceu. Além disso, se esta relação econômica configurasse um padrão do bloco soviético, a União Soviética teria se comportado igualmente com todos os seus aliados políticos e deveríamos encontrar uma miríade de outros exemplos de "altruísmo soviético" em relação aos países subdesenvolvidos do bloco, o que não ocorreu. Em um mercado movido por determinações geopolíticas, as vantagens e desvantagens comerciais iam muito além dos centavos de dólares.

Chonchol declarou em entrevista em 2011: "não cabe a menor dúvida que os preços que se fixavam para os produtos que vinham de Cuba eram preços políticos, não eram preços econômicos" (2012). Assim como os preços, as outras formas de auxílio econômico oferecidas pela União Soviética também eram essencialmente políticas e respondiam muito menos pelos custos de produção e cálculos de rentabilidade futura, do que pela lógica própria da Guerra Fria.

A Guerra Fria e as vantagens geopolíticas

A interpretação de que à União Soviética retornava uma "vantagem geopolítica" por seus recursos invertidos em Cuba nos foi sintetizada por David Barkin em novembro de 2011. Na ocasião, sustentou Barkin:

> Entendo que a decisão de dividir a relação entre a URSS e Cuba em duas partes (preços melhores pelo açúcar e dívida) é uma decisão política, uma negociação. E Cuba era dependente, mas ofereceu à União Soviética uma vantagem geopolítica muito importante... (2011).

Em seguida, indagamos se esta vantagem geopolítica da União Soviética na sua relação com Cuba não seria um elemento "dispensável" na correlação de forças internacional, considerando, primeiro, a poderosa dimensão militar soviética e seu papel de liderança hegemônica de um importante bloco econômico mundial; e segundo, os custos econômicos de sustentação desta vantagem. Ao que Barkin argumentou:

> Em termos de Guerra Fria, não. Seria dispensável se os norte-americanos decidissem eliminar o bloqueio. Mas enquanto Cuba fosse mantida como cativa do bloqueio norte-americano, à URSS era imprescindível seguir sustentando-a, nos termos da Guerra Fria. Creio que este é um elemento muito importante. Quanto custa isso? Quanto vale isso? Dívidas são papeis (...). A relação contribuía ao poderio económico soviético (2011).

Com estas palavras, Barkin apresentou uma interpretação para o problema da geração do excedente cubano. O circuito de geração de excedente que sustentou Cuba durante tanto tempo não apenas passava por fora da ilha, como também era movido por determinações geopolíticas, extra-econômicas e, no limite, ideológicas. Interessava à União Soviética transformar Cuba em um pequeno "paraíso socialista", criando condições de desenvolvimento contrastantes com o entorno capitalista subdesenvolvido, que sofria com a segregação social, os constrangimentos externos e tantas outras deformações estruturais. O impacto simbólico deste socialismo caribenho sobre os movimentos sociais e partidos da esquerda mundial constituía uma ameaça ao controle estadunidense dos regimes latino--americanos, não por mera coincidência, militarmente recrudescidos após a revolução cubana. A sedução que Cuba exerceu sobre a juventude na década de 1960, descrita por Hobsbawm, nos ajuda a compreender como sua força internacional advinha de seu significado político simbólico, que tornava possível o sonho de autodeterminação, soberania nacional, poder popular e justiça social.[10] Essa capacidade sedutora exercida pela revolução cubana certamente influenciou o governo soviético na custosa aposta para desestabilizar seu inimigo através de uma vitrine dos benefícios do socialismo no hemisfério ocidental. Além disso, há que se destacar que a política soviética para Cuba não era diferente da política de

---

10   Hobsbawm definiu: "Nenhuma revolução poderia ter sido mais bem projetada para atrair a esquerda do hemisfério ocidental e dos países desenvolvidos, no fim de uma década de conservadorismo global; ou para dar à estratégia da guerrilha melhor publicidade. A revolução cubana era tudo: romance, heroísmo nas montanhas, ex-líderes estudantis com desprendida generosidade de sua juventude - os mais velhos mal tinham passado dos trinta -, um povo exultante, num paraíso turístico tropical pulsando com os ritmos da rumba. E o que era mais: podia ser saudada por toda a esquerda revolucionária" (2003, p. 427).

auxílio econômico e militar dos Estados Unidos para seus aliados antissoviéticos no pós Segunda Guerra, especialmente Japão e Alemanha. Como constatou Hobsbawm, o Plano Marshall "assumiu mais a forma de verbas que de empréstimos" (2003, p. 237). Afinal:

> Para os americanos uma Europa efetivamente restaurada, parte da aliança militar antissoviética que era o complemento lógico do Plano Marshall – a Organização do Tratado do Atlântico Norte (OTAN) de 1949 – tinha de basear-se realisticamente na força econômica alemã, reforçada pelo rearmamento do país (Hobsbawm, 2003, p. 238).

O Plano Marshall teve origem em 1947, o que significa que menos de um ano depois de lançarem explosivos atômicos sobre Hiroshima e Nagasaki, os Estados Unidos apareceram à porta do Japão oferecendo dólares para sua reconstrução total. Não havia nada de "novo" no auxílio econômico estadunidense direcionado a seus outrora inimigos. O auxílio da União Soviética a Cuba emanava diferentes princípios ideológicos, contudo não se distanciava muito deste pragmatismo estimulado pela Guerra Fria. Cuba era uma peça estratégica do jogo geopolítico, fortuitamente localizada para desestabilizar a influência estadunidense na região latino-americana, o que lhe dava um poder soberano de negociação muito superior à sua capacidade militar ou econômica. Neste contexto, a interpretação de uma nova natureza solidária da divisão internacional do trabalho do bloco soviético parece fragilizar-se.

Sendo assim, Cuba teria colhido tanto os prejuízos quanto os benefícios da sua condição de "revolução insertada": por um lado, não encontrara outra saída que não fosse acoplar-se a uma grande potência que lhe oferecesse proteção militar; por outro, recebeu continuamente um volume de recursos desproporcional às suas forças produtivas, como contrapartida por sua localização geopolítica, às portas do gigante do primeiro mundo em meio à Guerra Fria. Ou, como definiu Florestan Fernandes: "converteram o elemento político em algo instrumental para o elemento econômico" (2007, p. 209). Se as relações cubano-soviéticas se baseassem neste novo paradigma de trocas de equivalente e vantagens mútuas, como explicar que a convergência produtiva externa com a URSS não gerou nem internalização das forças produtivas, nem "grande salto"?

Mas a ambiguidade da dependência cubana só pode ser devidamente analisada *a posteriori*, isto é, considerando seus profundos impactos negativos desencadeados pelo colapso soviético. Regalado definiu esta ambiguidade com as seguintes palavras:

> Houve uma interação permanente na qual se deram conta das assimetrias: pagavam um preço pelo açúcar que era mais caro que o mercado mundial, havia uma relação bastante construtiva (...). Mas sobre essa relação, depois, em análises posteriores, se chegou à conclusão que tinha elementos muito negativos. Porque se, em definitivo, você recebe, recebe e recebe, e não tem que pagar, sua consciência sobre a necessidade das coisas muda. Você diz: "acabou o petróleo" e lhe mandam mais (...). E quando cai a União Soviética, quanto restou sem pagar? O que tínhamos? Tínhamos relações com o Canadá, com alguns países europeus, alguns países da América Latina, mas para estes 15% do que nos faltava. E por isso o golpe é tão duro, 85% de nosso comércio exterior desaba. O Estado cubano assume o golpe, faz um colchão e não o deixa chegar ao cidadão tão brutal como foi (2012).

Neste sentido, é preciso adotar um ponto de vista contemporâneo para compreender o paradoxo da relação cubano-soviética. Ao mesmo tempo em que permitiu a edificação de um novo patamar de desenvolvimento social, educacional, sanitário, esportivo e cultural através de um circuito de geração de excedente alavancado de fora para dentro devido às específicas tensões geopolíticas da Guerra Fria, reduziu a percepção cubana sobre suas próprias insuficiências, turvou a visão dos desafios de criação dos novos meios técnicos e econômicos capazes de sustentar tais finalidades. As consequências negativas deste paradoxo só foram percebidas quando o comércio exterior, elo do desenvolvimento cubano, colapsou junto com a União Soviética. Em 1987, 85% das exportações cubanas se direcionavam para a União Soviética e 75% das exportações eram compostas por açúcar (Lecuona, 2009, p. 215). Lecuona definiu a nova dependência cubana a partir de algumas de suas desvantagens:

> O acoplamento ao sistema do chamado socialismo real, sem embargo, não só comportou preços tão vantajosos como alheios à realidade do mercado, mas também a assimilação de tecnologias relativamente atrasadas, a adoção de esquemas de investimentos lentos e custosos, uma marcada dependência do financiamento externo – e a acumulação de uma dispendiosa dívida – assim como a demanda de múltiplos insumos importados para a pouco integrada indústria nacional, cujos

produtos, em geral, não correspondiam com os parâmetros mundiais de competitividade (2009, p. 238).

Entre 1989 e 1994, o intercâmbio externo cubano se reduziu de 13,5 bilhões de pesos para 3 bilhões, produzindo uma contração de 35% do PIB (Lecuona, 2009, p. 238). Estas teriam sido as consequências de longo prazo da leitura dos estrategistas de Cuba em relação à Guerra Fria: uma conjuntura histórica mesmo estável, do que se imaginou à época.[11] Quando as condições geopolíticas criadas pela Guerra Fria se desmontaram, o esquema de geração de excedente cubano foi destruído. Hipoteticamente, esta percepção de estabilidade da Guerra Fria foi sendo consolidado a partir fracasso da safra de 1970.

O ingresso no CAME

As consequências do fracasso da safra de 1970 não se resumiram ao um adiamento da estratégia *turnpike* em alguns anos ou mesmo décadas. Ao aprofundar tantas distorções estruturais, a busca de 10 milhões não poderia ser repetida no futuro e sequer figurar como primeiro degrau da escalada do desenvolvimento das forças produtivas. Diante da falha do primeiro "grande salto" e da constatação da sua inviabilidade econômica, toda a estratégia sofreria adaptações que resultaram no aprofundamento da dependência externa cubana, especialmente devido ao ingresso no Conselho de Ajuda Mútua Econômica (CAME) e à adoção do modelo econômico soviético. A União Soviética, ao financiar a ofensiva revolucionária de Cuba, sustentou o modelo de economia moral que oficialmente combatia. Com o fracasso da safra de 1970, então, foi suprimido o espaço para a edificação de um "socialismo cubano "com traços nacionais" e a jovem soberania da ilha se debilitou. Neste sentido, o ingresso ao CAME foi acompanhado da derrota da economia moral.[12]

---

11   Definiu Hobsbawm: "A Guerra Fria congelara a situação internacional, e ao fazer isso, estabilizara um estado de coisas essencialmente não fixo e provisório" (2003, p. 249).

12   A adoção do sistema de planificação soviético foi definida elogiosamente por Rodríguez como um "regresso aos princípios econômicos para dirigir a economia, que leva em conta categorias que não se podem abandonar, como categorias de benefício – chamem-na de lucro ou não –, isto é, o mais-produto. Uma economia que não produz mais do que seu consumo produtivo, não pode progredir" (1983, p. 539). A inflexão também foi defendida por Sergio Roca: "O fracasso da safra constituiu o clímax da demonstração das desastrosas consequências derivadas da aplicação

Em seguida à entrada de Cuba no CAME, um novo acordo com a União Soviética foi assinado em torno de quatro pontos: primeiro, o preço do açúcar e do níquel cubanos permaneceriam sempre superiores ao mercado mundial; segundo, a União Soviética concederia imediatamente 300 milhões de rublos à ilha para a mecanização canavieira; terceiro, os pagamentos da dívida cubana contraída entre 1960 e 1972 seriam adiados para o período entre 1986 e 2011; quarto, os soviéticos iriam acobertar plenamente os déficits comerciais cubanos entre 1973 e 1975, somando um montante de um bilhão de rublos (Fernandes, 2007, p. 203-204). Em 1979, Florestan Fernandes prognosticou: "o elemento político terá de compensar, ainda por um tempo, o elemento econômico, tanto na configuração do planejamento social centralizado, quanto na aceleração do desenvolvimento econômico" (2007, p. 206). Sobre o mesmo processo, Lecuona identificou: "após o fracasso da chamada Safra dos 10 milhões, a política econômica se ajustaria de maneira progressiva às fórmulas consagradas pela experiência dos países socialistas europeus, em especial a URSS" (2009, p. 235).

Como consequência, o modelo soviético foi adotado na ilha de modo gradual entre 1972 e 1975, se consolidando plenamente após o I Congresso do Partido Comunista de Cuba em 1976, quando foi aprovado o Sistema de Direção e Planificação da Economia (SDPE) importado da União Soviética. O SDPE reestabelecia as relações monetárias e mercantis dentro do setor estatal, recuperava o cálculo econômico em todos os ramos, descentralizava a administração através do autofinanciamento e instaurava um programa de incentivos e prêmios com ênfase nos estímulos materiais individuais. Além disso, Cuba importou manuais de economia política e administração para instruir as novas gerações dentro do modelo soviético. As cooperativas privadas de camponeses passaram a ser consideradas legalmente como "propriedades socialistas" e a política de coletivização que havia marcado a ofensiva revolucionária foi abandonada. Na prática, entre 1970 e 1976, o modelo econômico cubano deu uma guinada de 180 graus (Valdés Paz, 2009, p. 59-60).

A debilitação da soberania nacional cubana em relação às decisões econômicas, administrativas e ideológicas como decorrência do fracasso da safra de 1970 também nos foi apresentada por Valdés Paz:

dos pressupostos ideológicos da Economia Moral. O fracasso da safra deu um sinal inequívoco para que se abandonasse o radicalismo ideológico em favor de políticas econômicas e metas sociais mais moderadas e ortodoxas" (1976, p. 65).

> A safra dos 10 milhões era o epílogo de uma política de socialismo nacional. Em 1971 e 1972, não mais tivemos mais remédio que nos integrar ao CAME para poder sustentar o déficit em que o país havia entrado em todos os ramos. O país se integrou ao CAME em 1971 e daí em diante nossos planos econômicos ficaram sujeitos aos mecanismos de harmonização do resto dos países do CAME. (...) O que a safra de 10 milhões revelou é que se tivéssemos produzido 10 milhões, o problema seria o mesmo: tínhamos que nos integrar. A questão é que não nos integramos como triunfadores, que era o que queria a direção do país para poder negociar melhor sua integração. Ou provavelmente, porque considerava uma integração somente parcial e não total, devido às tecnologias que não estavam disponíveis na Europa Oriental e sim estavam no Ocidente (...). Essa integração se impunha. O que creio é que o fracasso nos fez chegar a esta integração com uma capacidade de negociação mínima (2012).

Por tudo isso, o fracasso da safra de 1970 foi um ponto de inflexão crucial, sem o qual não se poderia compreender a trajetória cubana. Fez com que Cuba ingressasse ao CAME com menor autonomia e frágil poder de negociação, em posição econômica e ideologicamente subordinada. Se houvesse conquistado uma meta estratégica, qualquer que fosse seu valor absoluto, a ilha poderia ter comprovado ao bloco soviético alguma credibilidade de seu sistema de planejamento, de sua economia moral e de seu "modelo cubano". As consequências deste fracasso se fizeram sentir ao menos até o ano de 1986, nomeado "Ano da Retificação dos Erros", quando, às vésperas do colapso soviético, os cubanos produziram uma autocrítica que mencionava a excessiva imitação dos padrões estrangeiros.

Porém, ainda que o primeiro "grande salto" da estratégia *turnpike* nunca tenha sido cumprido, esta dependência ambígua em relação à União Soviética, com seus efeitos negativos no longo prazo, incontestavelmente viabilizou a realização das finalidades da revolução cubana sem que se internalizassem as bases econômicas correspondentes. Em outras palavras, a sociedade cubana se tornou um exemplo *sui generis* de mescla entre fortes componentes de socialismo com expressivos traços de subdesenvolvimento, marcado pela busca da racionalidade econômica nos estreitos limites históricos do possível.

A RACIONALIDADE DO POSSÍVEL

Ao romper com a dupla articulação que determinava o subdesenvolvimento (a dependência externa em relação ao sistema capitalista mundial e a segregação social garantida por formas autoritárias de extração de excedente) a revolução cubana buscou a possibilidade histórica de orientar seu desenvolvimento a partir das necessidades populares. Iniciou-se um duro combate contra as heranças do passado colonial, por meios de duas frentes: primeiro, o estabelecimento de novas finalidades no horizonte histórico, baseadas na identificação das necessidades concretas da coletividade nacional; segundo, a tentativa de reconciliação da estrutura produtiva da ilha com tais necessidades. O igualitarismo e a soberania nacional passaram a representar o horizonte prioritário das mudanças. A inviabilidade de conciliá-los com o capitalismo dependente empurrou a ilha para a alternativa anticapitalista, que amalgamou tais princípios por meio de outro referencial civilizatório: o socialismo.

Se por um lado Cuba foi capaz de resgatar sua autodeterminação ao traçar os rumos e intenções de seu próprio desenvolvimento, por outro lado, a reconciliação da sua base econômica com as necessidades nacionais não era uma tarefa simples ou corriqueira. A espiral irracional do "desenvolvimento do subdesenvolvimento" foi bloqueada a partir das novas prioridades para utilização do excedente. Contudo, os novos rumos do desenvolvimento ainda estavam condicionados aos ritmos do passado, o que exigiu permanentes adaptações, correções e ajustes no projeto revolucionário. Nesse sentido, o presente trabalho reconstituiu parte do percurso de permanente readequação entre meios e fins: da diversificação emergencial à diversificação especializada; do abandono do açúcar à volta do açúcar como prioridade; das cooperativas às granjas estatais; do princípio da coletivização voluntária aos "erros com o campesinato"; da política substitutiva à estratégia *turnpike*, passando pela intenção da estratégia combinada; da dependência tecnológica aos tortuosos caminhos da criação de máquinas próprias; do cálculo econômico à economia moral e ao posterior retorno ao cálculo econômico. Apesar do estreito horizonte de opções disponibilizado pela base econômica cubana, que gerou a necessidade de adaptações permanentes da estratégia revolucionária, a autodeterminação dos rumos do desenvolvimento nacional reorientou efetivamente a utilização do excedente e viabilizou uma série de conquistas da coletividade, sem precedentes históricos em nosso continente.

Da segregação ao igualitarismo

Com empenho e mobilização social, Cuba erradicou o analfabetismo em uma velocidade impensável na América Latina: em menos de um ano, a taxa de analfabetismo da ilha caiu de 23,8% para 3,9%, para, em 1962, alcançar nível zero (CEPAL, 1980, p. 90). Ao mesmo tempo o sistema educacional foi universalizado com uma rapidez inédita em nosso continente e com atributos pedagógicos e culturais até então inacessíveis aos povos da América Latina, como elucidou a CEPAL, "até culminar nos anos setenta em um sistema consolidado que poderia parecer ambicioso para um país em desenvolvimento, mas que está demonstrando sua viabilidade" (1980, p. 83). Realçar a *viabilidade* da edificação de um sistema educacional comparável aos países mais desenvolvidos do mundo em uma sociedade considerada subdesenvolvida não deixava de ser uma resposta aos líderes latino-americanos, que por séculos se protegeram das críticas com o discurso da inviabilidade técnico-gerencial da realização dos direitos humanos.[13] A gratuidade universal do direito à educação se aproximou de um sistema efetivo de "igualdade de oportunidades", também extraordinário se comparados aos padrões latino-americanos. Em 1959, apenas 2% dos estudantes do magistério eram filhos de trabalhadores e, em 1962, estes já representavam 35%. Em 1968, as matrículas de operários e camponeses no ensino superior, antes inexistentes, já totalizavam 8.000 (Rodríguez, 1969, p. 44). Estas transformações eram motivadas por uma ativa solidariedade popular com o projeto de desenvolvimento nacional. Em alguma medida, a coletividade cubana tomou para si a responsabilidade da política revolucionária, atitude que foi decisiva para as conquistas obtidas.[14] Em

---

13 Sobre a cobertura plena do sistema educacional a todas as crianças e jovens de 6 a 17 anos, a CEPAL analisou: "Em alguns países da América Latina, esta meta se considera difícil de alcançar, inclusive em prazos muitíssimos mais amplos; em Cuba isso foi possível graças a uma grande participação de toda a população através de suas organizações de massas e à prioridade que sempre se designou à educação na distribuição dos recursos humanos e financeiros" (1980, p. 108).

14 O que foi também reconhecido pela CEPAL: "Admitidas todas as deficiências das formas que adotou a mobilização popular e a participação durante os anos setenta, nestes processos - até um grau sem paralelo em qualquer outra parte - se enfrentaram as massas da população diretamente com o tal desenvolvimento nacional e incutiram uma consciência de que tal desenvolvimento dependia tanto de seus próprios esforços e sacrifícios, como das corretas decisões políticas que tomaram seus dirigentes" (1980, p. 27).

1959, por exemplo, os professores da área rural aceitaram ganhar metade de seu salário para viabilizar que se dobrasse o número de vagas estudantis. Quando 1.000 estudantes secundários foram convocados para serem professores voluntários na campanha de alfabetização de 1960, 3.000 se disponibilizaram, e no ano seguinte, 2.000 mais (CEPAL, 1980, p. 88-90). A evolução do número de matrículas por nível de ensino está exposta nos gráficos 7 e 8.[15]

GRÁFICO 7 - MATRÍCULAS POR NÍVEIS DE ENSINO BÁSICO (1958 -1977)

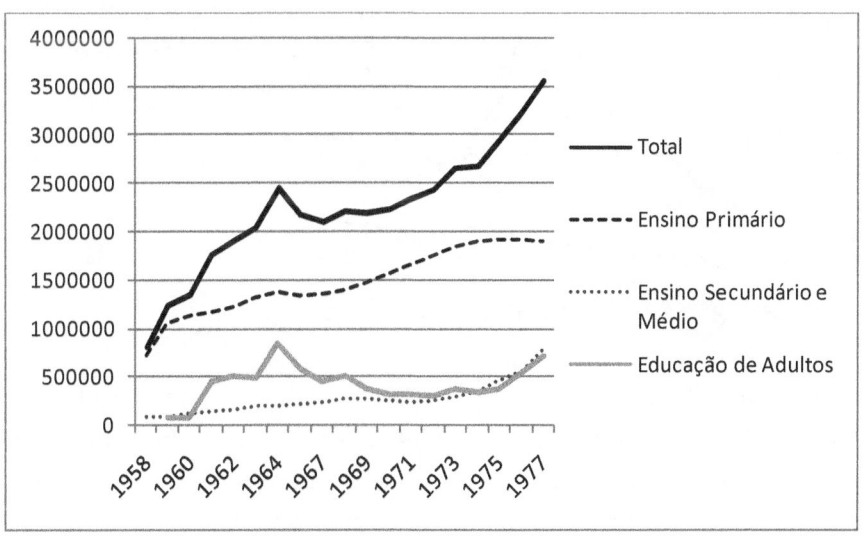

---

15   Fonte: CEPAL, 1980, p. 89. Observação: considera-se o começo do ano correspondente ao começo do ano letivo, ou seja, em agosto/setembro.

GRÁFICO 8 - MATRÍCULAS POR NÍVEIS DE ENSINO SUPERIOR,
TÉCNICO E ESPECIAL (1958-1977)

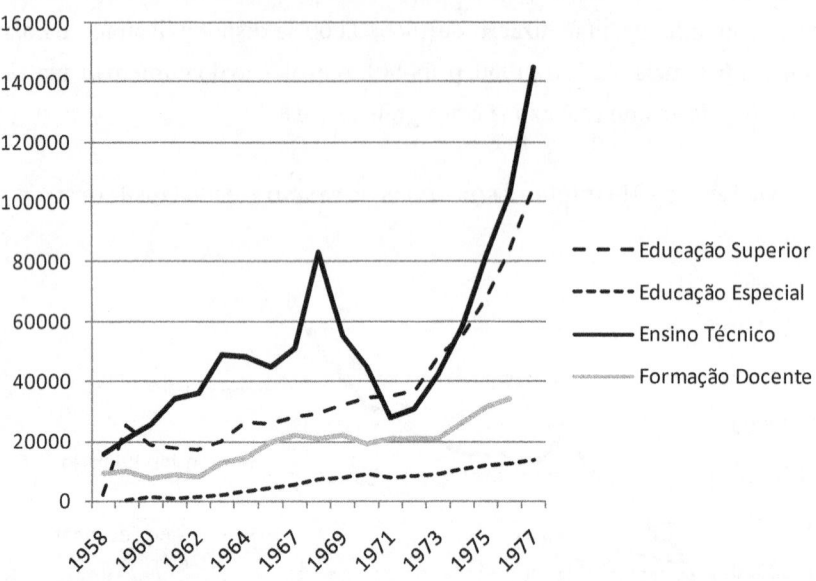

O esforço da safra de 1970 é perceptível na redução das matrículas entre 1968 e 1970, uma vez que os jovens e adultos em processo de formação escolar se integraram às fileiras do trabalho voluntário. Em seguida, porém, é visível a recuperação da tendência crescente. Na visão panorâmica, entre 1958 e 1977, as matrículas do ensino primário mais que duplicaram; as do ensino secundário se multiplicaram por 7,9; e as matrículas do ensino de adultos cresceram 8,6 vezes. No caso do ensino superior, as matrículas cresceram vertiginosas 50 vezes em relação a 1958. Não havendo educação especial antes da revolução, a expansão das matrículas deste segmento alcançou a marca de 13.500 em 1977. O ensino técnico elevou-se em 8,3 vezes, e as matrículas para formação docente se multiplicaram por 33. No agregado, as matrículas do sistema educacional cubano se expandiram em 3,4 vezes (CEPAL, 1980, p. 89). Apenas entre 1958 e 1968, o número de escolas dobrou, de 7.567 para 14.568; e a quantidade de professores em atividade cresceu 63%, de 17.355 a 46.910 (Rodríguez, 1969, p. 44). Ademais, em 1968, o ensino agrotécnico de nível médio, inexistente antes da revolução, já contava com 37 mil estudantes e as escolas de pesca formavam 3 mil jovens e adultos (Rodríguez, 1969, p. 23).

A nova filosofia preventiva que passou a embasar o sistema de saúde cubano também apresentou resultados exemplares na edificação de uma sociedade igualitária e desenvolvida. A partir da revolução, "saúde" deixou de ser sinônimo de "não estar doente", para se transformar em uma percepção da totalidade da condição física e mental dos seres humanos em todos os espaços sociais. Com o processo de alfabetização da população cubana, foi viabilizada uma campanha de educação para a saúde, que permitiu a queda dos índices de mortalidade por doenças infecciosas (CEPAL, 1980, p. 125). A taxa de mortalidade infantil cubana em 1958 era de 33,4 bebês de 0 a 1 ano a cada mil habitantes. Ainda em 1962, 117,9 mães cubanas morriam a cada 100 mil nascimentos. Mas em 1970 as taxas de mortalidade infantil e materna em Cuba haviam caído pela metade. No que diz respeito à mortalidade de crianças de 1 a 4 anos por mil habitantes, a taxa cubana em 1970 atingiu um valor 10 vezes menor que a média latino-americana (1,2 e 12,6, respectivamente). Cuba não apenas apresentou a menor taxa de mortalidade infantil do continente, como estava relativamente distante dos países em segundo lugar, Chile e Argentina, cujas taxas de mortalidade infantil foram duas vezes maiores que a cubana neste ano (CEPAL, 1980, p. 123, 146). Afinal, enquanto em 1958 os gastos estatais com saúde pública na ilha somavam 16 milhões de pesos, em 1961 já haviam atingido 60 milhões, e em 1968 saltado para 180 milhões de pesos, um aumento de mais de 11 vezes em 10 anos. O atendimento de saúde pública aos habitantes rurais era praticamente inexistente antes da revolução: havia apenas um hospital rural com 10 leitos em 1958. Em 1968, já havia 47 hospitais na zona rural, com 1.350 leitos - número ainda insuficiente, mas extremamente positivo, considerando a dimensão da precariedade anterior (CEPAL, 1980, p. 122; Rodríguez, 1969, p. 41-42).

Além disso, no transcorrer de 10 a 15 anos de revolução, as taxa de mortalidade por problemas considerados típicos dos países subdesenvolvidos, como doenças diarreicas, parto, tuberculose e tétano, que estavam entre as primeiras causas de morte na ilha antes de 1959, se reduziram, respectivamente, em 87%, 53%, 85% e 79%. Entre 1958 e 1968, os casos de poliomielite caíram excepcionais 99,7% (de 200 a 0,5 ao ano) (Rodríguez, 1969, p. 41-42; CEPAL, 1980, p. 141). Entre as cinco principais causas de morte em Cuba em 1958, estavam a enterite (e outras doenças diarreicas), enfermidades infantis, homicídios, tuberculose e nefrite/nefrose. Em 1976, as causas de morte em Cuba apresentavam os mesmos padrões dos países ditos desenvolvidos, constando em ordem: doenças do coração, tumores, doenças cardiovasculares, gripes/pneumonia e acidentes (CEPAL, 1980, p. 142). A formação de médicos, dentistas e técnicos de saúde se multiplicou por mais de 3 vezes entre 1961 e 1969, atingindo a relação de enfermeiras por médicos de três para um, igual à dos países considerados desenvolvidos (CEPAL, 1980, p. 127, 134). Entre 1959 e 1968 foram erguidos 20 laboratórios de saúde pública e 40 clínicas odontológicas estatais, antes inexistentes (Rodríguez, 1969, p. 41-42). No mesmo período de 10 anos, o número de hospitais quase quadruplicou (de 57 para mais de 200); o número de leitos hospitalares dobrou (de 21.780 para mais de 40 mil); foram criadas mais de 260 policlínicas (antes inexistentes), orientadas pela nova filosofia da saúde preventiva. A concentração dos hospitais, leitos e médicos na capital foi combatida pela revolução, como um exemplo de política contra a heterogeneidade estrutural, de maneira que, na década de 1960, estes itens apresentaram crescimento mais pronunciado nas áreas de maior risco. Entre 1958 e 1976, o número de leitos hospitalares cresceu em 65,3% em todo o país. Porém, em bases regionais foi visível a busca por equalizar as disparidades: em Pinar del Río o aumento foi de 161%, em Matanzas de 159%, em Las Villas de 87,9%, em Camaguey de 189% e no Oriente de 179%. Já em Havana, que concentrava 63,3% dos médicos e 61,7% dos leitos do país em 1958, o crescimento no mesmo período foi de apenas 10% (CEPAL, 1980, p. 123, 139).

Apesar da quantidade ainda insuficiente de hospitais que permaneceu ao menos até 1968, a saúde da população em geral melhorou devido a uma conjunção de políticas de bem estar social, tais como a proliferação de campanhas de vacinação; as campanhas de educação para saúde e erradicação do analfabetismo; o aumento do número de médicos e profissionais da saúde; o atendimento antecipado e preventivo a todas as famílias sem distinção; a melhora dos níveis nutricionais; a produção interna de medicamentos, que aumentou de 7 milhões de pesos em 1957 para 57 milhões de pesos em 1965; as policlínicas (preventivo-curativas) espalhadas em todos as partes do país; o acesso à água potável; as políticas para esporte e lazer, entre outras. Tudo isso fez de Cuba o país com a maior expectativa de vida ao nascer da América Latina, tendo crescido de 69,7 anos em 1960 para 71,2 anos em 1972 (CEPAL, 1980, p. 142-3).

No quer diz respeito à seguridade social, os dados são igualmente enfáticos. Em 1957, mais da metade dos trabalhadores cubanos estava fora do sistema de seguridade. Isso significava que quando mudavam de emprego (o que ocorria com alta frequência, sobretudo no meio rural), os trabalhadores perdiam a aposentadoria acumulada na ocupação anterior. Quando doentes, recebiam nada mais que três dias de salário ao mês e, em casos mais graves, no máximo nove dias ao ano. Em 27 de março de 1963, o governo cubano promulgou uma lei de seguridade social, que se propunha a universalizar sua cobertura. Por isso, os 154 mil beneficiários de 1959 se tornaram 363 mil em 1970 e 554 mil em 1975, representando um crescimento total de 2,5 vezes (CEPAL, 1980, p. 148-152). Ademais, como visto, foi eliminada a demissão dos funcionários estatais, havendo apenas outras formas de constrangimento no caso de absenteísmo.

No que diz respeito à habitação, Cuba também deu grandes saltos. Segundo o Censo de População e Habitação de 1953, o déficit latente (ou seja, a quantidade de moradias em situação precária de habitabilidade, reconhecido pelo próprio regime de Batista) alcançava 56% das casas participantes do censo, somando 1,2 milhões. Havia, ao mesmo tempo, 44 mil casas desocupadas na ilha, pertencentes às famílias ricas, proprietárias de mais de um imóvel. Segundo a CEPAL, entre 1953 e 1958, o crescimento do déficit latente de moradias foi de 28 mil casas ao ano, e já alcançava 812.000 casas em 1959. Com a revolução, a construção civil se tornou um ramo de intensa geração de empregos, e em 15 anos foram construídas 210.476 casas. Muitas delas foram erguidas pelas *microbrigadas*, que em 1971 somavam 205 unidades e organizavam um total de 4.500 trabalhadores. As casas com água encanada, que representavam 55,6% do total no censo de 1953, em 1970 já representavam 66,7%. Na zona rural, em 1953, apenas 45% das casas possuíam banheiros, dado que subiu para 61% em 1970. Ainda segundo o censo de 1953, 56% das casas possuíam iluminação elétrica, sendo que no campo apenas 8,7%. Em 1970, a iluminação elétrica havia alcançado 67% das casas cubanas e, no mundo rural, subido para 14% (CEPAL, 1980, p. 154-155, 162). O investimento em construção civil triplicou entre 1958 e 1968, sem que houvesse um escoamento de recursos para a especulação imobiliária, como aquele que recheava os cofres do próprio Batista na época da política do cimento (Rodríguez, 1969, p. 36). Todas estas transformações estruturais, responsáveis pela eliminação da segregação social, lançaram as bases de uma sociedade com um padrão de igualitarismo avesso à segregação social característica do subdesenvolvimento.

Desenvolvimento das forças produtivas

Apesar do fracasso do "grande salto" de 1970, seria um equívoco ignorar os avanços de infraestrutura promovidos no país entre 1958 e 1968, insuficientes em termos relativos, mas notáveis em termos absolutos. Em 10 anos, foram construí-dos 5 mil quilômetros de rodovias não canavieiras no país, atingindo um total de 15 mil quilômetros (ou seja, um crescimento de 50%). As ferrovias açucareiras, que somavam 9 mil quilômetros em 1958, atingiram 12 mil quilômetros em 1968 (ampliação de 33%). A capacidade de passageiros das ferrovias se expandiu em 49% entre 1964 e 1968. A frota mercante cubana cresceu de 14 para 49 barcos entre 1958 e 1968, o que representava uma ampliação de 50 mil para 262 mil toneladas de capacidade (isto é, um aumento de 5,24 vezes). A frota aérea cuba-na também cresceu significativamente, de 14 aviões em 1960 para 27 em 1967, representando um aumento de capacidade de 140 mil para 500 mil passageiros (ou seja, 3,6 vezes). Tudo isso foi acompanhado por uma mudança no perfil de importação, dando prioridade para o transporte coletivo: entre 1952 e 1957, 71% dos veículos automotores importados pela ilha eram individuais, 19% ônibus e 10% caminhões. Já entre 1960 e 1968, este perfil se inverteu: apenas 8% da frota importada correspondia a automóveis individuais, 54% a caminhões e 38% a ôni-bus (Rodríguez, 1969, p. 36, 39-40).

Da mesma forma, ainda que estivessem aquém das metas estipuladas pelas batalhas simultâneas e que tivessem sofrido as graves distorções da safra de 1970, outros ramos da economia cubana apresentaram crescimento importante, seguin-do o informe de Carlos Rafael Rodríguez à reunião da CEPAL de 1969. A produ-ção de níquel, por exemplo, havia dobrado entre 1958 e 1968 (de 18 para 37 mil toneladas); o consumo de barras e placas de aço produzidas dentro da ilha para manutenção e reparação também dobrou entre 1956 e 1968. No mesmo período, o setor de cimento se expandiu em 42%, alcançando uma capacidade produtiva de 1,366 milhões de toneladas; a produção de papel duplicou; a produção de vidro cresceu 80%; o consumo de eletricidade se expandiu 85% e a produção de energia se ampliou em 58% (Rodríguez, 1969, p. 32-33, 41). Esta tendência de expansão produtiva sofreu um impacto brusco em 1970, mas não podemos deixar de consi-derá-la significativa para efeito comparativo do desenvolvimento econômico das décadas de 1950 e 1960.

Após o traumático ciclone Flora de outubro de 1963 e o discurso de Fidel Castro sobre a necessidade de aproveitar a violência da natureza para desenvolver o país, adotou-se tal diretriz de modo que o volume das águas represadas apre-sentou extraordinário crescimento de 97% entre 1958 e 1968, totalizando um bi-lhão de metros cúbicos armazenados. Além da seca de 1962, Cuba atravessara as secas de 1965 e 1967, cujos impactos já puderam ser reduzidos pela ampliação do sistema hidráulico nacional. Os investimentos em construções hidráulicas, que alcançaram 8,7 milhões de pesos em 1963, chegaram a 180 milhões de pesos em 1968 - isto é, um crescimento de 20 vezes.

Em termos de desenvolvimento agropecuário, Rodríguez relatou à CEPAL que a quantidade de maquinaria agrícola e insumos iria quintuplicar na ilha em 1970, na sua comparação com 1960, meta que provavelmente não foi atingida devido às dificuldades de importação na safra de 1970 relatadas anteriormente. Mais uma vez, porém, a meta era tão ousada que, mesmo não sendo cumprida, proporcionava um crescimento absoluto notável em relação a década de 1950. Planejava-se também a construção de 50 pistas de pouso de avião para fertilizar 75.000 *caballerías*. O processo de inseminação artificial também evoluiu durante a década de 1960. Em 1964, havia 114 mil fêmeas grávidas, com capacidade de 2 litros de leite ao dia. Já em 1968, Cuba possuía 2 milhões de fêmeas grávidas, com capacidade de 10 litros de leite ao dia. A capacidade pesqueira da ilha também cresceu em termos absolutos: entre 1964 e 1968, foram erguidas 400 novas unidades de pesca, fazendo com que em 1967 a ilha obtivesse quase 63 mil toneladas de peixe, o triplo de 1958 (Rodríguez, 1969, p. 23, 26-27, 38).

O uso da superfície agrícola cubana também evoluiu significativamente, a partir da ruptura com a finalidade especulativa da terra. Se em 1961, ainda havia 75.000 *caballerías* ociosas na ilha, como relatou Rodríguez à CEPAL, em 1969, apenas 7.500 *caballerías* de terras permaneciam sem uso, destacadamente as mais ineficientes (Rodríguez, 1969, p. 26).

A distância entre o crescimento econômico absoluto (positivo) e o desenvolvimento em relação às metas (negativo) pode ser dimensionada a partir de alguns dados sobre a economia cubana nos anos 1980 (Lecuona, 2009, pp.235-6, 244): 75% das peças da indústria açucareira eram produzidas em Cuba; a indústria açucareira apresentava capacidade 15% maior que em 1958; dois terços do corte da cana estavam mecanizados; atingiu-se um rendimento recorde de 64,1 toneladas de cana/hectare;[16] havia 20 vezes mais fertilizantes e 20 vezes mais irrigação que em 1958; foi viabilizado o aproveitamento do subproduto do açúcar

---

16   Lembrando que a meta de rendimento agrícola estabelecida para a safra de 1970 era de 53 toneladas de cana/hectare (Roca, 1971, p. 15).

(rum, papel de bagaço, alimento animal, derivados químicos, etc.).[17] Todos estes dados estavam consideravelmente aquém daquilo que os dirigentes da revolução planejaram, contudo, não deixavam de ser um incremento importante em relação às estatísticas pré-revolucionárias. A grande disparidade, como se vê, ocorria entre a base econômica e o desenvolvimento social igualitário, sendo este financiado pelos mecanismos de auxílio externo e pela política de racionamento.

Apesar das insuficiências técnico-econômicas e da perpetuação da excessiva especialização açucareira, a CEPAL produziu um relatório, ao final da década de 1970, no qual enfatizou a transformação da estrutura agrária cubana no sentido da estratégica superação da *plantation*. Sintetizaram:

> Não obstante a permanência destes traços estruturais, o funcionamento da economia havia variado significativamente como consequência das modificações dos padrões da propriedade e na forma de organização econômica, o que havia levado a superação do modelo próprio de uma economia clássica de *plantation*. Com efeito, se bem que a indústria açucareira seguisse constituindo o setor chave, assentaram-se as bases para que esta operasse com novas técnicas e métodos de organização. Assim, a produção canavieira modificou seu perfil; a atividade de submeteu a uma crescente mecanização e se introduziram tanto linhagens de maior produtividade, como variedades com distinto período de maturação - precoce, médios ou tardios -, que permitiram atenuar os efeitos de uma safra prolongada, mediante a organização tanto geográfica como temporal da colheita (1980, p. 173).

Contudo, todo esse engrandecimento econômico de Cuba não teria sido suficiente para, por exemplo, alterar a composição da força de trabalho que, em 1969, ainda era 50% agrícola (Silverman, 1978, p. 174). Correlacionando as exigências postas pelas finalidades da revolução e sua base técnico-econômica, constata-se uma disparidade histórica. A relação entre meios e fins do processo revolucionário cubano será objeto de nossas últimas considerações.

---

17   Muitas ressalvas ecológicas a esse modelo de produção agropecuária foram elaboradas pelos cubanos nos anos 1990. Hoje, o paradigma agroecológico é a tendência predominante no país.

Subdesenvolvimento, socialismo e a racionalidade do possível

Ao desmontar o círculo vicioso da dupla articulação e estabelecer finalidades propriamente nacionais para o desenvolvimento, Cuba se lançou ao desafio de romper com os processos irracionais de acumulação determinantes do subdesenvolvimento. Só a partir desta ruptura, seria possível criar um sentido democrático e social à sua base econômica. A formação das estruturas adequadas às necessidades da população exigia a definição das novas finalidades orientadoras do desenvolvimento e a integração nacional em torno destas. Esta integração deveria ocorrer em duas dimensões: por um lado, a constituição das bases culturais e dos nexos morais que organizassem a vontade política da coletividade nacional, isto é, disseminassem as finalidades da revolução como valores compartilhados; por outro, a formação de um sistema econômico nacional adequado à sustentação de tais finalidades. Essas tarefas não seriam plenamente possíveis sem a constituição de centros internos efetivamente capazes de tomar decisões sobre os rumos e os ritmos do desenvolvimento nacional.

Florestan Fernandes definiu que a edificação da sociedade socialista dependia destes dois fatores simultâneos e insubstituíveis. De um lado, o desenvolvimento do "homem novo", a revolução cultural, moral e psicológica orientada pelas novas finalidades do igualitarismo e da soberania nacional. De outro, as forças produtivas, a revolução técnica e econômica, os meios capazes de erguer aquelas finalidades (Fernandes, 2007, p. 219). Pela complexidade de ambos, Florestan alertou: "o socialismo revolucionário não gera milagres: o subdesenvolvimento só pode ser suplantado gradualmente" (2007, p. 36).

Fidel Castro estava consciente da necessidade de coordenação destes dois processos da criatividade, técnico-econômico e cultural, quando, no Primeiro Congresso do Partido Comunista de Cuba, em 1976, na ocasião de importação do Sistema de Direção e Planificação da Economia da União Soviética e aprovação do cálculo econômico, relembrou a importância dos estímulos morais. Sustentou que o capitalismo, por sua perversidade intrínseca levada ao paroxismo nas periferias do sistema, sempre seria mais eficiente que o socialismo na aplicação de "pressões econômicas". Era uma evidente ressalva aos modelos libermanistas radicais de concorrência empresarial e busca do lucro, que abandonavam o componente moral da construção socialista em troca da recomposição do mercado. Discursou Fidel:

> Os convencermos por um segundo da ideia de que nós podemos pres-
> cindir do trabalho ideológico sobre as massas ou podemos prescindir
> dos estímulos morais seria um grande erro, porque é impossível em
> absoluto que os mecanismos e estímulos econômicos no socialismo
> tenham a eficiência que têm no capitalismo, porque no capitalismo o
> único que funciona é o estímulo e a pressão econômica em plenitude
> absoluta: a fome, o desemprego, etc. Aqui, funcionam alguns estímu-
> los econômicos bastante restritos, que se usam como mecanismos para
> melhorar a eficiência da economia, para premiar justamente aos tra-
> balhadores e coletivos de trabalhadores que mais aportem à sociedade
> com seu trabalho... Os estímulos morais têm que ser ampliados, porque
> na realidade temos falado muito do estímulo moral e temos dado pou-
> cos estímulos morais (*apud* CEPAL, 1980 p. 28).

Em Cuba, os dois processos da criatividade (cultural e tecnológico), entre-
laçados no projeto socialista, estavam condicionados pelas estreitas bases econômicas disponíveis, produto de séculos de exploração colonial e de subdesenvolvimento, e ainda insuficientes para uma ruptura completa com o passado. Os
avanços e limites desta ruptura são plenamente visíveis nas transformações revolucionárias da estrutura agrária.

A estrutura agrária da *plantation* foi modificada em três dimensões essenciais: em seu regime de propriedade, em seu regime de cultivos e em seu regime
de trabalho. Desde 10 de outubro de 1958, as modificações revolucionárias no
regime de propriedade estavam organicamente guiadas pela edificação do igualitarismo e da soberania nacional. A ruptura com o regime de propriedades da
plantation modernizada atravessou um processo de guerra de classes. Quando os
interesses do grande latifúndio nacional e estrangeiro foram formalmente derrotados em 17 de maio de 1959 e o caráter socialista da revolução declarado em 16
de abril de 1961, o regime de propriedades cubano entrou em um novo patamar
de reestruturação, que logo desencadeou polêmicas sobre as formas econômicas
agrárias da transição. Em 10 de outubro de 1963, uma nova batalha foi vencida
contra o capitalismo dependente e a propriedade privada da terra se reduziu ao
campesinato, em grande parte aliado do governo revolucionário. Neste intervalo,
muitas polêmicas orientaram o novo regime de propriedade: o pequeno debate
agrário (entre cooperativas e granjas estatais); o grande debate (entre o cálculo
econômico e o sistema orçamentário) e o debate sobre o campesinato (princípio
da voluntariedade). Até que o novo regime de propriedades se completasse e es-

tabilizasse, em 1970, com aproximadamente 85% da superfície da ilha ocupada por propriedades estatais e 15% por propriedades camponesas. A ruptura com a estrutura latifúndio-minifúndio, um dos pilares da *plantation*, foi completa.

Já o regime de cultivos sofria mais diretamente a influência da inserção econômica internacional. Por conta da estreiteza da base econômica especializada e do limitado horizonte de opções aberto para utilização do excedente, o regime de cultivos da revolução não logrou completar sua ruptura com a *plantation* modernizada. Isto porque a trajetória de transformações do regime de cultivos respondeu diretamente aos distintos momentos da inserção internacional cubana. Diante do bloqueio estadunidense rumou-se para a diversificação territorialmente desorganizada como garantia emergencial de soberania alimentar. Diante do convênio de 1964 com a União Soviética, rumou-se para a recuperação dos canaviais. A diversificação especializada, projeto que refletia uma autêntica necessidade nacional, foi secundarizada pela estratégia exportadora. Era o percurso mais racional entre todas as possibilidades estudadas pelos dirigentes da revolução – isto é, era a racionalidade do possível. Em suma, o regime de cultivos não logrou romper com as determinações dos mercados externos, porque as escolhas a seu respeito refletiam mais diretamente um horizonte de opções estreito, pressionado pelas conjunturas internacionais. A especialização canavieira, este outro pilar da *plantation* modernizada, não foi superado. Como sustentou Florestan Fernandes: "Cuba foi vítima, primeiro, de seu 'atraso relativo' e, em seguida, do seu progresso desigual" (2007, p. 61). Por outro lado, o caráter especulativo da monocultura foi profundamente minimizado, ou até eliminado, já que a proibição da ociosidade da terra e o fim das relações de arrendamento e subarrendamento foram medidas incorporadas pela coletividade nacional, como parte de um novo universo de valores, entre os quais estava o combate às atitudes especuladoras.

Enfim, o regime de trabalho típico da *plantation* modernizada se alterou profundamente. Em primeiro lugar, como visto, ocorreu uma brusca alteração do perfil de emprego da ilha, o que colaborou para a superação do desemprego estrutural e o surgimento de um "*tiempo muerto* às avessas", isto é, a escassez de braços para a colheita da cana, uma vez que os trabalhadores eram atraídos por novas oportunidades profissionais e educacionais surgidas no seio de tantas mudanças. Dos 500 mil trabalhadores historicamente dispensados na entressafra, aproximadamente 75% foram incorporados por outros ramos entre 1959 e 1970 (ver capítulo 3). O fim do desemprego, junto com a ausência da repressão cotidiana do capataz capitalista, da desvinculação entre o salário e a norma agrícola, da melhoria geral do bem estar social e da escassez de bens de consumo disponíveis no mercado foram fatores corresponsáveis pela importante queda da produtividade do trabalho registrada na década de 1960. Superar a extração violenta do excedente na agricultura, regime de trabalho próprio da *plantation*, significou afrouxamento das coerções capitalistas nas relações de produção. Junto da insuficiência na incorporação de tecnologia e dos argumentos em defesa da economia moral, esse processo fez generalizar a política do trabalho voluntário, que amalgamava componentes contraditórios da consciência política e da coerção moral. Isto é, novas contradições profundas foram criadas e o novo regime de trabalho ainda foi objeto de muitas controvérsias.

Entre 1959 e 1970, a trajetória do excedente refletiu essas contradições. Primeiro, as finalidades da revolução que orientaram a *utilização* do excedente foram determinadas de acordo com as necessidades da população, passo inicial imprescindível para a superação do subdesenvolvimento. Segundo, os modelos de transição socialista e de integração nacional que organizaram os mecanismos de *apropriação* do excedente foram traçados com soberania pelo governo revolucionário, percorrendo polêmicas, adaptações e correções que afetaram diretamente o regime de propriedades agrárias. Terceiro, o regime de cultivos permaneceu especializado, decisão estrutural da esfera da *geração* de excedentes, determinada pela inserção cubana no bloco soviético especificamente tensionado pela Guerra Fria.

Por tudo isso, o fracasso da safra de 1970 representou a frustração do primeiro salto de uma estratégia de desenvolvimento orientada para superar a vulnerabilidade do regime de cultivos e alargar as bases econômicas da ilha, de modo a reduzir a influência da inserção internacional nas suas estruturas produtivas. Não superada esta vulnerabilidade, fortaleceu-se a determinação externa da estrutura agrária cubana, prolongando indefinidamente a necessidade da especialização. Neste processo, o "modelo cubano" de transição ao socialismo e de integração nacional, em termos econômicos e culturais, tropeçou, o que significa que os mecanismos organizadores da *apropriação* do excedente tiveram que se readequar a tal fracasso: a economia moral deu lugar ao modelo soviético de planejamento. As bases econômicas não se alargaram como o previsto. Ao contrário, suas distorções se agravaram como nunca. E Cuba teve de ingressar ao CAME consciente do estreitamento de seu horizonte de opções.

A adaptação do modelo cubano ao Sistema de Direção e Planificação da Economia da União Soviética entre 1972 e 1976 indica que houve uma ampliação das determinações externas não apenas sobre o processo de *geração* de exceden-te, mas também sobre os mecanismos de *apropriação* do excedente. Isso porque, frustrada a tentativa de alargar as bases econômicas da ilha em um "grande salto", ampliadas algumas distorções estruturais, e restringidas as margens de negocia-ção para o financiamento externo, se fez necessário criar uma hierarquia entre as próprias finalidades da revolução. Entre o igualitarismo e a soberania nacional, o governo revolucionário optou por garantir o primeiro em troca da confiança e aceitação dos modelos estrangeiros de transição ao socialismo, flanco no qual até então se havia sustentado a originalidade e autenticidade das experiências na-cionais. Se nos anos 1960 a dependência econômica externa coexistiu com um horizonte relativamente alargado de soberania nacional, o mesmo não ocorreu dos anos 1970 em diante. Em 1969, Furtado sintetizou o impasse histórico vivido pela revolução cubana com as seguintes palavras:

> A revolução cubana ainda se encontra na busca por um modelo de or-ganização econômica. Esta busca tendeu a prolongar-se em razão do conflito filosófico, que se encontra na raiz das revoluções socialistas, entre os que supõem que a reconstrução do homem, tarefa prioritária, somente é compatível com a maximização da racionalidade formal no sistema de produção em uma fase avançada do processo, e os que afir-mam que nenhuma vitória no plano humano será duradoura se não se amplia substancialmente, desde o início, a base material da sociedade. Parece fora de dúvida, após dez anos de Revolução, que o momento de ampliação da base material da sociedade já não poderá ser postergado por muito tempo. E esse objetivo somente poderá ser alcançado se se dotar o país de um sistema econômico realmente eficaz (1969, p. 352).

Postergar o alargamento da base econômica tinha seu preço. Mas na senda estreita do subdesenvolvimento ao socialismo, seria possível lograr este alarga-mento de modo imediato? Como mencionou Florestan Fernandes, o socialismo não gerava milagres. É fundamental constatar que a escolha cubana, ao aprofun-dar a dependência econômica e o fluxo de excedentes decorrente da vantagem geopolítica, sustentou de modo inegociável o igualitarismo, as conquistas sociais, culturais e materiais da revolução. Assim, apesar da absorção dos modelos es-trangeiros de organização econômica, da redução relativa da soberania nacional, da permanência da especialização e do padrão agroexportador, Cuba atingiu um patamar de desenvolvimento igualitário sem precedentes na América Latina, manteve-se orientada para as necessidades da população e referenciada por um paradigma civilizatório marcadamente superior ao capitalismo dependente.

Por fim, a permanência dos traços do subdesenvolvimento na ilha encontraria ainda outra determinação, relacionada com a proeminência da vantagem geopolítica no esquema de geração de excedente, que foi sinalizada por Regalado:

> Faz-se uma política social que não se sustenta com base econômica própria. Um país como Cuba, nas condições de 1959-1963, não podia simultaneamente fazer tudo o que fez, como educação gratuita para todo mundo, saúde gratuita para todo mundo, hospitais bons para todos, moradia, elevar os salários, baixar aluguéis... O que lhe supria? Duas coisas. Uma: a ajuda externa dava o sustento que lhe permitia construir escolas, hospitais, etc. E segundo, o problema que estamos vivendo hoje, dos salários muito baixos. Como você não tem que se financiar, se adotou conscientemente uma política de baixar os salários. Porque em definitivo, o Estado lhe oferece educação, saúde, moradia em condições de concessão, e você não tem que pagar isso de seu salário. Para que resta o salário? Bom, para alimentação e vestuário, que inclusive estão na *libreta* de abastecimento, ou seja, há uma restrição. Que ocorre, então? Prolonga-se demasiado no tempo. Se você vai viver em condições de exceção, vai viver por 5 ou 10 anos. Mas de 5 em 5 anos... Então quando cai a União Soviética, um dos pilares que permitia manter os serviços sociais gratuitos cai (2012).

Efetivamente, o impulso externo da geração de excedente ocasionou a perda da percepção objetiva da própria base econômica nacional. Em outras palavras, com o passar dos anos, a sociedade cubana se viu relativamente anestesiada em relação às pressões econômicas imediatas por conta das facilidades obtidas por meio das vantagens geopolíticas, o que, por um lado, condicionou a continuidade da sua posição agroexportadora, e por outro, amplificou o impacto da queda ocasionada pelo colapso soviético.

Enfim, a adequada correlação entre os dois processos de criatividade para a superação do subdesenvolvimento, isto é, a formação de uma base econômica nacionalmente integrada, organicamente determinada pelas necessidades da população e suficientemente ampla para garantir uma margem de soberania se deparou com alguns obstáculos estruturais de difícil transposição. As finalidades do projeto revolucionário, estabelecidas de acordo com estas necessidades, criaram um patamar importante de controle nacional sobre os rumos do desenvolvimento. Contudo, a insuficiência dos meios técnico-econômicos exigiu permanentes adaptações, ajustes e correções dos ritmos deste desenvolvimento, fundamentalmente determinados de fora para dentro pelas conjunturas internacionais. Ademais, a estreiteza da base econômica e os obstáculos ao seu alargamento, contra os quais o país se chocou em 1970, exigiram que se produzissem adaptações relativas das finalidades através de sua hierarquização. Sendo assim, o igualitarismo se tornou o leme inegociável do projeto revolucionário, enquanto a soberania foi relativamente ajustada às exigências do contexto internacional, refletindo diretamente na permanência da especialização agroexportadora da ilha. Conforme os tortuosos caminhos da escolha tecnológica, Cuba foi contornando obstáculos sempre um pouco mais lentamente do que sua própria expectativa, encontrando mais bloqueios do que se podia supor pelo otimismo da vontade. Mesmo em tempos difíceis, permaneceu com controle dos rumos de seu desenvolvimento, cujos ritmos, a rigor, dependiam das condições externas. Permaneceu, acima de tudo, como exemplo da possibilidade concreta de outro paradigma civilizatório, afrontando aqueles que insistem em predizer o fim da história.

BIBLIOGRAFIA

LIVROS E ARTIGOS

AMIN, Samir. *O desenvolvimento desigual: ensaio sobre as formações sociais do capitalismo periférico*. 1ª ed. Rio de Janeiro: Forense-Universitária, 1976.

ARANDA, Sergio. *La revolución agraria en Cuba*. 1ª ed. Mexico: Siglo XXI, 1968.

BARKIN, David; MANITZAS, Nita R. (Org.). *Cuba: camino abierto*. 1ª ed. México: Siglo XXI, 1978.

_____. *A agricultura, base do desenvolvimento em Cuba*. 1ª ed. Portugal: Liber, 1976

BARRIOS, Adelfo M. *La ANAP: 25 años de trabajo*. 1ª ed. La Habana: Editora Política, 1987.

BETTELHEIM, Charles. *A luta de classes na União Soviética*. 1ª ed. Rio de Janeiro: Paz e Terra, 1976.

_____. "Formas e métodos do planejamento socialista e nível de desenvolvimento das forças produtivas". In: GUEVARA, Ernesto. *Textos econômicos para a transformação do socialismo*. 1ª ed. São Paulo: Edições Populares, 1982.

BORREGO, Orlando. *Che, el camino de fuego*. 2ª ed. Buenos Aires: Hombre Nuevo, 2002.

BOTI, Regino. "El Plan de la Economía Nacional de Cuba para 1963". In: BELL, José; LÓPEZ, Délia L., CARAN, Tania (Orgs.), *Documentos de la Revolución Cubana 1963*. 1ª ed. La Habana: Editorial de Ciencias Sociales, 2011.

BUKHÁRIN, N. "O partido e o bloco da oposição". In: *A Nova Política Econômica (NEP): – capitalismo de Estado, transição e Socialismo*. Bertelli, Antonio (org.). 1ª ed. São Paulo: Global, 1987.

_____. "The new economic policy of soviet Russia". *The new policies of soviet Russia*, Chicago: C.H. Kerr & Co., 1921, p. 43-64. Acesso em 15 jan.2016: http://www.marxists.org/archive/bukharin/works/1921/07/08.htm.

CASTRO, Fidel; BOTI, Regino; PAZOS, Felipe. *El pensamiento político, económico y social de Fidel Castro*. 1ª ed. La Habana: Editorial Lex, 1959.

CHONCHOL, Jacques. *La reforma agraria cubana: realizaciones y perspectivas. Informe Final de Misión el Gobierno Cubano*. La Habana: FAO, 1961.

_____. "Análisis Crítico de la reforma agraria cubana". In: *Trimestre económico* nº117, Ciudad de México: Fondo de Cultura Económica, 1963.

DOBB, Maurice. *El desarrollo de la Economía Soviética desde 1917*. 1ª ed. Madri: Tecnos, 1972.

DUMONT, René. *Cuba: socialism and development*. 1ª ed. New York: Grove, 1970.

EDQUIST, Charles. *Capitalism, socialism and technology: a comparative study of Cuba and Jamaica*. 1ª ed. New Jersey: Zed, 1985.

EMMANUEL, Arghiri. *A Troca Desigual*. 1ª ed. v. 1. Lisboa: Estampa, 1973.

FERNANDES, Florestan. *Da guerrilha ao socialismo: A revolução cubana*. 1ª ed. São Paulo: Expressão Popular, 2007.

_____. "Os enigmas do círculo vicioso". In: PRADO JUNIOR, Caio, *História e desenvolvimento*. 3ª ed. São Paulo: Brasiliense, 2001.

FRAGINALS, Manuel M. *O Engenho: Complexo econômico-social cubano do açúcar*. 1ª ed. v. 2, v. 3. São Paulo: Ed. Unesp, 1989.

FURTADO, Celso. *Formação econômica da América Latina*. 1ª Rio de Janeiro: Lia Editor, 1969.

_____. *O mito do desenvolvimento econômico*. 1ª ed. São Paulo: Paz e Terra, 1974.

_____. *Prefácio à nova economia Política*. 3ª ed. Rio de Janeiro: Paz e Terra, 1977.

_____. *Pequena introdução ao desenvolvimento*. 2ª ed. São Paulo: Ed. Nacional, 1981.

_____. "A Superação do Subdesenvolvimento". In: *Revista Economia e Sociedade*, nº 3. Campinas: Instituto de Economia - UNICAMP, dez/94.

GALEANO, Eduardo. *As Veias Abertas da América Latina*. 44ª ed. Rio de Janeiro: Paz e Terra, 2004.

GRAY, Lewis. *History of agriculture in the southern United States to 1860*. 1ª ed. Gloucester, Mass.: Peter Smith, 1958.

GUERRA, Ramiro. *Azúcar y población en las Antillas*. 1ª ed. La Habana: Editorial de Ciencias Sociales, 1970.

GUEVARA, Ernesto. *Textos Econômicos para a transformação do socialismo*. 1ª ed. São Paulo: Edições Populares, 1982.

_____. *Punta del Este. Proyecto Alternativo de desarrollo para América Latina.* 1ª ed. Nova York/La Habana: Ocean Press/Centro de Estudios Che Guevara, 2003.

_____. *El Gran Debate sobre la economía cubana 1963-1964.* 1ª ed. New York: Ocean Press, 2006.

_____. *Che Guevara Presente: antología mínima.* 1ª ed. La Habana: Editorial de Ciencias Sociales/Ocean Sur/Centro de Estudios Che Guevara, 2011.

GUTELMAN, Michel. *A agricultura socializada em Cuba.* 1ª ed. Lisboa: Prelo, 1975.

HEREDIA, Fernando M. *La crítica en tiempo de Revolución. Antología de textos de Pensamiento Crítico.* 1ª ed. Santiago de Cuba: Editorial Oriente, 2010.

HOBSBAWM, Eric. *A Era dos extremos, o breve século XX (1914-1991).* 2ª ed. São Paulo, Companhia das Letras, 2003.

HUBERMAN, Leo; SWEEZY, Paul. *Cuba: anatomia de uma revolução.* 1ª ed. Rio de Janeiro: Zahar, 1960.

JIMENEZ, Guillermo. *Las empresas en Cuba, 1958.* 1ª ed. Miami, Ediciones Universal, 2000.

LE RIVEREND, Julio. *Historia económica de Cuba.* 1ª ed. Barcelona: Ediciones Ariel, 1972.

LECUONA, Oscar Z. *Economía azucarera en Cuba.* 1ª ed. Havana: Editorial de Ciencias Sociales, 2009.

LÊNIN, Vladimir. *O imperialismo: fase superior do capitalismo.* 1ª ed. São Paulo: Global, 1979.

_____. "The Tax in Kind". In: Lênin's *Collected works*, 1ª ed, v. 32. Moscou: Progress Publishers, 1965. Acesso em 15 jan.2016: http://www.marxists.org/archive/lenin/works/1921/apr/21.htm.

LOBAINA, Esther O. *Teoría y práctica en el proceso revolucionario cubano 1959-1960.* Inédito.

_____. *Las transformaciones políticas y económicas en Cuba 1959-1961.* Inédito.

LÓPEZ, Fernando C. *La Industria azucarera en Cuba.* 1ª ed. La Habana: Editorial de Ciencias Sociales, 1982.

LOWY, Michael. *O pensamento de Che Guevara*. 3ª ed. São Paulo: Expressão Popular, 2001.

LUKÁCS, George. *História e consciência de classes: estudos sobre a dialética marxista*. São Paulo: Martins Fontes, 2003.

MANDEL, Ernest. "O debate econômico em Cuba durante o período de 1963-1964". In: GUEVARA, Ernesto. *Textos Econômicos para a transformação do socialismo*. 1ª ed. São Paulo: Edições Populares, 1982a.

_____. "As categorias mercantis no período de transição". In: GUEVARA, Ernesto. *Textos econômicos para a transformação do socialismo*. 1ª ed. São Paulo: Edições Populares, 1982b.

MAO JUNIOR, José R. *A Revolução Cubana e a Questão Nacional (1868-1963)*. 1ª ed. São Paulo: Núcleo de Estudos d'O Capital, 2007.

MARTÍ, José. *Nuestra America*. 3ª ed. Caracas: Fundación Biblioteca Ayacucho, 2005.

MASSARI, Roberto. *Che Guevara: pensamiento y política de la utopía*. 1ª ed. Navarra: Txalaparta, 2007.

MARX, Karl. *O Capital. Crítica da economia política*. Livro I, *O Processo de Produção do Capital*. 23ª ed. v. 1 e v. 2. Rio de Janeiro: Civilização Brasileira, 2006.

_____. "Crítica ao Programa de Gotha". In: ANTUNES, R. (Org.), *A dialética do trabalho*. 4ª ed. São Paulo: Expressão Popular, 2005.

_____. *A Nacionalização da Terra*. In: *Obras escolhidas*. Lisboa/Moscou: Progresso/Avante!, 1982. Acesso em 15 jan.2016: http://www.marxists.org/portugues/marx/1872/06/15.htm

MARX, Karl; ENGELS, Friedrich. *A ideologia alemã*. 1ª ed. São Paulo: Boitempo, 2007.

_____. *O manifesto comunista*. 1ª ed. Rio de Janeiro: Garamond, 1998.

MESA-LAGO, Carmelo. "Cuba: teoria y práctica de los incentivos". In: *Latin american studies* nº 7, Occasional Papers, June/1971.

MILLS, Wright. *A verdade sobre Cuba*. 1ª ed. Rio de Janeiro: Zahar, 1961.

NOYOLA, Juan. *La economía cubana en los primeros años de la revolución y otros ensayos*. 1ª ed. Ciudad de Mexico, D.F.: Siglo Veintiuno, 1978.

_____. "La revolución cubana y sus efectos en el desarrollo económico". In: *El Trimestre Económico n° 111*, Ciudad de México: Fondo de Cultura Económica, 1961.

NUÑEZ JIMENEZ, Antonio. *La reforma agraria en la Revolución Cubana*. Disertación en la Academia de Ciencias de Cuba. La Habana, 17/05/1966.

PERICÁS, Luiz Bernardo. *Che Guevara e o debate econômico em Cuba*. 1ª ed. São Paulo: Xamã, 2004.

PINO-SANTOS, Oscar. *Cuba: historia y economía*. 1ª ed. La Habana: Editorial de Ciencias Sociales, 1983.

PINTO, Aníbal. "Heterogeneidade estrutural e modelo de desenvolvimento recente". In: Serra, J. (Coord.) *América Latina: ensaios de interpretação econômica*. 1ª ed. Rio de Janeiro: Paz e Terra, 1979.

PRADO JUNIOR, Caio. *Formação do Brasil contemporâneo*. 23ª ed. São Paulo: Brasiliense, 1994.

_____. *A revolução brasileira*. 7ª ed. São Paulo: Brasiliense, 2004.

_____. *História e desenvolvimento*. 3ª ed. São Paulo: Brasiliense, 2001.

PREBISCH, Raúl. "El desarrollo económico de la América Latina y algunos de sus principales problemas". In: *Desarrollo económico*, v. 26, n°103. Buenos Aires: IDES, Oct.-Dez/1986, p.479-502.

PREOBRAJENSKI, Eugenio. *A nova econômica*. Trad.: Leôncio Martins Rodrigues. Rio de Janeiro: Paz e Terra, 1979.

RAMOS, Pedro. "Os mercados de açúcar e a evolução da agroindústria canavieira do Brasil entre 1930 e 1980: do açúcar ao álcool para o mercado interno". In: *Revista economia aplicada*, São Paulo, V. II, N.4, p. 559-585, out--dez/2007.

REGALADO, Antero. *Las luchas campesinas en Cuba*. 1ª ed. La Habana: Editorial ORBE, 1979.

RODRÍGUEZ, Carlos Rafael. *Letra con filo*. Tomos I y II. 1ª ed. La Habana: Editorial de Ciencias Sociales, 1983.

_____. *Cuba en el tránsito al socialismo (1959-1963)*. 1ª ed. Ciudad de México: Siglo XXI, 1978.

_____. *Cuba: ejemplo de América*. 1ª ed. Lima: Fondo de Cultura Popular, 1969.

_____. *Seis meses de producción agropecuaria estatal. Conclusiones formuladas en el Consejo Ampliado dedicado a análisis de la producción agropecuaria en el primer semestre de 1964.* 1ª ed. La Habana: INRA, 1964.

RODRÍGUEZ GARCÍA, José L. *Dos ensayos sobre la economía cubana.* 1ª ed. La Habana: Editorial de Ciencias Sociales, 1984.

_____. *Estrategia del desarrollo económico en Cuba.* 1ª ed. La Habana: Editorial de Ciencias Sociales, 1987.

RODRÍGUEZ, Octavio. *Teoria do subdesenvolvimento da CEPAL.* 1ª ed. Rio de Janeiro: Forense-Universitária, 1981.

ROCA, Sergio. "Cuban economic policy and ideology: the ten million ton sugar harvest". In: *International studies series* no 4. 1ª ed. London: Sage Publications, 1976.

SAMPAIO JUNIOR, Plínio S. de Arruda. "O impasse da 'formação nacional'". In: FIORI, José Luis (org.). *Estados e moedas no desenvolvimento das nações.* 1ª ed. Petrópolis: Vozes, 2000.

SILVERMAN, Bertram. "Organización económica y conciencia social: algunos dilemas". In: BARKIN, David; MANITZAS, Nita R. (Org.), *Cuba: camino abierto.* 1ª ed. Ciudad de Mexico, D.F.: Siglo XXI, 1978.

_____. *Man and socialism in Cuba.* 1ª ed. New York: Atheneum, 1971.

VALDÉS PAZ, Juan. *Los procesos de organización agraria en Cuba, 1959-2006.* 1ª ed. La Habana: Fundación Antonio Nuñez Jimenez, 2009.

_____. *Procesos agrarios en Cuba 1959-1995.* 1ª ed. La Habana: Editorial de Ciencias Sociales, 1997.

VASCONCELOS, Joana Salém. Controversias Econômicas da Transição Soviética (1917 - 1929). In: *Revista verinotio,* nº 18, ano IX, out. 2013.

_____. Acumulação Socialista Originária e o Debate Econômico da Transição em Cuba. In: *Revista LEP,* n. 19, 2011.

DISCURSOS

CASTRO, Fidel. *La historia me absolverá*. La Habana: Editorial de Ciencias Sociales, 2007.

_____. *Discurso de Fidel Castro na segunda assembleia nacional do povo de Cuba*. Havana, 4 fev.1962. Acesso em 15 jan.2016: http://www.cuba.cu/gobierno/discursos/1962/esp/f040262e.html

_____. *Discurso de Fidel Castro no ato celebrado na Central Antonio Guiteras*. Las Tunas, 7 jul.1965. Acesso em 15 jan.2016: http://www.cuba.cu/gobierno/discursos/1965/esp/f070665e.html

_____. *Discurso de Fidel Castro no ato de entrega de diplomas aos 5.000 trabalhadores mais destacados da V safra do povo*. Santa Clara, 24 jul.1965. Acesso em 15 jan.2016: http://www.cuba.cu/gobierno/discursos/1965/esp/f240765e.html

_____. *Discurso de Fidel Castro no fechamento do XII Congresso da Central de Trabalhadores cubanos*. Havana, 29 ago.1966. Acesso em 15 jan.2016: http://www.cuba.cu/gobierno/discursos/1966/esp/f290866e.html

_____. *Discurso de Fidel Castro na comemoração do VI aniversário dos comitês de defesa da Revolução*. Praça da Revolução, Havana, 28 set.1966. Acesso em 15 jan.2016: http://www.cuba.cu/gobierno/discursos/1966/esp/f280966e.html

_____. *Autocrítica*. São Paulo: Centro Editorial Latino Americano, 1980.

_____. *Discurso de Fidel Castro no ato de recebimento dos onze pescadores sequestrados, em frente à Embaixada dos Estados Unidos*. Havana, 19 mai.1970. Acesso em 15 jan.2016: http://www.cuba.cu/gobierno/discursos/1970/esp/f190570e.html

_____. *Discurso de Fidel Castro no ata central do Primeiro de Maio*. Havana, 1º mai.1971. Acesso em 15 jan.2016: http://www.cuba.cu/gobierno/discursos/1971/esp/f010571e.html

_____. *Discurso de Fidel Castro na comemoração do XX aniversário do ataque ao quartel Moncada*. Santiago de Cuba, 26 jul.1973. Acesso em 15 jan.2016: http://www.cuba.cu/gobierno/discursos/1973/esp/f260773e.html

REVISTAS E PERIÓDICOS CUBANOS

Periódico Revolución

BOTI, Regino. "Discurso de Regino Boti en el Primer Fórum de la Reforma Agraria". La Habana: *Periódico revolución,* 04/07/1959.

_____. "La reforma agraria y la industrialización". La Habana: *Periódico revolución,* 11/07/1959.

CASTRO, Fidel. "Discurso de Fidel de clausura del Primer Fórum de la Reforma Agraria – parte 1". La Habana: *Periódico revolución,* 13/07/1959.

_____. "Discurso de Fidel de clausura del Primer Fórum de la Reforma Agraria – parte 2". La Habana: *Periódico revolución,* 14/07/1959.

CASTRO, Raúl. "Discurso de Raúl Castro al inaugurar el Primer Fórum de la Reforma Agraria". La Habana: *Periódico revolución,* 29 jun.1959.

PINO-SANTOS, Oscar. "Discurso de Pino-Santos en el Primer Fórum de la Reforma Agraria". La Habana: *Periódico revolución,* 02/07/1959.

Revista INRA

AGUIRRE, Gustavo. "La mayor producción de nuestra historia". *Revista INRA nº 2,* La Habana, 1961.

_____. "Cooperativas Cañeras: erradicando el monocultivo". *Revista INRA nº 11,* La Habana, 1960.

ARIAS, Santiago C. "Y fue 'zafra' en tiempo muerto". *Revista INRA nº 8,* La Habana, 1960.

_____. "Nicaro! Nicaro! Nicaro! Aquí, Moa! Adelante!". *Revista INRA nº 7,* La Habana, 1961.

AVALOS, Arturo A. "Un pueblo más, un latifundio menos". *Revista INRA nº 8,* La Habana, 1960.

BONILLA, Cepero. "El Convenio con la URSS: Cuba ejerce la soberanía nacional". *Revista INRA nº 3,* La Habana, 1960.

GARCÍA-HERNANDEZ, Adrian. "Sartre: un amigo de la revolución cubana". *Revista INRA nº 4,* La Habana, 1960.

INRA. "Criminal incendio de la caña". *Revista INRA nº 2,* La Habana, 1960b.

_____. "Las tiendas del pueblo". *Revista INRA nº 3,* La Habana, 1960c.

_____. "Entregan 279 títulos: la tierra para el que la trabaja". *Revista INRA nº 7*, La Habana, 1960d.

_____. "Unidos el pueblo y sus líderes en la gran tarea de producir". *Revista INRA nº 3*, La Habana, 1961a.

_____. "Avanza nuestra economía socialista: Discursos de la primera reunión nacional de producción". *Revista INRA nº 9*, La Habana, 1961b.

LEANTE, Cesar. "Una Zafra distinta". *Revista INRA nº 2*, La Habana, 1960.

MACIAS, Hiram. "La reforma agraria y el hombre: en un campo distinto, un campesino distinto". *Revista INRA nº 5*, La Habana, 1960.

MEDINA, Waldo. "Adiós a la aparceria". *Revista INRA nº 3*, La Habana, 1960.

MIRET, Pedro. "Así cumple con el pueblo el gobierno revolucionario la campaña de las semillas". *Revista INRA nº 4*, La Habana, 1960.

NUÑEZ JIMENEZ, Antonio. "El rostro del latifundio". *Revista INRA nº 1*, La Habana, 1960.

_____. "Un año de la reforma agraria". *Revista INRA nº 5*, La Habana, 1960.

OJEDA, Fabio. "Mayor Producción, Más consumo y menores precios". *Revista INRA nº 4*, La Habana, 1960.

PIÑEIRO, Andres V. "La economía cubana en 1960". *Revista INRA nº 11*, La Habana, 1960.

PINO-SANTOS, Oscar. "Raíz, estructura y ritmo de la reforma agraria cubana". *Revista INRA nº 1*, La Habana, 1960.

RODRÍGUEZ, Mario Ciria. "Fabrican en Cuba miles de piezas de repuesto". *Revista INRA nº 11*, La Habana, 1961.

Cuba socialista

MARANTE, Eduardo L. "La primera ley de reforma agraria: rasgos y características". In: *Cuba socialista nº 40*, p. 1-20, La Habana, 1989.

RODRÍGUEZ, Carlos Rafael. "Cuatro años de reforma agraria". In: *Cuba socialista nº 21*, maio de 1963a.

_____. "El nuevo camino de la agricultura cubana". In: *Cuba socialista nº 27*, outubro de 1963b.

_____. "La revolución cubana y el campesinado". In: *Cuba socialista nº 53*, janeiro de 1966.

ROMEO, Carlos. "Acerca del desarrollo económico". In: *Cuba Socialista nº 52*, La Habana, ago./1965.

Economía y desarrollo

ACOSTA, José. "La estrutura agraria y el sector agropecuário al triunfo de la revolución". In: *Economía y desarrollo nº 9*, p. 50-82, La Habana, 1972a.

_____. "Las Leyes de reforma agraria en Cuba y el sector privado campesino". In: *Economía y desarrollo nº 12*, p. 84-115, La Habana, 1972b.

_____. "Cuba: de la neocolonia a la construcción del socialismo". *Economía y Desarrollo nº 19*, La Habana, 1973.

HEREDIA, Fernando M. "La 3ª ley de la Sierra Maestra y la política agraria del Ejército Rebelde". In: *Economía y desarrollo nº 49*, La Habana, 1978.

Fundamentos

AGUIRRE, Severo. "La aplicación de la Ley de la reforma agraria en la industria azucarera". In: *Fundamentos nº 164,* p. 72-76, La Habana, 1960.

_____. "Sobre las cooperativas agrícolas". In: *Fundamentos nº?* , p. 77-87, La Habana, 1959.

Temas

VALDÉS PAZ, Juan; DÍAZ VÁSQUEZ, Julio A.; DÍAZ, Selma. "La Zafra de los diez millones: una mirada retrospectiva". In: *Revista Temas,* n.72, La Habana, oct-dec/2012.

DOCUMENTOS OFICIAIS DO GOVERNO CUBANO

BELL, José; LÓPEZ, Délia L., CARAN, Tania (Orgs.). *Documentos de la revolución cubana 1959.* 1ª ed. La Habana: Editorial de Ciencias Sociales, 2008a

_____. *Documentos de la Revolución Cubana 1960.* 1ª ed. La Habana: Editorial de Ciencias Sociales, 2007.

_____. *Documentos de la Revolución Cubana 1961.* 1ª ed. La Habana: Editorial de Ciencias Sociales, 2008b.

_____. *Documentos de la Revolución Cubana 1963*. 1ª ed. La Habana: Editorial de Ciencias Sociales, 2011.

CUBA. *Constitución Cubana de 1940*. Red Ediciones, 2011. http://books.google. com.br Acesso em 15 jan.2016.

_____. *El desarrollo industrial de Cuba - Presentado al simposio latinoamericano de industrialización*. 1ª ed. Santiago de Chile: CEPAL, mar/1966.

INRA. *Cooperativas Cañeras: orientación y reglamento*. La Habana: INRA, 03/05/1960a.

JUCEPLAN. *Boletín estadístico de 1970*. La Habana: JUCEPLAN, 1971.

_____. *Boletín estadístico de 1971*. La Habana: JUCEPLAN, 1972.

PADRINO, Ramón H. (org.). *Leyes agrarias revolucionarias promulgadas en 1959*. La Habana: INRA, 1960

CEPAL E FAO

CEPAL. *Estudio económico y social de América Latina y el Caribe*, Santiago de Chile: CEPAL, 1953.

_____. *El desarrollo social de América Latina en la postguerra. Decimo Periodo de Sesiones*. Mar del Plata: CEPAL, 1963.

_____. "La economía cubana en el periodo 1959-1963". In: *Estudio Económico y Social de América Latina y el Caribe*. Santiago de Chile: CEPAL, 1964.

_____. *Cuba: estilo de desarrollo y políticas sociales*. Ciudad de Mexico, D.F.: Siglo Veintiuno, 1980.

_____. *Los recursos naturales en América Latina, su conocimiento actual e investigaciones necesarias en este campo. II. El agua*. Mar del Plata: Decimo Periodo de Sesiones, 1963b.

_____. *El desarrollo social de América Latina en la postguerra*. Mar del Plata: Decimo Periodo de Sesiones, 1963c.

_____. *Los recursos naturales en América Latina, su conocimiento actual e investigaciones necesarias en este campo*. Mar del Plata: Decimo Periodo de Sesiones, 1963d.

_____. *Situación económica de América Latina*. Mar del Plata: Decimo Periodo de Sesiones, 1963e.

_____. *Acontecimientos y tendencias recientes en el intercambio de America Latina con la Comunidad Europea. Documento preparado por la Secretaria Ejecutiva.* Santiago de Chile, 1962.

_____. *Economic survey in Latin America, 1959.* CEPAL: Santiago de Chile, Junho de 1960.

CEPAL/FAO. *Problemas y perspectivas de la agricultura Latinoamericana. Documento preparado por la División Agrícola Conjunta CEPAL/FAO.* Mar del Plata: Decimo Periodo de Sesiones, 1963.

FAO. *Informe al Gobierno de Cuba sobre los antecedentes del Plan Perspectivo Pesquero,* 1966–1970. Basado en el trabajo de Manuel Achurra Larraín, Asesor Pesquero de la FAO. Rep. FAO/UNDP(TA), (TA 2268), 1966.

ENTREVISTAS

ÁVILA, Rolando. *Rolando Ávila: entrevista [20 jul.2012].* Entrevistadora: Joana Salém Vasconcelos. Gravação digital. Havana, 2012.

BARKIN, David. *David Barkin: entrevista [12 nov.2011].* Entrevistadora: Joana Salém Vasconcelos. Gravação digital. Cidade do México D.F., 2011.

BRIVERS, Ivars. *Ivars Brivers : entrevista [19 mai.2012].* Entrevistadora: Joana Salém Vasconcelos. Gravação digital. São Petersburgo, 2012.

CERVANTES, Lourdes. *Lourdes Cervantes: entrevista [19 jul.2012].* Entrevistadora: Joana Salém Vasconcelos. Gravação digital. Havana, 2012. Publicado em: CERVANTES, Lourdes; VASCONCELOS, Joana Salém. *Quando o terceiro mundo encontrou-se com o segundo.* Roraima: EXAMÃPAKU - Revista Eletrônica de Ciências Sociais, História e Relações Internacionais, V. 8, N. 2, 2015.

CHONCHOL, Jacques. *Jacques Chonchol: entrevista [18 jul.2011].* Entrevistadora: Joana Salém Vasconcelos. Gravação digital. Santiago do Chile, 2011. Publicado em: CHONCHOL, Jacques; VASCONCELOS, Joana Salém. *Jacques Chonchol em Cuba: reforma agrária e revolução em 1961.* São Paulo: Revista Mouro n.7, 2012.

DÍAZ VÁZQUEZ, Julio. *Julio Díaz Vázquez: entrevista [17 jul.2012].* Entrevistadora: Joana Salém Vasconcelos. Gravação digital. Havana, 2012.

JIMENEZ, Reynaldo. *Reynaldo Jimenez: entrevista [10 jul.2012]*. Entrevistadora: Joana Salém Vasconcelos. Gravação digital. Havana, 2012.

LOBAINA, Esther. *Esther Lobaina: entrevista [9 jul.2012]*. Entrevistadora: Joana Salém Vasconcelos. Gravação digital. Havana, 2012.

REGALADO, Roberto. *Roberto Regalado: entrevista [13 jul.2012]*. Entrevistadora: Joana Salém Vasconcelos. Gravação digital. Havana, 2012.

SOTELO VALENCIA, Adrián. *Adrián Sotelo Valencia: entrevista [7 nov.2011]*. Entrevistadora: Joana Salém Vasconcelos. Gravação digital. Cidade do México D.F., 2011.

SOTOMAYOR, Octavio. *Octavio Sotomayor: entrevista [19 ago.2011]*. Entrevistadora: Joana Salém Vasconcelos. Gravação digital. Santiago de Chile, 2011.

TRAVIESO, Julio. *Julio Travieso: entrevista [17 jul.2012]*. Entrevistadora: Joana Salém Vasconcelos. Gravação digital. Havana, 2012.

VALDÉS PAZ, Juan. *Juan Valdés Paz: entrevista [16 jul.2012]*. Entrevistadora: Joana Salém Vasconcelos. Gravação digital. Havana, 2012.

LISTA DE TABELAS, GRÁFICOS, QUADROS E CROQUIS

AGRADECIMENTOS

Agradeço ao Plínio, cuja lucidez política e clareza teórica organizaram meu olhar para além dessa pesquisa. Aos camaradas do Grupo de Estudos Florestan Fernandes da Unicamp, que me ajudaram a ser uma historiadora no meio de economistas. Aos colegas do GMarx, pelo exercício bem-humorado da divergência.

Aos professores Luiz Bernardo Pericás, Jorge Grespan, Lincoln Secco, Eduardo Mariutti, Pedro Ramos, Waldir Rampinelli e Janes Jorge que me estimularam a fazer novas e melhores perguntas.

Aos profissionais que, entre 2011 e 2013, responderam a minhas questões com atenção, em Havana, na Cidade do México, em Santiago do Chile e São Petersburgo. Especialmente Jacques Chonchol, Juan Valdés Paz, David Barkin, Julio Travieso, Roberto Regalado e Lourdes Cervantes.

Ao João, pelo amor intenso e pela cumplicidade valiosa que tecemos juntos nos últimos oito anos, por ser meu leitor de primeira mão e me ensinar tantas coisas. À Suzana (minha mãe), ao Marcos (meu irmão), ao Mingo (meu pai), à Isis, à Kinha e à Lívia, por serem minha família tão carinhosa, parceira e alegre. À Jasmim, minha sobrinha número 1, que a cada palavrinha e invenção expande a ternura desse mundo. Às minhas queridas avós, Dulce e Martha, por me narrarem suas memórias do século passado e serem mulheres tão fortes e inspiradoras. A todxs xs companheirxs de militância, que me ensinam a praticar mais nossas críticas. Aos amigos e amigas, que alimentam a vida de energia.

Alameda nas redes sociais:
Site: www.alamedaeditorial.com.br
Facebook.com/alamedaeditorial/
Twitter.com/editoraalameda
Instagram.com/editora_alameda/

Esta obra foi impressa em São Paulo no verão de 2024. No texto foi utilizada a fonte Minion Pro, em corpo 10,5 e entrelinha de 15,5 pontos.